军工产品研制管理丛书

军工产品研制
技术审查评审指南

梅文华　朱荔娟　王淑波　编著

国防工业出版社
·北京·

内 容 简 介

本书内容包括论证评审、研制阶段技术审查、设计评审、工艺评审、标准化评审、产品质量评审、通用质量特性(可靠性、维修性、测试性、保障性、安全性)评审、军用电子元器件审查、软件开发技术评审、设计定型审查等,分别阐述技术审查评审的目的、时机、文件、依据、内容和结论,是指导军工产品研制技术审查评审的一本实用工具书,对提高技术审查评审效益、完善设计开发过程,具有重要的应用价值。

本书可供从事军工产品论证验证人员、研制生产人员、型号管理人员参考使用。

图书在版编目(CIP)数据

军工产品研制技术审查评审指南/梅文华,朱荔娟,王淑波编著. —北京:国防工业出版社,2022.6重印
(军工产品研制管理丛书)
ISBN 978－7－118－10956－6

Ⅰ.①军… Ⅱ.①梅… ②朱… ③王… Ⅲ.①国防工业—工业产品—研制—指南 Ⅳ.①F407.486.3－62

中国版本图书馆 CIP 数据核字(2016)第 150127 号

※

*国防工业出版社*出版发行
(北京市海淀区紫竹院南路23号 邮政编码100048)
三河市腾飞印务有限公司印刷
新华书店经售

*

开本 710×1000 1/16 印张 36¾ 字数 647 千字
2022 年 6 月第 1 版第 2 次印刷 印数 5001—7000 册 定价 180.00 元

(本书如有印装错误,我社负责调换)

国防书店:(010)88540777　　发行邮购:(010)88540776
发行传真:(010)88540755　　发行业务:(010)88540717

序　言

60年来,我国武器装备的研制,走过了一个由仿制、合作到自主创新,由"有什么武器打什么仗"到"打什么仗研制什么武器"的发展历程。我国武器装备也开始进入了一个跨越式发展阶段,大量新型武器装备陆续问世。

随着国民经济和科学技术的快速发展,武器装备的科技含量越来越高,武器装备系统也越来越复杂。军工产品设计、生产、管理的每一个环节都关系到产品的性能和质量。提高装备质量,规范武器装备研制过程,是从事军工产品论证、研制、试验和管理的人员面临的一个重大课题。为此陆续颁发了相关的国家军用标准,对规范军工产品研制过程,提高军工产品技术质量,起到了重要的推动作用。

在军工产品研制过程中,国防工业部门贯彻执行有关军工产品研制的国家军用标准,积累了一定的经验,但是,由于各个单位重视程度不同,理解上存在差异,加上研发人员不断更替,这些国家军用标准的执行情况并不尽如人意,造成有些军工产品在定型时仍然存在各种各样的问题。

为了更好地规范军工产品研制过程,提高军工产品技术质量,空军装备部组织一批长期从事军工产品研制和管理的专家学者,在总结工作经验和教训的基础上,依据国家标准、国家军用标准和有关文件规定,编写了《军工产品研制管理丛书》。

《军工产品研制管理丛书》的编写目标是作为指导军工产品研制与管理的一套实用参考书,力求全面系统,深入浅出,并给出了典型的范例。本丛书实用性强,各册既具有相对独立性,可独立使用,又具有一定的联系,可结合起来阅读。希望丛书的出版发行,能对规范研制过程,降低研制风险,提高研制质量,促进人才成长,作出一些贡献。

中国工程院院士

2010年10月15日

前　言

军事装备的跨越式发展,对军工产品的技术和质量提出了更高的要求。为了规范军工产品研制过程,提高军工产品技术质量,空军装备部组织编写了《军工产品研制管理丛书》。

本书是《军工产品研制技术审查评审指南》,依据现有法规和国家标准、国家军用标准编写,内容包括论证评审、研制阶段技术审查、设计评审、工艺评审、标准化评审、产品质量评审、通用质量特性(可靠性、维修性、测试性、保障性、安全性)评审、军用电子元器件审查、软件开发技术评审、设计定型审查等,分别阐述技术审查评审的目的、时机、文件、依据、内容和结论,是指导军工产品研制过程中开展技术审查和评审活动的一本实用工具书,对提高技术审查评审效益、完善设计开发过程,具有重要的应用价值。

为便于阅读,括号中的说明性文字用楷体标识,技术文件编写要求、法规和标准规定的审查与评审内容、审查与评审意见示例用仿宋体标识。

需要说明的是,本书阐述的技术审查评审活动,并不是每一个都必须进行,有的活动可以结合进行,有的活动可能不必开展,根据产品研制实际情况确定。本书阐述的内容,是当产品研制过程中需要时,如何开展某项技术审查评审活动。

当前,军队正在进行改革,装备管理机关进行了调整,相应地将带来一系列装备管理法规、标准的制定或修订。从当前状态调整到改革后的状态需要一个较长的转换过渡期,法规和标准的制定与修订也需要一个过程,本书依据现有法规和标准编写,在实际工作中,读者可根据实际情况,在颁布新的法规和标准后按照新的法规和标准执行。

本书可与《军工产品研制技术文件编写指南》《军工产品研制技术文件编写说明》和《军工产品研制技术文件编写范例》配套使用,后3部著作提供了技术审查和评审活动所需技术文件的编写要求与范例。

本书适用于从事军工产品论证验证人员、研制生产人员、型号管理人员使用。

本书由梅文华、朱荔娟、王淑波编写,由梅文华统稿。

本书作者感谢海军装备部、空军装备部、空军装备研究院及航空所、通信所等单位领导的支持。感谢王越院士、王小谟院士的指导。感谢蔺向明、彭力、王方、贾志波、黄宏诚、王永胜、李冬炜、纪敦、徐凤金、董欧、张令波、景堃、侯建、全力民、郭月娥、王甲峰、殷世龙、毕国楦、曾相戈、吕娟、吴文婷等同志的帮助。

  由于作者水平有限，缺点和不足在所难免，欢迎批评指正。修改意见和建议烦请寄至 wenhuamei@sina.com。

编 者

2016 年 4 月

目 录

第1章 概述 ·· 1
1.1 技术审查与评审 ··· 1
1.1.1 定义与分类 ·· 1
1.1.2 作用意义 ·· 2
1.2 研制过程评审活动 ·· 3
1.2.1 论证阶段 ·· 3
1.2.2 方案阶段 ·· 4
1.2.3 工程研制阶段 ··· 6
1.2.4 设计定型阶段 ··· 7
1.2.5 生产定型阶段 ··· 11
1.3 评审活动的组织管理 ·· 16
1.3.1 提出申请 ··· 16
1.3.2 发出通知 ··· 17
1.3.3 会前准备 ··· 17
1.3.4 召开会议 ··· 18
1.3.5 上报结果 ··· 25
1.4 设计定型文件的编制要求 ·· 26
1.4.1 技术文件 ··· 27
1.4.2 产品图样 ··· 27
1.4.3 产品照片 ··· 27
1.4.4 字号字体与行间距 ·· 28
1.4.5 标识与签署 ·· 28
1.4.6 设计定型文件的装订要求 ·· 28
1.5 评审方法 ·· 34
1.5.1 审查评审标准 ··· 34
1.5.2 审查评审方式 ··· 35
1.5.3 审查评审方法 ··· 35

第2章 论证评审 ··· 37
2.1 概述 ··· 37

  2.1.1 论证工作要求 ·· 37
  2.1.2 论证评审要求 ·· 39
 2.2 研制立项综合论证报告评审 ··· 39
  2.2.1 评审目的 ·· 39
  2.2.2 评审时机 ·· 39
  2.2.3 评审文件 ·· 39
  2.2.4 评审依据 ·· 44
  2.2.5 评审内容 ·· 44
  2.2.6 评审结论 ·· 45
 2.3 研制总要求论证评审 ··· 46
  2.3.1 评审目的 ·· 46
  2.3.2 评审时机 ·· 46
  2.3.3 评审文件 ·· 47
  2.3.4 评审依据 ·· 50
  2.3.5 评审内容 ·· 50
  2.3.6 评审结论 ·· 51

第3章 研制阶段技术审查 53
 3.1 概述 ·· 53
 3.2 系统要求审查 ··· 54
  3.2.1 审查目的 ·· 54
  3.2.2 审查时机 ·· 54
  3.2.3 审查文件 ·· 54
  3.2.4 审查依据 ·· 54
  3.2.5 审查内容 ·· 54
  3.2.6 审查结论 ·· 56
 3.3 系统设计审查 ··· 57
  3.3.1 审查目的 ·· 57
  3.3.2 审查时机 ·· 57
  3.3.3 审查文件 ·· 57
  3.3.4 审查依据 ·· 58
  3.3.5 审查内容 ·· 58
  3.3.6 审查结论 ·· 61
 3.4 软件规格说明审查 ··· 62
  3.4.1 审查目的 ·· 62

  3.4.2 审查时机 …………………………………………………… 62
  3.4.3 审查文件 …………………………………………………… 62
  3.4.4 审查依据 …………………………………………………… 63
  3.4.5 审查内容 …………………………………………………… 63
  3.4.6 审查结论 …………………………………………………… 64
 3.5 初步设计审查 …………………………………………………… 64
  3.5.1 审查目的 …………………………………………………… 64
  3.5.2 审查时机 …………………………………………………… 65
  3.5.3 审查文件 …………………………………………………… 65
  3.5.4 审查依据 …………………………………………………… 65
  3.5.5 审查内容 …………………………………………………… 66
  3.5.6 审查结论 …………………………………………………… 75
 3.6 关键设计审查 …………………………………………………… 76
  3.6.1 审查目的 …………………………………………………… 76
  3.6.2 审查时机 …………………………………………………… 77
  3.6.3 审查文件 …………………………………………………… 77
  3.6.4 审查依据 …………………………………………………… 77
  3.6.5 审查内容 …………………………………………………… 78
  3.6.6 审查结论 …………………………………………………… 86
 3.7 测试准备审查 …………………………………………………… 87
  3.7.1 审查目的 …………………………………………………… 87
  3.7.2 审查时机 …………………………………………………… 87
  3.7.3 审查文件 …………………………………………………… 87
  3.7.4 审查依据 …………………………………………………… 88
  3.7.5 审查内容 …………………………………………………… 88
  3.7.6 审查结论 …………………………………………………… 89
 3.8 功能技术状态审核 ……………………………………………… 90
  3.8.1 审查目的 …………………………………………………… 90
  3.8.2 审查时机 …………………………………………………… 90
  3.8.3 审查文件 …………………………………………………… 91
  3.8.4 审查依据 …………………………………………………… 91
  3.8.5 审查内容 …………………………………………………… 91
  3.8.6 审查结论 …………………………………………………… 92
 3.9 物理技术状态审核 ……………………………………………… 92

3.9.1　审查目的 …………………………………………………… 92
　　　3.9.2　审查时机 …………………………………………………… 93
　　　3.9.3　审查文件 …………………………………………………… 93
　　　3.9.4　审查依据 …………………………………………………… 93
　　　3.9.5　审查内容 …………………………………………………… 94
　　　3.9.6　审查结论 …………………………………………………… 94
　3.10　生产准备审查 ……………………………………………………… 95
　　　3.10.1　审查目的 ………………………………………………… 95
　　　3.10.2　审查时机 ………………………………………………… 95
　　　3.10.3　审查文件 ………………………………………………… 95
　　　3.10.4　审查依据 ………………………………………………… 95
　　　3.10.5　审查内容 ………………………………………………… 95
　　　3.10.6　审查结论 ………………………………………………… 97

第4章　设计评审 …………………………………………………………… 99
　4.1　概述 …………………………………………………………………… 99
　　　4.1.1　设计评审 …………………………………………………… 99
　　　4.1.2　专题设计评审 ……………………………………………… 100
　　　4.1.3　转阶段审查 ………………………………………………… 109
　4.2　方案阶段设计评审 ………………………………………………… 109
　　　4.2.1　评审目的 …………………………………………………… 109
　　　4.2.2　评审时机 …………………………………………………… 109
　　　4.2.3　评审文件 …………………………………………………… 109
　　　4.2.4　评审依据 …………………………………………………… 115
　　　4.2.5　评审内容 …………………………………………………… 115
　　　4.2.6　评审结论 …………………………………………………… 116
　4.3　工程研制阶段设计评审 …………………………………………… 116
　　　4.3.1　评审目的 …………………………………………………… 116
　　　4.3.2　评审时机 …………………………………………………… 116
　　　4.3.3　评审文件 …………………………………………………… 117
　　　4.3.4　评审依据 …………………………………………………… 117
　　　4.3.5　评审内容 …………………………………………………… 117
　　　4.3.6　评审结论 …………………………………………………… 118
　4.4　定型阶段设计评审 ………………………………………………… 119
　　　4.4.1　审查目的 …………………………………………………… 119

  4.4.2 审查时机 ·· 120
  4.4.3 审查文件 ·· 120
  4.4.4 审查依据 ·· 121
  4.4.5 审查内容 ·· 122
  4.4.6 审查结论 ·· 122

第5章 工艺评审 ·· 124
 5.1 概述 ·· 124
  5.1.1 研制阶段工艺工作 ··· 124
  5.1.2 研制阶段工艺评审 ··· 127
 5.2 方案阶段工艺评审 ·· 129
  5.2.1 评审目的 ·· 129
  5.2.2 评审时机 ·· 129
  5.2.3 评审文件 ·· 129
  5.2.4 评审依据 ·· 135
  5.2.5 评审内容 ·· 136
  5.2.6 评审结论 ·· 136
 5.3 工程研制阶段工艺评审 ·· 143
  5.3.1 评审目的 ·· 143
  5.3.2 评审时机 ·· 143
  5.3.3 评审文件 ·· 143
  5.3.4 评审依据 ·· 147
  5.3.5 评审内容 ·· 147
  5.3.6 评审结论 ·· 149
 5.4 设计定型阶段工艺评审 ·· 150
  5.4.1 评审目的 ·· 150
  5.4.2 评审时机 ·· 150
  5.4.3 评审文件 ·· 150
  5.4.4 评审依据 ·· 153
  5.4.5 评审内容 ·· 153
  5.4.6 评审结论 ·· 155
 5.5 生产定型阶段工艺评审 ·· 155
  5.5.1 评审目的 ·· 155
  5.5.2 评审时机 ·· 156
  5.5.3 评审文件 ·· 156

  5.5.4　评审依据 …………………………………………… 160
  5.5.5　评审内容 …………………………………………… 160
  5.5.6　评审结论 …………………………………………… 161

第6章　标准化评审 …………………………………………… 164
 6.1　概述 ……………………………………………………… 164
  6.1.1　标准化与产品标准化 ………………………………… 164
  6.1.2　产品标准化的形式 …………………………………… 165
  6.1.3　产品标准化的作用 …………………………………… 169
  6.1.4　标准化评审 …………………………………………… 170
 6.2　设计标准化方案评审 …………………………………… 171
  6.2.1　评审目的 ……………………………………………… 171
  6.2.2　评审时机 ……………………………………………… 171
  6.2.3　评审文件 ……………………………………………… 171
  6.2.4　评审依据 ……………………………………………… 181
  6.2.5　评审内容 ……………………………………………… 181
  6.2.6　评审结论 ……………………………………………… 181
 6.3　设计标准化实施评审 …………………………………… 182
  6.3.1　评审目的 ……………………………………………… 182
  6.3.2　评审时机 ……………………………………………… 182
  6.3.3　评审文件 ……………………………………………… 182
  6.3.4　评审依据 ……………………………………………… 182
  6.3.5　评审内容 ……………………………………………… 182
  6.3.6　评审结论 ……………………………………………… 183
 6.4　设计标准化最终评审 …………………………………… 183
  6.4.1　评审目的 ……………………………………………… 183
  6.4.2　评审时机 ……………………………………………… 184
  6.4.3　评审文件 ……………………………………………… 184
  6.4.4　评审依据 ……………………………………………… 186
  6.4.5　评审内容 ……………………………………………… 187
  6.4.6　评审结论 ……………………………………………… 187
 6.5　工艺标准化方案评审 …………………………………… 191
  6.5.1　评审目的 ……………………………………………… 191
  6.5.2　评审时机 ……………………………………………… 191
  6.5.3　评审文件 ……………………………………………… 191

		6.5.4 评审依据	194

- 6.5.4 评审依据 …… 194
- 6.5.5 评审内容 …… 195
- 6.5.6 评审结论 …… 195

6.6 工艺标准化实施评审 …… 195
- 6.6.1 评审目的 …… 195
- 6.6.2 评审时机 …… 195
- 6.6.3 评审文件 …… 196
- 6.6.4 评审依据 …… 196
- 6.6.5 评审内容 …… 196
- 6.6.6 评审结论 …… 196

6.7 工艺标准化最终评审 …… 197
- 6.7.1 评审目的 …… 197
- 6.7.2 评审时机 …… 197
- 6.7.3 评审文件 …… 197
- 6.7.4 评审依据 …… 199
- 6.7.5 评审内容 …… 199
- 6.7.6 评审结论 …… 199

第7章 产品质量评审 …… 200

7.1 概述 …… 200
- 7.1.1 产品质量 …… 200
- 7.1.2 产品质量评审 …… 202

7.2 产品质量评审 …… 202
- 7.2.1 评审目的 …… 202
- 7.2.2 评审时机 …… 202
- 7.2.3 评审文件 …… 202
- 7.2.4 评审依据 …… 205
- 7.2.5 评审内容 …… 205
- 7.2.6 评审结论 …… 207

7.3 归零评审 …… 212
- 7.3.1 评审目的 …… 212
- 7.3.2 评审时机 …… 212
- 7.3.3 评审文件 …… 212
- 7.3.4 评审依据 …… 214
- 7.3.5 评审内容 …… 214

  7.3.6　评审结论 ··· 215

第8章　可靠性评审 ·· 217
8.1　概述 ·· 217
  8.1.1　基本概念 ··· 217
  8.1.2　可靠性参数 ··· 219
  8.1.3　可靠性工作项目 ··· 221
  8.1.4　可靠性评审要求 ··· 222
8.2　论证阶段可靠性评审 ·· 223
  8.2.1　评审目的 ··· 223
  8.2.2　评审时机 ··· 223
  8.2.3　评审文件 ··· 223
  8.2.4　评审依据 ··· 224
  8.2.5　评审内容 ··· 224
  8.2.6　评审结论 ··· 224
8.3　方案阶段可靠性评审 ·· 225
  8.3.1　评审目的 ··· 225
  8.3.2　评审时机 ··· 225
  8.3.3　评审文件 ··· 225
  8.3.4　评审依据 ··· 225
  8.3.5　评审内容 ··· 225
  8.3.6　评审结论 ··· 226
8.4　工程研制阶段可靠性评审 ·· 227
  8.4.1　评审目的 ··· 227
  8.4.2　评审时机 ··· 227
  8.4.3　评审文件 ··· 227
  8.4.4　评审依据 ··· 228
  8.4.5　评审内容 ··· 228
  8.4.6　评审结论 ··· 237
8.5　设计定型阶段可靠性评审 ·· 238
  8.5.1　评审目的 ··· 238
  8.5.2　评审时机 ··· 238
  8.5.3　评审文件 ··· 238
  8.5.4　评审依据 ··· 239
  8.5.5　评审内容 ··· 239

	8.5.6 评审结论	239
8.6	生产定型阶段可靠性评审	240
	8.6.1 评审目的	240
	8.6.2 评审时机	240
	8.6.3 评审文件	240
	8.6.4 评审依据	240
	8.6.5 评审内容	240
	8.6.6 评审结论	241

第9章 维修性评审 ………………………………………………… 242

9.1	概述	242
	9.1.1 基本概念	242
	9.1.2 维修性参数	243
	9.1.3 维修性工作项目	244
	9.1.4 维修性评审要求	245
9.2	论证阶段维修性评审	246
	9.2.1 评审目的	246
	9.2.2 评审时机	246
	9.2.3 评审文件	246
	9.2.4 评审依据	246
	9.2.5 评审内容	247
	9.2.6 评审结论	247
9.3	方案阶段维修性评审	247
	9.3.1 评审目的	247
	9.3.2 评审时机	247
	9.3.3 评审文件	248
	9.3.4 评审依据	248
	9.3.5 评审内容	248
	9.3.6 评审结论	249
9.4	工程研制阶段维修性评审	250
	9.4.1 评审目的	250
	9.4.2 评审时机	250
	9.4.3 评审文件	250
	9.4.4 评审依据	251
	9.4.5 评审内容	251

9.4.6 评审结论 ·· 256
9.5 设计定型阶段维修性评审 ··· 257
　　　9.5.1 评审目的 ·· 257
　　　9.5.2 评审时机 ·· 257
　　　9.5.3 评审文件 ·· 257
　　　9.5.4 评审依据 ·· 258
　　　9.5.5 评审内容 ·· 258
　　　9.5.6 评审结论 ·· 258
9.6 生产定型阶段维修性评审 ··· 259
　　　9.6.1 评审目的 ·· 259
　　　9.6.2 评审时机 ·· 259
　　　9.6.3 评审文件 ·· 259
　　　9.6.4 评审依据 ·· 259
　　　9.6.5 评审内容 ·· 260
　　　9.6.6 评审结论 ·· 260

第10章　测试性评审 ·· 261
10.1 概述 ··· 261
　　　10.1.1 基本概念 ··· 261
　　　10.1.2 测试性参数 ·· 263
　　　10.1.3 测试性工作项目 ·· 264
　　　10.1.4 测试性评审要求 ·· 265
10.2 论证阶段测试性评审 ··· 265
　　　10.2.1 评审目的 ··· 265
　　　10.2.2 评审时机 ··· 265
　　　10.2.3 评审文件 ··· 266
　　　10.2.4 评审依据 ··· 266
　　　10.2.5 评审内容 ··· 266
　　　10.2.6 评审结论 ··· 266
10.3 方案阶段测试性评审 ··· 267
　　　10.3.1 评审目的 ··· 267
　　　10.3.2 评审时机 ··· 267
　　　10.3.3 评审文件 ··· 267
　　　10.3.4 评审依据 ··· 267
　　　10.3.5 评审内容 ··· 268

		10.3.6 评审结论	268
10.4	工程研制阶段测试性评审		268
		10.4.1 评审目的	268
		10.4.2 评审时机	269
		10.4.3 评审文件	269
		10.4.4 评审依据	269
		10.4.5 评审内容	270
		10.4.6 评审结论	279
10.5	设计定型阶段测试性评审		280
		10.5.1 评审目的	280
		10.5.2 评审时机	280
		10.5.3 评审文件	280
		10.5.4 评审依据	280
		10.5.5 评审内容	281
		10.5.6 评审结论	281
10.6	生产定型阶段测试性评审		281
		10.6.1 评审目的	281
		10.6.2 评审时机	281
		10.6.3 评审文件	282
		10.6.4 评审依据	282
		10.6.5 评审内容	282
		10.6.6 评审结论	283

第 11 章 保障性评审 284

11.1	概述		284
		11.1.1 基本概念	284
		11.1.2 保障性参数	286
		11.1.3 保障性工作项目	288
		11.1.4 保障性评审要求	289
11.2	论证阶段保障性评审		290
		11.2.1 评审目的	290
		11.2.2 评审时机	290
		11.2.3 评审文件	290
		11.2.4 评审依据	290
		11.2.5 评审内容	291

11.2.6 评审结论 293
11.3 方案阶段保障性评审 293
　　11.3.1 评审目的 293
　　11.3.2 评审时机 293
　　11.3.3 评审文件 293
　　11.3.4 评审依据 293
　　11.3.5 评审内容 294
　　11.3.6 评审结论 298
11.4 工程研制阶段保障性评审 298
　　11.4.1 评审目的 298
　　11.4.2 评审时机 298
　　11.4.3 评审文件 298
　　11.4.4 评审依据 298
　　11.4.5 评审内容 299
　　11.4.6 评审结论 307
11.5 定型阶段保障性评审 308
　　11.5.1 评审目的 308
　　11.5.2 评审时机 308
　　11.5.3 评审文件 308
　　11.5.4 评审依据 309
　　11.5.5 评审内容 309
　　11.5.6 评审结论 311
11.6 生产、部署和使用阶段评审 311
　　11.6.1 评审目的 311
　　11.6.2 评审时机 311
　　11.6.3 评审文件 311
　　11.6.4 评审依据 311
　　11.6.5 评审内容 312
　　11.6.6 评审结论 313

第12章 安全性评审 314

12.1 概述 314
　　12.1.1 基本概念 314
　　12.1.2 安全性参数 314
　　12.1.3 安全性工作项目 317

　　　　12.1.4　安全性评审要求 …………………………………………… 318
12.2　论证阶段安全性评审 ……………………………………………… 319
　　　　12.2.1　评审目的 …………………………………………………… 319
　　　　12.2.2　评审时机 …………………………………………………… 319
　　　　12.2.3　评审文件 …………………………………………………… 320
　　　　12.2.4　评审依据 …………………………………………………… 320
　　　　12.2.5　评审内容 …………………………………………………… 320
　　　　12.2.6　评审结论 …………………………………………………… 321
12.3　方案阶段安全性评审 ……………………………………………… 321
　　　　12.3.1　评审目的 …………………………………………………… 321
　　　　12.3.2　评审时机 …………………………………………………… 321
　　　　12.3.3　评审文件 …………………………………………………… 321
　　　　12.3.4　评审依据 …………………………………………………… 321
　　　　12.3.5　评审内容 …………………………………………………… 322
　　　　12.3.6　评审结论 …………………………………………………… 323
12.4　工程研制阶段安全性评审 ………………………………………… 323
　　　　12.4.1　评审目的 …………………………………………………… 323
　　　　12.4.2　评审时机 …………………………………………………… 324
　　　　12.4.3　评审文件 …………………………………………………… 324
　　　　12.4.4　评审依据 …………………………………………………… 324
　　　　12.4.5　评审内容 …………………………………………………… 324
　　　　12.4.6　评审结论 …………………………………………………… 329
12.5　设计定型阶段安全性评审 ………………………………………… 329
　　　　12.5.1　评审目的 …………………………………………………… 329
　　　　12.5.2　评审时机 …………………………………………………… 329
　　　　12.5.3　评审文件 …………………………………………………… 329
　　　　12.5.4　评审依据 …………………………………………………… 330
　　　　12.5.5　评审内容 …………………………………………………… 330
　　　　12.5.6　评审结论 …………………………………………………… 332
12.6　生产定型阶段安全性评审 ………………………………………… 332
　　　　12.6.1　评审目的 …………………………………………………… 332
　　　　12.6.2　评审时机 …………………………………………………… 333
　　　　12.6.3　评审文件 …………………………………………………… 333
　　　　12.6.4　评审依据 …………………………………………………… 333

12.6.5 评审内容 ······ 333
12.6.6 评审结论 ······ 335

第13章 军用电子元器件审查 336

13.1 概述 336

13.2 主要电子元器件使用方案审查 337
13.2.1 审查目的 337
13.2.2 审查时机 337
13.2.3 审查文件 337
13.2.4 审查依据 339
13.2.5 审查内容 339
13.2.6 审查结论 340

13.3 使用国产军用电子元器件论证审查 340
13.3.1 审查目的 340
13.3.2 审查时机 340
13.3.3 审查文件 340
13.3.4 审查依据 342
13.3.5 审查内容 342
13.3.6 审查结论 343

13.4 进口电子元器件国产化替代方案评审 344
13.4.1 评审目的 344
13.4.2 评审时机 344
13.4.3 评审文件 344
13.4.4 评审依据 346
13.4.5 评审内容 346
13.4.6 评审结论 347

第14章 软件开发技术评审 348

14.1 概述 348
14.1.1 软件开发活动的分类 348
14.1.2 基本开发活动的软件文档 349
14.1.3 软件定型测评的技术文档 353
14.1.4 军用软件评审的分类 353
14.1.5 技术评审的一般过程 355
14.1.6 技术评审的评价准则 355

14.2 系统需求分析评审 357

14.2.1　评审目的 ……………………………………………… 357
　　　14.2.2　评审时机 ……………………………………………… 358
　　　14.2.3　评审文件 ……………………………………………… 358
　　　14.2.4　评审依据 ……………………………………………… 361
　　　14.2.5　评审内容 ……………………………………………… 361
　　　14.2.6　评审结论 ……………………………………………… 363
　14.3　系统设计评审 ……………………………………………………… 364
　　　14.3.1　评审目的 ……………………………………………… 364
　　　14.3.2　评审时机 ……………………………………………… 364
　　　14.3.3　评审文件 ……………………………………………… 364
　　　14.3.4　评审依据 ……………………………………………… 366
　　　14.3.5　评审内容 ……………………………………………… 366
　　　14.3.6　评审结论 ……………………………………………… 368
　14.4　软件研制任务书评审 ……………………………………………… 369
　　　14.4.1　评审目的 ……………………………………………… 369
　　　14.4.2　评审时机 ……………………………………………… 369
　　　14.4.3　评审文件 ……………………………………………… 369
　　　14.4.4　评审依据 ……………………………………………… 370
　　　14.4.5　评审内容 ……………………………………………… 371
　　　14.4.6　评审结论 ……………………………………………… 372
　14.5　软件需求分析评审 ………………………………………………… 372
　　　14.5.1　评审目的 ……………………………………………… 372
　　　14.5.2　评审时机 ……………………………………………… 373
　　　14.5.3　评审文件 ……………………………………………… 373
　　　14.5.4　评审依据 ……………………………………………… 375
　　　14.5.5　评审内容 ……………………………………………… 375
　　　14.5.6　评审结论 ……………………………………………… 376
　14.6　软件设计评审 ……………………………………………………… 377
　　　14.6.1　评审目的 ……………………………………………… 377
　　　14.6.2　评审时机 ……………………………………………… 377
　　　14.6.3　评审文件 ……………………………………………… 377
　　　14.6.4　评审依据 ……………………………………………… 379
　　　14.6.5　评审内容 ……………………………………………… 379
　　　14.6.6　评审结论 ……………………………………………… 381

XXI

14.7 软件实现和单元测试评审 …… 382
 14.7.1 评审目的 …… 382
 14.7.2 评审时机 …… 382
 14.7.3 评审文件 …… 382
 14.7.4 评审依据 …… 384
 14.7.5 评审内容 …… 384
 14.7.6 评审结论 …… 390

14.8 软件单元集成和测试评审 …… 391
 14.8.1 评审目的 …… 391
 14.8.2 评审时机 …… 392
 14.8.3 评审文件 …… 392
 14.8.4 评审依据 …… 394
 14.8.5 评审内容 …… 394
 14.8.6 评审结论 …… 400

14.9 CSCI 合格性测试评审 …… 401
 14.9.1 评审目的 …… 401
 14.9.2 评审时机 …… 401
 14.9.3 评审文件 …… 401
 14.9.4 评审依据 …… 403
 14.9.5 评审内容 …… 403
 14.9.6 评审结论 …… 409

14.10 CSCI/HWCI 集成和测试评审 …… 411
 14.10.1 评审目的 …… 411
 14.10.2 评审时机 …… 411
 14.10.3 评审文件 …… 411
 14.10.4 评审依据 …… 413
 14.10.5 评审内容 …… 413
 14.10.6 评审结论 …… 420

14.11 系统合格性测试评审 …… 421
 14.11.1 评审目的 …… 421
 14.11.2 评审时机 …… 421
 14.11.3 评审文件 …… 421
 14.11.4 评审依据 …… 423
 14.11.5 评审内容 …… 423

- 14.11.6 评审结论 …… 430
- 14.12 软件使用准备评审 …… 431
  - 14.12.1 评审目的 …… 431
  - 14.12.2 评审时机 …… 431
  - 14.12.3 评审文件 …… 431
  - 14.12.4 评审依据 …… 436
  - 14.12.5 评审内容 …… 436
  - 14.12.6 评审结论 …… 447
- 14.13 软件移交准备评审 …… 448
  - 14.13.1 评审目的 …… 448
  - 14.13.2 评审时机 …… 448
  - 14.13.3 评审文件 …… 448
  - 14.13.4 评审依据 …… 451
  - 14.13.5 评审内容 …… 451
  - 14.13.6 评审结论 …… 461
- 14.14 软件验收支持评审 …… 461
  - 14.14.1 评审目的 …… 461
  - 14.14.2 评审时机 …… 461
  - 14.14.3 评审文件 …… 461
  - 14.14.4 评审依据 …… 463
  - 14.14.5 评审内容 …… 464
  - 14.14.6 评审结论 …… 469
- 14.15 软件定型测评审查 …… 470
  - 14.15.1 审查目的 …… 470
  - 14.15.2 审查时机 …… 470
  - 14.15.3 审查文件 …… 470
  - 14.15.4 审查依据 …… 472
  - 14.14.5 审查内容 …… 472
  - 14.14.6 审查结论 …… 476
- 14.16 软件定型审查 …… 477
  - 14.16.1 审查目的 …… 477
  - 14.16.2 审查时机 …… 477
  - 14.16.3 审查文件 …… 478
  - 14.16.4 审查依据 …… 479

14.16.5　审查内容 ·· 479
　　14.16.6　审查结论 ·· 481

第15章　设计定型审查 ·· 486

15.1　概述 ·· 486
15.2　设计定型基地试验大纲审查 ··· 486
　　15.2.1　审查目的 ·· 486
　　15.2.2　审查时机 ·· 487
　　15.2.3　审查文件 ·· 487
　　15.2.4　审查依据 ·· 487
　　15.2.5　审查内容 ·· 487
　　15.2.6　审查结论 ·· 491
15.3　设计定型功能性能试验大纲审查 ··· 491
　　15.3.1　审查目的 ·· 491
　　15.3.2　审查时机 ·· 491
　　15.3.3　审查文件 ·· 491
　　15.3.4　审查依据 ·· 491
　　15.3.5　审查内容 ·· 492
　　15.3.6　审查结论 ·· 493
15.4　设计定型电磁兼容性试验大纲审查 ·· 494
　　15.4.1　审查目的 ·· 494
　　15.4.2　审查时机 ·· 494
　　15.4.3　审查文件 ·· 494
　　15.4.4　审查依据 ·· 494
　　15.4.5　审查内容 ·· 495
　　15.4.6　审查结论 ·· 497
15.5　设计定型环境鉴定试验大纲审查 ··· 497
　　15.5.1　审查目的 ·· 497
　　15.5.2　审查时机 ·· 497
　　15.5.3　审查文件 ·· 497
　　15.5.4　审查依据 ·· 498
　　15.5.5　审查内容 ·· 498
　　15.5.6　审查结论 ·· 500
15.6　设计定型可靠性鉴定试验大纲审查 ·· 500
　　15.6.1　审查目的 ·· 500

15.6.2 审查时机 ………………………………………………… 501
  15.6.3 审查文件 ………………………………………………… 501
  15.6.4 审查依据 ………………………………………………… 501
  15.6.5 审查内容 ………………………………………………… 501
  15.6.6 审查结论 ………………………………………………… 504
 15.7 设计定型部队试验大纲审查 ……………………………………… 504
  15.7.1 审查目的 ………………………………………………… 504
  15.7.2 审查时机 ………………………………………………… 505
  15.7.3 审查文件 ………………………………………………… 505
  15.7.4 审查依据 ………………………………………………… 505
  15.7.5 审查内容 ………………………………………………… 505
  15.7.6 审查结论 ………………………………………………… 519
 15.8 设计定型试验验收审查 …………………………………………… 520
  15.8.1 审查目的 ………………………………………………… 520
  15.8.2 审查时机 ………………………………………………… 520
  15.8.3 审查文件 ………………………………………………… 520
  15.8.4 审查依据 ………………………………………………… 520
  15.8.5 审查内容 ………………………………………………… 520
  15.8.6 审查结论 ………………………………………………… 533
 15.9 设计定型审查 ……………………………………………………… 535
  15.9.1 审查目的 ………………………………………………… 535
  15.9.2 审查时机 ………………………………………………… 535
  15.9.3 审查文件 ………………………………………………… 535
  15.9.4 审查依据 ………………………………………………… 536
  15.9.5 审查内容 ………………………………………………… 537
  15.9.6 审查结论 ………………………………………………… 537

参考文献 …………………………………………………………………… 551

第1章 概　　述

1.1 技术审查与评审

1.1.1 定义与分类

审查(Review)是指对产品的符合性进行的检查。示例：技术审查(含初步设计审查、关键设计审查等)、试验大纲审查、设计定型(鉴定)审查。设计定型试验大纲审查，需要对设计定型试验大纲规定的试验项目、试验内容、试验方法和试验判据进行审查，确保产品功能和性能的符合性。设计定型审查，需要按照《军工产品定型工作规定》和 GJB 1362A—2007《军工产品定型程序和要求》规定的产品设计定型标准和要求进行审查，确保产品符合研制总要求。

GJB 1405A—2006《装备质量管理术语》定义，评审(Review)是指为确定主题事项达到规定目标的适宜性、充分性和有效性所进行的活动。示例：管理评审、设计和开发评审、顾客要求评审和不合格评审。

审查与评审的英文单词相同，都是 Review。这两个词语在军工产品研制管理中很常见，很多人并不严格区分。在《现代汉语词典》(第 6 版)中，"审查"是指"检查核对是否正确、妥当"，"评审"是指"评议审查"。"审查"侧重于"查"，参照相关依据来检查工作是否正确、妥当，一般有硬性指标要求，如判定对战术技术指标要求的符合程度等，尽可能给出比较客观的结论。"评审"由于多了评议的工作，需要对被评对象的优缺点给出客观公允的评价意见，更侧重于"评"，专家主观能动性较大。

GJB 1405A—2006 定义，审核(Audit)是指为获得审核证据并对其进行客观的评价，以确定满足审核准则的程度所进行的系统的、独立的检查并形成文件的过程。

在系统工程管理中，技术审查是建立技术状态基线的重要活动。GJB 3273—1998《研制阶段技术审查》中明确的技术审查类型包括系统要求审查、系统设计审查、软件规格说明审查、初步设计审查、关键设计审查、测试准备审查、功能技术状态审核、物理技术状态审核、生产准备审查。

在现代工程管理实践中，评审作为一项有效的管理活动，在各个领域都得到了广泛应用。为了规范评审的管理,我国相关法规和标准将研制阶段的评审分成三个大类,即设计评审、工艺评审、产品质量评审。

设计评审是指为了评价设计结果达到规定目标的能力、对设计所作的综合的、有系统的并形成文件的审查。

工艺评审是指为了评价工艺设计满足设计要求及其合理性与经济性、可生产性与可检验性的能力,对工艺设计所做的正式、全面和系统的并形成文件的审查。

产品质量评审是指为了评价产品质量是否满足规定要求,对产品质量及其质量保证工作所作的正式、全面与系统并形成文件的审查。

1.1.2 作用意义

1. 评审活动为产品研制提供决策依据

研制立项综合论证评审结论是总部机关批准研制立项的决策依据;研制总要求评审结论是产品研制的决策依据;研制方案评审结论是产品实现的决策依据;转阶段审查结论是产品研制转阶段的决策依据;设计定型审查结论是批准产品设计定型的决策依据;生产定型审查结论是批准产品生产定型的决策依据。

2. 评审活动为产品研制提供成功保证

评审是一种"预防性"的管理活动。如对工程设计进行首次评审,旨在对方案设计的工作质量,以及设计的完整性、准确性、技术水平等方面征询专家意见,以便对设计进行修改、订正和补充。这样,就有可能在方案实施之前,发现设计的不足或缺陷,以便及时处理,避免损失和浪费。

评审是一种技术性很强的高水平专家咨询活动。评审活动一般都有各方面专家参加,除了与评审项目有关方面的本专业专家外,一般还应有系统专家、经济专家、材料专家、可靠性维修性测试性保障性安全性专家、质量管理专家以及使用方代表等,代表们运用各自的专业特长,对评审项目做出评价,提出评审意见,才能使被评审项目完善可靠。

3. 评审活动为产品研制降低成本

评审是一项具有较高经济性的技术管理活动。国内外开展评审的实践表明,开展评审活动不但可以加速设计、工艺和产品质量保证工作的成熟,而且能明显地降低研制成本和缩短研制周期,这是因为评审可以及早发现问题,及时修改更正,比推倒重来花费的代价小得多、时间少得多,这就使评审活动具有很高的经济性。

1.2 研制过程评审活动

1.2.1 论证阶段

1. 论证阶段主要任务

论证阶段的主要任务是通过论证和必要的试验,初步确定战术技术指标、总体技术方案以及初步的研制经费、研制周期和保障条件,编制武器系统研制总要求。

论证工作由使用方组织进行,使用方应根据武器装备研制中长期计划和武器装备的主要作战使用性能提出初步的战术技术指标以及经费、进度的控制指标,并据此邀请一个或数个持有武器装备许可证的单位进行多方案论证。

承研承制单位应根据使用方的要求,组织进行技术、经济可行性研究及必要的验证试验,向使用方提出可达到的战术技术指标和初步总体技术方案以及对研制经费、保障条件、研制周期预测的《可行性论证报告》。

使用方会同研制主管部门对各总体技术方案进行评审,对技术、经费、周期、保障条件等因素综合权衡后,选出或优化组合一个最佳方案并选定武器装备研制的单位,进行风险评估。应根据经论证的战术技术指标和初步总体技术方案,编制《研制总要求》和《研制总要求论证工作报告》。

论证工作结束时,使用方应会同研制主管部门将《研制总要求》(附《研制总要求论证工作报告》)按相关程序报国家有关部门进行审查。审查通过后,批准下达《研制总要求》作为后续阶段研制工作的基本依据。

2. 论证阶段评审活动

在论证阶段,需要按照 GJB 3660—1999《武器装备论证评审要求》、GJB/Z 72—1995《可靠性维修性评审指南》、GJB/Z 147—2006《装备综合保障评审指南》和装法〔2011〕2号文《武器装备研制生产使用国产军用电子元器件暂行管理办法》等法规和标准,完成下述评审活动:

a) 立项综合论证报告评审;
b) 主要电子元器件使用方案审查;
c) 研制总要求评审;
d) 使用国产军用电子元器件论证审查;
e) 论证阶段可靠性评审;
f) 论证阶段维修性评审;
g) 论证阶段测试性评审;

h) 论证阶段保障性评审；
i) 论证阶段安全性评审。

其中：b)项审查活动可以独立进行，也可与 a)项同时并行进行或结合进行；d)项审查活动可以独立进行，也可与 c)项同时并行进行或结合进行；e)~i)项评审活动可以独立进行，也可结合进行，还可与 c)项同时并行进行或结合进行。

1.2.2 方案阶段

1. 方案阶段主要任务

方案阶段的主要任务是根据经批准的《研制总要求》，开展武器系统研制方案的论证、验证，形成《研制任务书》。

方案论证、验证工作由承制方组织实施。承制方应按照《武器装备研制设计师系统和行政指挥系统工作条例》的要求，在方案阶段早期建立武器装备研制设计师系统和行政指挥系统，具体组织进行系统方案设计、关键技术攻关和新部件、分系统的试制与试验，根据装备的特点和需要进行模型样机或原理性样机的研制与试验工作。

使用方应根据已经批准的《研制总要求》按照《武器装备研制合同暂行办法实施细则》的规定，与承制方签订方案阶段的《研制合同》，通过合同的《技术规范》提出更加具体的战术技术指标要求；通过合同的《工作说明》提出更加明确的研制工作要求。

承制方应按照研制合同开展论证和验证工作，主要工作包括：

a) 按照 GJB 2116—1994《武器装备研制项目工作分解结构》对武器装备系统进行逐级分解，形成《工作分解结构》，为确定技术状态项、进行费用估算、进度安排和风险分析提供依据；

b) 根据主要战术技术指标、使用要求和初步的总体技术方案，按照 GJB 6387—2008《武器装备研制项目专用规范编写规定》制定《系统规范》，在《系统规范》经批准后建立功能基线；

c) 针对主要分系统、配套设备和保障设备，确定技术状态项，按照 GJB 6387—2008《武器装备研制项目专用规范编写规定》，编制技术状态项的《研制规范》，建立分配基线；

d) 按照 GJB 2737—1996《武器装备系统接口控制要求》制定《接口控制文件》；

e) 制定《研制工作总计划》（含计划网络图），提出影响总进度的关键项目和解决途径；

f) 制定《试验与评定总计划》（含系统、分系统和单项设备的试验计划），提出所需要的试验条件；

g) 提出研制经费的概算及产品成本、价格的估算;

h) 制定《风险管理计划》,汇总确定新技术、新产品、新材料和新工艺项目,按照 GJB 5852—2006《装备研制风险分析要求》,对其进行定量的评估,确认风险项目,制定相应的解决措施,编写《风险分析报告》,最大限度地降低研制风险;

i) 分析研制条件,提出研制所需的重大技术改进项目、技术引进项目;

j) 选定成品的承制单位(转承制方),签订成品研制合同;

k) 制定《综合保障计划》,按照 GJB 1371—1992《装备保障性分析》进行系统级和各保障要素级的《保障性分析》;

l) 制定《质量保证大纲》、《可靠性大纲》、《维修性大纲》、《测试性大纲》、《安全性大纲》、《标准化大纲》,开展质量、可靠性、维修性、测试性、安全性、标准化等工程工作;

m) 落实研制、协作、加工、物资、引进、技术改造、基本建设等计划;

n) 提出《试制工艺总方案》,并按照 GJB 1269A—2000《工艺评审》进行工艺评审工作;

o) 进行原理样机的设计、制造和审查;

p) 按照有关国家军用标准编制《研制任务书》。

2. 方案阶段评审活动

在方案阶段,需要按照 GJB 3660—1999《武器装备论证评审要求》、GJB 1310A—2004《设计评审》、GJB 1269A—2000《工艺评审》、GJB/Z 113—1998《标准化评审》、GJB/Z 72—1995《可靠性维修性评审指南》、GJB/Z 147—2006《装备综合保障评审指南》、GJB 2786A—2009《军用软件开发通用要求》和 GJB 438B—2009《军用软件开发文档通用要求》等标准完成下述评审活动:

a) 研制总体方案评审;

b) 详细设计方案评审;

c) 设计标准化方案评审;

d) 工艺标准化方案评审;

e) 工艺评审;

f) 方案阶段可靠性评审;

g) 方案阶段维修性评审;

h) 方案阶段测试性评审;

i) 方案阶段保障性评审;

j) 方案阶段安全性评审;

k) 软件开发技术评审。

其中:f)～j)项评审活动可以独立进行,也可结合进行,还可与 a)项或 b)项同时并行进行或结合进行;c)项、d)项和 e)项可以独立进行,也可结合进行,还可与 a)项或 b)项同时并行进行或结合进行。最经济的评审方式是,在研制总体方案评审会或详细设计方案评审会上,对上述各个方面进行全面评审,分组讨论形成分组评审意见,最后形成一个总的研制方案评审意见。

1.2.3 工程研制阶段

1. 工程研制阶段主要任务

工程研制阶段的主要任务是根据经批准的《研制任务书》进行武器装备的设计、试制和试验。

使用方和承制方应以研制任务书为依据,按照《武器装备研制合同暂行办法实施细则》的规定,签订工程研制阶段和设计定型阶段合同。应将有关《研制规范》纳入合同作为研制项目的技术依据;应将明确、具体的任务要求和管理要求纳入合同工作说明作为项目的工作和管理依据。

承制方应根据研制合同要求开展设计工作,主要任务包括:

a) 完成全套试制图样,按照 GJB 6387—2008《武器装备研制项目专用规范编写规定》编写《产品规范》、《工艺规范》、《材料规范》草案,并制定其他有关的技术文件;

b) 按照 GJB 1269A—2000《工艺评审》对试制图样进行工艺评审,评审设计的可生产性;

c) 进行软件的开发测试;

d) 完成样品试验件的制造和相应技术文件的编制;

e) 制定试生产计划,确定生产所需的人力、物力并计算试制批成本;

f) 设计、组织试制生产线;

g) 完善《综合保障计划》,进行各保障项目的设计、试验和鉴定。

应按照有关国家军用标准进行关键设计审查,以确定:系统预期的性能能否达到、技术关键是否已经解决、各类风险是否确已降低到可以接受的水平,试制生产是否已作好准备。在关键设计审查通过后,方可转入试制与试验。

承制方应根据研制合同要求,开展试制和试验工作,主要任务包括:

a) 进行试生产准备,开展工装的设计、生产、安装和调试工作;

b) 进行零件制造、部件装配、武器装备的总装和调试;

c) 进行各种类型的研制试验(如静力、动力、疲劳试验,各工程专门试验,系统软件测试,地面模拟试验等);

d) 开展武器装备的验证试验。

2. 工程研制阶段评审活动

在工程研制阶段,需要按照 GJB 1310A—2004《设计评审》、GJB 1269A—

2000《工艺评审》、GJB/Z 113—1998《标准化评审》、GJB/Z 72—1995《可靠性维修性评审指南》、GJB/Z 147—2006《装备综合保障评审指南》、GJB 907A—2006《产品质量评审》和装法〔2011〕2号文《武器装备研制生产使用国产军用电子元器件暂行管理办法》等法规和标准,完成下述评审活动:

a) 工艺总方案评审;
b) 工艺说明书评审;
c) 关键件重要件关键工序工艺文件评审;
d) 特殊过程工艺文件评审;
e) 新工艺新技术新材料新设备评审;
f) 工程研制阶段可靠性评审;
g) 工程研制阶段维修性评审;
h) 工程研制阶段测试性评审;
i) 工程研制阶段保障性评审;
j) 工程研制阶段安全性评审;
k) 设计标准化实施评审;
l) 工艺标准化实施评审;
m) 进口电子元器件国产化替代方案评审;
n) 软件开发技术评审;
o) 转阶段(C转S或S转D)审查。

这些评审可根据具体情况独立安排或结合安排。

1.2.4 设计定型阶段

1. 设计定型阶段主要任务

设计定型的主要任务是对武器装备性能和使用要求进行全面考核,以确认产品是否达到《研制任务书》和《研制合同》的要求。

设计定型阶段应最终确定《产品规范》、《工艺规范》和《材料规范》的正式版本,并形成正式的全套生产图样、有关技术文件及目录。

军工产品设计定型一般按照下列工作程序进行:

a) 申请设计定型试验;
b) 制定设计定型试验大纲;
c) 组织设计定型试验;
d) 申请设计定型;
e) 组织设计定型审查;
f) 审批设计定型。

设计定型工作的组织实施和审批权限,应按照《军工产品定型工作规定》和GJB 1362A—2007《军工产品定型程序和要求》的规定进行,具体说明如下。

按照规定的研制程序,产品满足GJB 1362A—2007《军工产品定型程序和要求》第5.2条规定的申请设计定型试验的条件时,承研承制单位应会同军事代表机构或军队其他有关单位向二级定委提出《设计定型试验申请报告》。

二级定委经审查认为产品已符合要求后,批准转入设计定型试验阶段,并确定承试单位。不符合规定要求的,将《设计定型试验申请报告》退回申请单位并说明理由。

承试单位依据研制总要求规定的战术技术指标、作战使用要求、维修保障要求和有关试验规范,并征求总部分管有关装备的部门、军兵种装备部、研制总要求论证单位、军事代表机构或军队其他有关单位、承研承制单位的意见,拟制《设计定型试验大纲》。承试单位将附有《设计定型试验大纲编制说明》的《设计定型试验大纲》呈报二级定委,并抄送有关部门。二级定委组织对《设计定型试验大纲》进行审查,通过后批复实施。一级军工产品设计定型试验大纲批复时应报一级定委备案。

《设计定型试验大纲》内容如需变更,承试单位应征得总部分管有关装备的部门、军兵种装备部同意,并征求研制总要求论证单位、军事代表机构或军队其他有关单位、承研承制单位的意见,报二级定委审批。批复变更一级军工产品设计定型试验大纲时,应报一级定委备案。

设计定型试验包括试验基地(含总装备部授权或二级定委认可的试验场、试验中心及其他单位)试验和部队试验,由承试单位严格按照批准的《设计定型试验大纲》组织实施。试验基地试验主要考核产品是否达到研制总要求规定的战术技术指标。部队试验主要考核产品作战使用性能和部队适应性,并对编配方案、训练要求等提出建议。部队试验一般在试验基地试验合格后进行。两种试验内容应避免重复。当试验基地不具备试验条件时,经一级定委批准,试验基地试验内容应在部队试验中进行。

在设计定型试验过程中出现下列情形之一时,承试单位应中断试验并及时报告二级定委,同时通知有关单位:

a) 出现安全、保密事故征兆;
b) 试验结果已判定关键战术技术指标达不到要求;
c) 出现影响性能和使用的重大技术问题;
d) 出现短期内难以排除的故障。

承研承制单位对试验中暴露的问题采取改进措施,经试验验证和军事代表机构或军队其他有关单位确认问题已经解决,承研承制单位提交《重大技术问题的技术攻关报告》，军事代表机构提交《质量问题报告》，承试单位向二级定委提出恢复试验或重新试验的申请，经批准后，由原承试单位实施试验。

承试单位做好试验的原始记录，包括文字数据记录、电子数据记录和图像音频记录等，并及时对原始记录进行整理，建立档案，妥善保管，以备查用。承试单位应向承研承制单位和使用部队提供相关试验数据。

试验结束后，承试单位应在30个工作日内完成《设计定型试验报告》，上报二级定委，并抄送总部分管有关装备的部门、军兵种装备部、研制总要求论证单位、军事代表机构或军队其他有关单位、承研承制单位等有关单位。一级军工产品设计定型试验报告，应同时报一级定委。

产品通过设计定型试验且符合规定的标准和要求时，承研承制单位进行全面总结，形成《质量分析报告》、《可靠性维修性测试性保障性安全性评估报告》、《标准化工作报告》、《价值工程和成本分析报告》以及《研制总结》。在整个研制过程中，军事代表机构对产品研制过程进行质量监督，对产品能否设计定型提出《军事代表机构对设计定型的意见》。

承研承制单位会同军事代表机构或军队其他有关单位向二级定委提出《设计定型申请报告》。承研承制单位与军事代表机构或军队其他有关单位意见不统一时，经二级定委同意，承研承制单位可以单独提出《设计定型申请报告》，军事代表机构或军队其他有关单位应提出《军事代表机构对设计定型的意见》。

必要时，在设计定型审查之前，二级定委可以派出设计定型工作检查组，检查设计定型工作准备情况、研制和试验过程中出现问题的解决措施落实情况，协调设计定型工作的有关问题。

产品设计定型审查由二级定委组织，通常采取派出设计定型审查组以调查、抽查、审查等方式进行。审查组由定委成员单位、相关部队、承试单位、研制总要求论证单位、承研承制单位（含其上级集团公司）、军事代表机构或军队其他有关单位的专家和代表，以及本行业和相关领域的专家组成。审查组组长由二级定委指定，一般由军方专家担任。

产品设计定型应符合下列标准和要求：

a) 达到批准的研制总要求和规定的标准；

b) 符合全军装备体制、装备技术体制和通用化、系列化、组合化的要求；

c) 设计图样（含软件源程序）和相关的文件资料完整、准确，软件文档符合GJB 438B—2009《军用软件开发文档通用要求》的规定；

d) 产品配套齐全，能独立考核的配套设备、部件、器件、原材料、软件已完成逐级考核，关键工艺已通过考核；

e) 配套产品质量可靠，并有稳定的供货来源；

f) 承研承制单位具备国家认可的装备科研、生产资格。

审查组按照产品设计定型标准和要求进行审查，讨论并通过《设计定型审查意见书》，审查组全体成员签署。审查组成员有不同意见时，可以书面形式附在《设计定型审查意见书》的审查结论意见之后。

对于一级军工产品，二级定委根据《设计定型审查意见书》，审议一级军工产品设计定型有关事宜，符合设计定型标准和要求的，向一级定委呈报批准设计定型的请示；不符合设计定型标准和要求的，提出处理意见，连同原提交的军工产品设计定型申请文件一并退回申请单位。一级定委专家咨询委员会对二级定委报送的《军工产品设计定型请示》进行审核，审核后向一级定委提出设计定型咨询意见。专家咨询委员会可参加二级定委组织的试验大纲评审、试验试用、定型审查等活动。一级定委对符合规定标准和要求的产品，按照规定的权限批准设计定型或报国务院、中央军委审批，下发批复；对不符合规定标准和要求的产品，提出处理意见，连同原报送的有关文件一并退回报送的二级定委。产品批准设计定型后，由一级定委颁发产品设计定型证书，由二级定委对有关设计定型文件加盖设计定型专用章。

对于二级军工产品，二级定委根据《设计定型审查意见书》，对二级军工产品设计定型进行审议并作出是否批准设计定型的决定，下发批复。产品批准设计定型后，由二级定委颁发产品设计定型证书，并对有关设计定型文件加盖设计定型专用章。

2. 设计定型阶段评审活动

在设计定型阶段，需要按照《军工产品定型工作规定》、《军用软件产品定型管理办法》、GJB 1362A—2007《军工产品定型程序和要求》、GJB/Z 170—2013《军工产品设计定型文件编制指南》、GJB 1310A—2004《设计评审》、GJB 1269A—2000《工艺评审》、GJB/Z 113—1998《标准化评审》、GJB 907A—2006《产品质量评审》等法规和标准，完成下述评审活动：

a) 设计定型功能性能试验大纲审查；

b) 设计定型功能性能试验报告审查；

c) 设计定型电磁兼容性（含电源特性）试验大纲审查；

d) 设计定型电磁兼容性（含电源特性）试验报告审查；

e) 设计定型环境鉴定试验大纲审查；

f) 设计定型环境鉴定试验报告审查；

g) 设计定型可靠性鉴定试验大纲审查；

h) 设计定型可靠性鉴定试验报告审查；

i) 设计定型基地试验大纲审查；

j）设计定型基地试验报告审查；

k）设计定型部队试验大纲审查；

l）设计定型部队试验报告审查；

m）软件定型测评大纲审查；

n）软件定型测评报告审查；

o）定型阶段可靠性评审；

p）定型阶段维修性评审；

q）定型阶段测试性评审；

r）定型阶段保障性评审；

s）定型阶段安全性评审；

t）设计标准化最终评审；

u）工艺评审；

v）归零评审；

w）设计定型阶段质量评审；

x）软件定型审查；

y）设计定型审查。

其中,o)～s)项评审活动可以结合进行。

1.2.5 生产定型阶段

1. 生产定型阶段主要任务

生产定型的主要任务是对产品批量生产条件和质量稳定情况进行全面考核,以确认产品是否达到批量生产的标准。

需要生产定型的军工产品,在完成设计定型并经小批量试生产后、正式批量生产之前,进行生产定型。生产定型的条件和时间,由定委在批准设计定型时明确。

军工产品生产定型一般按照下列工作程序进行：

a）组织工艺和生产条件考核；

b）申请部队试用；

c）制定部队试用大纲；

d）组织部队试用；

e）申请生产定型试验；

f）制定生产定型试验大纲；

g）组织生产定型试验；

h）申请生产定型；

  i) 组织生产定型审查；
  j) 审批生产定型。

  生产定型工作的组织实施和审批权限，应按照《军工产品定型工作规定》和GJB 1362A—2007《军工产品定型程序和要求》的规定进行，具体说明如下。

  总部分管有关装备的部门、军兵种装备部会同国务院有关部门和有关单位，按照生产定型的标准和要求，对承研承制单位的工艺和生产条件组织考核，并向二级定委提交《工艺和生产条件考核报告》。

  产品工艺和生产条件基本稳定、满足批量生产条件时，承研承制单位应会同军事代表机构或军队其他有关单位向二级定委提出《部队试用申请报告》。二级定委经审查认为已符合要求的，批准转入部队试用阶段，并与有关部门协商确定试用部队；不符合规定要求的，将《部队试用申请报告》退回申请单位并说明理由。

  试用部队根据装备部队试用年度计划，结合部队训练、装备管理和维修工作的实际拟制《部队试用大纲》，并征求有关部门、研制总要求论证单位、承研承制单位、军事代表机构或军队其他有关单位等单位的意见，报二级定委审查批准后实施。必要时，也可以由二级定委指定部队试用大纲拟制单位。

  部队试用大纲内容如需变更，试用部队应征得有关部门同意，并征求研制总要求论证单位、承研承制单位、军事代表机构或军队其他有关单位等单位的意见，报二级定委审批。批复变更一级军工产品部队试用大纲时，应报一级定委备案。

  试用部队在试用结束后 30 个工作日内完成《部队试用报告》，报二级定委，并抄送有关部门、研制总要求论证单位、军事代表机构或军队其他有关单位、承研承制单位等有关单位。其中，一级军工产品的部队试用报告同时报一级定委备案。

  对于批量生产工艺与设计定型试验样品工艺有较大变化，并可能影响产品主要战术技术指标的，应进行生产定型试验；对于产品在部队试用中暴露出影响使用的技术、质量问题的，经改进后应进行生产定型试验。承研承制单位会同军事代表机构或军队其他有关单位向二级定委以书面形式提出《生产定型试验申请报告》。承试单位按照与《设计定型试验大纲》类似的程序拟制和上报《生产定型试验大纲》。生产定型试验通常在原设计定型试验单位进行，必要时也可以在二级定委指定的其他试验单位进行。承试单位在试验结束 30 个工作日内出具《生产定型试验报告》。

  产品通过工艺和生产条件考核、部队试用、生产定型试验后，承研承制单位认为已达到生产定型的标准和要求时，进行全面总结，形成《质量管理报告》、《可靠性维修性测试性保障性安全性评估报告》、《工艺标准化审查报告》、《价值工程分析和成本核算报告》以及《试生产总结》。在整个研制过程中,军事代表机构对产品生产过程进行质量监督,形成《军事代表机构质量监督报告》,并对产品能否生产定型提出《军事代表机构对生产定型的意见》。承研承制单位会同军事代表机构或军队其他有关单位向二级定委提出《生产定型申请报告》,并抄送有关单位。

生产定型审查应成立生产定型审查组。审查组成员由有关领域的专家和定委成员单位、试用部队、承试单位、研制总要求论证单位、承研承制单位(含其上级集团公司)、军事代表机构或军队其他有关单位的专家和代表组成。审查组组长由二级定委指定,一般由军方专家担任。

产品生产定型应符合下列标准和要求:

a) 具备成套批量生产条件,工艺、工装、设备、检测工具和仪器等齐全,符合批量生产的要求,产品质量稳定;

b) 经工艺和生产条件考核、部队试用、生产定型试验,未发现重大质量问题,出现的质量问题已得到解决,相关技术资料已修改完善,产品性能符合批准设计定型时的要求和部队作战使用要求;

c) 生产和验收的技术文件和图样齐全,符合生产定型要求;

d) 配套设备和零部件、元器件、原材料、软件等质量可靠,并有稳定的供货来源;

e) 承研承制单位具备有效的质量管理体系和国家认可的装备生产资格。

审查组按照产品生产定型标准和要求进行审查,讨论并通过《生产定型审查意见书》,审查组全体成员签署。审查组成员有不同意见时,可以书面形式附在《生产定型审查意见书》的审查结论意见之后。

生产定型审批参照设计定型审批程序进行。

需要说明的是,对于三级和三级以下军工产品,以及一级和二级军工产品的设计改进,不进行设计定型,只进行设计鉴定,则其研制阶段一般划分为论证阶段、方案阶段、工程研制阶段、设计鉴定阶段和生产鉴定阶段。本书中所述的技术文件绝大部分也适用于设计鉴定和生产鉴定,只是在技术文件名称上进行相应调整,审批机关也相应调整为军兵种科研主管机关(一般为军兵种装备部)。

2. 生产定型阶段评审活动

在生产定型阶段,需要按照《军工产品定型工作规定》、《军用软件产品定型管理办法》、GJB 1362A—2007《军工产品定型程序和要求》、GJB 1269A—2000《工艺评审》、GJB/Z 113—1998《标准化评审》、GJB 907A—2006《产品质量评审》等法规和标准,完成下述评审活动:

a) 生产定型试验大纲审查;

b) 生产定型试验报告审查;

c) 生产定型部队试用大纲审查；

d) 生产定型部队试用报告审查；

e) 生产定型阶段可靠性评审；

f) 生产定型阶段维修性评审；

g) 生产定型阶段测试性评审；

h) 生产定型阶段保障性评审；

i) 生产定型阶段安全性评审；

j) 工艺标准化最终评审；

k) 生产定型阶段质量评审；

l) 生产定型审查。

表1.1给出军工产品研制技术审查与评审活动。

表1.1 军工产品研制技术审查与评审活动

研制阶段	评审名称	评审类型	评审依据
论证阶段	立项综合论证报告评审	论证评审	GJB 3660—1999
	主要电子元器件使用方案审查	专题评审	装法〔2011〕2号文
	研制总要求评审	论证评审	GJB 3660—1999
	使用国产军用电子元器件论证审查	专题评审	装法〔2011〕2号文
	论证阶段可靠性评审	专题评审	GJB/Z 72—1995
	论证阶段维修性评审	专题评审	GJB/Z 72—1995
	论证阶段测试性评审	专题评审	GJB/Z 72—1995
	论证阶段保障性评审	专题评审	GJB/Z 147—2006
	论证阶段安全性评审	专题评审	GJB 900A—2012
方案阶段	研制总体方案评审	设计评审	GJB 1310A—2004
	详细设计方案评审	设计评审	GJB 1310A—2004
	设计标准化方案评审	标准化评审	GJB/Z 113—1998
	工艺标准化方案评审	标准化评审	GJB/Z 113—1998
	工艺评审	工艺评审	GJB 1269A—2000
	方案阶段可靠性评审	专题评审	GJB/Z 72—1995
	方案阶段维修性评审	专题评审	GJB/Z 72—1995
	方案阶段测试性评审	专题评审	GJB/Z 72—1995
	方案阶段保障性评审	专题评审	GJB/Z 147—2006
	方案阶段安全性评审	专题评审	GJB 900A—2012
	软件开发技术评审	专题评审	GJB 2786A—2009

(续)

研制阶段	评审名称	评审类型	评审依据
工程研制阶段	工艺总方案评审 工艺说明书评审 关键件重要件关键工序工艺文件评审 特殊过程工艺文件评审 新工艺新技术新材料新设备评审	工艺评审	GJB 1269A—2000
	工程研制阶段可靠性评审	专题评审	GJB/Z 72—1995
	工程研制阶段维修性评审	专题评审	GJB/Z 72—1995
	工程研制阶段测试性评审	专题评审	GJB/Z 72—1995
	工程研制阶段保障性评审	专题评审	GJB/Z 147—2006
	工程研制阶段安全性评审	专题评审	GJB 900A—2012
	设计标准化实施评审	标准化评审	GJB/Z 113—1998
	工艺标准化实施评审	标准化评审	GJB/Z 113—1998
	进口电子元器件国产化替代方案评审	专题评审	装法〔2011〕2号文
	软件开发技术评审	专题评审	GJB 2786A—2009
	转阶段(C转S,S转D)审查	设计评审	GJB 1310A—2004
设计定型阶段	设计定型功能性能试验大纲审查	设计定型审查	GJB 1362A—2007
	设计定型功能性能试验报告审查	设计定型审查	GJB 1362A—2007
	设计定型电磁兼容性(含电源特性)试验大纲审查	设计定型审查	GJB 1362A—2007
	设计定型电磁兼容性(含电源特性)试验报告审查	设计定型审查	GJB 1362A—2007
	设计定型环境鉴定试验大纲审查	设计定型审查	GJB 1362A—2007
	设计定型环境鉴定试验报告审查	设计定型审查	GJB 1362A—2007
	设计定型可靠性鉴定试验大纲审查	设计定型审查	GJB 1362A—2007
	设计定型可靠性鉴定试验报告审查	设计定型审查	GJB 1362A—2007
	设计定型基地试验大纲审查	设计定型审查	GJB 1362A—2007
	设计定型基地试验报告审查	设计定型审查	GJB 1362A—2007
	设计定型部队试验大纲审查	设计定型审查	GJB 1362A—2007
	设计定型部队试验报告审查	设计定型审查	GJB 1362A—2007
	软件定型测评大纲审查	设计定型审查	GJB 6921—2009
	软件定型测评报告审查	设计定型审查	GJB 6922—2009
	定型阶段可靠性评审	专题评审	GJB/Z 72—1995

(续)

研制阶段	评审名称	评审类型	评审依据
设计定型阶段	定型阶段维修性评审	专题评审	GJB/Z 72—1995
	定型阶段测试性评审	专题评审	GJB/Z 72—1995
	定型阶段保障性评审	专题评审	GJB/Z 147—2006
	定型阶段安全性评审	专题评审	GJB 900A—2012
	设计标准化最终评审	标准化评审	GJB/Z 113—1998
	工艺评审	工艺评审	GJB 1269A—2000
	归零评审	产品质量评审	GJB 907A—2006
	设计定型阶段质量评审	产品质量评审	GJB 907A—2006
	软件定型审查	设计定型审查	军定〔2005〕62 号
	设计定型审查	设计定型审查	GJB 1362A—2007
生产定型阶段	生产定型试验大纲审查	生产定型审查	GJB 1362A—2007
	生产定型试验报告审查	生产定型审查	GJB 1362A—2007
	生产定型部队试用大纲审查	生产定型审查	GJB 1362A—2007
	生产定型部队试用报告审查	生产定型审查	GJB 1362A—2007
	生产定型阶段可靠性评审	专题评审	GJB/Z 72—1995
	生产定型阶段维修性评审	专题评审	GJB/Z 72—1995
	生产定型阶段测试性评审	专题评审	GJB/Z 72—1995
	生产定型阶段保障性评审	专题评审	GJB/Z 147—2006
	生产定型阶段安全性评审	专题评审	GJB 900A—2012
	工艺标准化最终评审	标准化评审	GJB/Z 113—1998
	生产定型阶段质量评审	质量评审	GJB 907A—2006
	生产定型审查	生产定型审查	GJB 1362A—2007

1.3 评审活动的组织管理

1.3.1 提出申请

1. 制定评审计划

拟评审单位制定评审计划,包括会议时间、会议议程、评审资料、拟邀请参加评审会议单位等。

2. 准备评审资料

项目组撰写评审资料并协调相关单位提供评审资料,包括在大会上报告的技术文件和供查阅的技术文件等。

3. 上报评审申请

拟评审单位和军事代表机构联合上报评审会议申请,同时提供评审资料。

1.3.2 发出通知

1. 审查评审资料

主管机关或由主管机关委派专业技术人员对评审资料进行初步审查,检查评审资料是否完整、准确、协调、规范,是否贯彻执行了相关标准,对发现的问题提出修改意见。如果发现提供的评审资料不符合要求可退回,并要求重新提供评审资料,直到符合规定的要求。

2. 确定参加评审会议单位

主管机关在被评单位初步拟定的参加评审会议单位名单基础上,根据需要进行增补或删减,确定参加评审会议单位。如有特邀专家,应在对应的单位上注明。

3. 确定会议时间和地点

综合考虑主管机关和相关机关人员工作实际情况、被评单位实际情况、项目研制进度要求,主管机关与被评单位协商确定会议时间和地点。确定会议时间时,要考虑会议通知发送时间和参加会议单位专家准备时间,一般需要预留一个星期至半个月的时间。

4. 拟制会议通知

会议通知通常由主管机关拟制,根据实际情况,也可受主管机关委托,由被评单位拟制。

5. 发出会议通知

一般通过正常渠道发出会议通知,同时可通过电话通知确认。

1.3.3 会前准备

1. 接待会议代表

接待参加会议的代表,应热情服务、周到细致,避免出现对部分代表热情、对其他代表冷淡的情况。在与会代表签到时,登记返程时间,预订车票机票,并告知有关注意事项。

2. 准备评审资料

将复印好的评审资料、笔记本(或纸)、笔装包,达到分发状态。评审资料必须是经过签署的技术文件,宜装订成册。

应准备好报告用的PPT。PPT应形象直观,图文并茂,文字说明宜简明扼要,使用黑体,大字号,每页最好控制在10行以内,且文字与背景的搭配应具有良好的对比度,便于会议代表观看。

同时,还应准备评审意见初稿。提供一份恰当的评审意见初稿,是提高效率的有效途径,这样,评审组就有更多时间充分质询讨论技术内容。

3. 布置会场

会场布置,一般应挂好会议名称横幅,调试好计算机投影仪,合理安排好座次。会场基本布置好以后,会议责任人和主管机关人员宜进行检查,避免出现横幅上的会议名称错误、计算机与投影仪不匹配、座次安排不妥等情况。

4. 召开预备会议

主管机关主持召开预备会议,被评单位、军事代表机构、相关单位代表参加,协调确定评审组组长(含副组长)、核实会议议程以及其他重要事项。

5. 印制会议手册

根据预备会议明确的事项,印制会议手册,示例如图1.1所示,含会议须知、会议议程、会议代表名单和评审组专家名单等内容。

1.3.4 召开会议

1. 主管机关主持会议开幕式

主管机关主持会议开幕式,宣布会议开始,可先提出保密要求,然后简要介绍项目背景和评审目的。之后,按照会议议程安排,依次进行下述议程:

议程1:介绍会议代表。主持人按照会议手册提供的会议代表名单,逐一介绍会议代表。会议代表名单先后顺序,通常按照编制序列排列(一般顺序是机关、部队、院校、研究所、工厂,先军方后地方,最后是被评单位)。

议程2:请领导致辞。通常主持人在会前征求与会机关领导的意见,确定是否在开幕式上讲话。对于特别重要的会议,机关领导将为开好评审会讲话作指示,强调项目的重要性,评审工作的意义,对评审工作提出要求;对于一般会议,机关领导通常不在开幕式上讲话(通常在闭幕式上讲话)。机关领导讲话后(或机关领导不讲话),请被评单位领导致辞。被评单位领导致辞一般表达三层意思:对各位领导、专家和代表与会表示欢迎和感谢;简要说明单位领导对该项目的重视,说明按照军工产品研制程序已完成的主要工作,请与会领导和专家对被评项目进行认真的评审把关,指出存在的问题,多提宝贵的意见和建议;向会务组提出要求,做好对与会领导和专家意见的答复和记录工作以及其他各项会务保障工作。领导致辞宜言简意赅。

内部资料
会后收回

×××(产品名称)设计定型审查会
会议手册

×××(研制单位名称)
二○××年××月××日

图1.1　会议手册示例

会议须知

尊敬的领导、专家、代表:您好!

欢迎莅临北京参加会议。为了您顺利参加各项会议活动,会务组请您注意如下事宜。祝您工作愉快!

一、保密要求

1. 本次会议密级为机密级(或秘密级),请各位代表遵守保密规定;
2. 严禁将移动电话带入会议会场;
3. 严禁私自录音、摄像、拍照;
4. 会议资料对号发放,会后收回,严禁会议期间带离会场;
5. 使用保密记录本或会议专用记录本记录会议内容,并妥善保管;
6. 如发现异常情况,烦请及时通知会务组。

二、会议时间和地点

会议时间:20××年××月××日上午9:00开会,下午14:30开会

会议地点:培训中心五层 A2 会议室

三、用餐时间和地点

早餐 07:30　×××(用餐地点)

中餐 12:00　×××(用餐地点)

晚餐 18:00　×××(用餐地点)

用餐地点如有变化,将另行通知。

四、会务组织

会务组竭诚为您提供服务。会务组设在501房间,有事请与会务组联系。

会务组座机　××××××××

联系人手机　×××　×××××××××

　　　　　　×××　×××××××××

20××年××月××日

图 1.1(续)　会议手册示例

×××(产品名称)设计定型审查会议程

时间	会议议程	主持人
	1. 介绍会议代表	二级定委办公室
	2. 领导致辞	
	3. 宣布审查组组成和分工	
	4. 大会报告 先观看产品设计定型录像片； a) 研制单位作《研制总结》； b) 研制单位作《质量分析报告》； c) 研制单位作《标准化工作报告》； d) 承试单位作《设计定型基地试验报告》； e) 承试部队作《设计定型部队试验报告》； f) 总体单位作《产品使用评议书》； g) 军事代表室作《军事代表对产品设计定型的意见》； h) 性能测试组作《功能性能测试报告》； i) 文件审查组作《设计定型文件审查意见》	审查组组长
	5. 专家审查文件资料、质询讨论	
	6. 形成审查意见	
	7. 通过审查意见	
	8. 机关领导讲话	二级定委办公室
	9. 产品研制单位领导讲话	

图 1.1(续) 会议手册示例

×××(产品名称)设计定型审查会代表名单

序号	姓 名	工作单位	职务/职称
1			
2			
3			
4			
5			
6			
7			
8			
9			
10			
11			
12			
13			
14			
15			
16			
17			
18			
19			
20			
21			
22			
23			
24			
25			
26			

图 1.1(续)　会议手册示例

×××(产品名称)设计定型审查组专家名单

序号	组内职务	姓 名	工作单位	职 称
1	组 长			
2	副组长			
3	组 员			
4				
5				
6				
7				
8				
9				
10				
11				
12				
13				
14				
15				
16				
17				
18				
19				
20				
21				
22				
23				
24				
25				
26				

图 1.1(续) 会议手册示例

议程3：宣布评审组组成和分工。主持人按照会议手册提供的评审组名单，宣布评审组组成，提出拟请担任评审组组长（含副组长）人选，并征求会议代表意见，通过评审组组长（含副组长）人选。有的会议，还需要按专业分组开会，或者需要成立文件审查组和性能测试组分别开展工作，应确定分组组长和成员。

宣布评审组组成和分工后，主管机关主持人可提出评审要求，请评审组组长（含副组长）主持评审。

2. 评审组组长主持评审

评审组组长（含副组长）开始主持会议，可根据评审对象的具体情况，先提出详细的评审要求。然后按照会议议程安排，依次进行下述议程：

议程4：大会报告。请被评单位和项目相关单位作大会报告。大部分评审会，只有一个大会报告；有些评审会，有多个大会报告，如设计定型（鉴定）审查会，有研制单位作的《研制总结》《质量分析报告》《标准化工作报告》，承试单位作的《设计定型（鉴定）基地试验报告》，试验部队作的《设计定型（鉴定）部队试验报告》，总体单位作的《产品使用评议书》，军事代表室作的《军事代表对军工产品设计定型（鉴定）的意见》，性能测试组作的《功能性能测试报告》，文件审查组作的《设计定型（鉴定）文件审查意见》等。有多个大会报告时，为节省时间，主持人可提醒报告者不要重复前面报告中已报告过的内容。

议程5：专家审查文件资料、质询讨论。评审组专家对会议提供的评审文件资料（含大会报告文件和备查资料）进行审查，对存疑的问题提出质询，对发现的问题提出质疑，被评单位做好记录并做出答复。被评单位应填写修改意见汇总表，及时对专家提出的修改意见进行归纳整理，提出采纳、部分采纳或解释的处理意见，最后经评审组确认如实反映了专家的意见，并且处理方法恰当。审查组专家修改意见汇总示例见表1.2。值得注意的是，审查和评审通常采用不同的方式，试验大纲审查类等审查会一般针对会议提供的技术文件进行逐段审查，确保每段文字准确无误；研制方案评审类等评审会一般请与会专家逐个发言，提出自己的评议意见或建议，确保每位专家得以充分表达自己的意见。

表1.2 审查组专家修改意见汇总

序号	修改意见	提出单位或个人	处理意见
1			
2			
...			

议程6：形成评审意见。在评审组专家已充分表达意见和建议的基础上，主持人主持，各位专家参与，对被评单位提供的评审意见初稿逐字逐句进行修改完

善,形成最终的评审意见。形成评审意见时,应注意评价的准确性,文字的规范性,并附上评审组专家提出的修改意见。

议程7:通过评审意见。在评审组专家达成一致意见后,(视情)从头至尾通读一遍评审意见,再次询问各位专家有无不同意见。如果没有不同意见,以鼓掌的形式表示(有些情况下,以举手表决的方式)通过评审意见,会务组请评审组专家和其他会议代表签字;如果个别专家有不同意见,可以保留,将不同意见以书面形式附在评审意见之后。

评审组组长向评审组专家表示感谢,将会议主持权交回主管机关。

3. 主管机关主持会议闭幕式

主管机关主持会议闭幕式,对评审组表示感谢,按照会议议程安排,依次进行下述议程:

议程8:机关代表讲话。主持人分别请工业部门主管机关和军方主管机关领导讲话。机关领导讲话内容通常包括对项目评审情况进行讲评,对业务范围内最关心的需要改进的问题提出明确意见,对后续工作提出原则要求,对需要得到己方支持才能顺利开展的相关工作表示积极支持。对于设计定型审查会等特别重大的会议,工业部门主管机关和军方主管机关需要分别准备正式的讲话稿。

议程9:被评单位领导致辞。主持人请被评单位领导讲话。被评单位领导讲话一般表达三层意思:对各位领导、专家和代表在评审活动中付出的辛勤劳动表示感谢,要求项目组按照评审组专家提出的修改意见和建议对评审文件资料进一步修改完善,并落实到具体研制过程;按照机关领导的指示要求和军工产品研制程序,完成好下一步研制工作,确保研制质量;恳请各位领导、专家和代表继续指导帮助被评单位的研制工作。

最后,主持人强调安全保密注意事项,宣布会议结束,请会务组介绍会务工作安排。

1.3.5 上报结果

1. 修改技术文件

项目组应根据评审会专家提出的改进意见和建议逐条落实改进措施,修改完善技术文件,并按照技术文件管理规定,办理审批手续。

2. 上报评审结果

被评单位拟制红头文件,附上修改好的技术文件、评审意见、会议代表签字名单、评审组专家签字名单等材料,按照要求上报主管机关。

3. 批复评审结果

主管机关对上报的技术文件进行复核,办理批复事项,上报并抄送有关单位。

4. 技术文件归档

项目组按照技术文件管理规定，将评审有关文件资料归档。

1.4 设计定型文件的编制要求

军工产品研制技术审查与评审，通常是对技术文件进行审查或评审，有时也对照技术文件与产品实物进行审查或评审。GJB/Z 170—2013《军工产品设计定型文件编制指南》规定了设计定型文件编制要求，为减少重复工作，提高效率，建议军工产品承制单位从立项开始就按照 GJB/Z 170—2013 的相关要求编制技术文件。如果承制单位质量管理体系文件规定与此不一致，则建议按照国军标要求进行修订。

GJB/Z170—2013《军工产品设计定型文件编制指南》分为18个部分，包括：

a) 第1部分:总则；

b) 第2部分:设计定型审查意见书；

c) 第3部分:设计定型申请；

d) 第4部分:研制总结；

e) 第5部分:设计定型基地试验大纲；

f) 第6部分:设计定型基地试验报告；

g) 第7部分:设计定型部队试验大纲；

h) 第8部分:设计定型部队试验报告；

i) 第9部分:军事代表对军工产品设计定型的意见；

j) 第10部分:重大技术问题攻关报告；

k) 第11部分:标准化工作报告；

l) 第12部分:标准化审查报告；

m) 第13部分:可靠性维修性测试性保障性安全性评估报告；

n) 第14部分:电磁兼容性评估报告；

o) 第15部分:质量分析报告；

p) 第16部分:价值工程和成本分析报告；

q) 第17部分:各种配套表明细表汇总表和目录；

r) 第18部分:设计定型录像片。

GJB/Z 170.1—2013《军工产品设计定型文件编制指南第1部分:总则》，规定了军工产品设计定型文件编制的依据、原则、主题内容、时机和要求，适用于军工产品设计定型文件中17种文件的编制，军工产品鉴定文件的编制可参照执行。虽然 GJB/Z 170.1—2013 仅规定了军工产品设计定型文件编制要求，实际上对研制过程中其他技术文件的编制也具有指导作用。下面介绍 GJB/Z 170.1—2013 对技术文件的编制要求。

1.4.1 技术文件

技术文件的编制应符合以下要求：

a) 技术文件的编制结构样式如图 1.2 所示。内容一般包括：硬质封面(合订本)、封面、签署页、目次页、正文、附录和参考文献等部分。其中正文和附录等的章、条、表格、图、公式、量、单位等的编写应符合 GJB 0.1—2001《军用标准文件编制工作导则 第 1 部分：军用标准和指导性技术文件编写规定》中第 7 章的规定；目次的编排应符合 GJB 0.1—2001 中 6.2 条的要求。

b) 技术文件幅面宜采用 A4(297mm×210mm)规格纸张，上下边距分别为 25mm，左右边距分别为 30mm。

c) 合订本的硬质封面结构样式如图 1.3 所示。内容应包括：定型文件、产品名称(全称)、共×册、第×册、研制单位名称(全称)等。

d) 单本的封面结构样式如图 1.4 所示。内容应包括：定型文件、文件名称(全称)、共×册、第×册、研制单位名称(全称)、密级、日期等。

e) 签署页的结构样式如图 1.5 所示。内容应包括：文件名称(全称)、密级、签署页、编制、校对、审核、标审、会签、批准等栏目，并应注明日期。

f) 技术文件内容等的其他编制要求，应符合 GJB/Z 170—2013 各部分的规定。

1.4.2 产品图样

产品图样的绘制应符合以下要求：

a) 图样内容一般包括：封面、扉页、正文等部分；

b) 图样为蓝图；

c) 图样合订本的硬质封面样式如图 1.3 所示；

d) 扉页的样式如图 1.6 所示；

e) 行业图样管理制度。

1.4.3 产品照片

产品照片的编制应符合以下要求：

a) 产品照片应独立成册，幅面为 120mm×90mm 或 240mm×180mm。分辨率应为 800 万(3264×2448)像素(含)以上。

b) 产品照片应能反映产品全貌、主要侧视面、主要组成部分、主要工作状态(战斗状态和行军状态等)和作战效能等。

1.4.4 字号字体与行间距

1. 公文

公文文件的字号字体与行间距按相关规定执行。

2. 技术文件

技术文件的字号、字体与行间距应符合以下要求：

a) 硬质封面、封面和签署页的字号与字体如图1.3～图1.5所示；
b) 前言、目次等字样采用三号黑体，条文采用小四号宋体；
c) 正文文本一般采用小四号宋体（也可按需采用四号宋体）；
d) 正文文本行间距为21磅；
e) 正文的章、条编号和标题采用四号黑体；
f) 图的编号和图题采用五号黑体；
g) 表的编号和表题采用五号黑体；
h) 表中的文字和数字采用小五号宋体；
i) 图注、图的脚注采用小五号宋体；
j) 附录编号、规范性附录、资料性附录、参考文献、索引等字样采用五号黑体。

1.4.5 标识与签署

设计定型文件的标识与签署等应符合以下要求：

a) 图样、简图的编号应按照各行业图样管理规定，其他技术性定型文件的编号标识应符合研制项目的规定；
b) 设计定型文件的关键件、重要件特性的标注应符合GJB 190—1986《特性分类》的规定；
c) 设计定型文件中选用的标准件、外协件和外购件等的标注应完整、正确，并符合有关标准的规定；完整的标注包括：产品名称、型号、规格、标准号或产品标准；进口的元器件应注明国名（地区）；
d) 图样的更改，应当改、换底图，换发蓝图；
e) 设计定型文件的封面应有"设计定型"标识；
f) 设计定型文件的签署程序、签署要求应当符合各行业管理制度和研制项目的具体规定，并且完整、有效；
g) 设计定型文件除具有纸质文件外，还应按GJB 5159—2004《军工产品定型电子文件要求》的要求制作相应的军工产品定型电子文件。

1.4.6 设计定型文件的装订要求

设计定型文件的装订应符合以下要求：

a) 技术文件和产品图样一般要分别装订；
b) 技术文件要分类装订成册，每册要有目录，厚度不应超过25mm；
c) 图样应装订成册，并编张号，每册厚度不应超过50mm；
d) 设计定型文件一般采取穿线装订，产品技术说明书、使用维护说明书等也可以按照图书装订；
e) 设计定型文件成册后应有硬质封面，不应用塑料和漆布面，封面为天蓝色。

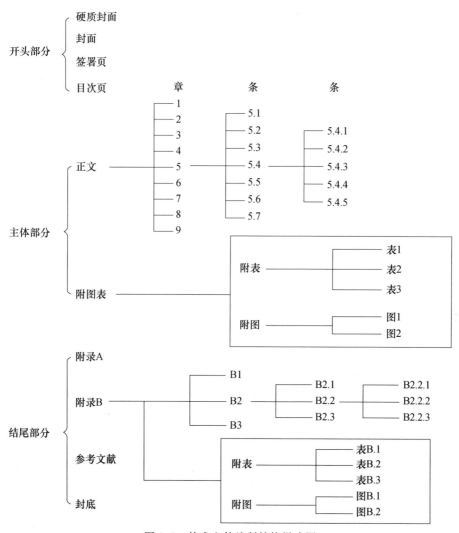

图1.2 技术文件编制结构样式图

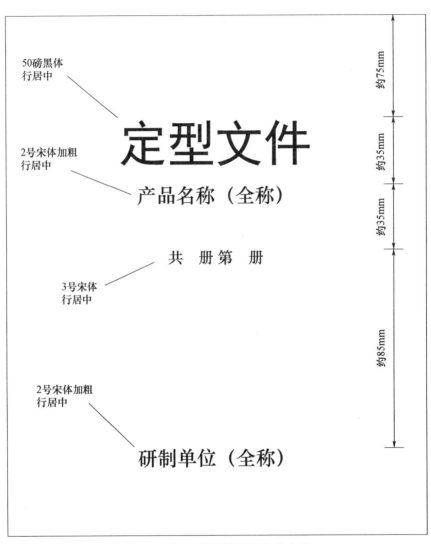

图 1.3 合订本硬质封面结构样式图

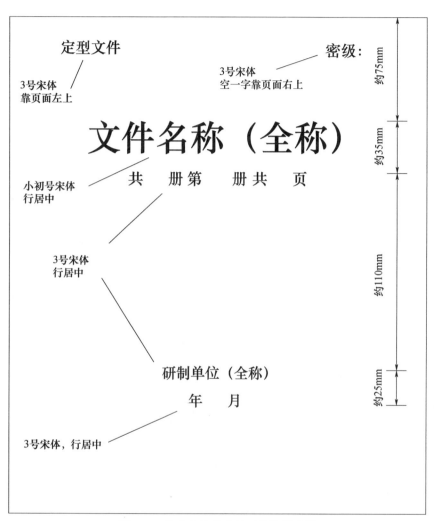

图 1.4　技术文件单本封面结构样式图

密级：

(小3号宋体)

文件名称（全称）

(1号宋体，居中)

签署页

(小2号宋体，居中)

编制：_____ 日期：_____

校对：_____ 日期：_____

审核：_____ 日期：_____

标审：_____ 日期：_____

会签：_____ 日期：_____

批准：_____ 日期：_____

(小3号宋体，居中)

约75mm　约30mm　约55mm　约90mm

图 1.5　定型文件签署页样式

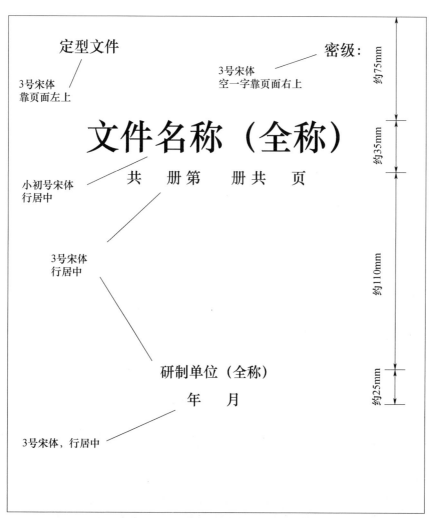

图 1.6 图样扉页结构样式图

1.5 评审方法

1.5.1 审查评审标准

技术审查与评审,实际上是针对技术文件内容的审查与评审。对技术文件的评价标准,可以用完整、准确、协调、规范来概括。

1. 完整

技术文件的完整性包括技术文件齐套性、文件结构完整性、文件内容完整性等几个方面。

产品研制过程形成的技术文件,在数量上要符合相关规定,该有的文件必须有。产品设计定型时,必须按照 GJB 1362A—2007《军工产品定型程序和要求》准备好 23 类文件;产品生产定型时,必须按照 GJB 1362A—2007 准备好 22 类文件。对于产品鉴定,可按照有关规定或参照 GJB 1362A—2007 准备技术文件。

对于一个技术文件,在结构上应当完整,不能缺项;在文件内容上应当完整,提供必要的客观数据。该阐述的内容没有阐述,有可能造成重大损失。《军工产品研制技术文件编写指南》、《军工产品研制技术文件编写说明》和《军工产品研制技术文件编写范例》提供了技术文件目次格式、编写说明和编写范例,大部分是依据《常规武器装备研制程序》、《中国人民解放军装备条例》、《军工产品定型工作规定》等法规规定和 GJB 1362A—2007《军工产品定型程序和要求》、GJB/Z 170—2013《军工产品设计定型文件编制指南》等国家军用标准编写的,在文件结构上可为读者提供一个比较完整的编写指导。

2. 准确

准确主要指用词准确,用句准确,以及定性与定量准确。技术文件是为了客观描述产品技术状态,交流产品研制信息。所以,它对事物、事理、思想信息的特征、本质及其规律必须用准确的语言表述出来,来不得丝毫的夸大、虚假;否则就会造成费解、误会,甚至出现错误或造成损失。

3. 协调

协调包括各个技术文件之间的协调、技术文件内部的协调两个方面。各个技术文件之间,有关战术技术指标和使用要求的内容应保持一致,对战术技术指标和使用要求的逐级分解,应相互协调。在技术文件内部之间,前后提及的同一个客观数据应保持一致,相关数据之间应保持协调。

4. 规范

一个产品的所有技术文件内,使用的语言文字,名词术语、人名、地名、机构名称,量和计量单位,公式,插图,表格,数字用法及数值范围,标点符号,外文字体,注释和附录,符号、代号和缩略语,引用文件和参考文献等都应符合规范要求。具体要求详见《军工产品研制技术文件编写指南》第2章。

1.5.2 审查评审方式

技术审查/评审组组长可采取下述3种方式主持会议,针对不同的审查评审对象,发挥专家作用,提高会议效率,确保在有限的时间内圆满完成技术审查评审任务。对一个组长来说,准确把握这一点尤其重要,切不可将本应对逐段文字内容进行审查评审的会议,采用逐位专家发言审查评审方式。

1. 逐位专家发言审查评审方式

由组长引导,请与会专家代表逐个发言,对整个技术文件(不论文字内容顺序)提出自己的评议意见或建议,经质询讨论后,纳入专家修改意见汇总表。研制方案评审类等评审会一般采用这种方式。

这种方式的优点是:可以直接指出技术文件中存在的主要问题,专家发言灵活性大,可确保每位专家充分表达自己的意见。这种方式的缺点是:在专家代表较多时所需评审时间长,对技术文件的修改建议不一定全面,可能有疏漏。

2. 逐段文字内容审查评审方式

由组长引导,逐段对文字内容进行审查,请与会专家代表发表意见,提出修改建议,经质询讨论后,由组长确定修改意见,然后转入下一段文字内容的审查。试验大纲审查类等审查会一般采用这种方式。

这种方式的优点是:有利于技术文件的修改完善,确保修改后每段文字准确无误。这种方式的缺点是:在技术文件页数较多时所需审查时间长,特别是审查组组长工作量大。

3. 宏观评价与逐段文字内容相结合的审查评审方式

首先安排一定的时间请与会专家代表自由发言,对技术文件进行宏观评价,指出存在的主要问题;然后由组长引导,逐段对文字内容进行审查,请与会专家代表发表意见,提出修改建议,经质询讨论后,由组长确定修改意见,然后转入下一段文字内容的审查。

这种方式结合了前两种评审方式的优点,可发现技术文件中存在的主要问题,并确保修改后每段文字准确无误,做到重点突出,细节准确。这种方式的缺点是:所需审查时间更长,审查组组长工作量大。

1.5.3 审查评审方法

1. 宏观审查

审查技术文件幅面是否符合规定,名称与内容是否相符,页数是否齐全,有无签署,提供的文件资料是否齐全、配套。

2. 格式审查

审查封面、正文、标题、公式、表格、插图是否符合技术文件格式要求。

3. 完整性审查

审查技术文件内容是否完整。

4. 统一性审查

审查名词术语、计量单位及符号是否统一,是否符合有关标准规定。

5. 内容审查

审查技术文件内容是否正确,指标是否合适,方法是否科学,有无矛盾之处。

6. 图形审查

审查技术文件是否符合机械制图标准和电气与电子符号标准。

7. 文字审查

审查技术文件是否做到了层次分明,语言通顺,用词正确,用语得当,文字简练,标点清楚。

第 2 章　论证评审

2.1　概　　述

2.1.1　论证工作要求

《武器装备质量管理条例》规定,武器装备论证质量管理的任务是保证论证科学、合理、可行,论证结果满足作战任务需求。军队有关装备部门组织武器装备的论证,并对武器装备论证质量负责。武器装备论证单位应当制定并执行论证工作程序和规范,实施论证过程的质量管理。武器装备论证单位应当根据论证任务需求,统筹考虑武器装备性能(含功能特性、可靠性、维修性、保障性、测试性和安全性等)、研制进度和费用,提出相互协调的武器装备性能的定性定量要求、质量保证要求和保障要求。武器装备论证单位应当征求作战、训练、运输等部门和武器装备研制、生产、试验、使用、维修等单位的意见,确认各种需求和约束条件,并在论证结果中落实。武器装备论证单位应当对论证结果进行风险分析,提出降低或者控制风险的措施。武器装备研制总体方案应当优先选用成熟技术,对采用的新技术和关键技术,应当经过试验或者验证。武器装备论证单位应当拟制多种备选的武器装备研制总体方案,并提出优选方案。军队有关装备部门应当按照规定的程序,组织作战、训练、运输等部门和武器装备研制、生产、试验、使用、维修等单位对武器装备论证结果进行评审。

武器装备论证可以根据不同的研究对象和论证任务,分为发展战略论证、体制系列论证、规划计划论证、型号论证和专题论证5种类型。

武器装备论证工作需要遵循GJBz 20221—1999《武器装备论证通用规范》系列标准,包括：

GJBz 20221.1—1999《武器装备论证通用规范　总则》；
GJBz 20221.2—1999《武器装备论证通用规范　术语》；
GJBz 20221.3—1999《武器装备论证通用规范　发展方向重点论证》；
GJBz 20221.4—1999《武器装备论证通用规范　体制系列论证》；
GJBz 20221.5—1999《武器装备论证通用规范　作战使用性能论证》；

GJBz 20221.6—1999《武器装备论证通用规范 战术技术指标论证》。

GJBz 20221—1999《武器装备论证通用规范》规定了武器装备论证的原则、要求和工作程序、术语和武器装备发展方向重点、体制系列、作战使用性能、战术技术指标论证的通用要求。

2004年,GJB 5283—2004《武器装备发展战略论证通用要求》代替GJBz 20221.3—1999,规定了武器装备发展战略论证依据、主要内容和论证文件编写的通用要求。

2009年,发布了GJB 6878—2009《武器装备作战需求论证通用要求》,规定了武器装备作战需求论证的类型、任务、原则、依据、内容、方法,方案内容和重点,工作程序等通用要求。

武器装备论证应遵循必要性原则、可行性原则、先进性原则、经济性原则、系统性原则、标准化原则和对比选优原则。

论证过程中,要进行广泛调查研究和收集资料,对每一目标的确立、方案选择、分析和评价等,都应以相当充分的国内外最新资料作依据。对于所引证的资料应进行科学分析和鉴别,必要时还应得到本专(行)业领域内权威机构或有关专家的鉴定认可,确保资料的可信性。

要认真总结武器装备发展和作战使用中的经验教训,并全面分析和评估已有武器装备的使用性能和作战效能。在分析评估的基础上,针对已有武器装备发展中的薄弱环节提出科学合理的对策方案,以使论证提出的各项结论、要求有牢固的实践基础。

论证研究要定性、定量要求相结合,在定性分析的基础上通过经验比较、量化分析及计算机模拟等,对拟定的方案进行综合评价和分析比较,并不断修改和完善论证方案,提高论证结论的准确性。

要充分利用先进手段和设备,运用严密的科学方法进行研究,必要时进行验证试验,以提高论证的先进性和科学性。

要充分掌握对高新技术成果的应用情况,并对发展趋势进行预测,及时采用高新技术研究成果,使论证和提出的新型(或改型)武器装备性能先进,具有可装备性和可使用性。

武器装备论证工作一般分为任务下达阶段、论证研究阶段、审查与报批阶段、归档阶段4个阶段。每一阶段都有其特定任务和目标,一般情况下只有完成前一阶段的任务后方可转入下一阶段工作,特殊情况下,可根据具体论证项目的特点和要求,将各阶段工作互相交叉进行,但最后都应达到GJBz 20221—1999《武器装备论证通用规范》规定的要求。

2.1.2 论证评审要求

武器装备研制论证阶段的主要论证任务是研制立项综合论证和研制总要求论证。

《武器装备质量管理条例》规定,军队有关装备部门应当按照规定的程序,组织作战、训练、运输等部门和武器装备研制、生产、试验、使用、维修等单位对武器装备论证结果进行评审。

论证评审是对论证文件的完整性、正确性、合理性进行全面系统的审查,并作出评审结论,为主管部门决策提供科学的依据。

GJB 3660—1999《武器装备论证评审要求》规定了武器装备论证评审的基本要求、任务、主要内容和组织管理,适用于武器装备发展论证和型号论证的评审,其他专项论证评审亦可参照执行。

论证评审应认真负责、客观公正,并允许保留个人意见。

关于可靠性、维修性、测试性、保障性、安全性和军用电子元器件论证的评审,分别在第 8 章至第 13 章中阐述。

2.2 研制立项综合论证报告评审

2.2.1 评审目的

研制立项综合论证报告是向上级有关机关或单位提交的对产品研制进行必要性分析、可行性论证的论证文件。经批准的研制立项综合论证报告,作为开展装备研制工作、制定装备研制年度计划和订立装备研制合同的依据。

评审目的是对研制该型武器装备的必要性、先进性、可行性、合理性、经济性进行评价,给出是否具备立项研制条件的结论。

2.2.2 评审时机

在与相关单位充分沟通,按照机关要求完成《研制立项综合论证报告》后,由主管机关组织召开。

2.2.3 评审文件

提交评审的文件是《研制立项综合论证报告》。

《研制立项综合论证报告》按照 GJB 4054—2000《武器装备论证手册编写规则》编写,说明如下:

1 需求分析

在武器装备发展战略论证和体制系列论证的基础上,进一步论证发展该型武器装备的必要性,主要内容包括:

a) 未来作战对发展新型武器装备的需求程度;

b) 新型武器装备在装备体制和配套武器装备中的地位、作用及其与现有武器装备的关系;

c) 现有武器装备在形成军事实力、总体作战能力、完成作战任务等方面的差距和存在的问题。

2 作战使命任务分析

新型武器装备作战使命任务分析主要应考虑以下方面:

a) 未来作战中新型武器装备所承担的主要任务和辅助任务;

b) 新型武器装备应具备的主要功能和辅助功能。

3 初步总体技术方案

3.1 系统组成

新型武器装备组成方案,主要是明确所包括的系统、分系统和关键设备。

3.2 各分系统主要技术方案

主要应考虑以下内容:

a) 主要的技术特点;

b) 主要关键技术及拟采取的技术途径;

c) 各组成部分之间的相互关系;

d) 与已有设备的继承关系。

3.3 系统综合配套方案

主要是考虑满足主战装备作战需要对保障设备的综合配套要求。一般是考虑作战保障、后勤保障和技术保障三个方面。

作战保障装备配套项目主要考虑:

a) 目标保障;

b) 测地保障;

c) 诸元保障;

d) 气象保障;

e) 防化保障;

f) 伪装保障;

g) 工程保障;

h) 通信保障;

i) 侦察保障；

j) 电子对抗保障；

k) 防卫保障；

l) 其他。

后勤保障装备配套项目主要考虑：

a) 物资保障；

b) 卫勤保障；

c) 运输保障；

d) 其他。

技术保障装备配套项目主要考虑：

a) 维修保障；

b) 备件保障；

c) 计量保障；

d) 化验保障；

e) 其他。

4 主要作战使用性能指标

任何一种装备的作战使用性能指标都由两部分构成，即通用性指标和特征性指标。应对这两类指标的项目和内容给出明确阐述。

4.1 通用性指标

通用性指标是各类武器装备都应具备的指标，这些指标在全军范围内都是相同的。若有特殊解释，应单独说明。各类装备考虑的通用性指标项目一般包括：

a) 可靠性、维修性和保障性；

b) 机动性；

c) 反应能力；

d) 伪装能力；

e) 电子防御能力；

f) 兼容性；

g) 安全性；

h) 经济性；

i) 环境适应性；

j) 人-机-环工程；

k) 尺寸、体积和重量要求；

l) 标准化要求；

m) 能源要求；

n) 其他。

上述各种通用性指标的论证方法，在不同的装备之间，存在着一定差别，可根据装备特点给出相应的论证方法，具体可参照 GJBz 20221 和相关装备论证规范的要求确定。

4.2 特征性指标

特征性指标是指那些直接反映某类别武器装备自身规律和特点的一些指标，它代表了某类别武器装备的基本属性和使用特征。在一定意义上讲，这种指标决定了某一型号是否能够发展和存在。如导弹装备的射程、威力、精度等，通信装备的通信距离、容量、传输速率、通信覆盖范围等。要根据具体型号装备的特点确定特征性指标项目，并给出具体解释。

各类武器装备特征性指标差别很大，以坦克装甲防护指标论证为例，论证方法步骤一般包括：

a) 威胁分析，主要内容应包括敌进攻武器性能特点、坦克各部位遭受攻击的破坏概率及作战环境等；

b) 约束条件分析，主要内容应包括现有装甲的防护技术水平、装甲车辆总体技术性能要求对装甲防护的限制及国内资源对装甲材料的保障能力等；

c) 提出装甲防护指标，如装甲厚度和倾角等；

d) 建立模型，对防护指标进行评估；

e) 综合分析，确定指标要求。

5 效能评估

主要性能指标确定后，应进行效能评估。效能评估的一般步骤是：

a) 根据装备的主要性能指标、作战使用方式、打击目标特性和可能的对抗情况等建立效能评估指标体系；

b) 选择作战效能评估方法；

c) 进行分析和评估。

应根据具体装备的特点，参照 GJB 4054—2000《武器装备论证手册编写规则》附录 A"装备效能评估的一般程序"和有关标准，给出具体的分析与评估方法及应用注意事项。

6 进度或周期要求

依据作战训练或执行其他特殊任务急需程度、技术成熟程度、科研生产能力、科研管理水平、投资强度和其他因素，提出研制进度或周期要求，内容包括：

a) 从研制开始到定型的整个过程中各研制阶段的具体进度（或周期）要求；

b) 分系统研制的进度要求;

c) 系统集成的进度要求;

d) 武器装备完成配套,形成初始作战能力的时间要求。

7 订购数量预测

提供预测新型武器装备订购数量的原则和方法,根据部队编制体制和承担的主要任务与辅助任务,分析武器装备可能的发展规模,预测订购数量。

8 寿命周期费用

根据武器装备研制特点和市场变化的实际情况,按 GJB 3871—1999《军品价格测算程序》中的有关方法进行订购价格预测。根据装备特点,参考 GJBz 20517—1998《武器装备寿命周期费用估算》的要求,对新型武器装备寿命周期费用估算。

9 风险分析

9.1 技术风险

主要考虑以下方面:

a) 引起技术风险的主要因素(包括指标量化、技术难度、研制难易等因素);

b) 技术风险的表示方法(包括风险百分数、新技术项目采用比等因素);

c) 技术风险的估算(包括高、中、低三类风险的估算)。

9.2 进度风险

主要考虑以下方面:

a) 引起进度风险的主要因素(包括预研工作和可行性论证不充分、计划进度考虑不周、投资强度不够、战术技术指标更改以及其他因素);

b) 进度风险的表示方法(可用完成研制任务的概率表示);

c) 进度风险的估算(计算每个工序的平均完成时间、方差、期望完成时间、必须完成时间、松弛时间、关键路线、完成概率等)。

9.3 费用风险

主要考虑以下方面:

a) 引起费用风险的主要因素(如费用评估和预测不准,进度后拖,物价上涨等);

b) 费用风险的表示方法(可用费用风险度、研制总费用等);

c) 费用风险的估算(包括各分系统的费用均值和方差,预定费用完成任务的概率、费用风险等)。

10 任务组织实施的措施与建议

分别阐述任务组织实施的措施与建议。

按照《中国人民解放军装备条例》编写,目次格式如下:

1　作战使命和任务
2　主要作战使用性能(含主要战术技术指标)
2.1　通用性指标
2.2　特征性指标
3　初步总体方案
3.1　系统组成
3.2　各分系统技术方案
3.3　系统综合配套方案
4　研制周期
5　研制经费概算
6　关键技术突破和经济可行性分析
7　作战效能分析
8　装备订购价格与数量的预测
9　装备命名建议

2.2.4　评审依据

主要包括:研制立项综合论证任务书,武器装备发展战略论证,武器装备体制系列论证,武器装备未来作战需求,通用规范,GJB 3660—1999《武器装备论证评审要求》及相关法规和标准。

2.2.5　评审内容

评审主要内容包括:
a) 需求分析;
b) 作战任务;
c) 系统组成;
d) 主要作战使用性能;
e) 总体技术方案满足主要作战使用性能的程度;
f) 总体技术方案的先进性、可行性以及关键技术成熟程度;
g) 继承技术和新技术采用比例,通用化、系列化、组合化程度;
h) 系统综合配套方案及其合理性;
i) 进度和周期要求;
j) 费用估算;

k) 效能分析；
l) 任务组织实施的措施与建议。
评审重点包括：
a) 需求分析；
b) 作战任务；
c) 主要作战使用性能；
d) 总体技术方案满足主要作战使用性能的程度；
e) 总体技术方案的先进性、可行性；
f) 研制周期；
g) 费效分析。

2.2.6 评审结论

应对研制该型武器装备的必要性、先进性、可行性、合理性、经济性进行评价，给出是否具备立项研制条件的结论。评审意见示例：

20××年××月××日，×××（主管机关）在×××（会议地点）主持召开了"×××（产品名称）研制立项综合论证报告评审会"。参加会议的有×××（相关机关）、×××（相关部队）、×××（相关院校）、×××（相关研究所）、×××（军事代表机构）、×××（承研承制单位）等××个单位××名代表（附件1）。会议成立了评审组（附件2），听取了×××（论证单位）作的《×××（产品名称）研制立项综合论证报告》。经讨论质询，形成评审意见如下：

1. ×××（产品名称）研制立项综合论证报告是依据武器装备中长期计划和未来作战需求编制的，论证充分，内容全面，需求分析清晰可信，作战使命任务定位准确，立项研制需求非常迫切，对提高×××能力具有重要意义。

2. 论证提出的主要作战使用性能（含主要战术技术指标）要求明确、先进、协调，初步总体技术方案（含综合配套方案）先进、可行、经济、合理。

3. 关键技术突破和经济可行性分析充分，风险可控，具备立项研制条件，研制周期和进度安排合理，满足部队使用需求。

评审组同意《×××（产品名称）研制立项综合论证报告》通过评审。
建议按照评审组提出的修改意见（附件3）进一步修改完善。

组长：

20××年××月××日

附件1 ×××（产品名称）研制立项综合论证报告评审会代表名单

序号	姓名	工作单位	职称/职务	签名
1				
2				
…				

附件2 ×××（产品名称）研制立项综合论证报告评审组专家名单

序号	组内职务	姓名	工作单位	职称	签名
1	组　长				
2	副组长				
…	组　员				

附件3 ×××（产品名称）研制立项综合论证报告修改意见汇总表

序号	修改意见	提出单位或个人	处理意见
1			
2			
…			

2.3 研制总要求论证评审

2.3.1 评审目的

研制总要求是根据《中国人民解放军装备条例》规定编制的重要技术文件。经批准的研制总要求作为开展工程研制和组织定型考核的依据。

对《研制总要求》及《研制总要求论证工作报告》内容是否符合上级有关文件和要求，提出的初步总体技术方案的先进性、合理性、可行性、经济性和研制周期进行评审。

2.3.2 评审时机

在论证阶段末期或方案阶段早期进行首次评审。对于大型复杂装备，需要经过多轮迭代，通常在方案阶段末期或工程研制阶段早期进行首次评审。

实际工程中，随着研制工作逐步开展，对武器装备的认识不断深入，研制总要求也会修改完善，研制总要求的最终评审通常在工程研制阶段末期或设计定型阶段早期进行。

2.3.3 评审文件

评审文件主要是《研制总要求》和《研制总要求论证工作报告》。

《研制总要求》按照《中国人民解放军装备条例》要求编写,说明如下:

1　作战使用要求
1.1　作战使命、任务及作战对象
　　简要说明装备的作战使命、任务及作战对象"是什么"。应与研制立项综合论证报告中的内容基本保持一致。
1.2　主要战术技术指标及使用要求
　　尽可能明确地提出主要战术技术指标及使用要求。
2　研制总体方案
　　各承研承制单位根据使用部门的要求,经过技术、经济可行性研究及必要的验证试验,向使用部门提出初步的总体技术方案。经使用方会同研制主管部门对各种备选总体技术方案进行评审,在对技术、经费、周期、保障条件等因素综合权衡后,选出一个或者优化组合一个最佳方案,纳入研制总要求。
3　系统、配套设备和软件方案
　　列出系统的组成、功能、主要技术参数及指标,系统框图或原理图,配套设备技术状态,总线标准及软件方案等。
4　综合保障方案
　　根据综合保障要求,对随机工具、设备,一线、二线保障设备的研制、技术状态,配套比例、数量,研制的条件等制定方案及安排实施步骤。
5　质量、可靠性、维修性、测试性、保障性、安全性及标准化控制措施
5.1　质量控制措施
　　提出对装备研制质量控制措施的要求。如坚持质量第一的原则,贯彻《武器装备质量管理条例》及有关法规,实施质量标准、规范;建立健全质量管理体系,明确质量责任,实行质量奖惩制度;编制并实施质量保证大纲、计量保证大纲等。
5.2　可靠性控制措施
　　提出对装备可靠性控制措施的要求。如按照 GJB 450A—2004《装备可靠性工作通用要求》开展可靠性工作,编制可靠性工作计划,进行可靠性设计、可靠性指标的分配和预计、FMECA 和 FTA 分析,进行可靠性鉴定试验和可靠性评估。

5.3 维修性控制措施

提出对装备维修性控制措施的要求。如按照 GJB 368B—2009《装备维修性工作通用要求》开展维修性工作,编制维修性工作计划,进行维修性设计、维修性指标的分配和预计,进行维修性试验与评价。

5.4 测试性控制措施

提出对装备测试性控制措施的要求。如按照 GJB 2547A—2012《装备测试性工作通用要求》开展测试性工作,编制测试性工作计划,进行测试性设计、测试性指标的分配和预计,进行测试性试验与评价。

5.5 保障性控制措施

提出对装备保障性控制措施的要求。如按照 GJB 3872—1999《装备综合保障通用要求》开展保障性工作,编制综合保障工作计划,进行保障性设计,规划保障资源,进行保障性试验与评价。

5.6 安全性控制措施

提出对装备安全性控制措施的要求。如按照 GJB 900A—2012《装备安全性工作通用要求》开展安全性工作,编制安全性工作计划,进行安全性设计与分析,进行安全性试验与评价,以及进行安全性培训。

5.7 标准化控制措施

提出对装备研制标准化控制措施的要求。要求承研承制单位编制并实施标准化大纲,按照有关规定开展标准化工作和标准化审查;提出对标准使用与剪裁的控制要求。

6 设计定型状态和定型时间

设计定型状态一般不再描述,战术技术指标经批准后就成为设计定型考核的依据。

设计定型时间可根据研制周期、作战训练或执行其他特殊任务对装备需求的紧迫程度、技术方案成熟程度和经费投入分配情况等进行综合权衡后提出定型时间要求。

7 研制经费核算

按照有关规定对研制经费进行核算。经总装机关同意,上报研制总要求时,可以暂略。

8 产品成本概算

按照有关规定对产品成本进行概算。经总装机关同意,上报研制总要求时,可以暂略。

也可按照《常规武器装备研制程序》要求编写,内容基本相同,目次格式如下:

1 作战使命、任务及作战对象
2 主要战术技术指标及使用要求
2.1 主要战术指标
2.2 主要技术指标
2.3 主要使用要求
3 初步的总体技术方案
4 质量控制要求
5 研制周期要求及各研制阶段的计划安排
5.1 研制周期要求
5.2 各研制阶段的计划安排
6 研制经费和成本核算
7 研制分工建议

《研制总要求论证工作报告》按照《常规武器装备研制程序》要求编写,说明如下:

1 武器装备在未来作战中的地位、作用、使命、任务和作战对象分析
　　系统地阐述武器装备在未来作战中的地位、作用、使命、任务和作战对象,内容与研制总要求保持一致。
2 国内外同类武器装备的现状、发展趋势及对比分析
　　分别介绍国内外同类武器装备的发展现状,通过分析,阐明其发展特点和发展趋势,并进行对比分析,指出存在的差距,完成研制后达到的水平。
3 主要战术技术指标要求确定的原则和主要指标计算及实现的可能性
　　明确主要战术技术指标的确定原则;对主要指标进行定量分析、计算,说明指标确定的理由;并分析指标实现的可能性。
4 初步总体技术方案论证情况
　　说明初步总体技术方案论证原则,论证过程,可选的总体技术方案,经多方案对比分析,确定拟采用的初步总体技术方案。
5 继承技术和新技术采用比例,关键技术的成熟程度
　　对产品研制可能需要采用的成熟技术和新技术进行必要的分析,说明继承技术和新技术的采用比例。
　　应列出需要攻关的关键技术项目;说明在关键技术项目中,有哪些可以应用的预研成果或部分应用成熟技术,对关键技术的技术成熟度进行评价。

> 6 研制周期及经费分析
> 　　依据拟采用的成熟技术、拟采用的新技术基础、关键技术项目的数量和技术成熟度等对产品研制周期进行分析预计,提出产品研制计划流程图,列出主要时间节点及完成工作内容。
> 　　对方案论证、工程研制(初样研制和正样研制)的经费需求(含保障设备研制等)进行分析,提出初步的研制经费需求,列出明细。
> 7 初步的保障条件要求
> 　　对产品研制所需的初步保障条件,包括基础设施改造条件、需要引进的项目和对其他相关系统的保障条件等要求进行分析预计。
> 8 装备编配设想及目标成本
> 　　对可能的装备编配方案提出初步设想,并提出产品的目标成本。
> 9 任务组织实施的措施和建议
> 　　对工程管理、研制工作提出具体的措施和建议。

2.3.4 评审依据

评审依据包括：

a) 任务书；

b) 武器装备研制中长期计划,研制立项综合论证报告,武器装备主要作战使用性能,通用规范；

c) 国防科学、技术工业基础发展水平以及预先研究的技术成果；

d) 经费控制目标和年度投资强度；

e) 国内外同类武器装备的技术现状和发展趋势；

f) GJB 3660—1999《武器装备论证评审要求》；

g) 相关法规和标准。

2.3.5 评审内容

评审主要内容包括：

a) 需求分析；

b) 作战任务；

c) 作战对象；

d) 使用环境；

e) 国内外同类武器装备的现状、发展趋势及对比分析；

f) 系统组成及初步编配方案；

g) 主要战术技术指标要求确定的原则、主要指标计算及实现的可能性；

h) 系统组成和总体布置的合理性及系统的扩充、发展潜力；

i) 所选方案的先进性、可行性和经济性；

j) 继承技术和新技术采用比例，通用化、系列化、组合化（模块化）程度以及关键技术的成熟程度；

k) 保障条件要求；

l) 各分系统的主要战术技术指标的先进性、可行性、协调性；

m) 总经费预测及方案阶段经费预算；

n) 装备编配设想及目标成本；

o) 费效分析的合理性、可信性；

p) 研制周期及进度；

q) 研制分工建议。

评审重点包括：

a) 主要战术技术指标要求及确定的原则；

b) 初步总体技术方案的先进性、可行性；

c) 研制周期、经费预测。

2.3.6 评审结论

应对《×××（产品名称）研制总要求》及《×××（产品名称）研制总要求论证工作报告》内容是否符合上级有关文件和要求，提出的初步总体技术方案是否先进、合理、可行、经济，研制周期是否合理给出评价意见，并提出明确具体的修改建议。评审意见示例：

×××。会议听取了×××（论证单位）作的《×××（产品名称）研制总要求论证工作报告》，审查了《×××（产品名称）研制总要求》，经质询讨论，形成审查意见如下：

1. 《×××（产品名称）研制总要求》是根据国内外同类武器装备的发展趋势和部队使用需求提出的，内容全面，论证充分，提出的主要战术技术指标和使用要求完整、明确、协调、先进，具有可验证性，符合总装备部批复的《×××（产品名称）主要作战使用性能》要求；

2. 确定的初步总体技术方案继承了×××（同类型号）的研究成果，关键技术途径可行，材料和元器件选用立足国内，研制风险可控，研制周期合理，综合保障方案符合部队实际；

3. 提出的质量、可靠性、维修性、测试性、保障性、安全性及标准化控制措施明确，符合相关标准、法规要求；

4. 依据成品、软件的重要性及研制状态,确定的成品定型级别及软件重要度划分合理;

5. 研制总要求内容完整、准确、协调、规范,符合国家军用标准和法规要求。

审查组同意×××(*产品名称*)研制总要求通过审查。

建议按照审查组提出的修改意见(附件×)进一步修改完善。

第 3 章　研制阶段技术审查

3.1　概　　述

为确保研制的武器装备既具有满足军事需求的各种能力和寿命周期费用的可承受性,又便于操作使用和综合保障,武器装备研制项目需要在研制、生产、使用和保障的整个过程中实施技术状态管理。

实施技术状态管理,就需要通过研制的分阶段实施、系统工程过程和寿命周期综合逐步建立武器装备研制项目的技术状态基线,即功能基线、分配基线和产品基线。这三类基线一经正式批准,便成为项目寿命周期过程中技术状态控制的依据,未经原批准机关批准,不得更改。

功能基线主要由批准的系统规范体现;分配基线主要由批准的研制规范体现;产品基线主要由批准的产品规范、重要特殊原材料或半成品(如新材料)的材料规范、重要特殊工艺(如专用的新工艺)的工艺规范体现。软件规范中的系统规格说明属系统规范范畴,软件需求规格说明属研制规范范畴,软件产品规格说明属产品规范范畴。

系统规范描述系统的功能特性、接口要求和验证要求等;属系统规范范畴的软件规范(系统规格说明)描述软件系统的需求及合格性规定等。它们需与其装备研制项目的"主要作战使用性能"的技术内容协调一致。系统规范一般从论证阶段开始编制,随着研制工作的进展逐步完善,到方案阶段结束前批准定稿。

研制规范描述系统级之下技术状态项目的功能特性、接口要求和验证要求等;属研制规范范畴的软件规范(软件需求规格说明)描述软件配置项的需求及合格性规定等。它们需与其装备研制项目的"研制总要求"的技术内容协调一致。研制规范一般从方案阶段开始编制,随着研制工作的进展逐步完善,到工程研制阶段详细设计开始前批准定稿。

产品规范描述产品的功能特性、物理特性和验证要求等;属产品规范范畴的软件规范(软件产品规格说明)描述软件产品(含用于产品中的软件)的可执行软件、源文件、包装需求和合格性规定及软件支持信息等。材料规范描述材料的性能、形状和试验要求;工艺规范描述用于产品或材料制造的专用工艺所需的材料、设备及加工等的控制要求。这类规范一般从工程研制阶段早期开始编制,随着研制工作的进展逐步完善,到产品正式生产前批准定稿。

研制阶段技术审查是为技术状态基线的形成、确定、发展和落实而进行的。GJB 3273—1998《研制阶段技术审查》规定了武器装备研制过程中技术审查的要求,适用于合同环境下进行系统工程管理的武器装备研制项目。应根据武器装备的技术复杂程度、承制单位的能力、经费和进度等综合情况进行剪裁,在合同附件《工作说明》中指定技术状态项目并对技术审查项目和内容作出具体规定。

3.2 系统要求审查

3.2.1 审查目的

用以审查承制单位的研究分析结果以确定是否为满足作战使用要求所做的工作已充分和正确,并确定承制单位系统工程管理的初始工作方向。旨在通过对系统要求分析和权衡研究报告的审查,对其正确性和完善性取得共识。

3.2.2 审查时机

一般在论证阶段后期或方案阶段初期,在完成系统功能分析或系统要求的初步分配(按工作分解结构)后进行。

3.2.3 审查文件

审查文件主要包括:

a) 系统要求分析和权衡研究报告;
b) 系统规范(初稿)。

3.2.4 审查依据

审查依据主要包括:

a) 研制立项综合论证报告;
b) 研制总要求和/或技术协议书,研制合同;
c) 通用规范;
d) GJB 3273—1998《研制阶段技术审查》。

3.2.5 审查内容

GJB 3273—1998《研制阶段技术审查》附录 A"系统要求审查(补充件)"规定了审查内容:

A2.1 审查研究结果

典型的审查项目包括下列分析研究的结果(根据需要而定):

a) 满足作战使用要求的途径分析;

b) 功能流程分析;

c) 初步要求分配;

d) 系统安全性;

e) 人素工程分析;

f) 价值工程研究;

g) 寿命周期费用分析;

h) 效费比分析;

i) 权衡研究(例如将系统功能确定在硬件、固件、软件中);

j) 保障性分析;

k) 专业工程研究(如可靠性分析、维修性分析、武器综合、电磁兼容性、常规及核战条件下的生存力/易损性分析、检验方法分析、环境考虑等);

l) 系统接口研究;

m) 规范的产生;

n) 风险分析;

o) 综合试验规划;

p) 生产性分析计划;

q) 技术性能检测计划;

r) 工程综合;

s) 资料管理计划;

t) 技术状态管理计划;

u) 初步的制造计划;

v) 人员、技术等级分析;

w) 重大事件(0级)网络图。

A2.2 审查时应说明的问题

承制单位应说明下列工作的进展情况和存在的问题。

A2.2.1 风险辨识和风险等级(根据情况,应讨论与系统效能分析、技术性能检测、预定制造方法及费用之间的相互关系)。

A2.2.2 避免、减少和控制风险(根据情况,应讨论与权衡研究、试验计划、硬件验证和技术性能度量的相互关系)。

A2.2.3 规定的系统规范要求同由此产生的工程设计要求、制造工艺要求、研制费用要求以及单件生产费用等目标之间重大的权衡研究。

A2.2.4 确认系统的计算机资源,并把系统划分为硬件技术状态项目和软件技术状态项目。包括为评价满足作战使用要求的替代方法和确定由于设计约束条件而对系统带来的影响所进行的任何权衡研究,还包括确定综合保障、工艺、费用、进度、资源限制、智能评估等对系统的影响。此外,还要进行同计算机资源有关的下列权衡研究:

　　a) 按照使用部门的要求,评定候选程序语言和计算机结构,确定高级语言和标准指令结构;

　　b) 为执行保安性要求而评定选择途径,如果已选定某一途径,则讨论如何才能最经济的满足整个系统要求;

　　c) 为完成作战和保障方案而选择的途径,以及对于多军种共用项目,军兵种间相互支援的可能性。

A2.2.5 要考虑影响决策的生产性和制造因素。如:关键部件、材料、工艺、工装和测试设备的研制、生产和试验方法,需要提前准备的项目和设施、人员及技术等级要求。

A2.2.6 对需要考虑的重大的危害性问题,提出要求和限制,达到消除或控制同这些系统相关的危害性问题。

A2.3 其他

根据工程项目的复杂性,可对每一个作战保障分系统独立进行系统要求审查。

3.2.6 审查结论

完成系统要求审查后,使用部门应宣布审查结果:确认、有条件确认或不确认工作,可否进行下一步工作和是否需要再进行审查。审查意见示例:

×××。会议成立了审查组(附件×),听取了×××(研制单位)作的×××(产品名称)系统要求分析和权衡研究报告,依据批复的×××(产品名称)主要作战使用性能、研制总要求和 GJB 3273—1998《研制阶段技术审查》条款,审查了《×××(产品名称)系统规范(初稿)》,经质询讨论,形成审查意见如下:

1. 按照 GJB 3273—1998《研制阶段技术审查》条款,逐条对照进行了系统要求审查,共审查××条,其中××条适用,××条不适用;××条符合,××条基本符合;

2. 承制单位按照 GJB 3273—1998《研制阶段技术审查》对×××(产品名称)主要作战使用性能、研制总要求进行了分析和权衡研究,分析内容全面,权衡研究充分,研制要求已合理分配到产品各组成部分,技术状态项目确定合理,技术途径可行,风险识别清晰,风险控制准确,工作计划合理;

3.《×××(产品名称)系统规范(初稿)》内容完整,要求明确,验证方法可行,内容和格式符合 GJB 6387—2008《武器装备研制项目专用规范编写规定》,满足×××(产品名称)主要作战使用性能和研制总要求。

审查组同意×××(产品名称)通过系统要求审查。

建议按照审查组意见(附件×)进一步修改完善《×××(产品名称)系统规范(初稿)》后,据此开展下一步工作。

3.3 系统设计审查

3.3.1 审查目的

系统设计审查有以下目的:
a) 保证经修订的系统规范能充分满足任务要求,有好的经济效果。
b) 保证所分配的要求完整、协调,并最佳地反映了系统的要求。
c) 保证查清技术风险,并评定其风险等级,力争避免或减少风险。方法是:充分的权衡研究(尤其是任务要求同其实现相应性能要求和满足预期产量的可行性);分系统和部件硬件的验证;有针对性的试验计划;广泛的专业工程研究(如最坏情况分析、故障模式和影响分析、维修性分析、生产性分析及标准化)。
d) 查明使用、制造、维修、后勤及试验等的最终组合如何影响了整个工程方案,设备的数量和类型,单价、软件、人员和设施。
e) 保证充分理解了任务需求,并向承制单位提供了必需的指导。

3.3.2 审查时机

在方案阶段后期,要求分配结束时,可结合研制方案审查进行。

3.3.3 审查文件

审查文件主要包括:
a) 系统规范;
b) 使用方案(初稿);
c) 寿命周期费用分析;
d) 软件需求规格说明(初稿);
e) 接口需求规格说明(初稿);

f) 研制规范(主项目和关键项目,可能时)。

3.3.4 审查依据

审查依据主要包括：
a) 研制立项综合论证报告；
b) 研制总要求和/或技术协议书,研制合同；
c) 通用规范；
d) GJB 3273—1998《研制阶段技术审查》。

3.3.5 审查内容

GJB 3273—1998《研制阶段技术审查》附录 B"系统设计审查(补充件)"规定了审查内容：

B3.1 审查系统工程管理活动,包括系统工程过程的各个环节,例如：
　a) 任务和要求分析；
　b) 功能分析；
　c) 要求的分配；
　d) 效费比分析；
　e) 工程综合；
　f) 生存性、易损性(包括在核战条件下)；
　g) 可靠性、维修性、可用性；
　h) 电磁兼容性；
　i) 保障性分析(可包括维修方案、保障设备方案、维修、供应和软件保障设施等)；
　j) 系统安全(重点放在系统危害分析和安全试验要求的确认)；
　k) 安全保安；
　l) 人素工程；
　m) 运输性(包括包装和装卸)；
　n) 系统质量特性(如重量、重心、惯性矩等)；
　o) 标准化大纲；
　p) 电子战；
　q) 价值工程；
　r) 系统扩展能力；
　s) 风险分析；

t) 技术性能检测计划；
u) 生产性分析和制造；
v) 寿命周期费用；
w) 质量保证大纲；
x) 环境条件；
y) 训练和训练保障；
z) 重大事件("0"级)网络图；
aa) 软件开发方法。

B3.2 审查重要权衡研究的结果,如：
a) 选定的作战使用要求对性能参数及费用估算的敏感性；
b) 维修要求包括保障设备相对于作战使用要求的影响；
c) 系统采用集中的大系统相对于采用分散的分系统；
d) 自动操作相对于人工操作；
e) 可靠性、维修性和可用性；
f) 现货相对于新研制项目；
g) 测试性的权衡研究(设备自检的故障检测和隔离能力、机上故障检测和隔离分系统,单独的保障设备和人工检测程序等)；
h) 尺寸和重量；
i) 需要的传播特性相对于减少对其他系统的干扰(频率的最佳选择)；
j) 综合保障相对于性能的权衡研究；
k) 不同计算机编程语言相对于寿命周期费用的减少；
l) 硬件、软件、固件和人员及过程之间的功能分解；
m) 系统性能相对于寿命周期费用的权衡研究,包括性能参数对费用的敏感性；
n) 设计相对于制造；
o) 制造相对于购买；
P) 软件开发进度；
q) 机上的维修任务相对于离机的维修任务,包括保障设备的影响；
r) 通用保障设备相对于专用保障设备。

B3.3 审查经过修改的使用及维修功能和武器装备研制项目的设计要求。
B3.4 审查经过修改的制造方法要求。
B3.5 审查经过修改的对配套设施的使用及维修要求。
B3.6 审查经过修改的对使用维护人员和训练的要求。

B3.7 需要完成的具体工作,包括下列项目的评价:
   a) 系统设计的可行性和效费比;
   b) 选定的技术状态满足系统规范要求的能力;
   c) 系统要求向分系统和技术状态项目的分配;
   d) 现货和标准零部件的使用;
   e) 系统内、外的接口要求;
   f) 能按有关规范和标准进行有效的运输、包装和装卸的硬件技术状态项目的尺寸、重量和技术状态等;
   g) 为提高目前技术水平而采取的特殊技术方案;
   h) 要求进行专门验证和因高风险而需要提前研制的特定分系统和部件;
   i) 库存产品满足系统要求的能力和它们同技术状态项目接口的相容性;
   j) 如可能,提供多功能系统设计的预案;
   k) 考虑外部环境对系统以及系统对外部环境的干扰、系统内部所有的设备所分配的性能特征可能产生的电磁不兼容、非设计的寄生谐波的系统性能特征及其对战斗部署中电磁环境的影响等;
   l) 价值工程研究。

B3.8 就格式、内容、技术的充分性、完整性和任务及保障要求的可追溯性等全面审查初步使用方案、系统规范、所有提供的硬件技术状态项目研制规范、初步的软件需求和接口需求规格说明。应审查所有提供的试验文件,包括硬件技术状态项目、分系统和系统试验计划,以保证建议的试验大纲满足所有规范的试验要求。标明"不适用"或"待定"的条款应予说明。

B3.9 审查系统和技术状态项目(含硬件和软件)的设计对自然环境的相互作用。审查建议的环境试验同规定的试验条件的一致性。

B3.10 审查承制单位提出的维修功能,以确定保障方案是否正确,技术上可行。尤其应注意:
   a) 经修改的系统规范中的可靠性、维修性、可用性初步意见;
   b) 系统的维修性设计特性,修复性和预防性维修要求;
   c) 自动维修性分析的要求或计划;
   d) 维修性分析的格式、程序和方法;
   e) 维修性分析结果同武器装备部署时要求的维修性工程的一致性;
   f) 具体技术状态项目的保障要求;
   g) 同维修有关的综合权衡研究及成果(包括现货设备,软件故障诊断技术设备);

h) 便于计算机软件修改和更新的支持程序和工具；
i) 保障设备方案；
j) 需要的专用设备、工具和器材；
k) 保障费用影响。

B3.11 系统符合核、非核和激光加固要求。查明为符合生存性准则而需要尖端技术的设计方案高风险区和解决问题的途径。审查拟定的试验大纲是否充分并且同规定的威胁环境和现有的模拟试验条件相一致。

B3.12 审查分配给技术状态项目的系统要求的充分性及其有关的最优化、可追溯性、完整性和风险。

B3.13 审查硬件技术状态项目的制造

B3.13.1 在系统要求审查中涉及的生产可行性及风险分析应更新和扩展。即审查在减少生产风险方面取得的进展并评价留待工程研制阶段考虑的风险。关于费用和进度影响的估计也应更新。

B3.13.2 对于生产能力的审查应包括：

a) 对完成工程研制和生产所必需的设备、材料、方法、工艺、设施和技能的估计；
b) 确认需要提高现有制造能力的要求；
c) 确认新工艺技术的要求。

B3.13.3 审查管理控制程序和设计、制造途径，确保设备可以生产。

B3.13.4 审查设计要求对生产性、设施、工装、生产试验设备、检验及为达到预计的生产规模所需的基本设备等要求之间的综合权衡。

B3.13.5 分析需要进一步进行的专门研究工作。

3.3.6 审查结论

完成系统设计审查后，使用部门应宣布审查结果：确认、有条件确认或不确认工作，可否进行下一步工作和是否需要再进行审查。审查意见示例：

×××。会议成立了审查组（附件×），听取了×××（研制单位）作的×××（产品名称）研制方案报告，依据批复的×××（产品名称）主要作战使用性能、研制总要求和 GJB 3273—1998《研制阶段技术审查》条款，审查了《×××（产品名称）系统规范》和《×××（产品名称）研制规范（初稿）》等技术文件，经质询讨论，形成审查意见如下：

1. 按照 GJB 3273—1998《研制阶段技术审查》条款，逐条对照进行了系统设计审查，共审查××条，其中××条适用，××条不适用；××条符合，××条

基本符合;

2. 承制单位严格按照系统工程管理要求开展研制工作,对《×××(产品名称)系统规范》进行了修改完善,落实了系统要求审查会提出的意见建议,并进行了深化分析和权衡研究,权衡研究的结果更趋合理,研制要求已合理分配到产品各组成部分,技术状态项目确定合理,技术途径可行,经过修改的使用及维修功能和设计要求、制造方法要求、对配套设施的使用及维修要求、对使用维护人员和训练的要求等更趋实际,风险识别清晰,风险控制准确,初步使用方案、系统规范、所有提供的硬件技术状态项目研制规范、初步的软件需求和接口需求规格说明等技术文件完整、准确、协调、规范,具有可追溯性;

3. 《×××(产品名称)系统规范》和《×××(产品名称)研制规范(初稿)》内容完整,要求明确,验证方法可行,内容和格式符合GJB 6387—2008《武器装备研制项目专用规范编写规定》,满足×××(产品名称)主要作战使用性能和研制总要求。

审查组同意×××(产品名称)通过系统设计审查。

建议按照审查组意见(附件×)进一步修改完善后,据此开展下一步工作。

3.4 软件规格说明审查

3.4.1 审查目的

软件规格说明审查是对软件技术状态项目的软件需求规格说明和接口需求规格说明中规定的要求进行审查。可以对集中在一起的一组技术状态项目的软件规格说明进行审查,但对每一个技术状态项目应单独处理。目的是向使用部门证明软件需求规格说明、接口需求规格说明和使用方案是充分的,能建立起软件技术状态项目概要设计的分配基线。

3.4.2 审查时机

一般应在工程研制阶段初期,即系统设计审查之后,在确定软件分配基线和软件技术状态项目概要设计之前进行。

3.4.3 审查文件

审查文件主要包括:
a) 软件需求规格说明;
b) 接口需求规格说明;

c) 使用方案文件。

3.4.4 审查依据

审查依据主要包括：

a) 研制立项综合论证报告；
b) 研制总要求和/或技术协议书,研制合同；
c) 系统设计说明；
d) 接口设计说明；
e) 软件开发计划；
f) 软件研制任务书；
g) 数据库设计说明；
h) 通用规范；
i) 系统规范；
j) 研制规范；
k) GJB 438B—2009《军用软件开发文档通用要求》；
l) GJB 2786A—2009《军用软件开发通用要求》；
m) GJB 3273—1998《研制阶段技术审查》。

3.4.5 审查内容

GJB 3273—1998《研制阶段技术审查》附录 C"软件规格说明审查（补充件）"规定了审查内容：

C2　审查内容

应审查下列内容：

a) 软件技术状态项目的功能概况,包括每一功能的输入、处理和输出；

b) 软件技术状态项目的全部性能要求,包括对执行时间、存储的要求和类似的约束；

c) 构成软件技术状态项目的每一软件功能之间的控制流程和数据流程；

d) 软件技术状态项目同系统内、外所有其他技术状态项目之间的所有接口要求；

e) 标明测试等级和方法的合格鉴定要求；

f) 软件技术状态项目的特殊交付要求；

g) 质量要素要求,即：准确性、可靠性、效能、整体性、可用性、维护性、测试性、灵活性、便携性、重复使用性和兼容性；

> h) 系统的任务要求及其有关的使用和保障环境；
> i) 整个系统中计算机系统的功能和特征；
> j) 重大事件网络图；
> k) 更新自上次审查以来提供的同软件有关文档；
> 1) 遗留问题。

3.4.6 审查结论

完成软件规格说明审查后，使用部门应宣布审查结果：确认、有条件确认或不确认工作，可否进行下一步工作和是否需要再进行审查。审查意见示例：

×××。会议成立了审查组（附件×），听取了×××（研制单位）作的×××（产品名称）软件需求分析工作报告，依据批复的×××（产品名称）主要作战使用性能、研制总要求和 GJB 3273—1998《研制阶段技术审查》条款，审查了《×××（产品名称）软件需求规格说明》和《×××（产品名称）接口需求规格说明》等技术文件，经质询讨论，形成审查意见如下：

1. 按照 GJB 3273—1998《研制阶段技术审查》条款，逐条对照进行了软件需求规格说明审查，共审查12条，其中××条适用，××条不适用；××条符合，××条基本符合；

2. 承制单位严格按照系统工程管理要求和软件工程化要求开展研制工作，软件需求规格说明对计算机软件配置项的功能性能需求、外部接口需求、数据元素要求等进行了详细描述，内容完整准确，覆盖了软件研制任务书和系统设计文件分配到该计算机软件配置项的全部系统需求，可作为软件设计依据；

3. 软件文档齐套、编制规范，内容和格式符合 GJB 438B—2009《军用软件开发文档通用要求》，满足×××（产品名称）研制总要求和软件研制任务书规定的相关要求。

审查组同意×××（产品名称）软件需求规格说明通过审查。

建议按照审查组意见（附件×）进一步修改完善后，据此开展下一步工作。

3.5 初步设计审查

3.5.1 审查目的

初步设计审查是对技术状态项目或一组功能上有联系的技术状态项目的基本设计途径的技术审查。

应对研制规范、试验方案、接口控制文件和系统布局图样等的有效性和完善性取得技术上的共识,确保满足系统规范的要求。还应对技术、费用和进度等有关的风险性进行审查。对于软件,应对软件设计文档,软件测试规程和计算机系统操作员手册、软件用户手册、软件程序员手册、计算机资源综合保障文档等运行和保障文档初稿的有效性和完善程度取得技术上的共识,确保满足系统规范的要求。

3.5.2 审查时机

应在已具备硬件研制规范、硬件技术状态项目试验计划、软件概要设计文档、软件测试计划、计算机软件运行和保障文件等的初稿之后,在详细设计开始之前进行。

对于每一个技术状态项目,根据其研制性质和范围,和合同附件工作说明的规定,可一次完成审查,或分几次完成。也可对一组技术状态项目进行集中审查,但均应单独处理每一个技术状态项目。集中审查也可像单一技术状态项目那样,分成几次来完成。

3.5.3 审查文件

审查文件主要包括:
a) 研制规范;
b) 系统布局图样;
c) 软件顶层设计文档;
d) 软件测试方案;
e) 软件运行和保障文档初稿。

3.5.4 审查依据

审查依据主要包括:
a) 研制立项综合论证报告;
b) 研制总要求和/或技术协议书,研制合同;
c) 系统设计说明;
d) 接口设计说明;
e) 软件开发计划;
f) 软件研制任务书;
g) 数据库设计说明;
h) 通用规范;

i) 系统规范;

j) 研制规范;

k) GJB 150A—2009《军用装备实验室环境试验方法》;

l) GJB 151A—1997《军用设备和分系统电磁发射和敏感度要求》;

m) GJB 152A—1997《军用设备和分系统电磁发射和敏感度测量》;

n) GJB 368B—2009《装备维修性工作通用要求》;

o) GJB 438B—2009《军用软件开发文档通用要求》;

p) GJB 450A—2004《装备可靠性工作通用要求》;

q) GJB 900A—2012《装备安全性工作通用要求》;

r) GJB 1389A—2005《系统电磁兼容性要求》;

s) GJB 2547A—2012《装备测试性工作通用要求》;

t) GJB 2786A—2009《军用软件开发通用要求》;

u) GJB 3207—1998《军事装备和设施的人机工程要求》;

v) GJB 3273—1998《研制阶段技术审查》;

w) GJB 3872—1999《装备综合保障通用要求》。

3.5.5 审查内容

GJB 3273—1998《研制阶段技术审查》附录 D"初步设计审查(补充件)"规定了审查内容:

D2 审查内容和要求

D2.1 一般性审查内容

D2.1.1 硬件技术状态项目的一般性审查内容如下:

　　a) 研制规范中的初步设计综合和所包含的接口要求,以及由此产生的接口控制文件;

　　b) 权衡研究和设计研究的结果;(典型清单见 B3.2 条)

　　c) 功能流程框图,对要求进行分配的资料和原理图;

　　d) 设备布置图和初步设计图;

　　e) 研制试验资料;

　　f) 环境控制和热设计;

　　g) 按电磁兼容性计划审查初步设计的电磁兼容性;

　　h) 安全工程初步意见;

　　i) 生存性和易损性(包括在核战条件下)初步意见;

j) 有关可靠性、维修性和可用性的资料；

k) 初步重量数据；

l) 技术状态项目研制进度表；

m) 全尺寸样机、模型、实验模型或原型样机(视条件而定)；

n) 生产性和制造方面的初步意见(即材料、工装、试验设备、工艺方法、设施人员技能、检验技术)，查明供货情况；

o) 价值工程初步意见；

p) 运输性、包装和装卸初步意见；

q) 人素工程和生物医学等方面的初步意见；

r) 标准化初步意见；

s) 随系统提供的固件，程序逻辑图和重编程序及指令翻译算法描述，制造，封装(集成技术和标准模块等)，特殊设备以及开发试验和辅助固件所需的支持软件；

t) 寿命周期费用分析；

u) 武器相容性；

v) 腐蚀防护和控制初步意见；

w) 产品质量保证大纲；

x) 保障设备要求。

D2.1.2 软件技术状态项目一般性审查内容如下：

a) 功能流程框图，包括将软件需求规格说明、接口需求规格说明的要求，分配到软件技术状态项目的各个软件顶层部件中的软件功能流程；

b) 存储器配置资料，将每一软件技术状态项目作为一个整体说明存储器配置给各个顶层部件的方法，包括确定配置中所使用的定时、定序要求及有关的设备限制；

c) 控制功能说明，即软件技术状态项目的执行控制和起动、恢复特性的说明，其中包括起动系统操作方法和能将系统从故障状态恢复过来的特性；

d) 软件技术状态项目的结构，应说明软件技术状态项目的顶层的结构，选择各软件模块的理由，在计算机资源的约束范围内将要使用的开发方法及为开发、维护软件技术状态项目结构和存储器配置所需的任何支持程序；

e) 保密性，提供在软件技术状态项目内为保密所采用技术的说明；

f) 可再入性，确认可供利用的可再入性要求的文件和执行可再入性程序技术的说明；

g) 说明计算机软件开发设施的可利用性、充分性和计划利用情况；

h) 承制单位应提供同独特的设计特征(可能存在于使用于计算机软件开发设施中的计算机软件顶层部件中,但不存在于安装在操作系统中的计算机软件顶层部件中)有关的信息。承制单位应提供对操作系统并不明确需要但对于帮助软件技术状态项目开发所必需的支持程序的设计信息;

i) 开发工具,指在合同中并不要求交付,但在软件开发期间需要使用的一切特殊模拟、数据的简化或多用途工具;

j) 测试工具,指在合同中并不要求交付,但在产品开发中需要使用的任何专用测试系统、测试数据、数据简化工具、测试规程等;

k) 采购现货设备的规范和用户技术资料、手册等;查明功能、指令和接口等特征及未满足规范之处;

l) 保障资源,指系统在作战部署期间为支持软件和固件所必需的资源,如作战和保障的硬件和软件、人员、专门技能、人的因素、技术状态管理、试验和设施与空间;

m) 运行和保障文档,即计算机系统操作员手册、软件用户手册、软件程序员手册、固件保障手册和计算机资源综合保障文件等的初稿,应审查其技术内容同顶层设计文档的相容性;

n) 更新自上次审查以来提供的同软件有关的文档;

o) 根据实际情况,审查 D2.1.1 条中适用的审查项目。

D2.1.3 保障设备的一般审查内容如下:

a) 根据实际情况,审查 D2.1.1、D2.1.2 条中适用的审查项目;

b) 确认测试性分析结果。例如,在可修理的集成电路板有无测试点可用,是否能把故障隔离到需要的修理等级;

c) 审查是否尽可能地使用现货保障设备;

d) 审查保障设备需求文件中需提前采购的保障设备的进展情况;

e) 审查保障设备安装、检查要求和测试保障要求的进展情况;

f) 审查保障设备的可靠性、维修性和可用性;

g) 确认保障设备的综合保障要求和选定它们的理由;

h) 审查校准要求;

i) 说明保障设备的用户技术资料、手册的可获得性;

j) 核实建议的保障设备同系统维修方案的相容性;

k) 如果未进行保障性分析,则要对各个供选用的保障方案的保障设备权衡研究的结果进行审查;对已有的保障设备和印制电路板测试器应审查在外场使用中获得的维修性数据;审查使用单功能或多功能保障设备对使用新保

障设备的系统费用差异;审查新保障设备的技术可行性;

l）审查系统中的计算机资源和自动测试设备中的计算机设备的相互关系,将此关系同机内自检设备的研制联系起来,以减少对复杂的保障设备的需要;

m）核实机上维修相对离机维修任务权衡研究结果,包括保障设备影响;

n）审查保障设备需求清单的更改。

D2.2 电气、机械和逻辑设计的评价

D2.2.1 硬件技术状态项目

应按 D2.1.1 条的内容进行评价,以便:

a）确定初步详细设计是否能满足硬件技术状态项目研制规范中有关性能特性的要求;

b）如果硬件技术状态项目涉及多功能状态,确定每个状态下硬件技术状态项目工作特性同整个系统设计要求之间的相容性;

c）确定硬件技术状态项目同设备、计算机软件和设施的其他项目间物理和功能接口的性质。

D2.2.2 软件技术状态项目

应按 D2.1.2 条的内容进行评价,以便:

a）确定软件技术状态项目同系统内、外的其他技术状态项目之间所有接口是否符合软件需求规格说明和接口需求规格说明;

b）确定顶层设计是否包含了软件需求规格说明和接口需求规格说明的所有要求;

c）确定顶层设计是否采用了已批准的设计方法;

d）确定设计中是否纳入了适用的人素工程准则;

e）确定顶层设计是否始终符合定时和定尺寸的约束;

f）确定设计中是否纳入了影响系统和核安全性的逻辑准则。

D2.3 电磁兼容性

按电磁兼容性计划审查硬件技术状态项目的设计是否符合电磁兼容性要求。审查初步的电磁兼容性试验计划,评估是否充分满足电磁兼容性要求。

D2.4 可靠性设计

D2.4.1 查明硬件研制规范和软件需求规格说明中的可靠性定量要求,包括可靠性分配。

D2.4.2 审查故障根源,降低故障率的策略和预计方法。如可能,审查可靠性数学模型和方框图。

D2.4.3 当可靠性预计值低于规定要求时,说明准备采取的措施。

D2.4.4 指明并审查对寿命是关键的和需要特殊考虑的零部件,以及总的处理计划。

D2.4.5 查明冗余设计的应用情况,评定它们的使用根据,以及冗余单元转换的规定。

D2.4.6 审查关键信号通路,确定当发生故障时可保证安全或减少损失的设计已经实现。

D2.4.7 审查硬件技术状态项目的元器件(如电源、发射器模块、电机和液压泵等)的功能要求同设计储备之间的安全裕量。同样审查结构单元(如天线罩、反射器和天线架等),确定工作应力同设计强度之间是否留有足够的安全裕量。

D2.4.8 审查硬件技术状态项目的可靠性设计指南,保证可靠性设计方案已被设备设计师采用。可靠性设计指南至少应包括:零件应用指南(电降额、热降额、零件参数容差等),零件优选序,禁用零件和材料,可靠性分配及预计,以及保证符合指南的管理程序。

D2.4.9 审查硬件技术状态项目的初步可靠性验证试验计划。内容包括:试验的对象及其数量,试验目的和进度,试验时应具备的条件,确定试验场所,设置评审点及其他项目等。

D2.4.10 审查可靠性大纲的实施情况,确认每项工作均在进行中。

D2.4.11 审查分承制单位可靠性控制。

D2.5 维修性设计

D2.5.1 审查确认硬件研制规范和软件需求规格说明中规定的定量维修性要求。如可能,将初步预计结果同规定要求相比较。当达不到规定要求时,审查准备采取的措施。

D2.5.2 通过维修频次、持续时间和同系统的进度安排是否一致,审查硬件技术状态项目预防性维修周期安排。

D2.5.3 审查修复率的依据和预计方法。

D2.5.4 审查设计中预计的可达性、测试性和易于维修等特性。包括自动的或人工的从故障状态恢复正常的措施,确定同规定的要求是否一致。确定硬件技术状态项目设计中,零件、组件和部件是否安置得留有足够空间,无困难地使用各种工具,便于接近,也不妨碍拆卸。

D2.5.5 审查判断故障的各项措施:将故障隔离到最低一级可更换元件的方法;测试点是否足够及其位置是否合适;以及为故障隔离而准备采用的系统诊断法。这些审查应包括机上诊断、离机诊断以及建议的用户技术资料和手册。

D2.5.6 审查硬件技术状态项目的维修性设计准则,保证列出的设计原则能取得周全的维修性设计。

D2.5.7 评价硬件技术状态项目的初步维修性验证计划,包括应完成的维修任务的数量,验收标准,以及为验证而将故障引入硬件技术状态项目和从事验证工作的人员的总计划。

D2.5.8 审查维修性大纲的实施情况,确认为达到规定要求的各项工作都在进行之中。

D2.5.9 审查是否已从维修性和维修观点出发,考虑到了使系统最优化,以及在所开发的维修方案内确能得到保障。对于硬件技术状态项目还应保证考虑了修理级别分析。

D2.6 人素工程

D2.6.1 承制单位应提供功能分配的依据。审查应包括技术状态项目的所有使用和维修功能,尤其是所采用的方法强调了在完成系统操作中人同机器的功能整体性。

D2.6.2 审查系统操作的设计资料、设计图样及说明,设备和设施,保证硬件研制规范和软件需求规格说明的人的能力需求已经满足。要审查的设计资料种类举例如下:

    a) 每个显控台的工作模式,和对于每一模式要执行的功能、所采用的显示和控制方法等;

    b) 每个显示的正确格式和内容,包括显示内容的位置、间隔、缩写、字码数量、所有专用符号(象形符号)、警告方法(如闪光速度)等;

    c) 控制和数据输入装置和格式,包括键盘、特殊功能键、光标控制等;

    d) 所有操作员输入的格式,以及误差检测和修正的措施;

    e) 所有状况、误差和数据输出,包括格式、首标、数据单位、缩写、间隔、纵列等。

    这些资料应足够详细,以便使用部门判断是否满足要求,并让设计人员了解其要求,试验人员便于试验准备。

D2.6.3 当人的能力需求需要更为详细时,要建议修改系统规范或软件需求规格说明和接口需求规格说明。

D2.6.4 审查人机功能,保证人的能力得到充分利用,但又不超过其能力极限。

D2.7 系统安全性

D2.7.1 审查技术状态项目安全性分析的结果。如可能,还应审查危害性分析的定量结果。

D2.7.2 审查系统和系统内的安全性接口,以及影响技术状态项目的权衡研究结果。

D2.7.3 审查对分承制单位的安全性要求。

D2.7.4 审查系统所特有的已知的有特殊安全要求的区域(例如燃油输送、防火、高量级的辐射能、高电压防护、安全联锁装置等)。

D2.7.5 如可能,审查初步的安全性试验的结果。

D2.7.6 从安全观点出发,一般地审查技术状态项目设计的充分性和完整性。

D2.8 自然环境

D2.8.1 审查承制单位为满足硬件技术状态项目研制规范规定的气候条件(温度、湿度等的工作、非工作范围)所计划的设计途径。

D2.8.2 对于某些技术状态项目,需要当前的和预报性的自然空间环境参数时,例如指挥和控制系统中军方基地的环境参数、导弹弹着点的计算等,应作出为保证获得所需信息的安排或计划。

D2.9 设备和零部件的标准化

D2.9.1 设备和部件的标准化审查内容如下:

 a) 审查承制单位是否尽可能采用已经有标准和规范的设备和部件;

 b) 根据对整个工程项目的性能、费用、时间、重量、尺寸、可靠性、维修性、保障性、生产性等的潜在影响,审查已有设计,确定是否采用标准和规范的设备和部件;

 c) 对于确认为工程或后勤关键的硬件项目,是否已制订关键项目规范。

D2.9.2 零部件的标准化和互换性审查内容如下:

 a) 审查程序,确定是否尽最大可能使用按标准或规范制造零部件。若由于某种原因,不能按标准或规范制造零部件时,则应评价对整个工程项目的影响;

 b) 确认设计更改,使有可能更多地使用标准或优先选用的零部件,并对权衡研究进行评定;

 c) 审查标准化大纲中零部件选用目录;

 d) 审查已标明的所有非标准件的状况。

D2.10 价值工程

D2.10.1 审查承制单位的价值工程大纲,该大纲可包括,但不限于下列各项:

 a) 承制单位实施价值工程的组织、方针和程序;

 b) 价值工程任务的计划进度表;

 c) 分承制单位价值工程大纲的方针和程序。

D2.11 运输性

D2.11.1 审查硬件技术状态项目,确定其设计是否满足合同要求的控制尺寸和重量要求,并能用现有军用和民用运输工具经济地运输、装卸、系固和分解运输。查明可能超尺寸、超重量的项目。还应查明认为属于危险的系统或项目,应保证其包装符合危险器材运输规定。

D2.11.2 查明需要特殊温度和湿度控制的项目,或具有敏感特征和冲击敏感性特征的项目。确定适用的特殊运输要求。

D2.11.3 审查运输性分析,对运输条件进行评价,并且这些条件已反映在保护装置、运输设备和装卸设备的设计中。除尺寸和重量特征外,还应分析是否包括温度和湿度控制措施,尽可能减少敏感性、冲击易损性和运输损坏。

D2.12 试验

D2.12.1 审查确定分配基线之后的系统规范、硬件技术状态项目研制规范,软件需求规格说明和接口需求规格说明的所有更改是否完全反映到这些规范和规格说明中。

D2.12.2 审查承制单位提供的研制试验方案等情况。应包括:

　　a) 试验小组的组织和职责;

　　b) 各项研制试验工作的管理:试验方法(计划、程序),试验报告,问题和误差的处理,重新试验的程序,更改控制和技术状态管理,专用试验工具的确认;

　　c) 为满足质量保证要求或合格鉴定要求而采用的方法;

　　d) 自上一次阶段报告以来试验工作的进展状况。

D2.12.3 审查系统规范、硬件技术状态项目研制规范,软件需求规格说明和接口需求规格说明中所有不适用、待定或暂定的条款,并予确定。审查所有已确定的条款内容在技术上是否充分,有关的试验文件应包括这些条款内容。

D2.12.4 审查硬件研制规范、软件需求规格说明和接口需求规格说明中的接口试验要求的相容性、通用性、技术充分性,并避免多余的试验。有关的试验文件应反映这些接口要求。

D2.12.5 审查所有的试验文件已包括了新的试验保障要求以及需提前购置的保障要求的规定。

D2.12.6 审查承制单位试验获得的试验资料,确定是否需要追加试验。

D2.12.7 审查计算机软件单元的测试计划和部件的综合测试计划,测试计划应:

a) 阐明单元一级尺寸、定时和精度要求,确定单元一级以上各级软件结构所需的测试类型;

b) 提出了将由测试单元、综合测试部件进行验证的一般和详细要求;

c) 叙述了所需要的测试专用辅助软件、硬件和设施以及这些项目之间的关系;

d) 说明何时、从何处如何得到测试专用的保障项目;

e) 说明部件综合测试的管理,包括测试小组的组成和职责、测试期间的控制程序、测试报告、测试结果审查、测试用资料的产生;

f) 提供同高一级的测试计划相一致的测试进度表。

D2.12.8 审查软件技术状态项目正式测试计划,测试计划应:

a) 确定各项软件技术状态项目测试的目标,并把测试同要测试的软件要求联系起来;

b) 把软件技术状态项目正式测试同其他阶段的测试联系起来;

c) 说明软件技术状态项目测试所需要的支持软件、硬件和设施,以及何时和从何处如何获得;

d) 说明软件技术状态项目测试的准则和责任;

e) 提供同高一级的测试计划相一致的测试进度表;

f) 明确将由各软件技术状态项目测试验证的软件要求。

D2.13 硬件技术状态项目的维修和维修资料

D2.13.1 说明系统维修方案及其对系统设计和保障设备的影响。审查维修大纲是否恰当。确定各级维修的范围。

D2.13.2 确定搜集维修、故障资料的范围。

D2.13.3 说明提交维修、故障、可靠性、维修性资料的办法。

D2.14 备件和使用部门提供的物资

D2.14.1 审查供应计划,以保证要求范围已明确,并为完成要求已制订一合理的分阶段计划。应特别注意零备件供应要求,使用部门提供物资的使用,以及安装、检测和试验期间的保障。

D2.14.2 审查供应工作,确认可能存在的问题——关键的和要提前购置的项目。

D2.14.3 审查使用部门提供物资的使用计划及其实施程度。

D2.14.4 审查确定和获得全部安装、检验和试验等保障要求的进展情况。

D2.15 包装和专门设计的防护设备

D2.15.1 审查是否已充分分析所有可供使用的规范(如系统规范、研制规范等),以指导编写每份产品制造规范和材料规范的包装要求。

D2.15.2 评价使用保障要求和维修方案对包装设计的影响。

D2.15.3 确定包装设计的研制分阶段计划应同设备设计的研制计划相协调。

D2.15.4 审查设备的初步设计是否容易包装和包装设计是否简易。

D2.15.5 审查在运输、装卸、贮存过程中为有效地保障技术状态项目而必须专门设计的防护设备的要求。专门设计的防护设备应定为技术状态项目并编写合同规定的规范。审查专门设计的防护设备的研制规范和产品规范中性能和接口要求是否充分。

D2.15.6 尽可能确定初步的包装设计基线、方案、参数、限制等。

D2.15.7 应采用相同或相似的技术状态项目已使用过的包装设计资料。

D2.15.8 验证原型样机包装设计是否恰当。

D2.15.9 审查设备规范,保证承制单位已充分了解了要求。确定用于危险器材包装规范。

D2.16 用户技术资料

D2.16.1 审查用户技术资料出版计划,保证计划已全面考虑了要求。审查在研制试验后期能否提供用户技术资料用于验证。

D2.16.2 如果不召开出版指导会议,则应对编制出版过程中审查,批准,验证,出版前审查等准备工作进行审查。

D2.17 设计的生产性和制造

D2.17.1 承制单位应将制造方面的考虑纳入设计过程中。考虑的内容如下:

　　a) 承制单位应权衡硬件设计要求同制造风险、费用、生产、容量和现有能力等的生产性分析,并将分析结果纳入设计中。

　　b) 验证初步制造方案和生产计划,应阐明:材料和部件选择;初步的生产次序、方法和流程方案;新工艺;制造风险;为达到预定产量可使用的设备和设施;生产工序试验和验收试验及检验方案。

　　c) 管理部门应在工程研制阶段的始终都考虑生产性和制造的问题。

D2.17.2 确认在系统要求审查和系统设计审查中查明的以及以后发现的生产性和制造方面的问题已经有了解决办法。

3.5.6 审查结论

完成初步设计审查后,使用部门应宣布审查结果:确认、有条件确认或不确认工作,可否进行下一步工作和是否需要再进行审查。审查意见示例:

×××。会议成立了审查组(附件×),听取了×××(研制单位)作的×××(产品名称)初步设计报告,依据批复的×××(产品名称)主要作战使用性能、研制总要求和 GJB 3273—1998《研制阶段技术审查》条款,审查了《×××(产品名称)研制规范》等技术文件,经质询讨论,形成审查意见如下:

1. 按照 GJB 3273—1998《研制阶段技术审查》条款,逐条对照进行了初步设计审查,共审查××条,其中××条适用,××条不适用;××条符合,××条基本符合;

2. 承制单位严格按照系统工程管理要求开展研制工作,对《×××(产品名称)研制规范》进行了修改完善,落实了系统设计审查会提出的意见建议,并进行了深化分析和权衡研究,权衡研究的结果更趋合理,研制要求已合理分配到产品各组成部分,技术状态项目研制规范、试验方案、接口控制文件和系统布局图样等完整有效,可靠性维修性测试性保障性安全性环境适应性和电磁兼容性等设计合理,与技术、费用和进度等有关的研制风险可控;软件设计文档,软件测试规程和计算机系统操作员手册、软件用户手册、软件程序员手册、计算机资源综合保障文档等软件运行和保障文档初稿齐备,基本完整准确,具有可追溯性;

3. 《×××(产品名称)研制规范》要求明确,验证方法可行,内容和格式符合 GJB 6387—2008《武器装备研制项目专用规范编写规定》,满足《×××(产品名称)研制总要求》和《×××(产品名称)系统规范》要求。

审查组同意×××(产品名称)初步设计通过审查。

建议按照审查组意见(附件×)进一步修改完善后,据此开展下一步工作。

3.6 关键设计审查

3.6.1 审查目的

应对每一技术状态项目进行关键设计审查,确保反映在硬件产品规范初稿、软件设计文档、接口设计文档和工程图样中的详细设计结果满足硬件研制规范和软件顶层设计文档中规定的要求。同时还应根据技术、费用和进度,审查所有关系到每个技术状态项目的技术风险。对于软件,还应对软件设计文档、接口设计文档、软件测试文档(包括软件测试说明及规程、开发测试说明、规程及结果)、计算机资源综合保障文档、计算机系统操作员手册、软件用户手册、软件程序员手册和固件保障手册等的有效性和完善程度取得共识。对于复杂或大型的技术状态项目。关键设计审查可分步骤进行。

1. 设备和设施的技术状态项目

应对照硬件技术状态项目研制规范的性能要求审查硬件产品规范、图样、简图、全尺寸模型等表达的详细设计。除设施外,完成关键设计审查应允许承制单位用该详细设计去规划生产。

2. 软件技术状态项目

关键设计审查一般在编码和测试前进行,目的是在单元的逻辑设计水平上确定计算机软件设计的完整性。关键设计审查可以在一次审查会上完成,也可在研制过程中,相当于计算机程序段完成逻辑设计期间逐步完成。

由于计算机软件的开发有一个不断迭代的过程,软件技术状态项目的一次关键设计审查可不必非常充分,有待测试后的进一步开发。

在关键设计审查后,可安排附加的过程审查,用以审查:
a) 对未完成的行动项目的答复;
b) 根据批准的工程更改建议进行的设计更改;
c) 更新的设计资料;
d) 测试取得的结果,包括问题及其解决办法。

3.6.2 审查时机

应在硬、软件详细设计已经结束,计算机资源综合保障文档、软件用户手册、计算机系统操作员手册、软件程序员手册和固件保障手册等运行和保障文件已经修改完善后,硬件正式投入制造和软件编码、测试前进行。

3.6.3 审查文件

审查文件主要包括:
a) 产品规范(初稿);
b) 工艺规范(初稿);
c) 材料规范(初稿);
d) 全套图样;
e) 软件设计文档;
f) 接口设计文档;
g) 软件运行和保障文档;
h) (非正式)测试说明或测试程序;
i) 软件开发手册。

3.6.4 审查依据

审查依据主要包括:
a) 研制立项综合论证报告;

b) 研制总要求和/或技术协议书,研制合同;
c) 系统设计说明;
d) 接口设计说明;
e) 软件开发计划;
f) 软件研制任务书;
g) 数据库设计说明;
h) 通用规范;
i) 系统规范;
j) 研制规范;
k) GJB 150A—2009《军用装备实验室环境试验方法》;
l) GJB 151A—1997《军用设备和分系统电磁发射和敏感度要求》;
m) GJB 152A—1997《军用设备和分系统电磁发射和敏感度测量》;
n) GJB 368B—2009《装备维修性工作通用要求》;
o) GJB 438B—2009《军用软件开发文档通用要求》;
p) GJB 450A—2004《装备可靠性工作通用要求》;
q) GJB 900A—2012《装备安全性工作通用要求》;
r) GJB 1389A—2005《系统电磁兼容性要求》;
s) GJB 2547A—2012《装备测试性工作通用要求》;
t) GJB 2786A—2009《军用软件开发通用要求》;
u) GJB 3207—1998《军事装备和设施的人机工程要求》;
v) GJB 3273—1998《研制阶段技术审查》;
w) GJB 3872—1999《装备综合保障通用要求》。

3.6.5 审查内容

GJB 3273—1998《研制阶段技术审查》附录E"关键设计审查(补充件)"规定了审查内容:

E2 审查内容和要求

E2.1 一般性审查内容

E2.1.1 硬件技术状态项目的一般性审查内容如下:

a) 硬件产品规范初稿中反映的详细设计应充分满足研制规范的要求;
b) 硬件技术状态项目的详细工程图样,包括原理图;
c) 详细设计在下列各方面是否适当:电气设计、机械设计、环境控制和热设计、电磁兼容性、电源和接地、电气和机械接口的相容性、质量特性、可靠性、维修性、可用性、系统安全工程、生存性和易损性(包括在核战条件下)、生产性和制造、运输性、包装和装卸、人素工程和生物卫生要求(包括生命保障要求)、标准化、设计对综合保障的权衡研究,保障设备要求;

d) 接口控制图样;

e) 全尺寸样机、模型、实验模型和原型样机;

f) 设计分析和试验数据;

g) 系统配置文件;

h) 制造的初步准备,关键材料、关键工艺和工装已解决;

i) 价值工程更改建议;

j) 寿命周期费用;

k) 所有固件的详细设计资料;

l) 审查防腐蚀措施是否落实,保证所选用的材料能适应工作环境;

m) 产品质量保证大纲的贯彻情况。

E2.1.2 软件技术状态项目的一般性审查内容如下:

a) 软件详细设计、数据库设计和接口设计文档,在关键设计审查进行时,应提供足够的文档用于支持审查;

b) 描述分析、测试等结果的支持文档;

c) 系统配置文件;

d) 软件技术状态项目初步设计审查提出的行动项目进展情况;

e) 经过更新的运行和保障文档(计算机资源综合保障文件、计算机系统操作员手册、软件用户手册、软件程序员手册、固件保障手册);

f) 剩余重大工作的进度表;

g) 自上次审查以来,对以前提供的同软件有关的资料的更新。

E2.1.3 保障设备的一般性审查内容如下:

a) 按 E2.1.1 和 E2.1.2 条的要求审查保障设备的要求;

b) 证实是否尽可能使用有现货的保障设备;

c) 验明保障设备的供应问题;

d) 确定器材订货用的图样和资料在数量和质量上是否充分;

e) 审查保障设备的可靠性;

f) 审查保障设备项目的保障要求;

g) 审查校准要求;

h) 审查保障设备的文件资料。

E2.2 电气、机械和逻辑设计的详细评价
E2.2.1 硬件技术状态项目

将详细的方框图、原理图和逻辑图同接口控制图样相比较,确定系统相容性。审查分析数据和可提供的试验数据,保证硬件研制规范已得到满足。

E2.2.1.1 承制单位应提供包括在现货或研制的设备中的固件的资料。此处的固件包括微信息处理器和执行配置任务所必需的微指令程序。在关键设计审查期间提交的资料至少应包括下列各项描述和状况:

a) 详细逻辑流程图;
b) 算法;
c) 电路图;
d) 时钟和定时数据(如微指令的时间表);
e) 存储器,字长,定长(总容量和裕量);
f) 微指令清单和格式;
g) 由固件实现的设备功能指令系统;
h) 输入和输出数据通道宽度(即数据和控制的字符数);
i) 固件的自检(诊断);
j) 固件研制用的保障软件。

E2.2.2 软件技术状态项目

承制单位应提供软件技术状态项目的详细设计,包括:

a) 把软件技术状态项目的要求指定给较低级的计算机软件部件和单元,用来完成该指定的准则和设计规则,用来满足软件技术状态项目要求的该部件和单元设计的可追溯性,重点放在单元在实现计算机软件部件设计要求方面的必要性和充分性;

b) 在各软件单元之间的整个信息流程,每个单元的控制方法,各单元相互间的定序;

c) 软件技术状态项目、计算机软件部件、低级的计算机软件部件和单元的设计细节,包括数据定义、定时和定长、数据和存储器要求和配置;

d) 所有接口的详细设计特征,包括它们的数据源、目的、接口名称和相互关系,如可能,还包括直接存储器存取的设计;承制单位还要提供接口软件设计的关键设计问题的概述并指出数据流程格式是否固定不变还是易于动态改变;

e) 数据库的详细特征;数据库结构和详细设计,包括所有文件、记录、域和项;规定存取规则,如何控制文件共享,从一系统故障中恢复或再生数据

库程序,数据库处理规则,支持文档整体性的规则,使用报告规则和决定控制存取种类和深度的规则;要说明它们的数据管理规则和规则系统;还要说明用户存取数据库要求的语言。

E2.3 电磁兼容性

电磁兼容性的审查内容如下:

a) 审查所有硬件技术状态项目的电磁兼容性设计;确定是否同电磁兼容性计划和硬件技术状态项目规范一致;

b) 审查系统电磁兼容性,包括对系统间电磁环境的影响和系统内电磁兼容性;确定电磁兼容性设计是否满足合同电磁兼容性要求;

c) 审查电磁兼容性试验计划;确定该计划在证实系统、分系统和硬件技术状态项目电磁兼容性设计特性方面是否充分。

E2.4 可靠性设计

E2.4.1 审查硬件和软件可靠性的最新预计,并将其同硬件研制规范和软件需求规格说明中的要求进行比较。硬件预计值可由零件使用应力数据来核实。

E2.4.2 审查寿命最短的或需要特殊考虑的零件或技术状态项目的应用,保证它们对整个系统的影响减到最低限度。

E2.4.3 审查可靠性设计准则,保证这些原则已全面反映在技术状态项目的设计中。

E2.4.4 审查技术状态项目中的单元或部件的余度技术应用,检查自初步设计审查以来提出的意见是否落实。

E2.4.5 审查硬件技术状态项目的可靠性详细验证计划是否同规定的试验要求相容。

E2.4.6 审查为确定故障趋势采取的故障数据报告的程序和方法。

E2.4.7 审查部件、印制电路板、模块等的热分析。确定这些数据是否已用于进行详细的可靠性应力预计。

E2.4.8 审查机上诊断、离机诊断程序,保障设备和用户技术资料初稿是否符合系统维修方案和规范的要求。

E2.4.9 审查软件可靠性预计模型以及根据试验数据和部件使用状况及复杂程度而细化了的预计等对模型的更新。

E2.5 维修性设计

E2.5.1 审查维修性最新预计量值并把它们同硬件技术状态项目研制规范和软件需求规格说明中的要求相比较。

E2.5.2 审查预防性维修的频次和持续时间是否符合整个系统要求和预定指标。

E2.5.3 确认技术状态项目在实战条件下所需的特殊维修程序,评价它们对系统维修方案的全部影响。从维修和维修性观点出发看,系统是否优化并符合预计维修方案。审查应包括从硬件和软件故障或失效中用自动、半自动和人工的恢复措施。

E2.5.4 查明在设计细节中是否贯彻了规定的维修性设计准则。

E2.5.5 确定零件、组件和其他项目均留有足够的空间可以方便地使用探头、烙铁和其他工具,而且易于拆卸和安装。

E2.5.6 审查详细维修性验证计划是否符合规定的试验要求。提供并审查补充资料,保证共同了解计划和提供完整的有关计划资料。

E2.6 人素工程

E2.6.1 审查反映在图样、原理图、全尺寸样机或实际硬件上的详细设计,确定其是否满足硬件技术状态项目研制规范、软件需求规格说明、接口需求规格说明的人的能力需求和公认的人素工程惯例。

E2.6.2 按检查表或其他正规的方法验证人的能力设计是否充分。

E2.6.3 审查人机相容性设计的各方面。审查时间、费用、效能的考虑和人素工程设计权衡研究。

E2.6.4 评价下列人素工程和生物医学设计因素:

a) 操作控制;

b) 操作显示;

c) 维修特性;

d) 人体测量数据;

e) 安全特性及应急设备;

f) 工作空间布局;

g) 内部环境条件(噪声、照明、通风等);

h) 训练设备;

i) 人员适应。

E2.7 系统安全性

E2.7.1 审查技术状态项目详细设计是否符合安全性设计要求。

E2.7.2 审查验收试验要求,是否包含了充分的安全性要求。

E2.7.3 评价安全性和防护装置的详细设计是否充分。

E2.7.4 审查技术状态项目实战维修的安全性分析和程序。

E2.8 自然环境
E2.8.1 审查详细设计,确定是否满足硬件研制规范的自然环境要求。
E2.8.2 确保已进行有环境对硬件技术状态项目的影响和它们之间相互作用的研究。

E2.9 设备和零部件的标准化
E2.9.1 设备和部件的标准化审查是确定是否已采取各种有效措施来最大限度地满足标准化要求。使用的非标准设备和部件是否已获批准。
E2.9.2 零部件的标准化和标准化审查内容如下:
a) 检查零部件控制大纲的执行情况;
b) 要求证明部件、组件和硬件技术状态项目之间有最大可能的零部件互换性,必须查清有关互换性的限制,特别是对强度有特殊要求的关键项目;
c) 抽查部分图样并互相校对,保证图样上所标零部件同标准化大纲中的零部件选用目录一致。
E2.9.3 按有关标准和规定正式命名并写入研制规范和产品规范中。

E2.10 价值工程
E2.10.1 审查按合同条款提出的所有价值工程更改建议的状况。
E2.10.2 如果合同有要求,对照预定的价值工程计划审查实际价值工程的实施情况。

E2.11 运输性
E2.11.1 审查超大、超重、易损的或需要特殊温度和湿度控制的项目所作出的运输性评价。
E2.11.2 审查对上述评价结果所采取的措施,保证在交付和使用期间有足够的设施和军、民用运输设备来保障。
E2.11.3 必要时,审查特殊器材的搬运设备的设计和为购置设备采取的措施。
E2.11.4 保证超过合同要求规定标准限度的设备已获得使用部门研究认可。
E2.11.5 保证运输性认可书已注在设计文件中,除非进行了重要运输性参数的设计更改。
E2.11.6 为在军用飞机上进行器材空运,确认试装的设备。

E2.12 试验
E2.12.1 审查初步设计审查后对所有规范的更改,确定规范是否充分反映了这些更改。

E2.12.2 审查所有的试验文件的技术正确性并应符合所有规范要求。

E2.12.3 检查试验结果,看设计是否同硬件研制规范、软件需求规格说明和接口要求规范的要求一致。

E2.12.4 审查硬件技术状态项目产品规范初稿、软件需求规格说明和接口需求规格说明中的质量保证要求和合格鉴定要求的完整性和技术充分性。这些规范应包括验收项目、材料或工艺必须达到的最低要求。

E2.12.5 审查所有为保障硬件技术状态项目产品规范初稿的试验要求所需要的试验文件资料的相容性、技术充分性和完整性。

E2.12.6 检查可用于试验大纲本身的任何试验模型、全尺寸样机或原型机硬件。

E2.12.7 审查软件测试说明,保证它们同软件测试计划相一致,并且详尽地标明了为执行各项计划的软件测试和测试结果监控所必需的参数和先决条件。测试说明至少应为各项测试标明下列内容:

   a) 要求预置的硬件和软件条件和必要的输入数据,包括所有数据的来源;
   b) 评定测试结果的标准;
   c) 在测试前要确定的先决条件;
   d) 预估的测试结果。

E2.13 维修和维修资料

E2.13.1 审查维修计划的充分性。

E2.13.2 审查自初步设计审查以来,尚未解决的维修和维修资料方面问题的状况。

E2.13.3 审查故障反馈综合报告、可靠性、维修性数据报告等方面资料状况。

E2.14 备件和使用方提供的物资

E2.14.1 通过正常渠道和使用部门代表审查供应计划,确保其(在内容和时间阶段上)同合同要求(资料和工作说明项目)的一致性。最终目的是确保系统在第一次外场使用日获得良好的保障性。同时还要完成:

   a) 保证承制单位了解合同要求,包括交付时间,技术保障部门的要求,临时订货程序和在规定的日期提供备件和修理件的责任;
   b) 确定供应活动;
   c) 查明现存的或可能出现的供应问题。

E2.14.2 确定供应的图样和资料在数量和质量上的充分性。核实综合保障的关键性项目已列出供考虑,并且已有适当的程序把设计更改信息反映在供应文件和技术指令中。

E2.14.3 保证已经确定了安装、检测和试验的保障要求并交使用部门同意,这些要求已经筛选,其结果已纳入保障要求清单。

E2.14.4 确定为安装和检测设备、试验保障器材的现场装卸安排了足够的贮存空间。并为保险或灾难性损坏保障项目制订了方案。

E2.15 包装和专门设计的防护设备

E2.15.1 审查包装设计,确保针对设备在寿命周期内可能遇到的自然环境和诱发的环境及危险,为硬件技术状态项目和记录有软件技术状态项目的载体提供充分的防护,并确保同合同要求一致。审查应包括但不限于下列内容:

a) 封存方法;
b) 机械和冲击防护,包括减震介质、防止冲击和隔离措施、装载系数、支撑垫、减震装置、填塞和支撑等;
c) 固定设施和系固措施;
d) 内、外包装箱设计;
e) 装卸措施和同飞机的物资装卸系统的相容性;
f) 包装箱标记;
g) 危险和有害物品的考虑和标识。

E2.15.2 审查需要专门设计的防护设备的硬件技术状态项目设计。对建议的包装箱或装卸、运输相应设计的分析至少应包含:

a) 内部固定或连接措施的位置和类型;
b) 基于易损性生等级(或其他运输限制)的振动和冲击隔离措施;
c) 辅助项目(指示器、释压阀等);
d) 环境控制装置;
e) 符合应力等级的外部装卸、叠放、系留措施;
f) 尺寸和重量数据(毛、净重);
g) 器材清单;
h) 标记措施,包括重心位置;
i) 对于有轮的专门设计的防护设备(自行或牵引和拖车),装上设备后的全长、宽、高、转弯半径、机动性、轴数、单位接触载荷、轮数等;
j) 为方便装货采取的可调轮的位置和行程、倾斜度和其他调节值。

E2.15.3 审查权衡研究、工程分析等的结果,核实选择的包装和专门设计的防护设备设计途径、器材选择、装卸措施、环境特征等。

E2.15.4 保证包装和专门设计的防护设备的设计在费用和期望性能之间达到合理平衡。

E2.15.5 审查原型机包装设计的所有试生产试验结果,保证硬件技术状态项目具备适当的防护。

E2.15.6 审查硬件技术状态项目产品规范初稿中"包装"的技术充分性、准确性和格式正确性。

E2.15.7 审查承制单位的程序,保证硬件技术状态项目产品规范中"交货准备"的要求已纳入供应备件包装设计资料。

E2.16 用户技术资料

审查自上次审查以来用户技术资料的进展情况。

E2.17 设计的生产性和制造

E2.17.1 审查在考虑费用和进度后对生产性(和生产能力)进行研究的状况。

E2.17.2 审查以前技术审查中所查明的有关制造方面的问题解决状况和它们的费用和进度对生产计划的影响。

E2.17.3 审查制造工艺大纲和其他为减少费用、降低制造风险和工业基础等以前所建议的有关工作状况。

E2.17.4 查明需要进一步做工作,降低生产风险的其他事项。

E2.17.5 审查制造工程成果,工装和试验设备验证状况,验证新材料、工艺、方法和专用工具和试验设备等的状况。

E2.17.6 审查为实施生产计划而预定的制造管理系统和组织,保证顺利转入生产。

3.6.6 审查结论

完成关键设计审查后,使用部门应宣布审查结果:确认、有条件确认或不确认工作,可否进行下一步工作和是否需要再进行审查。审查意见示例:

×××。会议成立了审查组(附件×),听取了×××(研制单位)作的×××(产品名称)关键设计报告,依据×××(产品名称)主要作战使用性能、研制总要求和 GJB 3273—1998《研制阶段技术审查》条款,审查了《×××(产品名称)产品规范(初稿)》、《×××(产品名称)工艺规范(初稿)》等技术文件,经质询讨论,形成审查意见如下:

1. 按照 GJB 3273—1998《研制阶段技术审查》条款,逐条对照进行了关键设计审查,共审查××条,其中××条适用,××条不适用;××条符合,××条基本符合;

2. 承制单位严格按照系统工程管理要求和软件工程化要求开展研制工作,

对《×××(产品名称)研制规范》进行了修改完善,编制了《×××(产品名称)产品规范(初稿)》和《×××(产品名称)工艺规范(初稿)》,落实了初步设计审查会提出的意见建议,产品规范初稿、软件设计文档、接口设计文档和工程图样中的详细设计结果满足硬件研制规范和软件顶层设计文档中规定的要求;可靠性维修性测试性保障性安全性环境适应性和电磁兼容性等设计合理;与技术、费用和进度等有关的研制风险可控;软件设计文档、接口设计文档、软件测试文档(包括软件测试说明及规程、开发测试说明、规程及结果)、计算机资源综合保障文档、计算机系统操作员手册、软件用户手册、软件程序员手册和固件保障手册等软件运行和保障文档完整、准确、协调、规范,具有可追溯性;

3.《×××(产品名称)产品规范(初稿)》和《×××(产品名称)工艺规范(初稿)》要求明确,验证方法可行,包装、运输与贮存要求具体,内容和格式符合GJB 6387—2008《武器装备研制项目专用规范编写规定》,满足《×××(产品名称)研制总要求》和《×××(产品名称)研制规范》要求。

审查组同意×××(产品名称)关键设计通过审查。

建议按照审查组意见(附件×)进一步修改完善后,据此开展下一步工作。

3.7 测试准备审查

3.7.1 审查目的

测试准备审查是对承制单位软件技术状态项目的测试准备情况所进行的一项正式审查。测试准备审查的目的是让使用部门确定承制单位是否已经准备好开始软件技术状态项目测试。对开发测试说明和结果、软件测试规程、计算机系统操作员手册、软件用户手册和软件程序员手册的有效性和完善程度应达到技术上的共识。

3.7.2 审查时机

在提供了软件测试规程和完成了规定的计算机软件部件测试和软件技术状态项目测试之后,在软件技术状态项目正式测试之前进行。

3.7.3 审查文件

审查文件主要包括:

a) 软件测试程序;

b) 非正式软件测试(开发测试)结果。

3.7.4 审查依据

审查依据主要包括:
a) 研制立项综合论证报告;
b) 研制总要求和/或技术协议书,研制合同;
c) 系统设计说明;
d) 接口设计说明;
e) 软件开发计划;
f) 软件研制任务书;
g) 数据库设计说明;
h) 通用规范;
i) 系统规范;
j) 研制规范;
k) 软件需求规格说明和/或接口需求规格说明;
l) 软件产品规格说明;
m) 软件测试计划;
n) 软件测试说明;
o) GJB 438B—2009《军用软件开发文档通用要求》;
p) GJB 900A—2012《装备安全性工作通用要求》;
q) GJB 2547A—2012《装备测试性工作通用要求》;
r) GJB 2786A—2009《军用软件开发通用要求》;
s) GJB 3273—1998《研制阶段技术审查》。

3.7.5 审查内容

GJB 3273—1998《研制阶段技术审查》附录F"测试准备审查(补充件)"规定了审查内容:

F2 审查的内容
 F2.1 要求的更改
  自软件规格说明审查以来对已批准的软件需求规格说明或接口需求规格说明所有影响软件技术状态项目测试的任何更改。
 F2.2 设计的更改
  自初步设计审查和关键设计审查以来对软件设计文档和接口设计文档所有影响软件技术状态项目测试的任何更改。

F2.3 软件测试计划和说明
　　对批准的软件测试计划和软件测试说明的任何更改。
F2.4 软件测试规程
　　进行软件技术状态项目测试时所用的测试规程,包括测试不正常和修正后的重新测试规程。
F2.5 计算机软件部件集成测试情况、程序和结果
　　计算机软件部件集成测试情况及在进行测试中所用的规程和测试结果。
F2.6 软件测试用资源
　　开发设施的硬件、使用部门提供的软件、测试人员、支持测试的软件和器材的状况,包括测试工具的合格鉴定要求,以及对软件要求及其相关测试之间可追溯性审查。
F2.7 测试限制
　　确认所有软件测试限制。
F2.8 软件的问题
　　软件存在问题状况的综述,包括所有软件技术状态项目和测试支持软件的已知差异。
F2.9 进度表
　　剩余重大工作的进度表。
F2.10 文档的更新
　　对所有已交付的资料项目(如计算机系统操作员手册、软件用户手册和软件程序员手册等)的更新。

3.7.6 审查结论

完成测试准备审查后,使用部门应宣布审查结果:确认、有条件确认或不确认工作,可否进行下一步工作和是否需要再进行审查。审查意见示例:

×××。会议成立了审查组(附件×),听取了×××(研制单位)作的×××(产品名称)软件测试程序报告,依据×××(产品名称)主要作战使用性能、研制总要求和GJB 3273—1998《研制阶段技术审查》条款,审查了《×××(产品名称)软件测试程序》、《×××(产品名称)非正式软件测试报告》等技术文件,经质询讨论,形成审查意见如下:

1. 按照GJB 3273—1998《研制阶段技术审查》条款,逐条对照进行了测试准备审查,共审查××条,其中××条适用,××条不适用;××条符合,××条基本符合;

2. 承制单位严格按照系统工程管理要求和软件工程化要求开展研制工作,对《×××(产品名称)产品规范》、《×××(产品名称)软件需求规格说明》和《×××(产品名称)接口需求规格说明》进行了修改完善,落实了初步设计审查会和关键设计审查会提出的意见建议和对软件设计文档和接口设计文档所有影响软件技术状态项目测试的所有更改,以及自软件规格说明审查以来对已批准的软件需求规格说明或接口需求规格说明所有影响软件技术状态项目测试的所有更改;

3. ×××(产品名称)软件测试程序规定的测试范围、测试级别、测试类型要求明确,测试项划分合理,测试内容完整,覆盖了×××(产品名称)研制总要求、软件研制任务书以及软件需求规格说明相关内容;软件测试计划确定的测试策略合理,测试方法正确,测试环境明确,测试数据要求完整;软件测试用例设计充分、合理,测试方法正确;

4. 已按要求完成了计算机软件部件集成测试,出现的软件问题已得到解决并通过回归测试,测试结果满足要求;开发设施的硬件、使用部门提供的软件、测试人员、支持测试的软件和器材准备就绪;测试所需软件文档齐套、编制规范、描述准确,符合国家军用标准和相关法规要求。

审查组同意×××(产品名称)软件测试准备通过审查。

建议按照审查组意见(附件×)进一步修改完善。

3.8 功能技术状态审核

3.8.1 审查目的

功能技术状态审核是指为验证技术状态项的功能特性达到功能基线、分配基线规定的要求所进行的技术状态审核。

功能技术状态审核的目的是考察技术状态项的功能特性是否达到设计目标。

GJB 3206A—2010《技术状态管理》第 8.1.1 条规定,每一个技术状态项都应进行功能技术状态审核和物理技术状态审核。

3.8.2 审查时机

根据产品的复杂性,功能技术状态审核可分步进行,与产品的技术审查(评审)工作相结合。

对于产品的转产、复产,应重新进行功能技术状态审核。

在正式的技术状态审核之前,承制方应自行组织内部的技术状态审核。内部的技术状态审核可参照 GJB 3206A—2010《技术状态管理》执行。

功能技术状态审核可与设计定型工作结合进行。结合进行时,按照设计定型工作的要求执行。

3.8.3 审查文件

审查文件主要包括:
a) 试验计划,试验说明,试验程序;
b) 试验报告;
c) 软件测试报告;
d) (软件正式测试后修正的)软件运行和保障文档。

待审查的试验数据应从拟正式提交设计定型的样机的技术状态试验中随机采集,如果未制造设计定型样机,则应从第一个(批)生产件的试验数据中随机采集。

与设计定型工作结合进行时,按照设计定型工作的要求执行,审查23类设计定型文件。

3.8.4 审查依据

审查依据主要包括:
a)《军工产品定型工作规定》;
b)《军用软件产品定型管理办法》;
c) GJB 438B—2009《军用软件开发文档通用要求》;
d) GJB 1362A—2007《军工产品定型程序和要求》;
e) GJB 2786A—2009《军用软件开发通用要求》;
f) GJB 3206A—2010《技术状态管理》;
g) GJB 3273—1998《研制阶段技术审查》;
h) GJB/Z 170—2013《军工产品设计定型文件编制指南》;
i) 批复的主要战术技术指标和使用要求;
j) 研制总要求、技术协议书和/或研制合同;
k) 设计定型基地试验(功能性能试验、环境鉴定试验、可靠性鉴定试验、电磁兼容性试验等)大纲;
l) 设计定型部队试验大纲。

3.8.5 审查内容

GJB 3206A—2010《技术状态管理》附录 D"技术状态审核实施(资料性附录)"规定了审查内容:

D.4.1 功能技术状态审核

审核的内容一般包括：

a) 审核承制方的试验程序和试验结果是否符合技术状态文件的规定；

b) 审核正式的试验计划和试验规范的执行情况,检查试验结果的完整性和准确性；

c) 审核试验报告,确认这些报告是否准确、全面地说明了技术状态项的各项试验；

d) 审核接口要求的试验报告；

e) 对那些不能完全通过试验证实的要求,应审查其分析或仿真的充分性及完整性,确认分析或仿真的结果是否足以保证技术状态项满足其技术状态文件的要求；

f) 审核所有已确认的技术状态更改是否已纳入了技术状态文件并已经实施；

g) 审核未达到质量要求的技术状态项是否进行了原因分析,并采取了相应的纠正措施；

h) 审查偏离许可、让步清单；

i) 对软件与硬件集合成一体的技术状态项,除进行上述审核外,还可进行必要的补充审核。

3.8.6 审查结论

功能技术状态审核完成后,审核组织者应向有关各方发放审核纪要。审核纪要至少应记录功能技术状态审核的完成情况和结果,以及解决遗留问题所必需的措施。审核纪要还应给出功能技术状态审核的结论,即认可、有条件认可或不认可。

与设计定型工作结合进行时,按照设计定型工作的要求执行,审查结论见GJB/Z 170—2013《军工产品设计定型文件编制指南》,相关内容也可见本书第14.16节和第15.9节,这里不再赘述。

3.9 物理技术状态审核

3.9.1 审查目的

物理技术状态审核是指为建立或验证产品基线,对技术状态项试制试产样品的完工状态、所依据的技术状态文件而进行的技术状态审核。

物理技术状态审核的目的是考察技术状态项在达到设计目标的基础上,是否做好正式投产的技术准备。

GJB 3206A—2010《技术状态管理》第 8.1.1 条规定,每一个技术状态项都应进行功能技术状态审核和物理技术状态审核。

3.9.2 审查时机

物理技术状态审核应在功能技术状态审核完成之后进行,必要时,可与功能技术状态审核同步。物理技术状态审核可与生产定型工作结合进行;如无生产定型,可与设计定型工作结合进行。根据产品的复杂性,可开展预先的物理技术状态审核。预先的物理技术状态审核可与产品质量评审工作结合进行。

对于产品的转产、复产,应重新进行物理技术状态审核。

在正式的技术状态审核之前,承制方应自行组织内部的技术状态审核。内部的技术状态审核可参照 GJB 3206A—2010《技术状态管理》执行。

3.9.3 审查文件

审查文件主要包括:最终的产品规范、工艺规范、材料规范及引用文件和图样,全套图样包括毛坯图样,软件产品规范,版本说明文件等成套技术资料。

待审查的试验数据和检验数据应从按正式生产工艺制造的首批(个)生产件的试验与检验中得到。

在进行物理技术状态审核之前,承制方应将订购方批准的和承制方自身批准的全部技术状态更改纳入到适用的技术状态文件,并形成新的、完整的文件版本。

3.9.4 审查依据

审查依据主要包括:

a)《军工产品定型工作规定》;

b)《军用软件产品定型管理办法》;

c) GJB 438B—2009《军用软件开发文档通用要求》;

d) GJB 1269A—2000《工艺评审》;

e) GJB 1362A—2007《军工产品定型程序和要求》;

f) GJB 2786A—2009《军用软件开发通用要求》;

g) GJB 3206A—2010《技术状态管理》;

h) GJB 3273—1998《研制阶段技术审查》;

i) GJB/Z 170—2013《军工产品设计定型文件编制指南》;

j) 批复的主要战术技术指标和使用要求;

k) 研制总要求、技术协议书和/或研制合同；

l) 生产定型试验大纲；

m) 生产定型部队试用大纲。

3.9.5 审查内容

GJB 3206A—2010《技术状态管理》附录 D"技术状态审核实施（资料性附录）"规定了审查内容：

> D.4.2 物理技术状态审核
>
> 审核的内容一般包括：
>
> a) 审核各技术状态项有代表性数量的产品图样和相关工艺规程（或工艺卡，下同），以确认工艺规程的准确性、完整性和统一性，包括反映在产品图样和技术状态项上的更改；
>
> b) 审核技术状态项所有记录，确认按正式生产工艺制造的技术状态项的技术状态准确地反映了所发放的技术状态文件；
>
> c) 审核技术状态项首件的试验数据和程序是否符合技术状态文件的规定；审核组可确定需重新进行的试验；未通过验收试验的技术状态项应由承制方进行返修或重新试验，必要时，重新进行审核；
>
> d) 确认技术状态项的偏离、不合格是在批准的偏离许可、让步范围内；
>
> e) 审核技术状态项的使用保障资料，以确认使用保障资料的完备性和正确性；
>
> f) 确认分承制方在制造地点所做的检验和试验资料；
>
> g) 审核功能技术状态审核遗留的问题是否已经解决；
>
> h) 对软件与硬件集合成一体的技术状态项，除进行上述审核外，还可进行必要的补充审核。

3.9.6 审查结论

物理技术状态审核完成后，审核组织者应向有关各方发放审核纪要。审核纪要至少应记录物理技术状态审核的完成情况和结果，以及解决遗留问题所必需的措施。审核纪要还应给出物理技术状态审核的结论，即认可、有条件认可或不认可。

与生产定型工作结合进行时，按照生产定型工作的要求执行，审查结论见 GJB 1362A—2007《军工产品定型程序和要求》规定，相关内容也可见本书 5.5 节，这里不再赘述。

3.10 生产准备审查

3.10.1 审查目的

进行生产准备审查的目的是核实系统的设计、计划和有关的准备工作是否已达到了能够允许生产,而不存在突破进度、性能和费用限值或其他准则之类的不可接受的风险程度。生产准备审查包括考虑与生产设计的完整性与可生产性,以及与为开展和维持可行的生产活动而需进行的管理准备和物质准备有关的所有问题。

生产准备审查,实际上就是产品提前投产审查。

3.10.2 审查时机

只有在功能技术状态审核或物理技术状态审核进行之前即需要安排生产时并经过专门批准后进行。可以由承制单位单独进行。

3.10.3 审查文件

审查文件主要包括:产品规范、工艺规范、材料规范及引用文件和图样,软件产品规范,版本说明文件等成套技术资料。

3.10.4 审查依据

审查依据主要包括:

a) 批复的主要战术技术指标和使用要求;
b) 研制总要求、技术协议书和/或研制合同;
c) GJB 1269A—2000《工艺评审》;
c) GJB 1362A—2007《军工产品定型程序和要求》;
d) GJB 3206A—2010《技术状态管理》;
e) GJB 3273—1998《研制阶段技术审查》;
f) 相关国家标准、国家军用标准和法规;
g) 生产定型试验大纲;
h) 生产定型部队试用大纲。

3.10.5 审查内容

GJB 3273—1998《研制阶段技术审查》附录 G"生产准备审查(参考件)"规定了审查内容:

G2 审查内容

生产准备审查应包括下列审查内容,可以根据系统的特点对审查的内容进行剪裁:

G2.1 设计方面

a) 从生产角度看,设计风险低;

b) 设计(包括系统、分系统、设备等)的技术审查已经完成,性能、可靠性、维修性和保障性等的验证已经完成;

c) 系统的技术状态可以最后确定,设计更改活动已经稳定,不符合性已经解决;

d) 设计的不完善部分已经明确,不会给生产带来重大风险;

e) 设计已达到标准化大纲要求;

f) 只有在为满足性能所必需的情况下,才使用贵重而紧缺的材料;

g) 生产图样已经齐备。

G2.2 生产方面

a) 工厂的生产能力可以满足所要求的年批量;

b) 所需的工厂设施、生产设备、专用工具(工装)和专用试验设备已经具备;

c) 需要的熟练生产工人,在数量上足以满足生产的需要;

d) 拟定了所需人员的培训、考核计划;

e) 材料和外购件已有可靠来源,长生产周期的器材已经订货并可满足生产的需要。

G2.3 工艺方面

a) 工艺总方案、工具(工装)选择原则、工艺规程等工艺文件已经齐备;

b) 重要工艺已经攻关解决;

c) 有关辅助制造的计算机软件已开发成功;

d) 专用工具(工装)已经按工艺总方案设计制造,检定合格;

e) 标准样件已经制定。

G2.4 管理方面

a) 质量保证体系可持续有效地运转;

b) 综合生产计划已经拟定;

c) 生产成本计划已经制定;

d) 运用价值工程方法和寻求降低费用的措施已经拟定;

e) 产品质量保证大纲已经实施;

> f) 技术状态管理计划已经制定；
> g) 计算机辅助管理的软件已经开发成功。
>
> G2.5 综合保障方面
> a) 交付所需的文件、备件、工具和设备等已经确定并可满足系统的交付进度；
> b) 培训教材、教具和其他器材已经准备就绪；
> c) 使用中需要的保障、检测设备已经研制出来，生产能满足系统的交付进度。

3.10.6 审查结论

完成生产准备审查后，使用部门应宣布审查结果：确认、有条件确认或不确认工作，可否进行下一步工作和是否需要再进行审查。审查意见示例：

×××(产品名称)提前投产审查意见

20××年××月××日，×××(上级装备研制管理部门)在×××(会议地点)组织召开了×××(产品名称)提前投产审查会。参加会议的有×××(相关机关)、×××(相关部队)、×××(研制总要求论证单位)、×××(军队其他有关单位)、×××(军事代表机构)、×××(承试单位)、×××(本行业和相关领域的单位)、×××(研制单位)等××个单位××名代表(附件1)。会议成立了审查组(附件2)，听取了×××(研制单位)作的《×××(产品名称)研制工作情况》、《×××(产品名称)提前投产质量分析报告》、《×××(产品名称)提前投产标准化工作报告》，×××(承试单位)作的《×××(产品名称)基地试验报告》，×××(承试部队)作的《×××(产品名称)部队试验报告》，×××(技术总体单位)作的《技术总体单位对×××(产品名称)提前投产的意见》，×××(驻承制单位军事代表室)作的《军事代表对×××(产品名称)提前投产的意见》。审查组依据《军工产品定型工作规定》、GJB 1362A—2007《军工产品定型程序和要求》和GJB 3273—1998《研制阶段技术审查》，对×××(产品名称)进行了提前投产审查，经讨论质询，形成审查意见如下：

1. 承研承制单位已按照《常规武器装备研制程序》完成了×××(产品名称)试制、研制试验和部分定型试验工作，产品技术状态基本冻结，试验结果表明，产品已验证的功能性能达到了《×××(产品名称)研制总要求》(或技术协议书规定的战术技术指标要求)和使用要求。

2. 研制过程中贯彻了《装备全寿命标准化工作规定》和《武器装备研制生产标准化工作规定》，产品符合全军装备体制、装备技术体制和通用化、系列化、组合化要求。

3. 产品文件资料基本完整、准确、协调、规范,基本符合 GJB 1362A—2007 和 GJB/Z 170—2013 的规定;软件文档基本符合 GJB 438B—2009 的规定;产品规范和图样可以指导产品小批量生产和验收,技术说明书和使用维护说明书等用户技术资料基本满足部队使用维护需求。

4. 产品配套齐全,配套的主要设备已进行了独立考核(并通过了设计鉴定);产品配套软件已通过测试;关键工艺已经攻关解决,工艺文件、工装设备等基本满足小批量生产的需要。

5. 主要配套产品、设备、零部件、元器件、原材料质量可靠,有稳定的供货来源,国产电子元器件规格比××%,数量比××%,费用比××%,没有使用红色等级进口电子元器件,使用紫色、橙色、黄色等级进口电子元器件比例×%,满足研制总要求,符合军定〔2011〕70号等文件中对全军装备研制五年计划确定的一般装备的要求。

6. 承制单位具备国家认可的武器装备研制、生产资格,质量管理体系健全,运行有效,产品研制过程中贯彻了《武器装备质量管理条例》,研制过程质量受控,出现的技术质量问题已解决或已有解决措施,不会给生产带来重大风险。

审查组认为,×××(产品名称)符合提前投产条件,同意通过提前投产审查。

第4章 设计评审

4.1 概 述

4.1.1 设计评审

设计评审是指为确定设计达到规定目标的适宜性、充分性和有效性所进行的活动。GJB 1310A—2004《设计评审》规定了军工产品设计评审的主要内容、组织管理和评审程序要求,适用于军工产品研制组织内部的研制设计、仿制设计、改型和改进设计的设计评审。

设计评审是在研制过程决策的关键时刻,全面、系统地检查设计输出是否满足设计输入的要求,发现设计中存在的缺陷和薄弱环节,提出改进措施建议,加速设计成熟,降低决策风险。军工产品主管部门或承担军工产品研制的组织应根据 GJB 1310A—2004 及研制总要求、技术协议书、研制任务书和/或研制合同要求,严格按武器装备研制程序所划分的研制阶段及产品的功能级别和管理级别实行分级、分阶段的设计评审:

a) 按产品研制阶段,设计评审可分为方案阶段设计评审、工程研制阶段设计评审和定型阶段设计评审;

b) 按产品功能级别,设计评审可分为系统级设计评审、分系统级设计评审、设备或整机级设计评审;

c) 按产品管理级别,设计评审可分为部级设计评审、内部(厂所级、研究室级)设计评审。

设计评审由承担军工产品研制的组织实施,质量管理部门和上级主管部门负责监督。设计评审的参加者应包括与所评审的产品设计阶段有关的职能部门的代表、非直接参与设计工作的同行专家。合同要求时,应邀请顾客或其代表参加。具体说来,评审组成员一般应包括:

a) 同行技术专家;

b) 下达研制任务的单位或顾客代表;

c) 质量管理、可靠性专家;

d) 设计单位代表;

e) 其他与设计有关的职能部门代表。

评审组的职责主要包括：

a) 确定评审重点和检查内容；
b) 审阅有关评审资料，检查上一次设计评审结论有关问题落实情况；
c) 评价设计满足相关要求的情况；
d) 发现设计薄弱环节和缺陷，提出改进措施建议；
e) 做出设计评审的结论。

设计评审应有完整的记录，评审结论应形成文件。设计评审申请报告格式如图4.1和图4.2所示；设计评审报告格式如图4.3～图4.9所示。

设计评审中应充分发扬技术民主，保护不同意见。评审中发生不同的意见，经充分讨论仍不能取得一致时，可保留意见，由持保留意见者填写《设计评审保留意见表》。评审中确认的问题及改进措施建议，应作为待办事项，制定改进计划，由产品研制组织的有关职能部门负责组织分析处理，实行跟踪管理；对没有采取措施的问题，应进行分析、论证，在下一阶段评审时用书面文件说明。合同要求时，应将设计评审结论和跟踪的结果向顾客或其代表通报。

设计评审的结论是产品研制管理决策的重要依据。产品研制未按研制计划规定进行设计评审或评审未通过，不允许转入下一阶段工作。当然，设计评审能影响设计决策，但不代替设计决策，不改变规定的技术责任制。

4.1.2 专题设计评审

《武器装备质量管理条例》第二十四条规定："武器装备研制、生产单位应当严格执行设计评审、工艺评审和产品质量评审制度。对技术复杂、质量要求高的产品，应当进行可靠性、维修性、保障性、测试性和安全性以及计算机软件、元器件、原材料等专题评审。"

GJB 1310A—2004《设计评审》第5.1.3条规定，根据研制工作的实际需要，可组织专题设计评审。专题设计评审是为了降低风险，对产品质量、研制进度和经费有重大影响的专业技术进行的评审。如可靠性、维修性、测试性、保障性、安全性设计评审，系统试验评审，设计复核复算评审和软件、标准化、元器件选用及电磁兼容性设计评审等。

专题设计评审的内容和要求可参照相应的 GJB/Z 72—1995《可靠性维修性评审指南》、GJB/Z 147—2006《装备综合保障评审指南》、GJB 2786A—2009《军用软件开发通用要求》和 GJB/Z 113—1998《标准化评审》等国家军用标准或行业标准进行。主要内容在第6章、第8章至第14章中详细阐述。

```
                                编号
                                密别



            设计评审申请报告




       产品名称
       产品研制阶段
       评审项目名称
       设计单位




                20××年××月××日
```

图 4.1　设计评审申请报告封面

评审项目名称			
评审阶段		评审级别	
项目负责人		项目所属系统	
评审时间建议		评审主办单位	

申请理由:

建议参加评审的单位及人员:

上一级设计师意见:
签名　　　　　　　年　月　日

主管领导意见:
签名　　　　　　　年　月　日

图 4.2　设计评审申请报告首页

编号

密别

设计评审报告
共 页

产品名称

产品研制阶段

评审项目名称

设计单位

20××年××月××日

图 4.3 设计评审报告封面

评审项目名称			
项目负责人		评审级别	
研制阶段		主办单位	
评审地点		评审时间	

<table>
<tr><td colspan="3">提供评审的文件资料目录</td></tr>
<tr><td>序号</td><td>评审用文件资料名称</td><td>页数</td></tr>
<tr><td></td><td></td><td></td></tr>
<tr><td></td><td></td><td></td></tr>
<tr><td></td><td></td><td></td></tr>
<tr><td></td><td></td><td></td></tr>
<tr><td></td><td></td><td></td></tr>
<tr><td></td><td></td><td></td></tr>
<tr><td></td><td></td><td></td></tr>
<tr><td></td><td></td><td></td></tr>
<tr><td></td><td></td><td></td></tr>
<tr><td></td><td></td><td></td></tr>
<tr><td></td><td></td><td></td></tr>
<tr><td></td><td></td><td></td></tr>
<tr><td></td><td></td><td></td></tr>
<tr><td></td><td></td><td></td></tr>
<tr><td></td><td></td><td></td></tr>
<tr><td></td><td></td><td></td></tr>
<tr><td></td><td></td><td></td></tr>
<tr><td></td><td></td><td></td></tr>
<tr><td></td><td></td><td></td></tr>
<tr><td></td><td></td><td></td></tr>
</table>

图 4.4 提供评审的文件资料目录

重点评审的问题

序号	评审主要内容	评审意见

图 4.5 重点评审的问题登记表

存在问题及建议

序号	存在问题	建议

图 4.6 存在问题及建议登记表

评审结论	
	评审组长(签名)
	20××年××月××日

图 4.7 评审结论表

设计评审保留意见表

编号

评审项目名称	
	签名
	20××年××月××日

图 4.8 设计评审保留意见表

评审组成员签署表

	姓名	工作单位	专业	职务或职称	签名
组　长					
副组长					
组　员					

图 4.9　评审组成员签署表

4.1.3 转阶段审查

《武器装备质量管理条例》第二十五条规定:"军队有关装备部门应当按照武器装备研制程序,组织转阶段审查,确认达到规定的质量要求后,方可批准转入下一研制阶段。"

研制方案通过评审,可转入工程研制阶段初样机研制。

《常规武器装备研制程序》第十五条规定:"完成初样机试制后,由研制主管部门或研制单位会同使用部门组织鉴定性试验和评审,证明基本达到《研制任务书》规定的战术技术指标要求,试制、试验中暴露的技术问题已经解决或有切实可行的解决措施,方可进行正样机的研制。"初样机鉴定审查与正样机研制方案评审同步进行,也称C转S评审。

《常规武器装备研制程序》第十六条规定:"正样机完成试制后,由研制主管部门会同使用部门组织鉴定,具备设计定型试验条件后,向二级定型委员会提出设计定型试验申请报告。"正样机鉴定审查,也称S转D评审。

S转D评审,应当在完成设计评审、工艺评审和产品质量评审后开展;对于相对简单的产品,通常结合进行,即同时开展设计评审、工艺评审和产品质量评审,完成转阶段审查。

4.2 方案阶段设计评审

4.2.1 评审目的

方案阶段的设计评审应根据批准的研制总要求、技术协议书和/或研制合同的要求,对承担军工产品研制的组织优选的研制方案的正确性、先进性、适用性、可行性和经济性进行评审。

4.2.2 评审时机

方案阶段的设计评审一般应在完成方案论证和方案设计工作后转工程研制阶段前进行。研制方案通过评审,可转入工程研制阶段。

4.2.3 评审文件

大会报告的技术文件一般是《研制方案》。

同时提交大会审查的技术文件主要包括:

序号	专业领域	技术文件名称	备注
1	方案论证	研制方案论证报告	
2		结构方案	
3	工艺	试制工艺总方案	必要
4	标准化	标准化大纲	必要
5		标准选用范围（目录）	
6		元器件、材料选用范围（目录）	
7	质量	质量保证大纲（质量计划）	必要
8		计量保证大纲	
9	可靠性	可靠性工作计划	必要
10		可靠性分配报告	必要
11		可靠性设计准则	
12		可靠性设计报告	
13		可靠性预计报告	必要
14		FMECA报告	
15		元器件、零部件和原材料选择与控制	
16		可靠性关键项目	
17	维修性	维修性工作计划	必要
18		维修性分配报告	
19		维修性设计报告	
20		维修性分析报告	
21		维修性预计报告	
22	测试性	测试性工作计划	必要
23		测试性方案报告	
24		测试性分配报告	
25		测试性初步设计分析报告	
26		测试性详细设计分析报告	
27		测试性预计报告	
28		测试性核查计划	
29		测试性核查报告	
30	保障性	综合保障工作计划	必要
31		使用与维修工作分析	
32		保障性分析报告	

(续)

序号	专业领域	技术文件名称	备注
33	保障性	修理级别分析	
34		保障方案	
35		保障计划	
36	安全性	安全性工作计划	必要
37		初步危险分析	
38		分系统危险分析	
39		系统危险分析	
40		使用和保障危险分析	
41		软件需求危险分析	
42		概要设计危险分析	
43	环境适应性	环境工程工作计划	必要
44		寿命期环境剖面	
45		使用环境文件	
46		环境适应性设计准则	
47		环境适应性设计指南	
48		环境试验与评价总计划	
49	电磁兼容性	电磁兼容性控制计划	必要
50		电磁兼容性设计方案	
51		电磁兼容性预测与分析	
52		电磁兼容性试验计划	
53	人机工程	人机工程设计准则	必要
54		人机工程方案计划	必要
55		人机工程试验计划	
56		人机工程系统分析报告	
57	设计规范	结构设计规范	
58		工艺规范	
59		软件设计规范	
60		软件开发规范	
61		软件可靠性安全性设计准则	
62		可靠性设计规范	
63		维修性设计规范	

(续)

序号	专业领域	技术文件名称	备注
64	设计规范	测试性设计规范	
65		电磁兼容设计规范	
66		软件配置管理规范	
67	技术状态管理	技术状态管理计划	必要
68		工作分解结构	必要
69		系统规范	必要
70		接口控制文件	
71	风险管理	风险管理计划	必要
72		风险分析报告	
73		技术成熟度评价工作计划	
74		关键技术元素清单	
75		技术成熟度评价报告	
76		技术成熟计划	
77	工程管理	研制工作程序	
78		研制计划	必要
79		全生命周期计划	

《研制方案》包括但不限于下述编写说明的内容。

1 适用范围
　　说明该研制方案的适用范围,包括适用对象和适用阶段等。
2 研制依据
　　列出经过批复的研制依据,以及相关的国家军用标准和规范。
3 系统组成和工作原理
3.1 系统组成
　　简要说明系统的组成,在文字说明的基础上,可列表或图示说明。
3.2 系统工作原理
　　简要说明系统的工作原理,各组成部分完成的功能。
4 主要战术技术指标及使用要求
4.1 主要战术指标
　　按照研制总要求或研制合同,逐项列出主要战术指标。
4.2 主要技术指标
　　按照研制总要求或研制合同,逐项列出主要技术指标。

4.3 主要使用要求

按照研制总要求或研制合同,逐项列出主要使用要求。

5 总体技术方案

5.1 总体设计思路

描述总体设计原则,设计思路,技术方案等。

5.2 结构方案

按照研制总要求对结构的要求,进行结构设计,提出拟采取的结构设计方案。

5.3 硬件方案

提出拟采取的硬件设计方案。

5.4 软件方案(适用时)

提出拟采取的软件设计方案。

5.5 电源方案(适用时)

提出拟采取的电源设计方案。

5.6 接口方案

提出拟采取的接口设计方案。按照接口控制文件,明确功能接口和物理接口设计。

5.7 环境适应性设计措施

提出为适应工作环境拟采取的环境适应性设计措施。

5.8 可靠性设计措施

提出为实现可靠性要求拟采取的可靠性设计措施。

5.9 维修性设计措施

提出为实现维修性要求拟采取的维修性设计措施。

5.10 测试性设计措施

提出为实现测试性要求拟采取的测试性设计措施。

5.11 保障性设计措施

提出为实现保障性要求拟采取的保障性设计措施,规划保障资源,研制保障设备。

5.12 安全性设计措施

提出为实现安全性要求拟采取的安全性设计措施。

5.13 电磁兼容性设计措施(适用时)

提出为实现电磁兼容性要求拟采取的电磁兼容性设计措施。

5.14 人机工程设计措施(适用时)

提出为实现人机工程要求拟采取的人机工程设计措施。

6 试验验证初步考虑

规划需要开展的试验验证工作，提出对产品进行试验验证的初步考虑，包括研制试验、设计定型（鉴定）试验和部队试用。

7 质量和标准化控制措施

7.1 质量控制措施

说明为完成研制任务，在研制过程中拟采取的质量控制措施。可从拟制的质量保证大纲（质量计划）中摘要质量工作内容。

7.2 标准化控制措施

说明为完成研制任务，在研制过程中贯彻落实标准化工作规定，拟采取的标准化控制措施。可从拟制的标准化大纲中摘要标准化工作内容。

8 研制进度安排

8.1 项目周期

说明项目研制所需总时间。

8.2 进度安排

从产品研制任务开始到结束，按照研制阶段和主要工作节点，说明时间进度安排。

9 研制风险分析

9.1 技术风险

主要考虑以下方面：

a) 引起技术风险的主要因素（包括指标量化、技术难度、研制难易等因素）；

b) 技术风险的表示方法（包括风险百分数、新技术项目采用比等因素）；

c) 技术风险的估算（包括高、中、低三类风险的估算）。

9.2 进度风险

主要考虑以下方面：

a) 引起进度风险的主要因素（包括预研工作和可行性论证不充分、计划进度考虑不周、投资强度不够、战术技术指标更改以及其他因素）；

b) 进度风险的表示方法（可用完成研制任务的概率表示）；

c) 进度风险的估算（计算每个工序的平均完成时间、方差、期望完成时间、必须完成时间、松弛时间、关键路线、完成概率等。

9.3 经费风险

主要考虑以下方面：

a) 引起费用风险的主要因素（如费用评估和预测不准、进度后拖，物价上涨等）；

b) 费用风险的表示方法(可用费用风险度、研制总费用等);

c) 费用风险的估算(包括各分系统的费用均值和方差,预定费用完成任务的概率、费用风险等)。

10 任务分工

按照工作分解结构,明确各项工作任务的责任单位。或者按照参与研制的单位,明确其承担的工作任务。

11 研制经费概算(可视情省略)

11.1 科研经费概算

对完成产品研制任务所需经费进行概算,提供概算明细表。

11.2 生产经费概算

对产品批量生产所需经费进行概算,提供概算明细表。

4.2.4 评审依据

评审依据主要包括:

a) 批复的主要战术技术指标和使用要求;

b) 研制总要求、技术协议书和/或研制合同;

c) GJB 1310A—2004《设计评审》;

d) 相关国家标准、国家军用标准和法规。

4.2.5 评审内容

评审内容主要包括:

a) 不同方案优选的依据和优选结果;

b) 所选方案的正确性、先进性、适用性、可行性和经济性;

c) 方案的各项技术性能指标和要求(包括可靠性、维修性、测试性、保障性、安全性等)满足协议书或合同的情况;

d) 系统分解结构和功能原理图;

e) 系统可靠性、维修性、测试性、保障性、安全性大纲和质量保证大纲及标准化大纲;

f) 重大技术、关键新技术、新材料、新工艺攻关项目进展和采用情况;

g) 元器件的选用情况;

h) 设计的继承性及所采用新技术的比例;

i) 可生产性分析;

j) 系统验证试验方案;

k）系统对分系统可靠性、维修性、测试性、保障性、安全性及耐久性分析试验要求；

l）研制程序和计划；

m）全寿命周期费用预算及技术风险分析；

n）工程研制技术状态或初步设计任务书。

4.2.6 评审结论

对研制方案的先进性、合理性、可行性给出评审结论。评审意见示例：

《×××（产品名称）研制方案》内容全面，论证充分，总体技术方案先进、可行、经济、合理，综合保障方案符合部队实际，质量、可靠性、维修性、测试性、保障性、安全性及标准化控制措施有效，研制周期合理，风险可控，满足研制总要求、技术协议书和部队使用要求。

评审组同意《×××（产品名称）研制方案》通过评审。

建议按照评审组提出的修改意见（附件×）进一步修改完善。

4.3 工程研制阶段设计评审

4.3.1 评审目的

工程研制阶段的设计评审应对产品初样机/正样机的设计、试制及鉴定试验是否满足产品研制总要求、技术协议书和/或研制合同要求进行评审。

4.3.2 评审时机

工程研制阶段设计评审的评审要求、次数、评审点及内容等应根据产品的特点及研制工作实际需要确定，必要时，应征得顾客或其代表的同意。

初样机经试验表明基本达到研制总要求、技术协议书和/或研制合同规定的要求，并经过总体适配性试验考核满足总体使用要求，关键技术问题已经得到解决，试制、试验中暴露的技术问题已经解决或有切实可行的解决措施，承制单位可向主管部门（或总体单位）提出初样机鉴定审查的申请。

正样机经鉴定试验表明达到研制总要求、技术协议书和/或研制合同规定的要求，并经过总体适配性试验考核满足总体使用要求，关键技术问题已经得到解决，试制、试验中暴露的技术问题已经解决并通过归零评审，设计图样和相关的文件资料完整、准确、协调、规范，正样机鉴定准备就绪，军事代表机构拟制《军事代表室对×××（产品名称）正样机鉴定的意见》，征询上级主管业务部门的意见后,会同承制单位联合上报正样机鉴定审查的申请。

初样机鉴定审查与正样机研制方案评审同步进行,也称C转S评审。

正样机鉴定审查,也称S转D评审。

4.3.3 评审文件

审查文件主要包括:

a) ×××(初样机/正样机)研制总结;
b) ×××(初样机/正样机)质量分析报告;
c) ×××(初样机/正样机)标准化工作报告;
d) 军事代表对产品×××(初样机/正样机)鉴定的意见;
e) 系统规范、研制规范和初步的产品规范;
f) 设计图样及技术文件;
g) 研制试验大纲和试验结果分析报告及软件测试确认报告;
h) 可靠性预计及分配报告、FME(C)A及关键、重要件(特性)明细表;
i) 风险分析及评估报告(必要时修订);
j) 可靠性、维修性、测试性、保障性、安全性设计计算报告。

4.3.4 评审依据

评审依据主要包括:

a) 批复的主要战术技术指标和使用要求;
b) 研制总要求、技术协议书和/或研制合同;
c) GJB 1310A—2004《设计评审》;
d) 相关国家标准、国家军用标准和法规。

4.3.5 评审内容

评审内容主要包括:

a) 产品设计的功能、理化特性、生物特性满足研制总要求、技术协议书和/或研制合同要求的程度;
b) 产品功能、性能分析、计算的依据和结果;
c) 系统与各分系统、各分系统之间、分系统与设备之间的接口协调性;
d) 可靠性、维修性、测试性、保障性、安全性大纲和质量保证大纲、标准化大纲等的执行情况;
e) 采用的设计准则、设计规范和标准的合理性和执行情况;
f) 故障模式、影响及危害性分析,确定的关键件(特性)和重要件(特性)

清单；

g) 安全性分析确定的残余危险清单；
h) 人机工程和生物医学等方面的分析；
i) 通用化、系列化、组合化设计情况；
j) 设计验证情况及结果；
k) 计算机软件的测试结果；
l) 前一次设计评审遗留问题的解决情况；
m) 元器件、原材料、零部件控制情况及结果；
n) 设计的可生产性，工艺的合理性、稳定性；
o) 多余物的预防和控制措施执行情况；
p) 环境适应性分析的依据及结果；
q) 质量问题归零执行情况；
r) 价值工程分析；
s) 设计定型技术状态以及技术风险分析和采取的措施；
t) 制定的定型鉴定试验方案；
u) 其他需要评审的项目。

4.3.6 评审结论

对产品初样机（正样机）的设计、试制及鉴定试验是否（基本）满足产品研制总要求、技术协议书和/或研制合同要求给出审查结论。审查意见示例：

×××。会议成立了审查组（附件1），听取了×××（研制单位）作的《×××（产品名称）初样机（正样机）研制总结》、《×××（产品名称）初样机（正样机）质量分析报告》、《×××（产品名称）初样机（正样机）标准化工作报告》，(C转S时，《×××（产品名称）正样机研制方案》)，(S转D时，×××（技术总体单位）作的《技术总体单位对×××（产品名称）正样机鉴定的意见》)，×××（驻研制单位军事代表室）作的《军事代表室对×××（产品名称）初样机（正样机）鉴定的意见》，文件审查组作的《×××（产品名称）初样机（正样机）鉴定文件审查意见》，性能测试组作的《×××（产品名称）初样机（正样机）性能测试报告》。审查组对×××（产品名称）初样机（正样机）研制工作进行了全面审查，形成审查意见如下：

1. ×××（产品名称）初样机（正样机）严格按照常规武器装备研制程序开展研制工作，完成了试制和各项研制试验，配套软件已通过软件测试，关键技术已经突破，出现的主要技术质量问题已得到有效解决或已有解决措施，产品技术状态基本固化，已验证的功能性能基本满足研制总要求、技术协议书和/或研制合同要求；

2. ×××（**产品名称**）初样机（正样机）贯彻了标准化工作规定，符合通用化、系列化、组合化要求；

3. 设计图样和相关的文件资料基本完整、准确、协调、规范，软件文档符合GJB 438B—2009《军用软件开发文档通用要求》的规定；

4. 配套产品已分别通过初样机（正样机）鉴定审查，采用的新材料和新工艺已通过技术鉴定，生产所需元器件、原材料选用合理，有稳定的供货来源，符合有关法规要求；

5. 研制单位具备国家认可的装备科研、生产资格，质量体系运行有效。

审查组同意×××（**产品名称**）初样机（正样机）通过鉴定审查，可转入正样机研制（设计定型）阶段。

建议按照审查组提出的意见（附件2）进一步完善。

审查组组长：

副组长：

20××年××月××日

4.4 定型阶段设计评审

4.4.1 审查目的

定型阶段的设计评审应根据研制任务书和（或）研制合同的要求，在经过设计定型（鉴定）试验后，对产品是否具备申请设计定型或设计鉴定的条件进行审查。

GJB 1362A—2007《军工产品定型程序和要求》第5.7.2条规定，产品设计定型应符合下列标准和要求：

a）达到批准的研制总要求和规定的标准；

b）符合全军装备体制、装备技术体制和通用化、系列化、组合化的要求；

c）设计图样（含软件源程序）和相关的文件资料完整、准确，软件文档符合GJB 438A—1997《武器系统软件开发文档》（GJB 438B—2009《军用软件开发文档通用要求》）的规定；

d）产品配套齐全，能独立考核的配套设备、部件、器件、原材料、软件已完成逐级考核，关键工艺已通过考核；

e）配套产品质量可靠，并有稳定的供货来源；

f）承研承制单位具备国家认可的装备科研、生产资格。

4.4.2 审查时机

GJB 1362A—2007 第 5.6.1 条规定,产品通过设计定型试验且符合规定的标准和要求时,承研承制单位会同军事代表机构或军队其他有关单位向二级定委提出设计定型书面申请。通常,在提出设计定型书面申请前,由承研承制单位会同军事代表机构或军队其他有关单位组织内部审查。

GJB 1362A—2007 第 5.7.1 条规定,产品设计定型审查由二级定委组织,通常采取派出设计定型审查组以调查、抽查、审查等方式进行。必要时,在设计定型审查前,二级定委可以派出设计定型工作检查组,检查设计定型工作准备情况、研制和试验出现问题的解决情况,协调设计定型工作的有关问题。

为了确保产品设计定型审查会议圆满成功,通常在设计定型审查前,组织设计定型文件审查和/或设计定型预审查。

4.4.3 审查文件

设计定型审查时,一般设立文件审查组,对设计定型文件进行审查。依据 GJB 1362A—2007,设计定型文件通常包括:

a) 设计定型审查意见书;
b) 设计定型申请报告;
c) 军事代表机构或者军队其他有关单位对设计定型的意见;
d) 设计定型试验大纲和试验报告;
e) 产品研制总结;
f) 研制总要求(或研制任务书);
g) 研制合同;
h) 重大技术问题的技术攻关报告;
i) 研制试验大纲和试验报告;
j) 产品标准化大纲、标准化工作报告和标准化审查报告;
k) 质量分析报告;
l) 可靠性、维修性、测试性、保障性、安全性评估报告;
m) 主要的设计和计算报告(含数学模型);
n) 软件(含源程序、框图及说明等);
o) 软件需求分析文件;
p) 软件设计、测试、使用、管理文档;
q) 产品全套设计图样;
r) 价值工程和成本分析报告;

s）产品规范；

t）技术说明书、使用维护说明书、产品履历书；

u）各种配套表、明细表、汇总表和目录；

v）产品像册（片）和录像片；

w）二级定委要求的其他文件。

在设计定型审查会议上，通常要作下述 10 个报告，其中前 8 个报告一般应装订成册，向设计定型审查组成员提供：

a）产品研制总结；

b）质量分析报告；

c）标准化工作报告；

d）设计定型基地试验报告；

e）设计定型部队试验报告；

f）部队使用维护评述意见；

g）总体单位对设计定型的意见（适用时）；

h）军事代表机构或者军队其他有关单位对设计定型的意见；

i）文件资料审查意见；

j）性能测试报告（必要时）。

设计定型文件按照 GJB 1362A—2007《军工产品定型程序和要求》、GJB/Z 170—2013《军工产品设计定型文件编制指南》和相关法规标准编制，也可参考《军工产品研制技术文件编写指南》、《军工产品研制技术文件编写说明》和《军工产品研制技术文件编写范例》。

4.4.4 审查依据

审查依据主要包括：

a）《军工产品定型工作规定》；

b）《军用软件产品定型管理办法》；

c）GJB 438B—2009《军用软件开发文档通用要求》；

d）GJB 1362A—2007《军工产品定型程序和要求》；

e）GJB 2786A—2009《军用软件开发通用要求》；

f）GJB/Z 170—2013《军工产品设计定型文件编制指南》；

g）研制总要求（或技术协议书）、研制合同；

h）设计定型基地试验（功能性能试验、电磁兼容性试验、环境鉴定试验、可靠性鉴定试验等）大纲；

i）设计定型基地试验（功能性能试验、电磁兼容性试验、环境鉴定试验、可

靠性鉴定试验等)报告;

　　j) 设计定型部队试验大纲;

　　k) 设计定型部队试验报告。

4.4.5 审查内容

审查内容主要包括:

a) 产品设计的可靠性、维修性、测试性、保障性、安全性、环境适应性、电磁兼容性等分析验证结果满足研制总要求、技术协议书和/或研制合同要求的程度;

b) 产品技术性能指标和结构设计评定结果全面达到研制总要求、技术协议书和/或研制合同要求的程度;

c) 设计输出文件(含生产和使用)的成套性及实施标准的程度,产品的标准化程度、满足产品设计定型要求的程度;

d) 多余物的预防和控制措施的有效性;

e) 研制过程中质量问题归零处理的有效性;

f) 产品的工艺稳定性分析;

g) 最终鉴定设计、文艺文件;

h) 鉴定专用工艺设备的定型情况;

i) 质量评价;

j) 鉴定试验的情况及结论;

k) 遗留问题的结论及处理意见;

l) 元器件、原材料、外协件、外购件的定点及定型情况;

m) 包装、搬运、贮存及维护使用保障;

n) 研制成本的核算及定型批生产成本的预算;

o) 研制总结及定型申请报告;

p) 其他需要评审的项目。

国家定型的军工产品按照《军工产品定型工作规定》和GJB 1362A—2007《军工产品定型程序和要求》执行。

4.4.6 审查结论

审查组通过讨论质询,确定是否同意通过设计定型(鉴定)审查,形成《×××(产品名称)设计定型审查意见书》或《×××(产品名称)设计鉴定审查意见(书)》。

对于一级或二级军工产品,由二级定型委员会组织进行设计定型审查,按照GJB/Z 170.2—2013《军工产品设计定型文件编制指南 第2部分:设计定型审查意见书》,形成《×××(产品名称)设计定型审查意见书》。

对于三级或三级以下军工产品,由装备研制管理部门组织进行设计鉴定审查,形成《×××(产品名称)设计鉴定审查意见(书)》。对于相对重要的产品,参照GJB/Z 170.2—2013《军工产品设计定型文件编制指南 第2部分:设计定型审查意见书》,形成完整的《×××(产品名称)设计鉴定审查意见书》。对于一般产品,可仅对产品达到设计鉴定标准和要求的程度给出审查结论意见,形成《×××(产品名称)设计鉴定审查意见》。

《×××(产品名称)设计定型审查意见书》、《×××(产品名称)设计鉴定审查意见(书)》的编写范例可见《军工产品研制技术文件编写范例》,也可见本书15.9节内容。

第5章 工艺评审

5.1 概 述

5.1.1 研制阶段工艺工作

研制工艺工作程序按产品研制阶段实施。GB/T 24737.2—2012《工艺管理导则 第2部分:产品工艺工作程序》规定了产品工艺工作程序和相应阶段的主要工作内容,适用于机械制造企业新产品试制、生产或老产品改进工艺工作。各行业有各自的行业法规和标准,如《航天产品研制工艺工作程序》(1992年6月11日航空航天工业部发布)、HB/Z 99.1—1985《飞机制造工艺工作导则 飞机制造工艺技术工作条例》和 HB/Z 227.2—1992《机载设备制造工艺工作导则 工艺工作程序》等。下面以某行业常规武器装备研制为例,说明在各个研制阶段的工艺工作程序和主要内容。各研制单位可依据行业标准,根据产品特点和实际情况制定本单位军工产品研制工艺工作程序细则。

1. 论证阶段

论证阶段的工艺工作程序和主要内容:

a) 按照 GJB 3363—1998《生产性分析》进行生产可行性分析及生产能力评估;

b) 向论证单位提供新工艺、新设备、新材料、新技术的选用和攻关情况;

c) 协助论证单位完成《研制总要求》中的有关工艺要求和工艺方案。

2. 方案阶段

方案设计中的工艺工作程序和主要内容:

a) 了解拟研制产品的方案设想和可能采取的主要技术途径;

b) 遵照国家的产品规划和使用部门的要求,统筹考虑基础性科技成果、资源条件、技术可能、经费保障、研制周期等诸因素,从工艺上综合分析可供选择的各种技术途径,提出对产品研制的建议;

c) 提出拟采用的新技术、新材料、新工艺和解决的途径;

d) 提出需增加的新设施、新设备和重大技术改造项目初步论证的意见;

e) 根据产品预研课题提出相应的工艺预研课题,开展工艺研究和试验工作。

模样(或样机)研制的工艺工作程序和主要内容：
a) 参加设计总体方案的论证；
b) 参加设计评审，对设计工艺性提出意见；
c) 参加产品总体方案技术交底和组织厂、所对口专业交底；
d) 了解新材料的研制情况及预研课题中的关键工艺问题；
e) 提出为产品研制必须提前进行的技术改造、工艺研究试验项目和措施，并进行经费概算；
f) 对设计文件进行工艺性审查会签；
g) 制定工艺原则，开展工艺研究和试验，确定合理可行的工艺方法，对难度较大的工艺技术关键问题组织工艺攻关；
h) 对委托的课题任务，组织研究试验；
i) 进行工艺技术准备，开展部分大型工装及非标准设备的设计工作；
j) 配合生产，协调处理现场技术问题；
k) 根据设计更改进行相应的工艺更改和验证。

3. 工程研制阶段

初样机研制的工艺工作程序和主要内容：
a) 参加设计方案讨论和设计评审；
b) 进行设计文件的工艺性审查和会签；
c) 根据设计方案和产品研制总进度的要求提出工艺原则和工艺准备工作的总要求；
d) 制订工艺总方案，并进行工艺评审和编制工艺准备工作计划；
e) 确定工艺攻关项目和重大技术改造措施；
f) 编制工艺路线表，并进行工艺评审；
g) 确定重要零、部、组件的工艺方案和工装、非标准设备项目，并进行工艺评审；
h) 编制工艺规程，明确工艺协调状态，提出专用工装、非标准设备项目的申请单；
i) 编制材料消耗工艺定额；
j) 进行专用工装、非标准设备的设计；
k) 开展工艺试验和关键工艺的攻关工作；
l) 配合生产，协调处理现场技术问题；
m) 根据设计更改进行相应的工艺更改和验证；
n) 对工艺研究试验和工艺攻关项目进行总结、鉴定；对本阶段的工艺工作进行总结,有关资料归档。

正样机研制的工艺工作程序和主要内容:
a) 参加设计评审;
b) 进行设计文件的工艺性审查和会签;
c) 修订工艺总方案,并进行工艺评审和编制工艺准备工作计划;
d) 编制工艺路线表并进行工艺评审;
e) 编制(修订)全套工艺规程、工艺细(守)则,对关键件、重要件工艺规程作出明显标记;
f) 编制关键工序汇总表;其重点控制部位、质量特性、控制的具体要求要纳入工艺规程,并对关键件、重要件的工艺规程和关键工序的质量控制措施进行工艺评审;
g) 提出和设计为保证产品质量和提高工效所必须增加的工装和非标准设备;
h) 编制(修订)材料消耗工艺定额;
i) 对尚未攻克和新提出的工艺关键,明确攻关技术途径,组织工艺攻关;
j) 配合生产,协调处理现场技术问题;
k) 根据设计更改进行相应的工艺更改和验证;
l) 对本阶段的工艺工作进行总结,有关资料归档。

4. 设计定型阶段

设计定型阶段的工艺工作程序和主要内容:
a) 对定型鉴定批的设计文件进行工艺性审查和会签;
b) 总结、修订全套工艺文件;
c) 提出与批生产相适应的工艺攻关和稳定工艺的试验项目,补充必要的工装和非标准设备;
d) 配合设计定型鉴定批的生产,协调处理现场技术问题;
e) 开展工艺攻关和稳定工艺的试验工作;
f) 设计定型鉴定试验完成后,要对关键零部件的质量状况及工艺与设计之间的差距进行分析,并向设计部门反馈和协调一致;
g) 对即将定型的设计文件进行工艺性审查和会签。

5. 生产定型阶段

生产定型阶段的工艺工作程序和主要内容:
a) 试生产工艺准备
1) 根据定型的设计文件编写试生产工艺总方案,并进行工艺评审;
2) 修订(编制)试生产的全套工艺文件,加盖"试生产"印章,对工艺路线和关键零、部、组件的工艺文件进行工艺评审；

3）对现有工装和非标准设备进行鉴定，对必要的新制、复制工装提出申请，并进行设计，同时还要提出和落实适合于批生产的工艺必备条件；

4）配合设计部门解决设计定型中的遗留问题。

b) 试生产验证

1）验证和考核全套工艺文件，并作记录；

2）验证考核全套工装、非标准设备使用情况，并作记录；

3）完成工艺试验、工艺攻关，并写出专题技术总结。

c) 试生产工艺总结和修定

1）试生产结束后，对工艺总方案、工艺路线、关键零、部、组件的工艺规程进行评审或总结，并按评审（总结）意见进行修定。属于设计问题反馈给设计部门进行修改、协调；

2）鉴定工装、非标准设备，要求文实一致，完好实用；

3）核定材料消耗工艺定额；

4）补充、完善全套工艺文件；

5）编写试生产工艺总结报告。

根据需要可再次验证试生产的部分工艺或全部工艺。

d) 完成工艺定型

1）进行单项产品的工艺定型鉴定工作；

2）进行分系统和一次配套产品的工艺定型鉴定工作；

3）进行武器系统工艺定型审定工作；

4）工艺定型批准后，全套工艺文件加盖工艺定型印章并归档。

e) 根据产品的生产定型需要和计划安排，完善生产条件和工艺文件，按要求完成生产定型工作。

5.1.2 研制阶段工艺评审

在产品研制生产各个阶段均要编制相应的工艺文件，以指导产品生产制造活动。不同的研制阶段，在工艺文件内容上、可操作程度上有着较大差别。

QJ 903B—2011《航天产品工艺文件管理制度》共包括总则、工艺文件编制一般要求、封面与主标题栏、工艺文件的完整性要求、工艺文件签署规定、工艺文件更改规定、工艺过程卡片及空白卡片编制规则、工艺总方案编制规则、管理用工艺文件编制规则、材料及外购件消耗工艺定额文件编制规则、工艺文件编号规定、机械加工工艺文件编制规则等30个部分。

HB 7815—2006《航空产品工艺文件分类与代码》规定了航空产品工艺文件

的分类、代码和编号。航空产品工艺文件一般分为指令性工艺文件、生产性工艺文件、管理性工艺文件和基础性工艺文件共4大类。指令性工艺文件是指导编制各种生产性和管理性工艺文件、指导工艺技术协调工作的工艺文件,包括工艺总方案、制造单位分工原则、工艺技术指示单(技术通知单)等;生产性工艺文件是指直接用于生产、指导操作、协调现场工艺技术工作的工艺文件,包括工艺布置图、工艺规程、工艺合格证(工艺流程卡)、装配指令(AO)、制造指令(FO)等;管理性工艺文件是指组织生产、制造器材供应计划、规范技术管理等工作的工艺文件,包括制造单位分工表、标准件汇总表、材料定额、工艺文件目录、特种检验目录、关键重要工序目录等;基础性工艺文件是指通用于若干产品的生产性及管理性的工艺文件,包括工艺规范、典型工艺规程、操作程序等。

承制方应针对具体产品,确定产品的工艺设计阶段,设置评审点,并列入型号研制计划网络图,组织分级、分阶段的工艺评审。未按规定要求进行工艺评审或评审未通过,则工作不得转入下一阶段。工艺评审是提高工艺质量的重要环节,通过工艺评审对其工艺设计的正确性、先进性、经济性、可行性和可检验性进行分析、审查和评议,以改进工艺,最终使试制或生产出的产品符合设计要求。

GJB 2993—1997《武器装备研制项目管理》规定,在方案阶段,应"提出试制工艺总方案,并按照 GJB 1269 进行工艺评审工作";在工程研制阶段,应完成全套试制图样,编写《工艺规范》,并制定其他有关的技术文件,应按照 GJB 1269 对试制图样进行工艺评审,评审设计的可生产性;在设计定型阶段,应最终确定《产品规范》、《工艺规范》和《材料规范》的正式版本,并形成正式的全套生产图样、有关技术文件及目录。GJB 1362A—2007《军工产品定型程序和要求》第 4.3 条"定型原则"规定:"只进行设计定型或设计定型后短期内不能进行生产定型的军工产品,在设计定型时,应对承研承制单位的关键性生产工艺进行考核。"第 5.7.2 条"设计定型标准和要求"规定:"关键工艺已通过考核。"在生产定型阶段,GJB 1362A—2007《军工产品定型程序和要求》规定了生产定型(也就是工艺定型)的程序和要求。

工艺评审是强化过程控制,提高研制、生产成功率的重要手段。通过工艺评审,确保工艺内容的完整性、工艺规范的先进性、工艺方案的合理性、工艺方法的经济性、工序编排的合理性、数据图表的准确性、工艺质量的稳定性。GJB 1269A—2000《工艺评审》规定了军用产品工艺评审的一般要求、评审内容、组织管理和评审程序,适用于军用产品研制过程的工艺评审,生产过程重大工艺更改的工艺评审也可参照执行。GJB/Z 113—1998《标准化评审》规定了标准化评审工作的一般要求、评审点设置、评审内容、评审程序和评审管理,适用于新研制的武器装备和人造卫星的系统、分系统、设备,预研和改型产品可参照使用。其中,对工艺标准化方案评审、工艺标准化实施评审和工艺标准化最终评审提出了要求。

5.2 方案阶段工艺评审

5.2.1 评审目的

方案阶段工艺评审目的是:
a) 评价工艺设计结果满足工艺设计要求的能力;
b) 识别工艺设计中任何问题,提出改进措施;
c) 通过工艺评审,确保试制出满足设计要求的产品,确保产品质量。

5.2.2 评审时机

在方案阶段,完成方案设计,对研制方案中的试制工艺总方案进行评审。

对某些行业军工产品,在工程研制阶段才开始编制试制工艺总方案,可在完成试制工艺总方案并完成试制准备工作拟开始试制前,组织工艺评审。

5.2.3 评审文件

评审文件主要包括:
a)《工艺评审申请报告》及批准意见;
b)《试制工艺总方案》;
c)《工艺标准化综合要求》;
d)《工艺设计工作总结》。

《工艺评审申请报告》及批准意见如图5.1～图5.3所示。

工艺评审申请报告

工艺文件代号：
工艺项目名称：
工艺项目负责人：

20××年××月××日

图 5.1　工艺评审申请报告封面

产品名称				产品代号	
申请人		技术职务		技术职称	
		单位			
申请评审	时间				
	地点				
建议参加单位及人员					

图 5.2 工艺评审申请报告首页

申请评审内容
归口管理部门意见：   签名： 20××年××月××日
审批意见：   技术负责人签名： 20××年××月××日

图 5.3　工艺评审申请报告续页

《试制工艺总方案》的编写说明如下：

1 范围
　　说明工艺总方案的主题内容和适用范围。
2 引用文件
　　列出编制工艺总方案的依据文件以及各章中引用的所有文件。
3 关键试制工艺的工艺性分析、全部过程工艺工作量估计
3.1 关键试制工艺
　　说明产品研制生产过程中所需的所有关键试制工艺。可列表说明，详见表×.1。

表×.1 关键试制工艺

序号	工艺名称	列入关键试制工艺的理由	备注

3.2 关键试制工艺的工艺性分析
3.2.× （关键试制工艺×)的工艺性分析
　　按照 GJB 3363—1998《生产性分析》和 GJB 1269A—2000《工艺评审》的要求，对(关键试制工艺×)进行工艺性分析。
3.3 全部过程工艺工作量估计
　　对全部过程工艺的工作量进行估计，逐项说明并汇总给出总的估计。
4 自制件和外购件建议
4.1 建议的自制件清单
　　经过分析研究，给出建议的自制件清单，详见表×.2。

表×.2 建议的自制件清单

序号	自制件名称	数理	工艺要求	备注

4.2 建议的外购件清单
　　经过分析研究，给出建议的外购件清单，详见表×.3。

表×.3 建议的外购件清单

序号	外购件名称	数理	工艺要求	备注

5 工艺设备购置或改造建议

经过分析研究,提出产品研制生产过程中所需购置或改造的工艺设备建议,可列表说明,详见表×.4。

表×.4 建议购置或改造的工艺设备清单

序号	工艺设备名称	数理	技术要求	购置或改造

6 专用工装和非标准设备的选择原则及控制数

提出专用工装和非标准设备的选择原则及控制数,并说明理由。

7 关键技术项目及其解决方案,试验件的选择

7.1 关键技术项目及其解决方案

经过分析研究,提出产品研制生产过程中需要解决的关键技术项目,并提出解决方案。

7.2 选择的试验件项目

经过分析研究,提出需要进行试验的试验件项目清单,详见表×.5。

表×.5 试验件项目清单

序号	试验件名称	数理	试验名称	技术要求

8 新工艺、新材料试验意见

8.1 新工艺试验意见

提出对产品研制生产过程中采用的新工艺进行试验的意见。

8.2 新材料试验意见

提出对产品研制生产过程中采用的新材料进行试验的意见。

9 关键器材项目

经过分析研究,提出产品研制生产过程中的关键器材项目清单。

10 对产品试制计划进度安排的建议

根据产品研制进度要求和产品试制工作量的估计,提出对产品试制计划进度安排的建议,说明理由。

11 其他特殊项目的要求

如果有的话,提出对其他特殊项目的要求。

《工艺设计工作总结》的编写说明如下:

> 1 范围
>   说明工艺设计工作总结的主题内容和适用范围。
> 2 引用文件
>   列出编制工艺设计工作总结的依据文件以及各章中引用的所有文件。
> 3 产品概述
> 3.1 产品结构
>   简要说明产品的结构,包括结构形式、尺寸、外观形状等,并提供结构图。
> 3.2 主要技术要求
>   简要说明产品的主要技术要求,特别是涉及工艺设计的技术要求。
> 3.3 产品工艺项目
>   简要说明产品的工艺项目,可列表给出。
> 4 工艺实施方案
>   根据产品主要技术要求、产品结构设计要求,详细描述针对各工艺项目采取的工艺实施方案。
> 5 存在的技术难点(或技术关键)及其工艺解决措施
>   说明在工艺设计过程中遇到的技术难点(或技术关键),详细描述拟采取的工艺解决措施。针对不同的技术难点(或技术关键)分别说明。
> 6 工艺过程结果,产品(样品)质量状态,符合性
>   说明采取各种工艺措施后总的工艺过程结果,产品(样品)质量状态是否符合产品研制总要求和质量管理要求。
> 7 最终达到的技术效益、经济效益及推广前景
>   说明最终达到的技术效益、经济效益及推广前景。

如果结合进行工艺标准化方案评审,则应同时提供《工艺标准化综合要求》,按照本书 6.5 节内容进行评审。

5.2.4 评审依据

评审依据主要包括:

a) GJB 1269A—2000《工艺评审》;

b) GJB/Z 113—1998《标准化评审》;

c) 研制总要求;

d) 研制合同或技术协议书;

e) 设计资料,如研制方案;

f) 技术管理文件;

g) 质量管理体系文件。

5.2.5 评审内容

按照 GJB 1269A—2000《工艺评审》规定的评审内容,完成工艺总方案的评审。

> 5.1.1 工艺总方案的评审
> a) 对产品的特点、结构、特性要求的工艺分析及说明;
> b) 满足产品设计要求和保证制造质量的分析;
> c) 对产品制造分工路线的说明;
> d) 工艺薄弱环节及技术措施计划;
> e) 对工艺装备、试验和检测设备、以及产品数控加工和检测计算机软件的选择、鉴定原则和方案;
> f) 材料消耗定额的确定及控制原则;
> g) 制造过程中产品技术状态的控制要求;
> h) 产品研制的工艺准备周期和网络计划,以及实施过程的费用预算和分配原则;
> i) 对工艺总方案的正确性、先进性、可行性、可检验性、经济性和制造能力的评价;
> j) 工艺(文件、要素、装备、术语、符号等)标准化程度的说明;
> k) 工艺总方案的动态管理情况(应根据研制阶段和生产阶段的工作进展情况适时修订、完善,以能在工程项目的寿命周期内连续使用)。

可同时按照 GJB/Z 113—1998《标准化评审》规定的评审内容,完成工艺标准化方案评审,详见本书 6.5 节。

5.2.6 评审结论

工艺评审后应形成工艺评审报告,格式要求如图 5.4～图 5.9 所示。评审意见示例:

×××。会议成立了评审组(附件×),听取了工艺师系统作的《×××(产品名称)试制工艺总方案》和《×××(产品名称)工艺设计工作总结》报告,经质询讨论,形成评审意见如下:

×××(产品名称)试制工艺总方案针对产品的特点、结构、特性要求进行了工艺分析,指出了工艺薄弱环节,提出了技术措施,工艺准备周期和网络计划合理,试制工艺总方案正确、先进、合理、可行,能够指导工艺设计,可满足产品设计要求和保证制造质量。

评审组同意×××(产品名称)试制工艺总方案通过评审。

建议按照评审组专家意见(附件×)进一步完善。

工艺评审报告

工艺文件代号：
工艺项目名称：

20××年××月××日

图 5.4　工艺评审报告封面

产品名称		产品代号	
评审时间		评审地点	

评审主要内容:

图 5.5 工艺评审报告首页

图 5.6 工艺评审报告续页 1

评审结论	评审组组长签名： 20××年××月××日
保留意见	签名： 20××年××月××日
工艺项目负责人意见	同意评审结论,对评审组专家建议进行了整理,并制定了工艺措施实施计划。 签名： 20××年××月××日

图 5.7 工艺评审报告续页 2

评审组成员签署表

评审组	姓名	工作单位	职务或职称	签名
组　长				
副组长				
组　员				

图 5.8　工艺评审报告续页 3

评审后工艺部门的意见及改进措施：   同意按实施计划执行。   工艺部门负责人签名：   20××年××月××日
评审后质量部门的意见：   同意按实施计划执行，及时反馈实施情况，确保质量。   质量部门负责人签名：   20××年××月××日
审批意见：   同意。   技术负责人签名：   20××年××月××日

图 5.9　工艺评审报告续页 4

5.3 工程研制阶段工艺评审

5.3.1 评审目的

工程研制阶段工艺评审目的是：
a) 评价工艺设计结果满足工艺设计要求的能力；
b) 识别工艺设计中任何问题，提出改进措施；
c) 确保试制生产出满足设计要求的产品，确保产品质量。

5.3.2 评审时机

在工程研制阶段，完成工艺设计后，实施试制之前评审。

5.3.3 评审文件

评审文件主要包括：
a)《工艺评审申请报告》及批准意见；
b)《工艺设计工作总结》；
c)《工艺规范》；
d) 申请评审的工艺设计资料，如《工艺规程》和其他工艺设计资料；
e) 其他相关文件与资料，如检验报告、试验报告、评审报告、验证报告等。

《工艺规范》按照GJB 6387—2008《武器装备研制项目专用规范编写规定》编写，说明如下：

---

1 范围
　　本章直接规定本规范的主题内容，典型表述形式为"本规范规定了×××[标明实体的代号和(或)名称]的要求。"
2 引用文件
　　引用文件为可选要素，其编排规则在GJB 6387—2008中有详细规定。
3 要求
3.1 一般要求
3.1.1 环境要求
　　本条规定实体加工的环境要求，主要包括：
　　　a) 施工场地的具体要求；
　　　b) 施工场地的温度、湿度及通风的特殊要求；

c) 施工场地的电源、气源及光源的特殊要求;

　　d) 施工场地周围的环境保护措施。

3.1.2　安全防护要求

本条规定实体加工的安全防护要求,主要包括:

　　a) 需规定的安全措施,包括对可能危及人身、产品及设备安全操作,提出相应的各种预防措施及应急处理方法;

　　b) 需配置的防护设施,包括防爆、防火;防核辐射、热辐射、光辐射、电磁辐射;防静电、水淹及有害气体等所需的各种报警装置及设施。

3.1.3　人员要求

本条规定实体加工人员的要求,主要包括:

　　a) 技术工种人员需经培训的主要内容;

　　b) 特种工艺人员需经专门考试的项目及应获得的等级资格证书。

3.2　控制要求

3.2.1　工艺材料控制

本条规定专用工艺涉及的材料的要求,包括:

　　a) 材料的性能和应控制的关键特性及其公差等;

　　b) 有毒材料及易燃材料的限制要求。

3.2.2　工艺设备与工艺装备控制

本条规定专用工艺涉及的设备与装备的要求,包括设备与装备的性能,应控制的关键特性及其设计极限等。列出或说明为保证工艺产生的效果符合规定要求所必需的工艺设备与工艺装备的名称、型号与规格(或代号)等,包括较为特殊的仪器、仪表和专用工具等。

3.2.3　零件控制

本条规定重要零件完工后的表面状态、形位公差(含直线度、圆度、平面度和圆柱度等)和尺寸公差的要求(可引用有关的图样目录),以及检验合格后的标记要求。除图样另有规定外,本条应明确重要零件生产及检验所采用的各类工艺标准和验收标准。

3.2.4　制造控制

　　a) 依据相应专用规范(指研制规范、产品规范或材料规范,下同)所含实体的设计要求及承制单位应具备的基本条件,提出实体制造大纲。制造大纲的主要内容包括:1)制造过程中各个阶段和各道工序的组织管理计划要求;2)工艺方案和工艺规程等工艺技术保障要求;3)物资计划、资源组织和物资仓库管理等物资供应保障要求;4)制造所需的水、电、气、汽,起重、运输及劳动保护、消防、安全等后勤保障要求。

b) 规定相应专用规范所含实体的制造工艺过程和工艺参数等重要要求的标准或重要的工艺规程。

c) 规定相应专用规范所含实体必需的制造工序,各道工序的操作要求和完工要求,建立工艺路线图(表)。

d) 规定相应专用规范所含实体的加工质量要求,包括与所需要的加工质量标准相关的必要要求、缺陷的消除要求和最终产品的外观要求。

e) 当相应专用规范所含实体中的全部零件或某些零件的精确设计需要控制时,应明确与其有关的全部生产图样目录(包括下一层次的),并按其进行制造与组装。

3.2.5 包装控制

a) 规定相应专用规范所含实体的包装形式和防护要求,包括完工后的中间产品及最终产品能在运输和贮存过程中有效避免环境的和机械的损伤。

b) 规定每包装件上应清楚地作出耐久的标记并有下列说明:1)采用的工艺规范编号;2)承制方全称;3)制造日期;4)中间产品工件号或最终产品名称;5)订制单编号;6)数量。

c) 规定相应专用规范所含实体防护包装的工艺规程,其主要工艺有:1)清洁、干燥;2)涂覆防护剂;3)裹包、单元包装、中间包装。

d) 规定相应专用规范所含实体装箱的工艺规程,其主要工艺有:1)包装箱制造;2)箱内内装物的缓冲、支撑、固定与防水;3)封箱。

4 验证

4.1 检验分类

a) 确定检验分类的基本原则

应根据相应专用规范所含实体采用各种专用工艺形成的中间结果或最终结果的形态特点,选择合适的检验类别及其组合。确定检验分类时应遵循以下原则:1)具有代表性,能反映实际的质量水平;2)具有经济性,有良好的效费比;3)具有快速性,能及时评判检验结果;4)具有再现性,能重复演示原工艺过程。

b) 检验分类的表述

确定的检验类别及其组合应采用下述表述形式:

"4.1 检验分类

本规范规定的检验分类如下:

a) ……(见 4.X);

b) ……(见 4.X);

c) ……(见 4.X)。"

4.2 检验条件

本条规定对各种专用工艺形成的中间结果和最终结果的检验应具备的基本条件。

4.3 工艺设计评审

本条规定工艺设计评审要求,工艺评审的重点包括工艺总方案、工艺说明书等指令性文件,关键件、重要件、关键工序的工艺文件,特种工艺文件,采用的新工艺、新技术、新材料和新设备,批量生产的工序能力等。若采用工艺设计评审,本条则规定评审项目、评审顺序、评审内容及合格判据。宜用表列出评审项目、相应的规范第3章要求和第4章中检验方法的章条号。

4.4 完工后检验

若选择对完工后的成品进行检验,本条则规定检验项目、检验顺序、受检样品数及合格判据。宜用表列出完工检验项目、相应的规范第3章要求和第4章中检验方法的章条号。

4.5 检验方法

本条规定对规范第3章中各项要求进行检验所用的各种方法。若所用的检验方法已有适用的现行标准,则应直接引用或剪裁使用。若无标准可供引用,则应规定相应的检验方法。

检验方法的主要构成要素及其编排顺序一般如下:

a) 原理;

b) 检验用设备、仪器仪表或模型及其要求;

c) 被试实体状态,包括技术状态、配套要求及安装调试要求;

d) 检验程序;

e) 故障处理;

f) 结果的说明,包括计算方法、处理方法等;

g) 报告,如试验报告等。

工艺设计评审的方法按 GJB 1269A—2000 的有关规定。

5 包装、运输与贮存

本章无条文。

6 说明事项

说明事项为可选要素,不应规定要求,只应提供说明性信息,其构成及编排顺序如下:

6.1 预定用途

> 6.2　分类
> 6.3　订购文件中应明确的内容
> 6.4　术语和定义
> 6.5　符号、代号和缩略语
> 6.6　其他
> 　　上述构成均为可选要素。各项构成应按 GJB 0.2—2001 中 6.12.2～6.12.6 的规定编写,也可参见《军工产品研制技术文件编写说明》1.29《产品规范(C 类规范)》第 6 章编写说明。

5.3.4　评审依据

评审依据主要包括:
a) GJB 1269A—2000《工艺评审》;
b) GJB/Z 113—1998《标准化评审》;
c) 研制总要求;
d) 研制合同或技术协议书;
e) 设计资料,如研制方案;
f) 试制工艺总方案;
g) 工艺标准化综合要求;
h) 方案阶段工艺评审报告;
i) 技术管理文件;
j) 质量管理体系文件。

5.3.5　评审内容

按照 GJB 1269A—2000《工艺评审》规定的评审内容,完成工艺说明书的评审,关键件、重要件、关键工序的工艺文件评审,特殊过程工艺文件的评审,采用新工艺、新技术、新材料、新设备的评审。

如果在方案阶段没有按时完成工艺总方案的评审,则应一并进行工艺总方案的评审。如果在方案阶段已经完成工艺总方案的评审,则可审查方案阶段工艺评审专家提出的主要问题及改进建议的整改落实情况,以及是否可以进一步优化试制工艺总方案。

> 5.1.1　工艺总方案的评审
> 　　a) 对产品的特点、结构、特性要求的工艺分析及说明;

b) 满足产品设计要求和保证制造质量的分析；

c) 对产品制造分工路线的说明；

d) 工艺薄弱环节及技术措施计划；

e) 对工艺装备、试验和检测设备、以及产品数控加工和检测计算机软件的选择、鉴定原则和方案；

f) 材料消耗定额的确定及控制原则；

g) 制造过程中产品技术状态的控制要求；

h) 产品研制的工艺准备周期和网络计划，以及实施过程的费用预算和分配原则；

i) 对工艺总方案的正确性、先进性、可行性、可检验性、经济性和制造能力的评价；

j) 工艺（文件、要素、装备、术语、符号等）标准化程度的说明；

k) 工艺总方案的动态管理情况（应根据研制阶段和生产阶段的工作进展情况适时修订、完善，以能在工程项目的寿命周期内连续使用）。

5.1.2 工艺说明书的评审

a) 产品制造过程的工艺流程、工艺参数和工艺控制要求的正确性、合理性、可行性；

b) 对资源、环境条件目前尚不能适应工艺说明书要求的情况，所采取的相应措施的可行性、有效性；

c) 对从事操作、检验人员的资格控制要求；

d) 文件的完整、正确、统一、协调性；

e) 文件及其更改是否严格履行审批程序，更改是否经过充分试验、验证。

5.1.3 关键件、重要件、关键工序的工艺文件评审

a) 关键工序确定的正确性及关键工序目录的完整性；

b) 关键件、重要件、关键工序的工艺文件是否有明显的标识，以及质量控制点设置的合理性；

c) 关键件、重要件、关键工序的工艺流程和方法以及质量控制要求的合理性、可行性；

d) 关键工序技术难点攻关措施的可行性、有效性；

e) 关键件、重要件、关键工序工艺文件的更改是否经过验证并严格履行审批程序。

5.1.4 特殊过程工艺文件的评审

a) 特殊过程工艺文件与工艺说明书、质量体系程序的协调一致性；

b) 特殊过程工艺试验和检测的项目、要求及方法的正确性；
　　c) 特殊过程技术难点攻关措施的可行性、有效性；
　　d) 特殊过程工艺参数的更改是否经过充分试验、验证，并严格履行审批程序。
5.1.5　采用新工艺、新技术、新材料、新设备的评审
　　a) 采用新工艺、新技术的必要性和可行性，新材料加工方法的可行性，以及所选用新设备的适用性；
　　b) 所采用的新工艺、新技术、新设备是否经过鉴定合格，有合格证据；
　　c) 新工艺、新技术、新材料、新设备采用前，是否经过检测、试验、验证，表明符合规定要求，有完整的原始记录；
　　d) 是否有采用新工艺、新技术、新材料、新设备的措施计划和质量控制要求；
　　e) 对操作、检验人员的资格控制要求。

注：《工艺说明书》也称为《生产说明书》。

　　上述5项评审内容，可根据主管部门分工、完成时间等实际情况单独进行评审，或多项内容组合评审，或全部内容集中评审。
　　还可同时按照GJB/Z 113—1998《标准化评审》规定的评审内容，完成工艺标准化实施评审，详见本书6.6节。
　　特种工艺所形成的质量特性，一般是直观不易发现的产品内在质量。特种工艺一般指化学、冶金、生物、光学、声学、电子、放射性等工艺。在一般机械加工企业，特种工艺包括锻造、铸造、焊接、胶接、表面处理、热处理、非金属材料成型等。

5.3.6　评审结论

　　工艺评审后应形成工艺评审报告，格式要求如图5.4～图5.9所示。评审意见示例：
　　×××。会议成立了评审组（附件×），听取了工艺师系统作的《×××（产品名称）试制工艺总方案》和《×××（产品名称）工艺设计工作总结》报告，审查了工艺文件，经质询讨论，形成评审意见如下：
　　1. 试制工艺总方案（已完成方案阶段工艺评审专家提出的主要问题及改进建议的整改落实，）设计先进、合理、可行，能够指导工艺设计；
　　2. 加工、装调工艺完整，工艺路线正确，操作性强；工装设计合理、可行，能够满足产品试制需要；

3. 关重件的关键工序控制点设置正确、完整；

4. 采用了必要的×××新工艺、×××新技术、×××新材料、×××新设备，合理可行，经鉴定合格，符合规定要求，并制定了相应的措施计划和质量控制要求；

5. 工艺技术文件齐套，符合标准化要求。

评审组同意×××(产品名称)产品样机试制工艺通过评审。

建议按照评审组专家意见(附件×)进一步完善工艺文件。

5.4 设计定型阶段工艺评审

5.4.1 评审目的

设计定型阶段工艺评审目的是评价工艺设计结果满足工艺设计要求的能力，识别工艺设计中任何问题并提出改进措施，确保试制生产出满足设计要求的产品，确保产品质量。工艺评审的最终目的是审查产品是否符合设计定型(或设计鉴定)的条件。

5.4.2 评审时机

在设计定型阶段，设计定型审查之前完成工艺评审。

5.4.3 评审文件

评审文件主要包括：

a)《工艺评审申请报告》及批准意见；

b)《工艺设计工作总结》；

c)《工艺总方案》；

d)《工艺规范》；

e)《工艺标准化大纲》；

f)《工艺标准化工作报告》；

g) 其他工艺文件；

h) 其他相关文件与资料，如检验报告、试验报告、评审报告、验证报告等。

《工艺总方案》在《试制工艺总方案》基础上修订。

《工艺规范》在工程研制阶段《工艺规范》的基础上进行修订，最终确定正式版本。

《工艺标准化大纲》在《工艺标准化综合要求》基础上修订。

《工艺标准化工作报告》按照GJB/Z 113—1998《标准化评审》编写，说明如下：

1 概述

应概略描述产品的基本情况和工艺特点,说明工艺标准化工作目标和范围。一般包括下列内容:

a) 任务来源和文件的编制依据,包括承研单位名称、完成装备研制的时间要求、研制成果的形式(软件/硬件)、数量、工艺方案、设计定型标准化审查报告等;

b) 产品的概况,包括用途、构成和工艺特点等;

c) 工艺、工装标准化目标和工作范围,应说明《工艺标准化大纲》中拟定的标准化目标及提出的各项要求。

2 执行《武器装备研制生产标准化工作规定》的情况

说明按照《武器装备研制生产标准化工作规定》,建立型号标准化工作系统情况;在型号研制各阶段,按系统、分系统、设备组织开展工艺标准化工作情况。

a) 标准体系建立和标准制定情况

应说明建立和完善工艺、工装标准体系的情况。并说明根据型号研制的情况,对急需标准的转化、修订及制定情况等。可用列表的方式表述。

b) 工装的"三化"要求实现过程

参见 GJB/Z 106A,应根据产品生产的特点,结合单位的实际情况,提出具体的工装"三化"要求。工作报告中应说明如何将具体实施方案落实到工装设计图样中,在设计定型后对工装"三化"工作采取的改进措施,进行的"三化"检查和评审,督促"三化"设计试验验证开展的相关工作等。可举典型事例重点说明遇到的主要问题、采取的解决措施、协调处理的过程等。

c) 编制工艺文件和工装设计文件的情况

应说明编制工艺文件和工装设计文件的情况,包括对工艺文件和工装设计文件的需求分析情况、对现有文件的直接采用情况及编制的新标准化文件情况。可以列表的方式附在工作报告后。

d) 标准化评审工作情况

根据 GJB/Z 113,应说明在产品生产过程中,生产单位标准化人员开展标准化评审工作的总体情况。例如评审次数、评审内容、评审效果、评审后遗留问题的处理等。

3 《工艺标准化大纲》的基本情况或实施情况

说明对《工艺标准化大纲》的编制情况。可以从是否符合 GJB/Z 106A 及相关法规的要求,能否满足"研制总要求(研制任务书或技术协议书)"中规定的标准化目标和要求,是否正确规划和指导了研制中工艺制造工作等方面进行说明。

参见GJB/Z 106A,应说明对各项实施标准要求的实现过程,主要包括:

a) 编制工艺、工装标准选用范围的原则和要求、开展的主要工作以及实施动态管理的过程;

b) 标准件、元器件、原材料的选用情况;

c) 实施工艺、工装标准总体情况,开展的宣贯、培训工作,实施过程中遇到的主要问题、采取的解决措施、协调处理的过程等;

d) 采用国际标准和国外先进标准情况,包括采用的数量、剪裁情况等;

e) 引进产品工艺标准的国产化情况;

f) 生产过程质量保证、质量监督的标准化情况;

g) 计量、测试的标准化情况。

可举典型事例重点说明。

4 取得的成绩和效益分析

综述工艺、工装达到工艺标准化大纲中提出的标准化要求的符合程度,给出工艺标准化系数,并对采用了标准化技术所带来的经济效益进行分析和预测。

可从以下几个方面说明工艺标准化工作的效益:

a) 采用的标准件、元器件、原材料合理简化产品品种、规格的数量;

b) 工装"三化"设计的程度和效果,对加工效率的影响;

c) 标准化工作对降低生产成本所做的贡献;

d) 标准化工作对缩短生产周期所做的贡献;

e) 标准化工作对生产过程质量保证所做的贡献等。

5 存在的问题及解决措施

应对设计定型遗留标准化问题的协调和处理情况进行逐条说明,是否都已经解决了,如何解决的;对没有解决的问题说明原因,以及建议采取的措施。

应说明产品生产定型时是否还存在标准化方面的问题,以及建议协调处理的办法。可以列表的方式,详细叙述问题。例如:工艺文件是否有不符合相关标准的规定;未贯彻执行的标准项目、原因及应采取的建议措施等。

6 结论和建议

6.1 结论

应对产品生产过程中的工艺标准化工作做出总体性的自我评价,包括:

a) 工艺标准化工作是否实现了"工艺标准化大纲"提出的各项要求;

b) 是否满足生产定型的要求等。

6.2 工作建议

对下一阶段的工艺标准化工作提出建议。

5.4.4 评审依据

评审依据主要包括：

a) GJB 1269A—2000《工艺评审》；
b) GJB 1362A—2007《军工产品定型程序和要求》；
c) GJB/Z 113—1998《标准化评审》；
d) GJB/Z 170—2013《军工产品设计定型文件编制指南》；
e) 研制总要求；
f) 研制合同或技术协议书；
g) 设计资料，如研制方案；
h) 试制工艺总方案；
i) 工艺标准化综合要求；
j) 方案阶段工艺评审报告；
k) 工程研制阶段工艺评审报告；
l) 技术管理文件；
m) 质量管理体系文件。

5.4.5 评审内容

按照 GJB 1269A—2000《工艺评审》的规定，对工艺总方案、工艺说明书、关键件、重要件、关键工序的工艺文件，特殊过程工艺文件，采用新工艺、新技术、新材料、新设备进行全面审查。

> 5.1.1 工艺总方案的评审
> a) 对产品的特点、结构、特性要求的工艺分析及说明；
> b) 满足产品设计要求和保证制造质量的分析；
> c) 对产品制造分工路线的说明；
> d) 工艺薄弱环节及技术措施计划；
> e) 对工艺装备、试验和检测设备、以及产品数控加工和检测计算机软件的选择、鉴定原则和方案；
> f) 材料消耗定额的确定及控制原则；
> g) 制造过程中产品技术状态的控制要求；
> h) 产品研制的工艺准备周期和网络计划，以及实施过程的费用预算和分配原则；
> i) 对工艺总方案的正确性、先进性、可行性、可检验性、经济性和制造能

力的评价;

j) 工艺(文件、要素、装备、术语、符号等)标准化程度的说明;

k) 工艺总方案的动态管理情况(应根据研制阶段和生产阶段的工作进展情况适时修订、完善,以能在工程项目的寿命周期内连续使用)。

5.1.2 工艺说明书的评审

a) 产品制造过程的工艺流程、工艺参数和工艺控制要求的正确性、合理性、可行性;

b) 对资源、环境条件目前尚不能适应工艺说明书要求的情况,所采取的相应措施的可行性、有效性;

c) 对从事操作、检验人员的资格控制要求;

d) 文件的完整、正确、统一、协调性;

e) 文件及其更改是否严格履行审批程序,更改是否经过充分试验、验证。

5.1.3 关键件、重要件、关键工序的工艺文件评审

a) 关键工序确定的正确性及关键工序目录的完整性;

b) 关键件、重要件、关键工序的工艺文件是否有明显的标识,以及质量控制点设置的合理性;

c) 关键件、重要件、关键工序的工艺流程和方法以及质量控制要求的合理性、可行性;

d) 关键工序技术难点攻关措施的可行性、有效性;

e) 关键件、重要件、关键工序工艺文件的更改是否经过验证并严格履行审批程序。

5.1.4 特殊过程工艺文件的评审

a) 特殊过程工艺文件与工艺说明书、质量体系程序的协调一致性;

b) 特殊过程工艺试验和检测的项目、要求及方法的正确性;

c) 特殊过程技术难点攻关措施的可行性、有效性;

d) 特殊过程工艺参数的更改是否经过充分试验、验证,并严格履行审批程序。

5.1.5 采用新工艺、新技术、新材料、新设备的评审

a) 采用新工艺、新技术的必要性和可行性,新材料加工方法的可行性,以及所选用新设备的适用性;

b) 所采用的新工艺、新技术、新设备是否经过鉴定合格,有合格证据;

c) 新工艺、新技术、新材料、新设备采用前,是否经过检测、试验、验证,表明符合规定要求,有完整的原始记录;

d) 是否有采用新工艺、新技术、新材料、新设备的措施计划和质量控制要求；

　　e) 对操作、检验人员的资格控制要求。

可同时按照 GJB/Z 113—1998《标准化评审》的规定，完成工艺标准化最终评审。

5.4.6 评审结论

工艺评审后应形成工艺评审报告，格式要求如图 5.4～图 5.9 所示。评审意见示例：

×××。会议成立了评审组(附件×)，听取了工艺师系统作的《×××(产品名称)工艺设计工作总结》和《×××(产品名称)工艺总方案》报告，审查了全套工艺文件，经质询讨论，形成评审意见如下：

1. 试生产工艺总方案在试制工艺总方案基础上修订完善，已完成方案阶段、工程研制阶段工艺评审专家提出的主要问题及改进建议的整改落实，并通过产品试制得以验证，设计先进、合理、可行，能够指导工艺工作；

2. 加工、装调工艺完整，工艺路线正确，操作性强；工装设计合理、可行，能够满足产品试生产需要；

3. 关重件的关键工序控制点设置正确、完整，关键过程及特殊过程受控，能够满足产品图样的技术要求；

4. 采用的×××新工艺、×××新技术、×××新材料、×××新设备，合理可行，经鉴定合格，符合规定要求，相应的措施计划和质量控制要求合理有效；

5. 工艺技术文件齐套，符合标准化要求。

评审组同意×××(产品名称)产品试生产工艺通过评审。

建议按照评审组专家意见(附件×)进一步完善工艺文件。

5.5 生产定型阶段工艺评审

5.5.1 评审目的

生产定型实质上是工艺定型。生产定型阶段工艺评审目的是审查产品是否符合生产定型(或生产鉴定)的条件。

GJB 1362A—2007《军工产品定型程序和要求》第 6.12.2 条规定，产品生产定型应符合下列标准和要求：

a) 具备成套批量生产条件，工艺、工装、设备、检测工具和仪器等齐全，符合

批量生产的要求,产品质量稳定;

　　b) 经工艺和生产条件考核、部队试用、生产定型试验,未发现重大质量问题,出现的质量问题已得到解决,相关技术资料已修改完善,产品性能符合批准设计定型时的要求和部队作战使用要求;

　　c) 生产和验收的技术文件和图样齐全,符合生产定型要求;

　　d) 配套设备和零部件、元器件、原材料、软件等质量可靠,并有稳定的供货来源;

　　e) 承研承制单位具备有效的质量管理体系和国家认可的装备生产资格。

5.5.2　评审时机

产品通过工艺和生产条件考核、部队试用、生产定型试验后,承研承制单位认为已达到生产定型的标准和要求时,承研承制单位会同军事代表机构或军队其他有关单位向二级定委提出《生产定型申请报告》,并抄送有关单位。

工艺评审:在向二级定委提出《生产定型申请报告》之前,承研承制单位会同军事代表机构或军队其他有关单位完成工艺评审。

生产定型审查:二级定委收到《生产定型申请报告》,确认符合法规和标准规定的相关要求,产品具备生产定型审查的条件,组织生产定型审查。

5.5.3　评审文件

评审文件主要包括:

生产定型审查时,一般设立文件资料审查组,对生产定型文件进行审查。依据 GJB 1362A—2007,生产定型文件通常包括:

　　a) 生产定型审查意见书;

　　b) 生产定型申请报告;

　　c) 产品试生产总结;

　　d) 工艺和生产条件考核报告;

　　e) 部队试用大纲和试用报告;

　　f) 生产定型试验大纲和试验报告;

　　g) 产品全套图样;

　　h) 工艺标准化综合要求;

　　i) 工艺、工装文件;

　　j) 工艺标准化工作报告和审查报告;

　　k) 软件(含源程序、框图及说明等);

　　l) 软件需求分析文件;

　　m) 软件设计、测试、使用、管理文档;

n）可靠性、维修性、测试性、保障性、安全性评估报告；

o）配套产品、原材料、元器件及检测设备的质量和定点供应情况报告；

p）产品质量管理报告；

q）产品价值工程分析和成本核算报告；

r）产品规范；

s）技术说明书；

t）使用维护说明书；

u）各种配套表、明细表、汇总表和目录；

v）二级定委要求的其他文件。

在生产定型审查会议上，通常要作下述10个报告，其中前8个报告一般应装订成册，向生产定型审查组成员提供：

a）产品试生产总结；

b）产品质量管理报告；

c）工艺标准化审查报告；

d）工艺和生产条件考核报告；

e）部队试用报告；

f）生产定型试验报告；

g）总体单位对生产定型的意见（适用时）；

h）军事代表机构或者军队其他有关单位对生产定型的意见；

i）文件资料审查意见；

j）性能测试报告（必要时）。

生产定型文件按照 GJB 1362A—2007《军工产品定型程序和要求》和相关法规标准编制，也可参考《军工产品研制技术文件编写指南》和《军工产品研制技术文件编写说明》。总装备部已组织编写国家军用标准《军工产品生产定型文件编制指南》。

《产品试生产总结》按照 GJB 1362A—2007《军工产品定型程序和要求》编写，说明如下：

1　产品试生产主要过程

概要介绍产品试生产的主要过程，包括生产批次、生产批量、时间节点和生产过程有关生产准备、生产、生产质量评审等主要工作。

2　产品工艺和生产条件考核、部队试用、生产定型试验情况

2.1　产品工艺和生产条件考核情况

说明产品工艺和生产条件考核情况，包括考核时间、考核组成员、考核内

容(生产工艺流程,工艺指令性文件和全套工艺规程,工艺装置设计图样,工序、特殊工艺考核报告及工艺装置,关键和重要零部件的工艺说明,产品检验记录,承研承制单位质量管理体系和产品质量保证的有关文件,元器件、原材料等生产准备的有关文件)和考核结论性意见。

2.2 产品部队试用情况

说明部队试用情况,包括试用依据及代号、承试单位和参试单位、试用地点、起止时间、试用项目和试用结论等内容。

2.3 产品生产定型试验情况

说明产品生产定型试验情况,包括试验依据、承试单位和参试单位、试验地点、起止时间、试验项目和试验结论等内容。

3 设计定型时提出的和试生产过程中出现的技术问题及解决情况

3.1 设计定型时提出的技术问题及解决情况

说明设计定型时提出的技术问题及解决情况,包括技术问题描述、原因分析、解决措施和验证归零情况。

3.2 试生产过程中出现的技术问题及解决情况

说明试生产过程中出现的技术问题及解决情况,包括技术问题描述、原因分析、解决措施和验证归零情况。

4 设计定型文件更改和增补情况

4.1 设计定型文件更改情况

说明根据需要对设计定型文件进行更改的情况,包括更改原因、更改内容、涉及范围及其效果等。

4.2 设计定型文件增补情况

说明根据需要对设计定型文件进行增补的情况,包括增补原因、增补内容、涉及范围及其效果等。

5 试生产产品质量情况

说明试生产产品的质量情况,包括产品试生产总量、产品合格率、一次交验合格率等内容,以及不合格品的处置情况。

6 批量生产条件

从人员、设备、材料、方法、环境和测量等方面说明批量生产条件。

7 对产品生产定型的意见

根据产品是否符合下列生产定型标准和要求,提出对产品生产定型的意见:

a) 具备成套批量生产条件,工艺、工装、设备、检测工具和仪器等齐全,符合批量生产的要求,产品质量稳定;

b) 经工艺和生产条件考核、部队试用、生产定型试验,未发现重大质量问题,出现的质量问题已得到解决,相关技术资料已修改完善,产品性能符合批准设计定型时的要求和部队作战使用要求;

c) 生产和验收的技术文件和图样齐全,符合生产定型要求;

d) 配套设备和零部件、元器件、原材料、软件等质量可靠,并有稳定的供货来源;

e) 承研承制单位具备有效的质量管理体系和国家认可的装备生产资格。

《工艺和生产条件考核报告》按照 GJB 1362A—2007《军工产品定型程序和要求》编写,说明如下:

考核工作简况

简要说明产品工艺和生产条件考核情况,包括考核时间、考核组成员、考核依据和考核工作内容等。

1 生产工艺流程

说明对生产工艺流程的考核情况,包括对生产工艺流程的客观描述,对生产工艺流程的合理性进行评价,指出生产工艺流程存在的问题,提出改进建议。

2 工艺指令性文件和全套工艺规程

说明对工艺指令性文件和全套工艺规程的考核情况,包括对工艺指令性文件和全套工艺规程的客观描述(编制了××个工艺指令性文件、××个工艺规程),对工艺指令性文件和全套工艺规程的齐套性、正确性和协调性进行评价,指出工艺指令性文件和全套工艺规程存在的问题,提出改进建议。

3 工艺装置设计图样

说明对工艺装置设计图样的考核情况,包括对工艺装置设计图样的客观描述(说明图样数量并列出清单),对工艺装置设计图样的齐套性、正确性和协调性进行评价,指出工艺装置设计图样存在的问题,提出改进建议。

4 工序、特殊工艺考核报告及工艺装置一览表

分别说明对工序、特殊工艺的考核情况,包括工序的合理性,关键工序确定的正确性,关键工序目录的完整性;特殊工艺的必要性,特殊工艺文件的正确性及工艺流程、工艺参数、工艺控制要求的合理性,特殊工艺试验和检测的项目、要求及方法的正确性等。

对工艺装置一览表进行评价,是否完整、准确、规范。

5 关键和重要零部件的工艺说明

阐述对关键和重要零部件工艺说明的考核情况,包括关键和重要零部件

> 工艺说明的完整性、正确性、协调性、规范性,工艺文件中对关键和重要零部件是否有明显的标识,关键和重要零部件的工艺流程和方法以及质量控制要求的合理性、可行性,关键和重要零部件工艺说明的更改是否经过验证并严格履行审批程序等。
>
> 6 产品检验记录
> 说明对产品检验记录的考核情况,包括产品检验记录是否完整、准确,签署是否完整,检验人员是否具有资质等。
>
> 7 承研承制单位质量管理体系和产品质量保证的有关文件
> 说明对承研承制单位质量管理体系和产品质量保证有关文件的考核情况,包括承研承制单位通过质量管理体系认证的时间,质量管理体系运行的有效性,产品质量保证有关文件的有效性、合理性等。
>
> 8 元器件、原材料等生产准备的有关文件
> 分别说明对元器件、原材料等生产准备的有关文件的考核情况,包括文件齐套性、正确性,元器件、原材料复验和筛选情况等。
>
> 9 工艺和生产条件考核结论性意见
> 考核组对产品工艺和生产条件进行全面考核后,形成结论性意见,并提出改进建议。

5.5.4 评审依据

评审依据主要包括:

a) 批复的主要战术技术指标和使用要求;
b) 研制总要求、技术协议书和/或研制合同;
c) GJB 1269A—2000《工艺评审》;
c) GJB 1362A—2007《军工产品定型程序和要求》;
d) 相关国家标准、国家军用标准和法规;
e) 生产定型试验大纲;
f) 生产定型部队试用大纲。

5.5.5 评审内容

工艺评审:按照 GJB 1269A—2000《工艺评审》的规定,对经过优化调整后的适用于批生产的工艺文件进行评审,包括工艺总方案,工艺说明书,关键件、重要件、关键工序的工艺文件,特殊过程工艺文件,采用新工艺、新技术、新材料、新设备进行全面审查。具体评审内容与设计定型阶段工艺评审相同,不再赘述。

生产定型审查:按照 GJB 1362A—2007《军工产品定型程序和要求》第 6.12 条的规定,组织生产定型审查,重点审查 22 类生产定型文件,确认产品是否符合生产定型标准和要求。

5.5.6 评审结论

承研承制单位会同军事代表机构或军队其他有关单位组织生产定型阶段工艺评审时,应形成工艺评审报告,格式要求如图 5.4～图 5.9 所示。评审意见示例:

×××。会议成立了评审组(附件×),听取了工艺师系统作的《×××(产品名称)工艺设计工作总结》和《×××(产品名称)工艺总方案》报告,审查了全套工艺文件,经质询讨论,形成评审意见如下:

1. 批生产工艺总方案在试生产工艺总方案基础上修订完善,已完成设计定型阶段工艺评审专家提出的主要问题、改进建议以及部队试用过程中反馈问题和建议的整改落实,并通过产品试生产得以验证,设计先进、合理、可行,能够指导工艺工作;

2. 进一步调整了工艺布局,优化了加工、装调工艺,工艺路线正确,操作性强;补充了工装、设备,能够满足产品批生产需要;

3. 关重件的关键工序控制点设置正确、完整,关键过程及特殊过程受控,能够满足产品图样的技术要求;

4. 采用的×××新工艺、×××新技术、×××新材料、×××新设备,合理可行,经鉴定合格,符合规定要求,相应的措施计划和质量控制要求合理有效;

5. 工艺技术文件齐套,符合标准化要求。

评审组同意×××(产品名称)产品批生产工艺通过评审。

建议按照评审组专家意见(附件×)进一步完善工艺文件。

二级定委组织生产定型审查时,形成《生产定型审查意见书》,内容按照 GJB 1362A—2007《军工产品定型程序和要求》编写,说明如下:

---

1 审查工作简况
　　主要包括组织生产定型的依据,审查的时间、地点,参加审查的单位和人数,审查工作内容。
2 产品简介
2.1 产品主要用途
　　简要说明产品(产品型号、名称)的主要用途,包括作战使命、主要功能等。
2.2 产品主要组成
　　简要说明产品(产品型号、名称)的主要组成(部件组成或功能组成)。

2.3 战术技术特点

简要说明产品的战术技术特点,含关键技术的应用、技术体制等。

3 试生产工作概况

说明试生产工作概况,包括试生产历程、批量、数量,试生产产品质量、检验验收情况。

4 工艺和生产条件考核、部队试用、生产定型试验、标准化工作概况

4.1 工艺和生产条件考核概况

说明工艺和生产条件考核情况,包括工艺、工装及其评估,质量保证体系情况及其评估。

4.2 部队试用概况

说明部队试用依据、试用产品数量、试用单位、试用地点、试用时间、试用情况及试用结论。

4.3 生产定型试验概况

说明生产定型试验依据、试验产品数量、试验单位、试验地点、试验时间、试验情况及试验结论。

4.4 标准化工作概况

说明工艺标准化大纲贯彻落实情况,包括标准化目标、标准化系数及其效果等。

5 达到生产定型标准和符合部队作战使用要求的程度

以表格的形式对比说明设计定型时的战术技术指标和实际达到的战术技术性能。含产品可靠性、维修性、测试性、保障性、安全性要求和实际达到的性能。战术技术性能指标对照表见表×.×。

表×.× 战术技术性能指标对照表

序号	项目	设计定型时的指标	达到的情况	结论	备注

表格填写说明:

"序号"栏:用阿拉伯数字顺序填写。

"项目"栏:一般按批准的主要战术技术指标的项目及顺序填写。

"设计定型时的指标"栏:填写设计定型时的战术技术指标。

"达到的情况"栏:根据产品具体检验和试验结果填写。对定量指标,进行定量描述,采用"优于××"或"典型值为××"表示;对定性指标,填写实际

达到的情况,采用"能××"或"具有××功能"的典型用语,不能只填写"达到"。

"结论"栏:对每一个项目进行评价,如实填写"达到""未达到"。

"备注"栏:说明试验验证场合,是实验室试验还是部队试验试用,(如有)可提供试验报告编号。

6 审查结论意见

审查意见按照 GJB 1362A—2007《军工产品定型程序和要求》第 6.12.2 条的规定给出,主要包括:

a) 生产单位是否具备成套批量生产条件,工艺、工装、设备、检测工具和仪器等是否齐全,是否符合批量生产的要求,产品质量是否稳定;

b) 经工艺和生产条件考核、部队试用、生产定型试验,是否发现重大质量问题,出现的质量问题是否已得到解决,相关技术资料是否已修改完善,产品性能是否符合批准设计定型时的要求和部队作战使用要求;

c) 生产和验收的技术文件和图样是否齐备,是否符合生产定型要求;

d) 配套设备和零部件、元器件、原材料、软件等质量是否可靠,是否有稳定的供货来源;

e) 承研承制单位是否具备有效的质量管理体系和国家认可的装备生产资格。

审查结论的典型用语为:

a) 产品符合军工产品生产定型标准和要求,建议批准生产定型;

b) 产品不符合军工产品生产定型标准和要求,建议产品生产单位解决存在问题后,重新申请生产定型。

审查组成员对审查结论有不同意见时,应以书面形式提出,作为附件附在审查结论意见之后,一并上报军工产品定型委员会。

第6章 标准化评审

6.1 概　　述

6.1.1 标准化与产品标准化

GB/T 20000.1—2002《标准化工作指南　第1部分:标准化和相关活动的通用词汇》给出"标准化"的定义如下:

"为了在一定范围内获得最佳秩序,对现实问题或潜在问题制定共同使用和重复使用的条款的活动。

注1. 上述活动主要包括编制、发布和实施标准的过程。

注2. 标准化的主要作用在于为了其预期目的改进产品、过程或服务的适用性,防止贸易壁垒,并促进技术合作。"

从标准化定义可以看出以下几个方面的含义:

a) 标准化是一项有组织的活动。主要活动包括编制、发布和实施标准。

b) 标准化是一项有目的的活动。主要目的包括:改进产品、过程或服务的适用性;防止贸易壁垒;促进技术合作。

c) 标准化是一项建立规范的活动。标准化针对现实问题或潜在问题,制定共同使用和重复使用的条款。条款是指规范性文件内容的表述方式。

产品标准化是标准化学科的一个分支,是以具体产品为对象的标准化。

对于某个特定的军工产品来说,就是为了保证该军工产品的效能而建立通用并且能重复使用的规定或条款的活动。这一活动主要包括实施标准并对标准实施进行监督的过程,必要时,也包括制定产品研制生产所需标准的过程。

产品标准化的主要任务包括:

a) 贯彻标准化方针、政策和相关法规;

b) 开展标准化要求论证,提出产品标准化要求和标准化工作要求;

c) 建立完善产品标准化文件体系,组织标准的贯彻实施;

d) 建立标准化工作系统,协调相关系统的管理职责;

e) 提供标准化技术支持,做好指导和服务工作;

f) 组织开展通用化、系列化、组合化设计；
g) 对标准执行情况进行检查监督，提出标准化工作报告；
h) 总结产品标准化成果，组织研制成果向新标准的转化。

产品标准化具有下述特点：
a) 具有明确的标准化工作目标；
b) 对主体对象的依存性强；
c) 采用标准数量大、技术复杂；
d) 涉及单位多，管理复杂，需要跨行业、跨部门、跨单位来组织；
e) 延续时间长，具有动态性；
f) 使用方发挥先导作用和监督作用。

6.1.2 产品标准化的形式

6.1.2.1 简化

1. 定义

简化是指在一定范围内缩减事物类型数量，使之在一定时期和一定领域内充分满足相应需要的一种标准化方法。

简化是一种最基本的标准化形式，也是一种古老的标准化形式。

2. 目的

简化的目的是淘汰落后的、低功能的和不必要的类型，调整优化结构，并为推广新类型，为社会所需要的多样性得到合理发展创造条件，保证更好地满足需求并减少资源的浪费。

3. 原则

运用简化方法要遵守适时原则和适度原则。适时原则是指简化的时机要适宜，既不能过早，导致事物多样化发展不够充分，也不能过迟，导致事物多样化发展失控，简化的代价太大。适度原则是指应以简化后事物的总体功能是否最佳作为衡量简化是否合理的标准，既要对不必要的多样化加以压缩，又要防止压缩过度。简化时，既要考虑到当前的情况，也要考虑到今后一定时期的发展需求，以保证标准化成果的生命力和产品的稳定性。

4. 应用

简化在研制、生产、使用等领域都有广泛的应用。一般用来优化产品结构，缩减产品的品种、型式、规格；缩减元器件、原材料和零部件的选用；缩减工艺规程、工装的种类；优化管理的方法和程序。在军事应用上，简化的运用有很多成功的经验。例如，我国在试制某种引导雷达时，由于合理压缩元器件和材料的品种规格，将原来的 600 多种减少到 175 种，75% 的元器件具有继承性，图样由原来的 8000 张减少到 2845 张,研制时间由原来的 3 年缩短到 1 年,不仅降低了研制费用,也提高了产品质量。

6.1.2.2 统一化

1. 定义

统一化是指在一定时期内、一定条件下和一定范围内对需要统一的两种或多种同类现象、同类事物和同类要求进行归一的一种标准化方法。

统一化和简化既有联系,又有区别,但都以相似性为基础。统一化着眼于归一,从个性中提炼共性,形成一种共同遵守的准则,建立一种正常秩序。简化则肯定某些个性可以同时存在,着眼于减少不必要的多样性以取得最佳效益。简化的极端情况就是统一化。

2. 目的

统一化的目的是消除由于不必要的多样化而造成的混乱,为人类的正常活动建立共同遵循的秩序。

3. 原则

运用统一化要注意下列原则:适时原则、适度原则、灵活性原则、等效性原则和先进性原则。适时原则是指统一化的时机要选准,既不能过早,过早可能导致低劣的类型合法化,也不能过迟,过迟会造成较大的经济损失,增加统一化的难度。适度原则是指要合理地确定统一化的范围和指标水平。灵活性原则是指考虑到统一化对象的复杂性和客观要求的多样性,在统一时要允许有一定的灵活度。等效性原则是指将同类事物两种以上的表现形态归并为一种(或限定在某一范围)时,被确定的"一致性"与被取代的事物之间必须具有功能上的可替代性。先进性原则是指确定的"一致性"(或统一规定)应有利于促进生产发展和技术进步,有利于社会需求得到更好的满足,对产品而言,就是要促进质量提高。

4. 应用

统一化在军用标准化工作中地位重要,应用普遍。例如,在第二次世界大战期间,美国、英国等国家为了弥补和重建被德国潜艇击溃了的海运力量,果断地设计了一种结构简单、设备统一、制造成本较低的标准船型,结果短时间内就建造了上万只货船,很快恢复和增强了海上运输能力。

6.1.2.3 通用化

1. 定义

通用化是指对需要统一的各种对象的功能和外部接口做出统一规定,使其能彼此互换或替代的一种标准化方法。

通用化实质上是以统一化为基础,以互换性为前提的一种标准化方法,主要适用于产品(可以是系统、分系统、设备、组件、零部件、元器件等硬件,也可以是软件),也适用于方法和程序。互换性是指不同时间、不同地点制造出来的产品或零件,在装配、维修时不必经过修整就能任意替换使用的性质。互换性包括功能互换性、结构互换性。

通用化中的一种形式是典型化,典型化是指在结构或形态(包括空间结构、功能结构和时序结构)上优选一种具有代表性的结构或形态,以供其他结构或形态参照的一种标准化方法。

2. 目的

通用化的目的是最大限度减少设计和制造过程中的重复劳动,方便使用与维修。

3. 原则

运用通用化方法一般应遵循继承性原则。继承性是指统计分析现有产品,优选出通用单元。

4. 应用

自美国在 1798 年运用通用化和互换性的方法制造枪炮以来,通用化和互换性就一直是军用标准化工作强调的重点,因而运用普遍。例如,以色列用一种 105mm 线膛炮作为标准型炮,配以相应炮弹,分别替换了 4 型坦克上的 4 种口径的坦克炮,实现了各种坦克上的火炮及弹药的通用化。

6.1.2.4 系列化

1. 定义

系列化是指对同类对象进行归并,并按最佳数列排列档次、级别或次序,以便有效地缩减类型,防止多样性盲目无序发展的一种标准化方法。

系列化的基础是简化、统一化和通用化。产品参数的系列化和产品结构典型化的有机结合便可使产品系列化。系列化是标准化的高级形式,通常包括三个互相联系的内容,即产品基本参数系列、产品系列型谱设计和产品系列设计,均具有产品发展规划的作用。

2. 目的

系列化的目的是简化品种,减少产品规格,用尽量少的品种规格覆盖尽量大的使用范围,以满足广泛的使用要求。

3. 原则

运用系列化方法一般应遵循经济性原则和可行性原则。

4. 应用

例如,机载短波单边带通信设备形成了系列化装备,平均功率分别为 100W,200W,400W,形成等比数列,公比为 2。发展武器装备,既要控制品种规格,保证统一、通用,又要提高其质量和性能,满足使用要求。搞好系列化对这两个方面都能起到较好的作用,例如,我国研制的某口径轻武器"枪族"系列,以及对履带式车辆基型底盘吨位进行的系列化,都取得了非常好的成效。

GJB 2867—1997《5.8mm 枪族通用规范》规定了 5.8mm 枪族(自动步枪、班用步枪、短自动步枪)的通用技术要求、质量保证规定及交货准备要求,适用于 5.8mm 枪族的设计、制造和验收。

6.1.2.5 组合化

1. 定义

组合化是指按照使用要求,将两个或多个具有特定功能的单元有机地结合起来,组成一个具有全新功能的产品的一种标准化方法。

特定功能单元是指标准功能单元、通用功能单元,以及组合所需要的专用功能单元。组合化是简化、统一化、通用化和系列化等几种标准化方法的综合运用,并以系统的分解组合理论和统一化成果的多次重复利用为基础。

这种标准化形式具有两个不可分割、缺一不可的过程:一个是分解过程,即开发、建立某一类产品发展需要的一系列通用模块;另一个是组合过程,即将标准模块、通用模块、专用模块和其他零部件有机地结合起来,组合成一个具有新功能的产品。从最后形成产品的组合过程来看,这种标准化形式可称为"组合化";从设计开发采用的分解过程来看,这种标准化形式可称为"模块化"。因此,长期存在"组合化"和"模块化"两种称谓,为避免矛盾,很多文件写为"组合化(模块化)",现在已统一为"组合化"。要充分发挥组合化的作用,就必须利用系统的分解与组合原理和系统工程思想,从使用需求出发,追求系统的最佳,不可片面地追求单个功能模块的最佳,必须重点研究并开发标准功能模块和通用功能模块。

2. 目的

组合化的目的是通过标准模块的多次重复利用来满足人们对多样化或个性化的需求,获得标准化效果。

3. 原则

运用组合化的原则主要有统一化原则、系列化原则和重复利用原则。

4. 应用

组合化主要应用于产品的设计、生产和使用过程,已广泛应用于机械产品、仪表产品的设计和制造,工艺装备的设计、制造和使用。在军事应用上,组合化可以快速有效地将科学技术转化为产品或军事装备,有许多成功的应用经验,例如美国斯通纳 63 式枪族,基本部件 6 种、专用部件 16 种,可组成自动步枪、冲锋枪、中型机枪、固定机枪等武器。

6.1.2.6 程序化

1. 定义

程序化是指按照过程的逻辑关系将过程形成规范化程序的一种标准化方法。

2. 目的

程序化的目的是通过形成规范化的程序,优化过程,避免人为差错,节省时间,提高效率。

3. 原则

运用程序化方法要遵守操作性原则、严谨性原则、优化原则。

4. 应用

程序化主要适用于过程的标准化,过程包括工作过程、生产过程、技术管理过程以及计算机软件的开发过程等。

6.1.3 产品标准化的作用

产品标准化的主要作用有:

1. 降低研制难度,缩短研制周期,提高产品质量

军工产品研制是一项复杂的系统工程项目,所有技术环节和管理环节都必须通过程序、规范和标准来控制。标准是根据科学、技术和经验的综合成果制定的文件。标准所固化的内容具有科学性上、普遍性和权威性,符合客观规律。通过产品标准化工作,组织实施标准并对标准的实施进行监督,必要时制定标准,可以利用科学、技术和经验的综合成果,显著降低产品研制难度。

通过产品标准化工作,贯彻各种技术标准和管理标准,执行程序文件、标准化规定,使研制过程在技术上和管理上得到统一,使型号各个系统之间在设计基准、技术要求和接口关系上达到相互协调、规范统一,使各工作系统、各承制单位的活动内容、工作程序、职责分工实现相互衔接、协调运转,可提高管理效率,从而大大缩短研制周期。

产品的质量体现在产品的适用性上,与设计、试制、试验密切相关。适用性要求以系统规范、研制规范、产品规范来规定,其中绝大部分内容是从现行有效的标准中选择适用于该产品的内容加以综合而成的,标准也就成为产品研制的依据。从一开始就依据先进、科学、合理的标准开展产品研制,按照标准、规范所规定的性能指标及方法进行设计、试制和试验,就能保证产品的质量建立在先进的技术水平和可靠的基础上。因此,通过产品标准化工作,可以提高产品质量。

2. 优化工艺过程,提高生产效率,保证产品质量

通过产品标准化工作,结合生产单位生产工艺和管理工作的需要,提出合理的工艺方案,制定工艺标准化大纲,贯彻实施工艺、工装标准,可以优化工艺过程,提高生产效率,保证产品质量。

3. 简化操作使用,方便维修保障,提高作战效能

国军标对产品研制过程中可靠性、维修性、测试性、保障性、安全性、人机工程、环境适应性、电磁兼容性等专业工程工作提出了一系列要求,通过产品标准化工作,贯彻实施这些标准,可简化产品操作使用,方便部队维修保障,显著提高作战效能。

4. 缩减研制费用,降低生产成本,提高经济效益

在产品设计和工装设计过程中运用简化、统一化、通用化、系列化、组合化等标准化设计技术,使元器件、原材料的品种规格得到压缩。所有这些综合起来,最终实现缩减研制费用、降低生产成本、提高经济效益的目标。

5. 积累实施经验,促进成果转化,提高标准质量

通过产品标准化工作,总结标准贯彻实施的经验教训,可以促进产品研制成果向标准转化,修订完善旧标准,制定新标准,提高标准技术内容的操作性和适用性,提高标准的质量。

6.1.4 标准化评审

标准化评审是指在新产品研制过程中,为了评价新产品的目标和要求以及是否达到这些目标和要求,对标准化工作进行的全面的和系统的检查。根据新产品研制标准化工作任务和范围的不同,标准化评审分为设计标准化评审和工艺标准化评审两大类。根据新产品研制程序,每大类的标准化评审又可划分为标准化方案评审、标准化实施评审和标准化最终评审3种。

标准化评审的主要任务是:检查在新产品研制过程中是否执行装法〔2006〕4号《装备全寿命标准化工作规定》、科工法〔2004〕176号《武器装备研制生产标准化工作规定》及有关法规;是否满足主要战术技术指标、研制总要求或研制合同的要求;是否符合《标准化大纲》或《工艺标准化综合要求》的规定,并给出评审意见和结论。

根据新产品研制的实际情况,标准化评审可单独进行,也可与该产品的设计评审和/或工艺评审统一组织进行。单独进行时,标准化评审应在设计评审前完成,其评审结论作为设计评审的依据之一,也作为确定新产品研制能否转入下一研制阶段的依据之一。

GJB/Z 113—1998《标准化评审》规定了标准化评审工作的一般要求、评审点设置、评审内容、评审程序和评审管理,适用于新研制的武器装备和人造卫星的系统、分系统、设备,预研和改型产品可参照使用。

6.2 设计标准化方案评审

6.2.1 评审目的

设计标准化方案评审是对新产品研制标准化目标、实施方案和计划、措施进行的检查。

6.2.2 评审时机

一般情况下,在新产品方案阶段进行。

6.2.3 评审文件

评审文件主要是:
a) ×××(产品名称)标准化大纲;
b) ×××(产品名称)标准化工作报告(方案阶段)。

《×××(产品名称)标准化大纲》按照 GJB/Z 114A—2005《产品标准化大纲编制指南》编写,说明如下:

---

1 概述
　　概述部分应说明大纲编制依据、适用范围,概略描述研制产品的基本情况和特点,一般包括下列内容:
　　　a) 任务来源;
　　　b) 产品用途;
　　　c) 产品主要性能;
　　　d) 研制类型和特点;
　　　e) 产品组成和特点;
　　　f) 产品研制对标准化的要求;
　　　g) 配套情况。
2 标准化目标
　　根据需要和可能,标准化目标可以选择下列适当形式进行表述:
　　　a) 定量的直接目标;
　　　b) 定量的间接目标;

c) 定性的直接目标;

d) 定性的间接目标。

示例1:(定量的直接目标)通过组织通用化设计或实施标准,节省研制经费××,缩短设计或研制周期××等。

示例2:(定量的间接目标)通过贯彻实施近500项标准,保证显像管的MTBF达到15000h,产品的直通率达到95%。

示例3:(定性的直接目标)通过贯彻实施规定的可靠性、维修性、环境适应性等标准提高装备的总体质量和效能。

示例4:(定性的间接目标)通过贯彻实施相关标准,保证产品质量达到进口元器件国内组装的水平。

3 标准实施要求

3.1 一般要求

应规定产品研制时实施标准的一般要求,主要包括下列内容:

a) 贯彻实施标准的原则,包括GJB/Z 69规定的标准选用和剪裁的有关要求;

b) 实施标准的程序、审批、会签和更改等要求;

c) 实施标准的时效性要求,例如实施标准的年限、版本界定、新旧版标准代替的规定和要求;

d) 对实施标准进行监督的要求;

e) 处理实施中各类问题的原则或程序等。

3.2 重大标准实施要求

应根据战术技术指标要求和贯彻实施标准一般要求,对产品研制有关的重大标准进行全面的综合分析,提出"重大标准贯彻实施方案"。

"重大标准"主要是指:

a) 涉及面宽、难度大的标准;

b) 经费投资大的标准;

c) 组织和协调复杂的标准;

d) 影响战术技术指标实现的标准;

e) 与安全关系密切的标准;

f) 对提高产品通用化、系列化、组合化程度及节约费用等有重大影响的标准。

"重大标准贯彻实施方案"主要包括下列内容:

a) 贯彻实施涉及的范围及效果分析;

b）贯彻实施的重点内容及剪裁意见；
c）贯彻实施的主要工作程序和内容；
d）贯彻实施前的技术准备和物质准备；
e）主要难点及解决途径；
f）计划和经费安排的建议；
g）有关问题的协调要求。

必要时，可单独编制若干份"重大标准贯彻实施方案"。

3.3 标准选用范围

"标准选用范围"是特定产品研制时对设计人员选用标准的推荐性规定。其中所列标准通过产品图样和技术文件的采用才能作为直接指导生产或验收的依据。

"标准选用范围"应列入下列标准：

a）法律、法规和研制合同及其他相关文件规定执行的标准；
b）与保证产品战术技术指标和性能有关的标准；
c）产品研制全过程设计、制造、检验、试验和管理等各方面所需的标准。

列入的标准应是现行有效的。

"标准选用范围"视管理方便可作为产品标准化大纲的附录，也可作为独立文件。

"标准选用范围"应实施动态管理，随着研制进展，及时补充需要的或调整其中不合适的标准项目，保持其有效性。

3.4 标准件、元器件、原材料选用范围

标准件、元器件、原材料选用范围是特定产品研制时，对设计人员选用标准件、元器件、原材料的品种规格的推荐性规定，其目的是减少品种规格，提高产品"三化"水平。

编制标准件、元器件、原材料选用范围应根据产品研制要求和资源情况，遵循下列原则：

a）推荐采用经鉴定合格、质量稳定、有供货来源、满足使用要求的品种规格；
b）限制或有条件地采用正在研制或尚未定型的品种规格，必要时补充限制要求；
c）在满足产品研制要求的前提下最大限度地压缩品种规格的数量。

标准件、元器件、原材料选用范围中所列各项目一般包括下列要素：

a）标准编号；

b) 标准名称；

c) 推荐或限制的品种规格；

d) 生产工厂；

e) 选用(限用)相应品种规格的说明和指导意见。

标准件、元器件、原材料选用范围可综合编制，也可按标准件、元器件、原材料分别编制；视管理方便和习惯，标准件、元器件、原材料选用范围可作为产品标准大纲的附录，也可作为独立文件。

标准件、元器件、原材料选用范围实施动态管理，随着研制进展，要及时补充需要的或调整其中不合格的品种规格，保持其有效性。

4 产品通用化、系列化、组合化设计要求和接口、互换性要求

4.1 产品通用化、系列化、组合化设计要求

"三化"设计要求既要体现国家关于标准化的方针政策，又要和产品研制条件相适应。主要包括下列内容：

a) 贯彻订购方提出的"三化"要求及开展"三化"设计的一般要求；

b) 论证并采用下一层次通用或现有设备、部组件要求；

c) 论证并提出新研产品是否纳入系列型谱及修订系列型谱的意见；

d) 对采用现有产品进行可行性分析及试验验证的要求；

e) 应用"三化"产品数据库的要求；

f) 对研制方案和设计进行"三化"评审的要求。

应针对不同层次的产品提出不同重点的"三化"设计要求：

a) 对系统、分系统层次产品应重点分析和提出采用下一层次现有分系统、设备的要求以及是否纳入系列型谱标准的方案；

b) 对设备层次产品应重点分析和提出采用通用模块、通用零部件、通用结构形式和尺寸参数的要求以及是否纳入相应系列型谱的方案。

产品"三化"设计要求一般由标准化工作系统和标准化机构会同设计部门讨论提出。

4.2 接口、互换性要求

4.2.1 接口标准及其要求

应根据产品使用特性和订购方提出的要求，明确产品设计时应贯彻实施的接口标准及其要求。主要包括下列内容：

a) 机械接口标准；

b) 电气接口标准；

c) 软件接口标准；

d) 信息格式标准；

e) 人机界面接口标准等。

4.2.2 互换性标准及其要求

应根据产品研制生产和使用维修的需要及订购方的要求，明确产品设计时应贯彻实施的互换性标准及其要求，主要包括下列内容：

a) 计量单位制规定；

b) 零件尺寸公差等制造互换性标准；

c) 各类机械联接结构互换性标准；

d) 对单件配制等非互换性制造方法的限制要求等。

5 型号标准化文件体系要求

建立型号标准化文件体系要求一般包括下列内容：

a) 型号标准化文件体系表；

b) 型号标准化文件项目表。

5.1 型号标准化文件体系表

型号标准化文件体系表应符合下列要求：

a) 完整性，即型号标准化文件体系能满足型号标准化工作管理和技术的需要，满足研制各阶段、各方面标准化工作的需要；

b) 动态性，即型号标准化文件体系要随产品研制阶段适时形成新的文件；已形成的文件要随研制深入修改完善；

c) 协调性，即型号标准化文件体系中的文件在项目、内容和要求等方面要做到和相关文件协调一致。

型号标准化文件体系表的构建程序如下：

a) 在研制的方案阶段，根据产品复杂程度和研制生产需要，进行型号标准化文件的需求分析。需求分析包括管理和技术两个方面，覆盖从方案阶段到设计定型阶段对标准化文件的需求。还应根据现有资源条件分析直接采用现有文件或制定新文件的可能性、紧迫性；

b) 在需求分析的基础上编制初步的型号标准化文件体系表；

c) 初步的型号标准化文件体系表作为安排文件编制和组织实施的根据。随着研制进展，调整和补充编制需要的文件，逐步形成满足产品定型和生产需要的型号标准化文件体系；

d) 每一项需要新编制的型号标准化文件应作为研制各阶段标准化工作内容（见第 7 章）纳入型号标准化文件制定计划。

型号标准化文件体系表的表述形式参见表 6.1。

表 6.1 型号标准化文件体系表

文件类别	序号	文件名称	方案阶段	工程研制阶段 初样	工程研制阶段 试样正样	设计定型阶段
管理文件	1	型号标准体系表	○	→		
管理文件	2	型号标准化工作年度计划	○	○	○	○
管理文件	3	型号标准化研究课题计划	○	○	○	—
管理文件	4	型号标准化文件制定计划	○	○	○	○
管理文件	5	标准制(修)定建议	○	○	○	○
管理文件	6	型号标准化过程管理规定	○	○	○	○
管理文件	7	型号标准化公文、批复、函件	○	○	○	○
管理文件	8	型号标准化工作系统管理规定	○	—	—	—
技术文件	1	标准化方案论证报告	○	—	—	—
技术文件	2	产品标准化大纲	●	→		
技术文件	3	工艺标准化综合要求	—	○	○	→
技术文件	4	大型试验标准化综合要求	—	○		
技术文件	5	设计文件编制标准化要求	○	→		
技术文件	6	设计定型标准化要求	—	—	—	○
技术文件	7	产品设计"三化"方案与要求	○			—
技术文件	8	标准选用范围	○	→		
技术文件	9	标准件选用范围	○	→		
技术文件	10	原材料选用范围	○	→		
技术文件	11	元器件选用范围	○	→		
技术文件	12	大型试验标准选用范围	—	○	→	
技术文件	13	标准实施规定	○	○	○	○
技术文件	14	重大标准实施方案	○	○	—	—
技术文件	15	标准实施有关问题管理办法	○	○	○	○
技术文件	16	新旧标准对照表	—	○	○	○
技术文件	17	新旧标准过渡办法		○	○	○
技术文件	18	技术要素的统一化规定	○	○		
技术文件	19	设计定型标准化审查报告	—	—	—	●

(续)

文件类别	序号	文件名称	方案阶段	工程研制阶段		设计定型阶段
				初样	试样正样	
评审文件	1	标准化评审申请报告	○	○	○	○
	2	标准化评审结论和报告	○	○	○	○
	3	图样和技术文件标准化检查记录	—	○	○	○
	4	标准化效果分析评估报告	—	—	—	○
信息资料	1	标准化工作总结(阶段小结)	○	○	○	○
	2	标准化问题处理记录	—	○	○	○
	3	标准实施信息	○	○	○	○
	4	标准化文件更改信息	—	○	○	○
	5	标准化声像资料	—	○	○	○

注：●表示应编制并单独成册；○表示根据需要编制,可单独成册,也可与其他文件合并编制；→表示需要进行动态管理；—表示不需编制

5.2 型号标准化文件项目表

根据确定的型号标准化文件体系表编制型号标准化文件项目表,型号标准化文件项目表一般包括下列内容：

a) 文件名称；

b) 文件作用；

c) 文件界面和适用范围；

d) 文件主要内容；

e) 与相关文件的协调说明等。

6 图样和技术文件要求

图样和技术文件要求一般包括下列内容：

a) 图样和技术文件的完整性、正确性、统一性要求；

b) 图样和技术文件的管理要求。

6.1 完整性、正确性、统一性要求

6.1.1 完整性要求

应按研制生产全过程和设计、试验、装配、验收、出厂包装、运输各方面的需要,对图样成套性有关标准进行合理剪裁,制定产品图样及技术文件成套性要求项目表。

6.1.2 正确性要求

要对图样和技术文件的正确性和协调性提出要求。

6.1.3 统一性要求

应提出图样和技术文件统一的编制要求。例如：

a) 图样绘制标准和要求、计算机辅助设计(CAD)文件交换格式要求；
b) 图样统一的编号的方法（隶属编号还是分类编号）；
c) 图样及技术文件内容构成及编写要求；
d) 图样及技术编号的构成、格式和字符数字等。

当采用CAD和传统常规设计联用时，应提出使两者保持统一协调的要求，例如界面相关数据和符号、代号的统一协调要求。

6.2 管理要求

6.2.1 管理的协调性

要对在不同时间、用各种方法编制的各类图样和技术文件的管理提出协调性要求，例如要针对图样和技术文件的编制是采用CAD或传统常规设计，还是两者联用等实际情况提出相应的管理要求。

6.2.2 借用件管理要求

应对借用件作出管理规定。其主要内容包括：

a) 被借用文件的最低要求；
b) 借用的合法性程序和登记；
c) 借用文件相关标识；
d) 被借用文件更改时通知借用方的规定等。

6.2.3 更改管理要求

应按技术状态管理、图样及技术文件管理等标准规定的更改类别对下列相关要求作出规定：

a) 更改程序；
b) 审批权限；
c) 更改方法和更改文件的格式与使用；
d) 更改文件的传递；
e) 更改实施和善后处理等。

6.2.4 审批会签要求

应根据文件的性质、涉及的范围和重要性设置不同的审签层次，明确逐级审签的要求。应规定设计部门内部、外部会签的项目、军事代表会签项目、会签单位和会签顺序等。

对于推行计算机辅助设计和管理的单位,应对网上审签的授权、限制、签署方式等作出规定。

7 标准化工作范围和研制各阶段的主要工作

7.1 标准化工作范围

标准化工作范围主要是指涉及的工作领域(如标准化工作涉及的质量、计量、环境、可靠性等专业领域)及工作的广度和深度(如为实施标准组织事先研究或攻关等)。在确定研制各阶段标准化工作的内容时应充分考虑涉及的工作范围。

7.2 产品研制各阶段的主要工作

产品研制各阶段标准化工作内容可结合产品的具体情况参照表6.2,进行适当剪裁和作必要的分解或综合后形成具体的工作项目,并落实到研制各阶段的工作计划中。

表6.2 产品研制各阶段标准化主要工作内容

研制阶段	主要工作内容
方案阶段	1. 编制方案阶段工作计划 　1)研究课题计划 　2)文件制定计划 　3)年度工作计划等 2. 进行标准化目标分析,确定标准化目标和要求 3. 研究提出型号标准化文件体系表和标准体系表 4. 组织提出标准实施一般要求、管理办法和重大标准实施方案 5. 组织提出产品"三化"设计要求,评审研制方案中的"三化"方案 6. 编制标准选用范围,标准件、元器件、原材料选用范围 7. 组织标准化方案论证,编制产品标准化大纲 8. 提出缺项标准制(修)订建议 9. 起草标准化管理文件、技术文件 　1)标准化过程管理规定 　2)设计文件编制要求等 10. 组织标准化文件评审 11. 编写方案阶段标准化工作小结
工程研制阶段	1. 编制工程研制阶段工作计划 　1)研究课题实施计划 　2)文件制定计划 　3)年度工作计划

(续)

研制阶段	主要工作内容
工程研制阶段	2. 编制或补充完善各类型号标准化文件 　1）各种大纲支持文件 　2）工艺标准化综合要求 　3）组织协调实施中有关问题 3. 组织"三化"方案实施，监督和检查 　检查"三化"要求的落实，推动、协调和检查"三化"方案的实施 4. 开展图样和技术文件的标准化检查，记实和反馈标准实施的信息 5. 组织标准实施和产品标准化大纲实施评审，参与组织"三化"方案实施的评审 6. 进行工程研制阶段标准化工作小结
设计定型（鉴定）阶段	1. 制定设计定型阶段工作计划 2. 编制设计定型阶段相关文件 　1）设计定型标准化要求 　2）修订提出设计定型用标准选用范围，标准件、元器件、原材料选用范围 　3）修订型号标准化文件 3. 全面检查型号标准化工作 　1）全面检查标准实施情况 　2）检查产品"三化"工作 　3）督促"三化"设计试验验证 　4）分析与评估标准化效果 4. 进行设计定型图样和技术文件标准化检查 5. 进行产品标准化大纲终结评审，编写"设计定型（鉴定）标准化审查报告"，参与设计定型 6. 对型号标准化工作进行全面总结

8 标准化工作协调管理要求

对复杂的系统、分系统，一般应编制标准化工作协调管理要求。

标准化工作协调管理一般应包括下列内容：

a) 标准化工作协调的原则要求；

b) 标准化文件协调程序和传递路线；

c) 标准化文件在系统内审批、会签或备案的范围和权限；

d) 标准化文件更改在系统内审批、会签或备案的范围和权限及传递要求等。

6.2.4 评审依据

评审依据主要包括：

a)《装备全寿命标准化工作规定》,总装备部,装法〔2006〕4号,2006；
b)《武器装备研制生产标准化工作规定》,国防科工委,2004；
c) GJB/Z 69—1994《军用标准的选用和剪裁导则》；
d) GJB/Z 113—1998《标准化评审》；
e) GJB/Z 114A—2005《产品标准化大纲编制指南》；
f) 国家有关法规、条例和文件；
g) 通用规范；
h) 试验规范；
i) 研制总要求(或研制任务书)；
j) 上层次产品标准化大纲。

6.2.5 评审内容

评审的主要内容是：

a)《×××(产品名称)标准化大纲》是否满足《主要战术技术指标》、研制总要求和研制合同/技术协议书的要求；
b)《×××(产品名称)标准化大纲》内容是否正确、合理、完整并符合《装备全寿命标准化工作规定》、《武器装备研制生产标准化工作规定》和 GJB/Z 114A—2005《产品标准化大纲编制指南》的要求；
c) 与《×××(上层次产品名称)标准化大纲》是否协调。

6.2.6 评审结论

评审组通过讨论质询,确定是否同意通过评审,形成评审结论意见。示例：

×××。会议成立了评审组(附件×),听取了×××(研制单位设计部门)作的×××(产品名称)标准化工作报告,经讨论质询,形成评审意见如下：

《×××(产品名称)标准化大纲》贯彻了国家有关法规和标准,内容正确、合理、完整,与《×××(上层次产品名称)标准化大纲》协调一致,满足《主要战术技术指标》、研制总要求和研制合同/技术协议书,符合《装备全寿命标准化工作规定》、《武器装备研制生产标准化工作规定》和 GJB/Z 114A—2005《产品标准化大纲编制指南》的要求。

评审组同意×××(产品名称)标准化大纲通过评审。

建议按照专家意见(附件×)进一步修改完善。

6.3 设计标准化实施评审

6.3.1 评审目的

设计标准化实施评审是对新产品研制贯彻执行《装备全寿命标准化工作规定》、《武器装备研制生产标准化工作规定》和《×××(产品名称)标准化大纲》的检查。

6.3.2 评审时机

一般情况下,在新产品工程研制阶段中分阶段进行。

6.3.3 评审文件

评审的主要文件是:
a)《×××(产品名称)研制计划》;
b) 设计文件;
c) 设计图样;
d) ×××(产品名称)标准化工作报告(工程研制阶段)。

6.3.4 评审依据

评审依据主要包括:
a)《装备全寿命标准化工作规定》,总装备部,装法〔2006〕4号,2006;
b)《武器装备研制生产标准化工作规定》,国防科工委,2004;
c) GJB/Z 69—1994《军用标准的选用和剪裁导则》;
d) GJB/Z 113—1998《标准化评审》;
e) GJB/Z 114A—2005《产品标准化大纲编制指南》;
f) 国家有关法规、条例和文件;
g) 通用规范;
h) 试验规范;
i) 研制总要求(或研制任务书);
j) 上层次产品标准化大纲;
k) 产品标准化大纲。

6.3.5 评审内容

评审的主要内容是:
a) 标准化工作计划、经费及保障条件等是否纳入新产品研制计划;

b) 标准化工作系统是否正确履行职责;
c) 所缺标准和规范的制(修)订进展情况;
d) 采用的标准、规范是否符合《新产品采用标准目录》并进行了合理的剪裁;
e) 采用的零部件、元器件、原材料是否合理地简化了品种、规格并符合推荐采用和限制采用的清单;
f) 设计文件是否完整、正确、统一和协调,是否达到有关质量要求;
g) 功能相似的产品(包括产品组成部分)是否进行了通用化设计,已定型或鉴定的产品是否得到合理继承;
h) 设计是否贯彻了系列化要求或有利于形成系列化产品;
i) 设计是否按要求采用了组合(模块)化技术,进行了组合(模块)化设计;
j) 有关接口是否统一或协调;
k) 贯彻标准和标准化要求带来的初步效益。

6.3.6 评审结论

评审组通过讨论质询,确定是否同意通过评审,形成评审结论意见。示例:

×××。会议成立了评审组(附件×),听取了×××(研制单位设计部门)作的×××(产品名称)标准化工作报告,审查了设计文件和图样,经讨论质询,形成评审意见如下:

×××(产品名称)设计贯彻了通用化、系列化、组合化要求,采用的标准、规范符合《×××(产品名称)产品采用标准目录》并进行了合理的剪裁,采用的零部件、元器件、原材料合理地简化了品种、规格并符合推荐采用和限制采用的清单;接口设计协调统一;设计文件和图样完整、准确、协调和规范。产品标准化实施符合《装备全寿命标准化工作规定》、《武器装备研制生产标准化工作规定》和《×××(产品名称)标准化大纲》的规定。

评审组同意×××(产品名称)标准化实施通过评审。

建议按照专家意见(附件×)进一步改进完善。

6.4 设计标准化最终评审

6.4.1 评审目的

设计标准化最终评审是对新产品设计贯彻执行《装备全寿命标准化工作规定》、《武器装备研制生产标准化工作规定》和《×××(产品名称)标准化大纲》的最终检查。评审结论是确认新产品是否具备申请设计定型的条件之一。

6.4.2 评审时机

一般情况下,在新产品设计定型阶段进行。

在申请设计定型审查之前,军工产品承制单位应组织设计标准化最终评审的内部评审,驻承制单位军事代表机构作为用户代表参加。内部评审通过后,形成标准化审查报告,承制单位标准化职能部门应对评审组专家提出的改进措施的实施情况进行监督检查。

在二级定委组织设计定型审查时,依据 GJB 1362A—2007《军工产品定型程序和要求》和 GJB/Z 170—2013《军工产品设计定型文件编制指南》,由设计定型审查组组织标准化专家对产品标准化进行最终审查,形成《标准化审查报告》。

6.4.3 评审文件

评审文件主要是:
a)《×××(产品名称)标准化大纲》;
b) 设计文件;
c) 设计图样;
d) ×××(产品名称)标准化工作报告(设计定型阶段)。

《×××(产品名称)标准化工作报告》按照 GJB/Z 170—2013《军工产品设计定型文件编制指南 第 11 部分:标准化工作报告》编写,说明如下:

---

1 概述

　　简述产品基本情况和产品标准化目标,一般包括:

　　a) 产品研制任务来源;

　　b) 产品概况(含用途、组成、主要性能、研制情况和配套情况等);

　　c) 简要说明"产品标准化大纲"提出的标准化目标、工作原则和要求等。

2 型号标准化工作系统组建及工作情况

2.1 组建情况

　　简要说明型号标准化工作系统的组建情况,可包括组织架构、人员职责、管理制度及运行情况等。

2.2 工作情况

　　简要说明型号标准化工作系统的工作情况,主要包括:

　　a) 建立型号标准化文件体系情况,包括型号标准化技术文件、管理文件、评审文件和信息资料等,如产品标准化大纲、工艺标准化综合要求、设计文件编制要求、型号标准化文件体系表或型号标准化文件清单等。

b) 开展重要标准化问题协调工作情况。

　　c) 组织标准宣贯工作情况,包括宣贯的内容、次数、规模、对象、取得的效果等。

　　d) 标准化评审工作情况。根据 GJB/Z 113,对产品研制过程中,型号标准化工作系统或相应标准化机构开展标准化评审工作总体情况进行说明。如,评审次数、评审内容、评审效果、评审后对遗留问题的处理等。

　　e) 图样和技术文件标准化检查工作情况。

3　型号标准体系建立情况

3.1　标准体系表编制情况

　　简述型号标准体系表的编制情况。可从需求分析、编制原则、结构框架、项目明细、动态管理以及在型号研制中的应用等方面进行描述。

3.2　标准选用情况

　　简述标准的选用情况,包括编制"标准选用范围"的原则要求和主要工作等。可对如可靠性、维修性、电磁兼容性、软件工程化、试验验证等重要方面标准的选用情况予以说明。

4　标准贯彻实施情况

4.1　重大标准贯彻实施情况

　　"重大标准"一般是指:

　　a) 影响战术技术指标实现的标准;

　　b) 影响互连、互通、互操作的标准;

　　c) 对提高产品通用化、系列化、组合化程度及节约费用有重大影响的标准;

　　d) 重要接口标准;

　　e) 与安全性关系密切的标准;

　　f) 关键性工艺的标准;

　　g) 贯彻实施涉及面宽、难度大的标准;

　　h) 贯彻实施经费投入大的标准;

　　i) 贯彻实施组织和协调复杂的标准。

　　应说明组织编制"重大标准实施方案"情况,贯彻实施这些重大标准的主要工作程序、内容和剪裁情况,以及贯彻实施这些标准所取得的效果等。

　　可举例说明标准贯彻实施过程中遇到的主要困难、采取的解决措施、有关问题协调处理的要求及情况等。

4.2　标准件、元器件、原材料选用情况

　　应说明编制"标准件、元器件、原材料选用范围"的原则、要求、主要工作和研制过程动态管理情况,以及标准件、元器件、原材料标准执行情况等。可举例描述开展进口标准件国产化研究情况,新材料、新型标准件攻关情况等。根据GJB/Z 114,可以附录形式给出"标准件、元器件、原材料选用范围"。

4.3 图样和技术文件的规范性和统一性评价情况

应说明图样和技术文件的规范性和统一性等情况及其质量保证情况。

5 产品"三化"设计与实现情况

应说明组织设计人员开展"三化"方案论证、"三化"设计及其试验验证的具体情况,进行"三化"检查和评审或必要时建立"三化"产品数据库的工作情况等。对"三化"设计的最终结果进行具体描述,如精简品种规格情况等。

6 产品标准化程度评估

可从以下几个方面评估产品标准化程度:
a) 采用的标准件、元器件、原材料合理简化产品品种、规格的数量;
b) 计算标准化系数,并说明计算公式和方法;
c) 产品"三化"设计水平评价。

7 存在的问题及解决措施

应说明产品设计定型时是否还存在标准化方面的问题,以及建议采取的解决措施。

8 结论

应对产品研制过程中的标准化工作做出总体性自我评价,包括:
a) 标准化工作是否实现了"产品标准化大纲"提出的各项要求;
b) 是否满足设计定型的要求等。

6.4.4 评审依据

评审依据主要包括:

a)《装备全寿命标准化工作规定》,总装备部,装法〔2006〕4号,2006;
b)《武器装备研制生产标准化工作规定》,国防科工委,2004;
c) GJB 1362A—2007《军工产品定型程序和要求》;
d) GJB/Z 69—1994《军用标准的选用和剪裁导则》;
e) GJB/Z 113—1998《标准化评审》;
f) GJB/Z 114A—2005《产品标准化大纲编制指南》;
g) GJB/Z 170—2013《军工产品设计定型文件编制指南》;
h) 国家有关法规、条例和文件;
i) 通用规范;

j) 试验规范;

k) 研制总要求(或研制任务书);

l) 上层次产品标准化大纲;

m) 产品标准化大纲。

6.4.5 评审内容

评审的主要内容是:

a) 《×××(产品名称)标准化大纲》规定的标准化目标和要求是否实现;

b) 设计文件是否完整、正确、统一、协调并满足设计定型的要求;

c) 是否按要求基本建立了新产品标准体系,重大标准是否已制定;

d) 采用的标准、规范是否现行有效并符合《新产品采用标准目录》;

e) 新产品的系列化、通用化、组合(模块)化和接口互换性情况;

f) 新产品达到的标准化程度和所获得的标准化效益;

g) 历次评审遗留的标准化问题是否已经解决。

6.4.6 评审结论

评审组通过讨论质询,确定是否同意通过评审,形成评审结论意见《标准化审查报告》。

《标准化审查报告》按照 GJB/Z 170.12—2013《军工产品设计定型文件编制指南 第12部分:标准化审查报告》编写,说明如下:

```
1  审查工作概况
    应说明审查的项目,简要描述审查的组织、方式和概况等。
2  审查意见
    根据产品标准化大纲以及标准化工作报告的具体内容,重点审查型号标
准化工作系统履职情况,型号标准体系建立情况,标准贯彻实施情况,产品通
用化、系列化、组合化(简称"三化")工作情况和水平,标准化程度评估结果
等,并给出评价意见。一般包括:
    a) 是否按要求建立了型号标准化工作系统,工作系统的组成是否合理,
工作是否全面有效;
    b) 标准化文件体系是否完备配套,包括型号标准化技术文件、型号标准
化管理文件、型号标准化评审文件和型号标准化信息资料等;
    c) 是否编制了《标准选用范围》和《标准件、元器件、原材料选用范围》,
采标目录的正确性、充分性、协调性等;
```

d) 是否建立了合理实用的型号标准体系；

　　e) 重大标准剪裁的合理性以及实施的有效性等；

　　f) 评价产品"三化"设计方案及实施效果等；

　　g) 设计定型图样和技术文件是否规范、统一,以及是否满足设计定型要求等；

　　h) 确认标准化系数,给出产品标准化程度评估。

3　审查建议

　　对存在的主要问题提出改进的措施和建议等。

4　审查结论

　　主要应说明以下两方面内容：

　　a)"产品标准化大纲"中规定的标准化目标和标准化要求是否实现；

　　b) 从标准化方面论述研制工作是否具备了设计定型的条件。

　　说明：对于相对简单的产品,仅需形成"标准化审查意见与结论"。应对设计定型图样及技术文件完整性、准确性、协调性,型号标准体系建设情况,标准贯彻实施情况,"三化"水平,以及产品标准化程度等方面做出简要的总体性评价,并对《产品标准化大纲》中规定的标准化目标和标准化要求是否实现给出结论性意见。相关内容可纳入《设计定型审查意见书》。示例：

　　a) 全套设计定型图样和技术文件完整、准确、协调、规范,签署完备；

　　b) 制定了××项急需标准,建立的标准体系基本满足项目需求；

　　c) 有效开展了产品"三化"设计,符合产品"三化"要求；

　　d) 标准化系数达到××%,标准化程度较高；

　　e) 标准选用合理,重大标准实施正确有效；

　　f) 严格贯彻执行了《×××(产品名称)标准化大纲》,实现了规定的标准化目标和各项标准化要求。

《×××(产品名称)标准化审查报告》编写示例如下：

1　审查工作概况

　　20××年××月××日,×××(组织审查单位)在××(会议地点)组织召开了×××(产品名称)标准化审查会。×××、……、×××(军事代表机构)、×××(研制单位)等××个单位的××名代表(附件1)参加了会议。会议成立了审查组(附件2),听取了×××(研制单位)对×××(产品名称)标准化工作的报告,抽查了×××(产品名称)研制总结、标准化工作报告、质量分析报告、产品规范、软件产品规格说明、……、设计定型试验报告等××份技术文件,形成了一致的审查结论和意见。

2 审查意见

审查组重点核查了型号标准化工作系统工作情况,型号标准体系建立情况,标准贯彻实施情况,产品"三化"工作情况和水平,标准化程度评估结果等,经质询和讨论,提出以下主要意见:

a) 建立的由×××、……、×××和×××等××个单位共同组成的×××(产品名称)标准化工作系统,组织健全,运行有效。

b) ×××(产品名称)标准化文件体系全面配套,共编制了《×××(产品名称)标准化工作规定》、《×××(产品名称)标准化大纲》、《×××(产品名称)工艺标准化综合要求》、《×××(产品名称)标准选用目录》、《×××(产品名称)材料标准》等××份文件,正确指导和规范了型号标准化工作。

c) 编制的《×××(产品名称)标准选用范围》、《×××(产品名称)标准件、元器件、原材料选用范围》等采标目录正确、充分、协调。

d) 制定了×××、……、×××和×××等××项急需标准(包括国家标准、国家军用标准、行业标准、企业标准或型号专用规范),建立的标准体系基本满足×××(产品名称)全寿命过程对标准的需求。

e) 对 GJB 150—1986、GJB 151A—1997、GJB 152A—1997、GJB 368B—2009、GJB 438B—2009、GJB 450A—2004、GJB 900A—2012、GJB 2547A—2012、GJB 2786A—2009、GJB 3872—1999、GJB 6387—2008、……、GJB/Z 170—2013等重大标准选用准确,剪裁合理,贯彻得力,效果显著。

f) 在×××(产品名称)研制过程中,认真贯彻了产品"三化"设计要求。开展了×××、……、×××(产品组成部分)的通用化设计;×××、……、×××(产品组成部分)的系列化设计;×××、……、×××(产品组成部分)的组合化设计。有效利用了×××、……、×××等成熟技术和产品,精简了×××、……、×××等××个品种规格,基本实现了产品"三化"设计目标。

g) 全套设计定型图样和技术文件规范、统一,签署齐备,符合标准化管理规定。

h) ×××(产品名称)研制项目得出的标准化件数系数为××%,标准化品种系数为××%,重复系数为××,表明标准化程度较高。

3 审查建议

×××(产品名称)标准化工作在×××、……、×××和×××等方面还存在一定的问题。审查组建议:

a) ×××;

b) ×××;

c) ×××。

4 审查结论

×××(产品名称)研制项目严格贯彻执行了《×××(产品名称)标准化大纲》,实现了规定的标准化目标和各项标准化要求;符合 GJB 1362A—2007 的规定,满足设计定型的要求。

审查组一致同意×××(产品名称)研制项目通过标准化审查。

建议按照审查组专家提出的标准化改进意见汇总清单(附件3)进一步完善标准化工作。

组　长：
副组长：
二○××年××月××日

附件1

×××(产品名称)标准化审查会代表名单

序号	姓名	工作单位	职务/职称	签字

附件2

×××(产品名称)标准化审查组专家名单

序号	组内职务	姓名	工作单位	职称	签字
1	组　长				
2	副组长				
…	组　员				

附件3

×××(产品名称)标准化改进意见汇总清单

序号	改进意见或建议	提出单位或个人	处理意见

说明:对于相对简单的产品,仅需形成"标准化审查意见与结论",相关内容纳入设计定型审查意见书。示例如下:

a) 全套设计定型图样和技术文件完整、准确、协调、规范,签署完备;

b) 制定了××项急需标准,建立的标准体系基本满足项目需求;

c) 有效开展了产品"三化"设计,符合产品"三化"要求;
d) 标准化系数达到××%,标准化程度较高;
e) 标准选用合理,重大标准实施正确有效;
f) ×××(产品名称)研制项目严格贯彻执行了《×××(产品名称)标准化大纲》,实现了规定的标准化目标和各项标准化要求。

6.5 工艺标准化方案评审

6.5.1 评审目的

工艺标准化方案评审是对新产品制造标准化工作目标、实施方案和计划、措施的检查。

6.5.2 评审时机

一般情况下,在新产品编制正式工艺文件前进行。

6.5.3 评审文件

评审的主要文件是:
a) ×××(产品名称)工艺标准化综合要求;
b) ×××(产品名称)工艺标准化工作报告。

《×××(产品名称)工艺标准化综合要求》按照 GJB/Z 106A—2005《工艺标准化大纲编制指南》编写,说明如下:

1 范围
   说明本工艺标准化大纲(工艺标准化综合要求)的适用范围,包括产品代号(型号)、产品名称及其研制阶段。
2 引用文件
   列出在制定工艺标准化大纲(工艺标准化综合要求)过程中引用的主要资料,包括标准、法规、文件和资料等。
3 产品概述
3.1 编制依据
   说明工艺标准化大纲(工艺标准化综合要求)的编制依据。
3.2 产品用途
   概要介绍产品的用途。

3.3 产品组成
概要介绍产品的组成部分。
3.4 工艺特点
概要介绍产品的工艺特点。

4 工艺、工装标准化目标及工作范围
4.1 目标
根据型号的总目标及性能、费用、进度、保障性等项要求,制定具体型号的工艺、工装标准化目标。通常可考虑下列内容:

a) 保证产品质量和产品标准化大纲目标的实现;
b) 工艺标准化要达到的水平;
c) 采用国际标准和国外先进标准的目标;
d) 引进产品工艺标准的国产化目标;
e) 预计要达到的工装标准化系数及其效果;
f) 建立一个先进、配套、适用的工艺、工装标准体系。

4.2 工作范围
根据型号的工艺、工装标准化目标和各项具体要求,确定工艺、工装标准化的工作范围。通常可考虑下列内容:

a) 提出工艺、工装标准的选用范围;
b) 制定(修订)型号所需的工艺、工装标准,完善工艺、工装标准体系;
c) 制定工艺、工装标准化文件;
d) 实施工艺、工装标准,协调实施过程中的问题;
e) 开展工装通用化、系列化、组合化工作;
f) 进行工艺文件和工装设计文件的标准化检查;
g) 开展工艺文件定型的标准化工作;
h) 其他有关的工艺、工装标准化工作。

5 实施标准要求
应根据型号的需求和本单位的实际情况,提出具体的实施要求。通常可考虑下列内容:

a) 一般情况下,应将需实施的工艺、工装标准限制在《标准选用范围(目录)》内,对超范围选用作出规定,并要求办理必要的审批手续;
b) 对法律、法规及规范性文件规定强制执行的标准,以及型号研制生产合同和型号文件规定执行的标准,提出强制执行的要求,并提出具体实施方案;
c) 组织制定重要工艺、工装标准的实施计划,包括技术和资源准备;

d) 对需实施的标准,必要时提出具体的实施要求,如剪裁、优选、限用、压缩品种规格等;

e) 制定新旧标准替代实施细则,提出在新旧标准过渡期间保证互换与协调的措施;

f) 组织新标准的宣贯和培训;

g) 根据《标准选用范围(目录)》,配齐实施标准所需的有关资料;

h) 组织检查工艺、工装标准的实施情况和转阶段的标准化评审;

i) 编写重要标准实施总结报告。

6 工装的"三化"要求

应根据产品生产的特点,结合本单位的实际情况,提出具体的工装"三化"要求。通常可考虑下列内容:

a) 根据型号工艺总方案,提出工装的"三化"目标。

b) 在工程研制阶段,将工程的"三化"目标转化为具体实施方案。根据样机试制数量少、时间紧、变化大的特点,提出最大限度减少专用工装数量的原则;根据样机制造的需要和工厂工装的实际情况,提出采用现有和通用工装以及采用组合夹具的要求和清单;对专用工装的设计提出采用通用零部件的要求。开展工装的"三化"设计工作,将具体实施方案落实到工装设计图样中。

c) 在设计定型阶段,检查和总结工装"三化"工作,提出改进措施;

d) 在生产(工艺)定型阶段,针对批量生产的特点,综合考虑"三化"的效果和加工效率,调整工装"三化"方案。根据产品"三化"程度,提出继续扩大采用现有和通用工装的要求,开展工装的"三化"设计工作;在生产(工艺)定型阶段后期,检查和总结工装的"三化"对批量生产的适应性,做必要的修改调整后,最终固化工装的"三化"成果。

7 工艺文件、工装设计文件的完整性、正确性、统一性要求

为保证工艺文件和工装设计文件的完整、正确、统一,通常可考虑下列内容:

a) 按产品研制阶段分别提出工艺文件、工装设计文件的完整性要求;

b) 制定(或引用)工艺文件、工装设计文件格式及编号方法的规定;

c) 制定(或引用)工艺文件、工装设计文件的编制、签署、更改、归档等规定;

d) 对工艺文件、工装设计文件进行标准化检查。

8 应完成的主要任务、工作项目

应依据型号的研制生产要求和本单位的实际,列出各阶段应完成的主要任务和工作项目,见表6.3。

表 6.3 产品研制各阶段工艺标准化的主要任务和工作项目

研制阶段	主要任务	工作项目
工程研制阶段	制定工艺标准化综合要求及其支持性文件并组织实施	a) 制定工艺标准化综合要求; b) 编制工艺、工装标准体系表; c) 编制工艺、工装标准选用范围(目录); d) 制定有关工艺文件、工装设计文件的标准化要求; e) 提出制定(修订)标准的项目和计划建议; f) 组织制定新的型号专用工艺、工装标准; g) 开展工装"三化"设计工作; h) 开展对工艺文件、工装设计文件的标准化检查; i) 收集资料,做好贯标的技术和物质准备; j) 做好阶段工艺标准化工作总结和评审。
设计定型阶段	配合设计定型,为制定工艺标准化大纲做准备	a) 全面检查工艺、工装标准的实施情况; b) 配合设计定型,对图样和技术文件中有关工艺、工装标准的生产可行性进行检查并提出意见; c) 对工艺标准化综合要求进行总结和评审,为转化为工艺标准化大纲做准备。
生产(工艺)定型阶段	制定并实施工艺标准化大纲,做好工艺定型标准化工作	a) 以工艺标准化综合要求为基础,进一步修改和补充,形成工艺标准化大纲; b) 修订工艺、工装标准选用范围(目录); c) 提出工艺定型标准化方案和相关标准化要求; d) 对定型工艺文件和工装设计文件进行标准化检查; e) 继续开展工装"三化"设计工作; f) 协调和处理工艺定型出现的标准化问题; g) 全面检查工艺、工装标准的实施情况,编制生产(工艺)定型标准化审查报告; h) 总结生产(工艺)定型标准化工作并做好阶段评审。

6.5.4 评审依据

评审依据主要包括:

a)《装备全寿命标准化工作规定》,总装备部,装法〔2006〕4号,2006;

b)《武器装备研制生产标准化工作规定》,国防科工委,2004;

c) GJB/Z 69—1994《军用标准的选用和剪裁导则》;

d) GJB/Z 106A—2005《工艺标准化大纲编制指南》;

e) GJB/Z 113—1998《标准化评审》;

f) GJB/Z 114A—2005《产品标准化大纲编制指南》；

g) 国家有关法规、条例和文件；

h) 研制总要求（或研制任务书）；

i) 上层次产品标准化大纲。

6.5.5 评审内容

评审的主要内容是：

a) 检查《×××（产品名称）工艺标准化综合要求》是否满足设计文件和工艺总方案的要求并与《×××（产品名称）标准化大纲》协调一致；

b) 检查《×××（产品名称）工艺标准化综合要求》的内容是否正确、合理、完整、可行，并符合 GJB/Z 106A—2005《工艺标准化大纲编制指南》的要求。

6.5.6 评审结论

评审组通过讨论质询，确定是否同意通过评审，形成评审结论意见。示例：

×××。会议成立了评审组（附件×），听取了×××（研制单位工艺部门）作的×××（产品名称）工艺标准化工作报告，经讨论质询，形成评审意见如下：

《×××（产品名称）工艺标准化综合要求》贯彻了国家有关法规和标准，内容完整正确、合理可行，与《×××（产品名称）标准化大纲》协调一致，满足设计文件和试制工艺总方案的要求，符合《装备全寿命标准化工作规定》、《武器装备研制生产标准化工作规定》和 GJB/Z 106A—2005《工艺标准化大纲编制指南》的要求。

评审组同意×××（产品名称）工艺标准化综合要求通过评审。

建议按照专家意见（附件×）进一步修改完善。

6.6 工艺标准化实施评审

6.6.1 评审目的

工艺标准化实施评审是对新产品制造过程中贯彻执行《×××（产品名称）工艺标准化综合要求》的检查。

6.6.2 评审时机

一般情况下，在新产品工艺文件实施过程中分阶段进行。

6.6.3 评审文件

评审的主要文件是：
a)《×××（产品名称）研制计划》；
b) 工艺文件；
c) 设计图样；
d) ×××（产品名称）工艺标准化工作报告。

6.6.4 评审依据

评审依据主要包括：
a)《装备全寿命标准化工作规定》，总装备部，装法〔2006〕4号，2006；
b)《武器装备研制生产标准化工作规定》，国防科工委，2004；
c) GJB/Z 69—1994《军用标准的选用和剪裁导则》；
d) GJB/Z 106A—2005《工艺标准化大纲编制指南》；
e) GJB/Z 113—1998《标准化评审》；
f) GJB/Z 114A—2005《产品标准化大纲编制指南》；
g) 国家有关法规、条例和文件；
h) 研制总要求（或研制任务书）；
i) ×××（产品名称）工艺标准化综合要求。

6.6.5 评审内容

评审的主要内容是按《×××（产品名称）工艺标准化综合要求》的规定，逐项检查其实施情况，重点检查：
a) 工艺、工装标准化目标及工作范围符合情况；
b) 标准实施情况；
c) 工装"三化"要求实施情况；
d) 工艺文件、工装设计文件的完整性、正确性、统一性；
e) 应完成的主要任务、工作项目的完成情况。

6.6.6 评审结论

评审组通过讨论质询，确定是否同意通过评审，形成评审结论意见。示例：
×××。会议成立了评审组（附件×），听取了×××（研制单位工艺部门）作的×××（产品名称）工艺标准化工作报告，审查了工艺文件和工装设计文件，经讨论质询，形成评审意见如下：

×××(产品名称)实施的工艺、工装标准严格限制在《标准选用范围(目录)》内,无超范围选用情况;开展了工装的"三化"设计工作,已将具体实施方案落实到工装设计图样中;工艺文件和工装设计文件完整、准确、协调和规范,与产品设计文件协调一致;产品在制造过程中对工艺标准化综合要求进行了验证,通过完善可转化为工艺标准化大纲。产品工艺标准化工作完成了规定的主要任务和工作项目,符合《装备全寿命标准化工作规定》、《武器装备研制生产标准化工作规定》和《×××(产品名称)工艺标准化综合要求》的规定。

评审组同意×××(产品名称)工艺标准化实施通过评审。

建议按照专家意见(附件×)进一步改进完善。

6.7 工艺标准化最终评审

6.7.1 评审目的

工艺标准化最终评审是对新产品制造贯彻执行《装备全寿命标准化工作规定》、《武器装备研制生产标准化工作规定》和《×××(产品名称)工艺标准化综合要求》的最终检查,评审结论是确认新产品是否具备批量生产的条件之一。

6.7.2 评审时机

一般情况下,在新产品生产(工艺)定型阶段进行。

6.7.3 评审文件

评审的主要文件是:

a) ×××(产品名称)工艺标准化工作报告;

b) ×××(产品名称)工艺标准化大纲;

c) 工艺文件;

d) 生产图样。

《×××(产品名称)工艺标准化工作报告》按照《武器装备研制生产标准化工作规定》编写,说明如下:

---

1 范围

说明工艺标准化审查报告的主题内容和适用范围。

概略描述产品的研制任务来源、产品基本情况和工艺特点,说明标准化工作目标和范围。

---

2 引用文件

给出标准化审查报告各章的引用文件一览表。

3 标准及标准化要求的实施情况

对标准及标准化要求的实施情况给出评价意见。可以从是否编制了《工艺、工装标准选用范围》和《标准件、元器件、原材料选用范围》,在实施标准过程中有无"欠使用"、"过使用"、"使用不当"的现象,"重大标准"的选用和剪裁情况,采标目录的正确性、充分性、协调性,生产过程质量保证、质量监督的标准化情况,计量、测试的标准化情况等方面进行评价。

对标准体系表建立及标准制修订情况给出评价意见。可以从建立和完善工艺、工装标准体系的情况,对急需标准的转化、修订及制定情况等方面进行评价。

4 工艺文件、工装设计文件的完整性、正确性及统一性评价

对编制工艺文件和工装设计文件的情况进行评价。

参见 GJB/Z 113,对不同时期、用各种方式编制的各类图样和技术文件开展的管理和标准化评审工作给出评价意见。可以在图样及工艺文件的完整性、统一性、协调性以及是否满足生产定型的要求等方面进行评价。

5 工装"三化"水平评价,标准化系数计算

对工装的"三化"水平给出评价意见。可以从工装"三化"的具体要求在工装设计图样中的落实情况、设计定型后工装"三化"工作采取的改进措施、进行的"三化"检查和评审等方面进行评价。

对工艺标准化系数进行计算,给出计算结果。

6 标准化效益分析评估

对新产品达到的工艺标准化程度和所获得的标准化效益给出评价意见。

7 存在的问题及改进的措施

说明产品生产定型时是否还存在标准化方面的问题,提出有针对性的改进措施建议。

8 审查结论

工艺标准化审查结论主要应说明以下两方面内容:

a) 工艺标准化工作是否满足"研制总要求(研制任务书或技术协议书)"中应贯彻实施的标准和标准化要求,以及《工艺标准化大纲》中的规定;

b) 从工艺标准化方面论述研制生产工作是否具备转入下阶段工作的条件,并可提出需要解决的问题或改进建议等。

6.7.4 评审依据

评审依据主要包括：
a) 《装备全寿命标准化工作规定》,总装备部,装法〔2006〕4号,2006；
b) 《武器装备研制生产标准化工作规定》,国防科工委,2004；
c) GJB/Z 69—1994《军用标准的选用和剪裁导则》；
d) GJB/Z 106A—2005《工艺标准化大纲编制指南》；
e) GJB/Z 113—1998《标准化评审》；
f) GJB/Z 114A—2005《产品标准化大纲编制指南》；
g) 国家有关法规、条例和文件；
h) 研制总要求(或研制任务书)；
i) ×××(产品名称)工艺标准化综合要求。

6.7.5 评审内容

评审的主要内容是：
a) 检查新产品是否按《×××(产品名称)工艺标准化综合要求》的规定实现标准化目标并完成各项任务；
b) 检查历次评审遗留的标准化问题是否已经解决。

6.7.6 评审结论

评审组通过讨论质询,确定是否同意通过评审,形成评审结论意见《工艺标准化审查报告》。示例：

×××。会议成立了评审组(附件×),听取了×××(研制单位工艺部门)作的×××(产品名称)工艺标准化工作报告,审查了工艺文件和工装设计文件,经讨论质询,形成评审意见如下：

×××(产品名称)实施的工艺、工装标准严格限制在《标准选用范围(目录)》内,无超范围选用情况；开展了工装的"三化"设计工作,已将具体实施方案落实到工装设计图样中；工艺文件和工装设计文件完整、准确、协调和规范,与产品设计文件协调一致；历次评审遗留的标准化问题已全部解决并完成归零,无遗留问题；已按照规定将工艺标准化综合要求转化为工艺标准化大纲。产品工艺标准化工作已完成了规定的主要任务和工作项目,符合《装备全寿命标准化工作规定》《武器装备研制生产标准化工作规定》和《×××(产品名称)工艺标准化综合要求》的规定。

评审组同意×××(产品名称)工艺标准化通过最终评审。

建议按照专家意见(附件×)进一步改进完善。

第7章 产品质量评审

7.1 概 述

7.1.1 产品质量

1. 质量

质量即"一组固有特性满足要求的程度"。

术语"质量"可使用形容词如差、好或优秀来修饰。

"固有的"(其反义是"赋予的")就是指在某事或某物中本来就有的,尤其是那种永久的特性。

"特性"即"可区分的特征"。特性可以是固有的或赋予的;也可以是定性的或定量的。有各种类别的特性,如物理的、感官的、行为的、时间的、人体工效的、功能的。

"要求"即"明示的、通常隐含的或必须履行的需求或期望"。明示的要求是指合同中规定的或顾客明确提出的要求;"通常隐含"是指组织、顾客和其他相关方的惯例或一般做法,所考虑的需求或期望是众所周知、不言而喻的。必须履行的是指法律法规的要求。要求可由不同的相关方提出。

2. 质量管理

质量管理即在质量方面指挥和控制组织的协调的活动。质量管理是组织为使产品质量能够满足不断更新的质量要求、达到顾客满意而开展的策划、组织、实施、控制、检查、审核和改进等所有相关管理活动的总和。质量管理主要包括:质量方针和质量目标的制定、质量策划、质量控制、质量保证以及质量改进与持续改进。

a) 质量方针和质量目标的制定。质量方针是由组织的最高管理者正式发布的该组织总的质量宗旨和方向,是组织全体成员开展质量活动的准则,为质量目标的制定提供框架和方向。质量目标即组织在质量方面所追求的目的,依据组织的质量方针而制定。通常对组织的相关职能和层次分别制定相应的质量目标。

b) 质量策划。致力于制定质量目标并规定必要的运行过程和相关资源以实现质量目标。质量计划是质量策划的结果之一。

　　c）质量控制。致力于满足质量要求。质量控制的工作内容包括专业技术和管理技术两个方面。质量控制是指为满足质量要求而对产品质量形成全过程中上述两方面的各种因素进行控制。

　　d）质量保证。致力于提供质量要求会得到满足的信任。质量保证是组织针对顾客和其他相关方要求对自身在产品质量形成全过程中某些环节的质量控制活动提供必要的证据，以取得信任。质量保证分为外部质量保证和内部质量保证。质量控制与质量保证之间的关系可理解为质量控制是基础，是具体操作过程，质量保证是目的，最终取得组织内部和外部的信任。

　　e）质量改进与持续改进。致力于增强满足质量要求的能力。质量改进要求可以是多个方面的。持续改进是增强满足要求的能力的循环活动，体现了质量管理的核心理念："顾客满意，持续改进。"

　　3. 质量管理体系

　　质量管理体系是指在质量方面指挥和控制组织建立方针和目标并实现这些目标的相互关联或相互作用的一组要素。质量管理体系反映一个组织稳定地提供满足要求的产品并使顾客和相关方满意的能力。GJB 9001B—2009《质量管理体系要求》标准强调以过程为基础的质量管理体系模式。

　　a）质量管理体系的建立和运行，以过程为基础，以顾客要求为输入，转化为产品输出，通过增值活动和信息交流，不断满足顾客要求，使顾客满意。

　　b）质量管理体系概括起来，由管理活动、资源保障、产品实现、测量分析和改进四大过程构成。

　　c）产品实现过程是质量管理体系过程的主体，该过程又由一系列子过程构成（其他大过程也包含子过程）。

　　d）过程相互关联、相互作用，实现质量管理体系的持续改进。

　　4. 质量管理原则

　　成功地领导和运作一个组织，需要采用系统和透明的方式进行管理。针对所有相关方的需求，实施并保持持续改进其业绩的管理体系，可使组织获得成功。八项质量管理原则被确定为最高管理者用于领导组织进行业绩改进的指导原则。

　　八项质量管理原则即以顾客为关注焦点，领导作用，全员参与，过程方法，管理的系统方法，持续改进，基于事实的决策方法，与供方互利的关系。八项质量管理原则是长期质量管理实践经验和理论的总结，是质量管理的理论基础，是用高度概括的语言表达了质量管理的最基本、最通用的一般性规律。

7.1.2 产品质量评审

产品质量评审是指在产品检验合格之后、交付之前,对研制产品的质量及其质量保证工作所作的全面与系统的审查。产品质量评审工作应执行 GJB 907A—2006《产品质量评审》。

GJB 907A—2006《产品质量评审》规定了军工产品质量评审的要求、主要内容、组织管理和评审程序,适用于军工产品研制阶段的产品质量评审,批量生产的产品也可参照执行。

应根据产品的配套关系和重要程度分级进行产品质量评审。产品质量评审项目的确定一般可分为系统、分系统、重要设备和合同要求项目。

7.2 产品质量评审

7.2.1 评审目的

在产品检验合格之后、交付之前,对研制产品的质量及其质量保证工作进行全面与系统的审查(审查产品的功能、性能特性,以及可靠性、维修性、测试性、保障性、安全性、环境适应性和电磁兼容性能否达到研制合同和研制总要求/技术协议书规定的战术技术指标要求)。未经产品质量评审,产品不得交付。

7.2.2 评审时机

在产品检验合格之后、交付之前进行。产品质量评审申请报告格式如图 7.1 和图 7.2 所示。产品质量评审应具备的条件一般包括:

a) 产品按要求已通过设计评审、工艺评审及首件鉴定;
b) 产品经检验或试验符合规定要求;
c) 有经批准的《产品质量评审申请报告》;
d) 提交的产品质量评审文件应完整、齐全。

7.2.3 评审文件

GJB 907A—2006 规定,提交文件为产品研制质量分析报告。根据需要,产品研制质量分析报告可按产品设计质量分析报告和产品生产质量分析报告分开编写。

GJB 907A—2006 规定,备查文件一般包括:

a) 设计评审、工艺评审或首件鉴定结论报告;

编号_____
密别_____

产品质量评审申请报告

产　品　型　号_____

产品图(代)号_____

产品批(序)号_____

产　品　名　称_____

承　制　单　位_____

图 7.1　产品质量评审申请报告格式 1

评审地点		评审时间	
申请理由			
建议参加的单位及人员			
审批意见			
主管领导(签名)		年　　月　　日	

图 7.2　产品质量评审申请报告格式 2

b) 专项技术报告、专项评审报告；

c) 有关产品质量的记录；

d) 产品质量证明文件；

e) 其他文件。

7.2.4 评审依据

产品质量评审工作应执行 GJB 907A—2006《产品质量评审》。

GJB 907A—2006 规定,产品质量评审依据一般包括:

a) 任务书或合同;
b) 技术文件;
c) 质量保证大纲;
d) 适用的标准、规范、法规及有关质量管理体系文件。

具体说来,产品质量评审依据主要包括:

a) GJB 150—1986《军用设备环境试验方法》;
b) GJB 151A—1997《军用设备和分系统电磁发射和敏感度要求》;
c) GJB 152A—1997《军用设备和分系统电磁发射和敏感度测量》;
d) GJB 368B—2009《装备维修性工作通用要求》;
e) GJB 450A—2004《装备可靠性工作通用要求》;
f) GJB 900A—2012《装备安全性工作通用要求》;
g) GJB 907A—2006《产品质量评审》;
h) GJB 2547A—2012《装备测试性工作通用要求》;
i) GJB 3872—1999《装备综合保障通用要求》;
j) 研制合同(含技术协议书);
k) 研制总要求;
l) 产品规范;
m) 标准化大纲;
n) 质量保证大纲(质量计划);
o) 可靠性工作计划;
p) 维修性工作计划;
q) 测试性工作计划;
r) 保障性工作计划;
s) 安全性工作计划。

7.2.5 评审内容

GJB 907A—2006《产品质量评审》第 5.4 条和附录 A 分别规定了产品质量评审内容和评审要点:

a) 产品的性能、可靠性、维修性、安全性和保障性符合情况:
   1) 产品的性能参数是否符合设计图样和技术文件规定;

2) 质量与可靠性保证大纲是否贯彻落实,需进行的可靠性试验结论是否明确;

3) 是否具备规定的维修性;

4) 安全性要求是否在产品实现中得到贯彻落实;

5) 保障性是否按要求进行了评审。

b) 产品性能的一致性和稳定性:

1) 该批产品性能指标有无测试记录,技术性能指标是否趋近极限,测试记录是否完整准确;

2) 有无产品性能一致性和稳定性分析报告。

c) 产品技术状态控制情况:

1) 所用的设计图样、技术文件和标准是否协调一致并现行有效;

2) 技术状态更改是否按规定履行了审批手续,重要的技术状态更改是否经过系统分析并报批,是否符合"论证充分,各方认可,试验验证,审批完备,落实到位"五项原则;

3) 工艺文件是否与设计文件状态保持一致;

4) 技术状态更改记录是否全面、完备。

d) 偏离、超差(含原材料、元器件等)的控制情况:

1) 偏离许可的审批是否齐全,其内容与产品实物一致;

2) 超差特许审批手续是否符合规定要求,内容正确、合理,有经分析或论证的结论;

3) 材料代用是否履行了审批手续,是否进行了分析或试验。

e) 关键过程、特殊过程控制情况:

1) 是否编制关键过程明细表和关键过程控制文件;

2) 特殊过程是否进行了确认并有监测记录。

f) 缺陷、故障的分析、处理及质量问题归零情况:

1) 缺陷、故障原始记录是否完整;

2) 缺陷、故障原因是否清楚;

3) 故障有无分析处理报告,遗留问题和待办事项是否处理和落实;

4) 质量问题的归零情况。

g) 采购产品质量控制情况:

1) 采购产品是否从"合格供方名录"中采购。超目录采购的产品是否履行了审批手续;

2) 采购产品是否进行了入厂验证;

3) 采购产品的质量情况。

h) 新工艺、新技术、新器材、新设备及技术攻关成果的采用情况:

1）采用新工艺、新技术、新器材、新设备及技术攻关成果有无鉴定结论意见，能否满足产品质量要求；

2）有无遗留问题，解决程度如何。

i）设计评审、工艺评审及首件鉴定遗留问题的处理情况：

设计评审、工艺评审及首件鉴定是否有遗留问题，遗留问题是否已处理。

j）质量保证大纲的执行情况：

1）是否制定了质量保证大纲；

2）质量保证大纲执行情况。

k）产品质量证明文件和质量记录的完整性：

1）产品质量证明文件填写是否符合规定要求；

2）质量记录是否完整，是否完成了所有要求的检验和试验工作，是否有遗漏项目；

3）质量记录是否具有可追溯性。

l）产品质量检查确认情况（必要时）：

1）是否编制了产品质量确认要求；

2）产品质量检查确认结果。

m）其他需评审的内容。

7.2.6 评审结论

评审要有结论，并作为能否交付的依据。产品质量评审结论报告格式如图7.3～图7.7所示。评审意见示例：

对产品进行了功能特性分析，形成了关键特性和重要特性的关键工序；制定了缺陷分类规定和故障报告制度，进行了故障模式、影响及危害性分析并采取了预防措施；外购器材入所（厂）复验、入库、保管和发放符合质量保证规定；产品实施了标准化大纲规定的通用化、系列化、组合化设计要求，图样和技术文件符合有关标准的规定；对采用的新工艺、新技术、新器材、新设备及技术攻关成果进行了鉴定，满足产品质量要求；产品设计评审、工艺评审和首件鉴定中出现的问题均已归零，无遗留问题；制定并贯彻了质量保证大纲，质量记录完整，完成了所有要求的检验和试验工作，产品功能、性能、可靠性、维修性、测试性、保障性、安全性、环境适应性和电磁兼容性可满足研制总要求和/或技术协议书规定的要求。

评审组同意×××（产品名称）通过产品质量评审。

承制单位应根据评审中提出的问题或建议，确定待办事项，明确责任单位（部门）、工作内容和完成时间，并进行跟踪检查。待办事项落实情况检查记录表格式如图7.8所示。

编号_____

密别_____

产品质量评审结论报告

产 品 型 号_____

产品图(代)号_____

产品批(序)号_____

产 品 名 称_____

承 制 单 位_____

年　　　月　　　日

图 7.3　产品质量评审结论报告格式 1

评审地点			评审时间		
提交评审的文件目录					
序号	文件编号		文件名称	页数	备注

图 7.4　产品质量评审结论报告格式 2

评审结论：
评审组长：
年　　月　　日

图 7.5　产品质量评审结论报告格式 3

存在的问题、建议：
保留意见
签名：
年　　月　　日

图 7.6　产品质量评审结论报告格式 4

评审组组成	姓名	职务或职称	单位	签名
组长				
副组长				
成员				

图 7.7 产品质量评审结论报告格式 5

产品质量评审待办事项落实情况检查记录表

产品型号		产品图(代)号		产品批(序)号		产品名称		评审时间	
序号	待办事项	责任单位	工作内容	完成时间	检查人	检查日期	备注		

图 7.8 产品质量评审待办事项落实情况检查记录表格式

7.3 归零评审

7.3.1 评审目的

对于严重问题、重大问题及重复出现的一般质量问题,由专家审查组对质量处理情况进行审查,以确认问题定位的准确性、机理分析的正确性及采取措施的有效性。

7.3.2 评审时机

在解决措施得到试验验证并落实到产品图样之后,产品设计定型审查之前。

7.3.3 评审文件

评审文件主要包括:
a) ×××(问题名称)技术(管理)归零报告;
b) ×××(产品名称)重大技术问题攻关报告;
c) ×××(产品名称)改进设计方案;
d) ×××(产品名称)改进设计图样;

e) ×××（问题名称）验证试验报告。

《技术归零报告》主要包括以下内容：

```
1  问题概述
2  问题定位
3  机理分析
4  问题复现
5  措施及验证情况
6  举一反三情况
7  结论
```

《管理归零报告》主要包括以下内容：

```
1  过程概述
2  原因分析
3  措施及落实情况
4  处理情况
5  完善规章情况
6  结论
```

对于重大技术问题，在设计定型审查时，需要提交《重大技术问题攻关报告》。GJB/Z 170.10—2013《军工产品设计定型文件编制指南 第 10 部分：重大技术问题攻关报告》规定了《重大技术问题攻关报告》的编制内容和要求，并给出了示例。

```
1  产品概述
     主要包括产品名称、产品组成和用途。其中对于复杂产品的组成可采用列表形式表示。
2  重大技术问题综述
     应说明研制过程各阶段出现的重大技术问题基本情况。
3  重大技术问题攻关情况
3.1  基本情况
     主要包括：
     a) 问题发生时间；
     b) 问题发生地点；
     c) 问题发生时的环境条件；
```

> d) 问题发生时的使用或试验情况;
> e) 问题现象;
> f) 必要时应提供照片。
>
> 3.2 问题定位
>
> 应说明采用故障树(FTA)等方法进行问题分析定位的过程和结果。
>
> 3.3 机理分析
>
> 主要包括:
>
> a) 问题原因的机理分析;
> b) 仿真或试验复现情况。
>
> 3.4 解决措施及验证情况
>
> 主要包括:
>
> a) 解决措施:根据机理分析采取的解决措施;
> b) 验证情况:解决措施的试验验证情况。
>
> 4 结论
>
> 对研制过程中暴露的所有重大技术问题是否全部归零的结论。
>
> 5 附件
>
> 必要时应以附件形式提供试验报告等专项报告。

7.3.4 评审依据

评审依据主要包括:

a) 武器装备质量管理条例;

b) 军工产品定型工作规定;

c) 研制总要求和/或技术协议书;

d) GJB 907A—2006《产品质量评审》;

e) GJB/Z 170.10—2013《军工产品设计定型文件编制指南 第10部分:重大技术问题攻关报告》。

7.3.5 评审内容

技术归零评审时,评审内容主要包括:

a) 问题的现象是否清楚;

b) 问题的定位是否准确,是否具有唯一性;

c) 产生问题的机理是否明确,是否含有不确定因素;

d) 问题是否严重,复现试验的条件与发生问题时是否一致;

e) 纠正措施是否经过有效验证,是否已落实到产品设计、工艺或试验文件中,具体落实到哪些文件中;

f) 在本单位的本型号范围内举一反三,改进措施和预防措施是否得到落实;

g) 归零报告内容是否符合标准的规定。

管理归零评审时,评审内容主要包括:

a) 问题的发生过程是否清楚;

b) 发生问题的主要原因和问题性质是否明确;

c) 主要责任单位和责任人是否明确,相关单位是否认可应承担的责任并采取了改进措施;

d) 是否结合出现的问题对人员进行了教育,教育形式是否与应承担的责任相适应。需要对责任单位和责任人进行处罚的是否进行了处罚,处罚妥当否,是否有文字记录或通报;

e) 属无章可循或规章制度不健全的问题是否已完善规章;

f) 归零报告内容是否符合标准的规定;

g) 资料归档情况。

7.3.6 评审结论

评审要有结论,并作为能否归零的依据。技术归零评审意见示例:

20××年××月××日,×××(军队主管机关)和×××(工业部门主管机关)在×××(会议地址)联合组织召开了×××(产品名称)×××(问题名称)技术归零评审会。参加会议的有×××、×××、×××等××个单位××名代表(附件1)。会议成立了评审组(附件2),听取了×××(研制单位)作的《×××(产品名称)重大技术问题攻关报告》(或《×××(产品名称)×××(问题名称)技术归零报告》),审查了改进设计图样、文件和试验报告,经讨论质询,形成评审意见如下:

1. 问题现象

20××年××月××日,在进行×××试验过程中,出现×××现象,导致×××。

2. 原因分析

对问题现象和试验数据进行了分析,对问题原因进行了排查,并于20××年××月××日通过×××(试验名称)进行了复现,确认出现×××(问题名称)的原因是×××、×××。

3. 解决措施

针对问题原因,采取了×××、×××、×××等××项解决措施。

4. 验证情况

20××年××月××日,在×××进行了×××试验验证,试验过程中产品工作正常,结果表明,解决措施有效。

5. 举一反三

研制单位已完成举一反三,所有解决措施已落实到设计文件、工艺文件和生产图样。

评审组认为,×××(问题名称)现象清楚,原因分析准确,纠正措施经验证有效并已举一反三,改进措施和预防措施已落实到产品设计、工艺文件中,归零报告内容符合标准的规定。

评审组同意×××(产品名称)×××(问题名称)通过技术归零评审。

建议按照专家意见(附件3)进一步修改完善相关文件。

第8章 可靠性评审

8.1 概　述

8.1.1 基本概念

GJB 451A—2005《可靠性维修性保障性术语》规定了有关可靠性、维修性和保障性的常用术语及其定义，适用于军用产品的可靠性、维修性和保障性的有关工作。

可靠性是指产品在规定的条件下和规定的时间内，完成规定功能的能力。

可靠性工程是指为了确定和达到产品的可靠性要求所进行的一系列技术与管理活动。

可靠性物理是指从物理、化学的微观结构的角度出发，研究材料、零件(元器件)和结构的故障机理，并分析工作条件、环境应力及时间对产品退化或故障的影响，为产品可靠性设计、使用、维修以及材料、零件(元器件)和结构的改进提供依据。又称故障物理。

基本可靠性是指产品在规定的条件下，规定的时间内，无故障工作的能力。基本可靠性反映产品对维修资源的要求。确定基本可靠性值时，应统计产品的所有寿命单位和所有的关联故障。

任务可靠性是指产品在规定的任务剖面内完成规定功能的能力。

固有可靠性是指设计和制造赋予产品的，并在理想的使用和保障条件下所具有的可靠性。

使用可靠性是指产品在实际的环境中使用时所呈现的可靠性，它反映产品设计、制造、使用、维修、环境等因素的综合影响。

软件可靠性是指在规定的条件下和规定的时间内，软件不引起系统故障的能力。软件可靠性不仅与软件存在的差错(缺陷)有关，而且与系统输入和系统使用有关。

贮存可靠性是指在规定的贮存条件下和规定的贮存时间内，产品保持规定功能的能力。

耐久性是指产品在规定的使用、贮存与维修条件下，达到极限状态之前，完成规定功能的能力,一般用寿命度量。极限状态是指由于耗损(如疲劳、磨损、腐蚀、变质等)使产品从技术上或从经济上考虑,都不宜再继续使用而必须大修或报废的状态。

可靠性增长是指通过逐步改正产品设计和制造中的缺陷,不断提高产品可靠性的过程。

GJB 450A—2004《装备可靠性工作通用要求》规定了可靠性使用参数和可靠性合同参数等术语。

可靠性使用参数是指直接与战备完好性、任务成功性、维修人力费用和保障资源费用有关的一种可靠性度量。其度量值称为使用值(目标值与门限值)。

可靠性合同参数是指在合同中表达订购方可靠性要求的,并且是承制方在研制和生产过程中可以控制的参数。其度量值称为合同值(规定值与最低可接受值)。

GJB 1909A—2009《装备可靠性维修性保障性要求论证》规定了装备可靠性维修性保障性(RMS)要求确定的原则、程序和方法,适用于新型装备研制立项综合论证和研制总要求综合论证中的 RMS 要求论证工作,装备改进、改型及现役装备的加改装研制亦可参照执行。GJB 1909A—2009 给出了下述术语定义。

RMS 参数是指装备可靠性维修性保障性的度量。其要求的量值称为装备可靠性维修性保障性指标。

RMS 使用参数是指反映装备任务需求的可靠性维修性保障性参数。其要求的量值称为 RMS 使用指标,它受产品设计、制造、安装、环境、使用、维修等的综合影响。

RMS 合同参数是指在合同或研制总要求中表述对装备的可靠性维修性保障性要求的参数。其要求的量值称为 RMS 合同指标,它只受合同规定条件的影响。

目标值是指用户期望装备达到的使用指标。

门限值是指完成作战任务(即满足使用要求)装备所应达到的最低使用指标。

规定值是指用户期望达到的合同指标。

最低可接受值是指要求装备应达到的合同指标,是装备定型考核或验证的依据。

GJB 899A—2009《可靠性鉴定和验收试验》规定了产品的可靠性鉴定和验收试验的要求,并提供了可靠性鉴定和验收试验的统计试验方案(指数分布)、参数估计和确定综合环境条件的方法以及可靠性鉴定和验收试验的实施程序,适用于 GJB 450A—2004 规定的可靠性鉴定试验(工作项目 404)和可靠性验收试验(工作项目 405)。GJB 899A—2009 给出了下述术语定义。

平均故障间隔时间(MTBF)的验证区间(θ_L,θ_U)是指在试验条件下MTBF真值的可能范围,即在所规定的置信度下MTBF的区间估计值。

MTBF观测值(点估计值)($\hat{\theta}$)是指产品总试验时间除以责任故障数。

MTBF检验下限(θ_1)是指可接收的最低MTBF值。若产品的MTBF的真值不大于检验下限θ_1,则产品被接收的概率至多为$100\beta\%$。产品的MTBF检验下限取值等于产品MTBF的最低可接受值。

MTBF检验上限(θ_0)是指若产品的MTBF真值不小于检验上限θ_0,则产品被接收的概率至少为$100(1-\alpha)\%$。

MTBF预计值(θ_p)是指用规定的可靠性预计方法确定的MTBF值。

生产方风险(α)是指MTBF真值不小于检验上限θ_0时,判定MTBF真值小于检验下限θ_1的最大概率。

使用方风险(β)是指MTBF真值小于检验下限θ_1时,判定MTBF真值不小于检验上限θ_0的最大概率。

鉴别比(d)是指MTBF的检验上限θ_0与检验下限θ_1的比值。$d=\theta_0/\theta_1$。

8.1.2 可靠性参数

可靠性参数可分为以下4类:

a) 基本可靠性参数,如用于设计的平均故障间隔时间、反映使用要求的平均维修间隔时间(MTBM);

b) 任务可靠性参数,如平均严重故障间隔时间(MTBCF)、任务可靠度$R(t)$等;

c) 耐久性参数,如使用寿命(首次翻修期、翻修间隔期限)、贮存寿命等;

d) 耐久可靠性参数,如贮存可靠度等。

经常使用的可靠性参数是平均故障间隔时间、平均严重故障间隔时间和任务可靠度。

GJB 899A—2009《可靠性鉴定和验收试验》附录A给出了可靠性鉴定和验收试验通用的统计方案及其抽样特性,为可靠性鉴定和验收试验选择统计方案、进行判决和估计提供了依据。

假设产品寿命服从指数分布,则平均故障间隔时间的点估计为

$$\hat{\theta}=T/r$$

式中 T——产品累计试验时间;

r——责任故障数。

对于定时截尾试验,置信度选为$C=(1-2\beta)\times100\%$,MTBF的置信区间为(θ_L,θ_U)

$$\theta_L = \theta_L(C', r) \times \hat{\theta} = \frac{2T}{\chi^2_{(1-C)/2}(2r+2)}$$

$$\theta_U = \theta_U(C', r) \times \hat{\theta} = \frac{2T}{\chi^2_{(1+C)/2}(2r)}$$

$$C' = (1+C)/2$$

式中 θ_L——MTBF 的置信下限；

θ_U——MTBF 的置信上限；

$\chi^2_\gamma(i)$——自由度为 i 的 χ^2 分布的 γ 上侧分位数；

T——累计试验时间；

r——责任故障数；

C——置信度。

置信度通常采用 $C=(1-2\beta)\times 100\%$。例如：当使用方风险 $\beta=10\%$ 时，置信度 $C=80\%$；当使用方风险 $\beta=20\%$ 时，置信度 $C=60\%$；当使用方风险 $\beta=30\%$ 时，置信度 $C=40\%$。

表 8.1 给出了可靠性鉴定试验定时截尾试验统计方案。

表 8.1 可靠性鉴定试验定时截尾试验统计方案

方案号	决策风险/% 名义值		决策风险/% 实际值		鉴别比 d	试验时间	判据（故障数） 拒绝 ≥	判据（故障数） 接受 ≤
	α	β	α'	β'				
9	10	10	12.0	9.9	1.5	45.0	37	36
10	10	20	10.9	21.4	1.5	29.9	26	25
11	20	20	19.7	19.6	1.5	21.5	18	17
12	10	10	9.6	10.6	2.0	18.8	14	13
13	10	20	9.8	20.9	2.0	12.4	10	9
14	20	20	19.9	21.0	2.0	7.8	6	5
15	10	10	9.4	9.9	3.0	9.3	6	5
16	10	20	10.9	21.3	3.0	5.4	4	3
17	20	20	17.5	19.7	3.0	4.3	3	2
19	30	30	29.8	30.1	1.5	8.1	7	6
20	30	30	28.3	28.5	2.0	3.7	3	2
21	30	30	30.7	33.3	3.0	1.1	1	0

平均严重故障间隔时间是与任务有关的一种可靠性参数。其度量方法为在规定的一系列任务剖面中产品任务总时间与严重故障总数之比，即

$$\mathrm{MTBCF} = \frac{T_{\mathrm{TT}}}{N_{\mathrm{TM}}}$$

式中 T_{TT}——任务总时间；

N_{TM}——严重故障总数(严重故障是指影响任务和安全的故障)。

任务可靠度是指产品在规定的任务剖面内,成功地完成规定任务的概率。其计算公式为

$$R_{\mathrm{M}} = \mathrm{e}^{-\frac{T}{\mathrm{MTBCF}}}$$

式中 R_{M}——任务可靠度；

T——任务时间。

8.1.3 可靠性工作项目

GJB 450A—2004《装备可靠性工作通用要求》规定了装备寿命周期内开展可靠性工作的一般要求和工作项目,为订购方和承制方开展可靠性工作提供依据和指导,适用于各类装备(或分系统和设备)。

研制各阶段应开展的可靠性工作项目见表 8.1。表 8.1 给出的是推荐的工作项目,实际工程中应根据产品级别和技术特点选择工作项目。

表 8.1 可靠性工作项目应用矩阵

GJB 450A 条款编号	工作项目编号	工作项目名称	论证阶段	方案阶段	工程研制与定型阶段	生产与使用阶段
5.1	101	确定可靠性要求	√	√	×	×
5.2	102	确定可靠性工作项目要求	√	√	×	×
6.1	201	制定可靠性计划	√	√	√	√
6.2	202	制定可靠性工作计划	△	√	√	√
6.3	203	对承制方、转承制方和供应方的监督和控制	△	√	√	√
6.4	204	可靠性评审	√	√	√	√
6.5	205	建立故障报告、分析和纠正措施系统	×	△	√	√
6.6	206	建立故障审查组织	×	△	√	√
6.7	207	可靠性增长管理	×	√	√	○
7.1	301	建立可靠性模型	△	√	√	○
7.2	302	可靠性分配	△	√	√	○

(续)

GJB 450A 条款编号	工作项目编号	工作项目名称	论证阶段	方案阶段	工程研制与定型阶段	生产与使用阶段
7.3	303	可靠性预计	△	√	√	○
7.4	304	故障模式、影响及危害性分析	△	√	√	△
7.5	305	故障树分析	×	△	√	△
7.6	306	潜在分析	×	×	√	○
7.7	307	电路容差分析	×	×	√	○
7.8	308	制定可靠性设计准则	△	√	√	○
7.9	309	元器件、零部件和原材料选择与控制	×	△	√	√
7.10	310	确定可靠性关键产品	×	△	√	○
7.11	311	确定功能测试、包装、贮存、装卸、运输和维修对产品可靠性的影响	×	△	√	○
7.12	312	有限元分析	×	△	√	○
7.13	313	耐久性分析	×	△	√	○
8.1	401	环境应力筛选	×	△	√	√
8.2	402	可靠性研制试验	×	△	√	○
8.3	403	可靠性增长试验	×	△	√	○
8.4	404	可靠性鉴定试验	×	×	√	○
8.5	405	可靠性验收试验	×	×	△	√
8.6	406	可靠性分析评价	×	×	√	√
8.7	407	寿命试验	×	×	√	△
9.1	501	使用可靠性信息收集	×	×	×	√
9.2	502	使用可靠性评估	×	×	×	√
9.3	503	使用可靠性改进	×	×	×	√
注:√表示适用;△表示可选用;○表示仅设计更改时适用;×表示不适用						

8.1.4 可靠性评审要求

可靠性评审是对可靠性工作监督和控制的有效方法,在研制过程中应作为产品设计评审的一个组成部分,并在合同工作说明中规定,保证评审的人员和经费落实。

可靠性评审是在各个研制阶段都应开展的工作项目。订购方和承制方在装备研制过程中应进行分阶段、分级的可靠性评审,以确保可靠性工作按预定的程序进行,并保证交付的装备及其组成部分达到规定的可靠性要求。评审结论是转阶段决策的重要依据之一。

可靠性评审主要包括订购方内部的可靠性评审和按合同要求对承制方、转承制方进行的可靠性评审。另外,还应包括承制方和转承制方进行的内部可靠性评审。

可靠性定量、定性要求和可靠性工作项目要求是订购方内部可靠性评审的重要内容。可靠性定量、定性要求评审应与相关特性的要求评审结合进行,并尽可能与系统要求审查(见 GJB 3273—1998《研制阶段技术审查》或本书 3.2 节)结合进行。

承制方应对合同要求的可靠性评审和内部进行的可靠性评审做出安排,制定详细的评审计划。评审计划应包括评审点的设置、评审内容、评审类型、评审方式及评审要求等。评审计划应经订购方认可。

GJB/Z 72—1995《可靠性维修性评审指南》提供了装备可靠性与维修性评审的通用要求、内容、方法和程序,适用于有可靠性维修性要求的装备的论证、方案、工程研制、设计定型和生产定型各阶段。生产和使用过程也可参照使用。

8.2　论证阶段可靠性评审

8.2.1　评审目的

评价所论证装备的可靠性定性与定量要求的科学性、可行性和是否满足装备的使用要求。评审结论为申报装备的战术技术指标提供重要依据之一。

8.2.2　评审时机

在进行装备战术技术指标评审时,应当包括对可靠性指标的评审。

8.2.3　评审文件

提交评审的文件一般应包括下列可靠性的内容:
a) 装备的可靠性参数和指标要求及其选择和确定的依据;
b) 国内外相似产品或装备可靠性水平分析;

c) 装备寿命剖面、任务剖面及其他约束条件(如初步的维修保障要求等);
d) 可靠性指标考核方案;
e) 可靠性经费需求分析。

8.2.4 评审依据

评审依据主要包括:
a) GJB 450A—2004《装备可靠性工作通用要求》;
b) GJB 813—1990《可靠性模型的建立和可靠性预计》;
c) GJB 899A—2008《可靠性鉴定和验收试验》;
d) GJB 1909A—2009《装备可靠性维修性保障性要求论证》;
e) GJB/Z 72—1995《可靠性维修性评审指南》;
f) 通用规范。

8.2.5 评审内容

主要评审提出可靠性要求的依据及约束条件,可靠性指标考核方案设想。详细内容见 GJB/Z 72—1995 附录 A(补充件)A1。

A1 论证阶段评审

A1.1 可靠性指标是否经充分论证和确认?是否与维修性、安全性、保障性、性能和费用等进行了初步的综合权衡分析?可靠性指标与国内外同类产品相比是属于先进、一般或落后的水平?

A1.2 可靠性的要求(定性、定量指标)的完整性、协调性如何?

A1.3 寿命剖面和任务剖面是否正确、完整?

A1.4 是否提出了可靠性大纲初步要求?主要的可靠性工作项目的确定和经费、进度是否进行了权衡分析?

A1.5 重要的可靠性试验项目要求是否明确?其进度和经费是否合理?

8.2.6 评审结论

评审意见示例:

可靠性指标经充分论证,与维修性、测试性、保障性、安全性、性能和费用等进行了初步的综合权衡分析,与国内外同类产品相比属于先进水平,寿命剖面和任务剖面完整正确,可靠性工作项目合理可行,试验验证要求明确。

评审组同意×××(产品名称)可靠性要求通过评审。

8.3 方案阶段可靠性评审

8.3.1 评审目的

评审可靠性研制方案与技术途径的正确性、可行性、经济性和研制风险。评审结论为是否转入工程研制阶段提供重要依据之一。

8.3.2 评审时机

在方案阶段评审中,必须将装备的可靠性方案作为重点内容之一进行评审。

8.3.3 评审文件

提交评审的文件一般应包括下列可靠性的内容:

a) 可达到的可靠性定性、定量要求和可靠性技术方案及其分析(含故障诊断及检测隔离要求等);
b) 可靠性大纲及其重要保证措施;
c) 可靠性指标考核验证方法及故障判别准则;
d) 采用的标准、规范;
e) 可靠性设计准则;
f) 可靠性经费预算及依据。

8.3.4 评审依据

评审依据主要包括:

a) GJB 450A—2004《装备可靠性工作通用要求》;
b) GJB 813—1990《可靠性模型的建立和可靠性预计》;
c) GJB 899A—2008《可靠性鉴定和验收试验》;
d) GJB 1909A—2009《装备可靠性维修性保障性要求论证》;
e) GJB/Z 72—1995《可靠性维修性评审指南》;
f) 通用规范;
g) 研制总要求和/或技术协议书。

8.3.5 评审内容

主要评审可靠性大纲的完整性与可行性,相应的保证措施以及初步维修保障方案的合理性。

详细内容见 GJB/Z 72—1995 附录 A(补充件)A2。

> A2　方案阶段评审
>
> A2.1　是否根据可靠性大纲初步要求对 GJB 450 及相应行业标准进行了合理的剪裁制定了可靠性大纲,该大纲是否能保证产品达到规定的可靠性要求?
>
> A2.2　可靠性大纲规定的工作项目是否与其他研制工作协调,是否纳入型号研制综合计划?
>
> A2.3　所定方案的可靠性指标与维修性、安全性、保障性、性能、进度和费用之间进行综合权衡的情况是否合理?
>
> A2.4　可靠性指标的目标值是否已转换为合同规定值? 门限值是否转换为合同最低可接受值?
>
> A2.5　系统可靠性模型是否正确? 相应的指标分配是否合理?
>
> A2.6　可靠性预计结果是否能满足规定指标要求?
>
> A2.7　系统方案是否进行了可靠性的比较与优选?
>
> A2.8　所确定的方案是否采取了简化设计方案? 是否尽可能采用成熟技术? 如果采用新技术、新材料、新工艺是否有充分试验证明其可靠及性能满足要求?
>
> A2.9　可靠性指标及其验证方案是否已经确定并纳入到相应合同或任务书中?
>
> A2.10　方案中的可靠性关键项目与薄弱环节及其解决途径是否正确、可行?
>
> A2.11　可靠性设计分析与试验是否规定了应遵循的准则、规范或标准?
>
> A2.12　可靠性工作所需的条件和经费是否得到落实?

8.3.6　评审结论

评审意见示例:

可靠性工作计划对 GJB 450A—2004 及相应的行业标准进行了合理剪裁,规定的工作项目与其他研制工作相互协调,并已纳入型号研制综合计划;可靠性指标已由使用要求转换为合同值,指标分配合理,预计结果能满足规定指标要求;可靠性方案进行了可靠性的比较与优选,可靠性关键项目与薄弱环节及其解决途径正确可行,能保证产品达到规定的可靠性要求。

评审组同意×××(产品名称)可靠性工作计划和可靠性方案通过评审。

8.4 工程研制阶段可靠性评审

工程研制阶段的可靠性评审应根据实际情况具体安排,一般可进行两次评审,即初步设计评审和详细设计评审。

8.4.1 评审目的

初步设计评审检查初步设计满足研制任务书对该阶段规定的可靠性要求的情况;检查可靠性大纲实施情况;找出可靠性方面存在问题或薄弱环节,并提出改进建议。评审结论为是否转入详细设计提供重要依据之一。

详细设计评审检查详细设计是否满足任务书规定的本阶段可靠性要求;检查可靠性大纲实施情况;检查可靠性的薄弱环节是否得到改进或彻底解决。评审结论为是否转入设计定型阶段提供重要依据之一。

8.4.2 评审时机

在进行初步设计评审时,应当包括对装备的可靠性设计及可靠性大纲进展情况进行评审。

在进行详细设计评审时,应当包括对装备达到的可靠性水平及实施可靠性大纲情况进行评审。

8.4.3 评审文件

初步设计评审时,提交评审的文件一般应包括下列可靠性的内容:
a) 可靠性初步设计情况报告(含分配、预计、相应的模型框图及分析报告等);
b) 关键项目清单及控制计划;
c) 故障模式及影响分析(FMEA)或故障模式、影响及危害性分析(FMECA)和故障树分析(FTA)资料;
d) 元器件大纲;
e) 可靠性研制和增长试验及鉴定试验方案,本阶段试验结果报告。

详细设计评审时,提交评审的文件一般应包括下列可靠性的内容:
a) 可靠性详细设计(含分配、预计和可靠性分析等);
b) 可靠性验证;
c) FMEA(FMECA)、FTA 资料;
d) 可靠性增长。

8.4.4 评审依据

评审依据主要包括：

a) GJB 450A—2004《装备可靠性工作通用要求》；
b) GJB 813—1990《可靠性模型的建立和可靠性预计》；
c) GJB 841—1990《故障报告、分析和纠正措施系统》；
d) GJB 899A—2009《可靠性鉴定和验收试验》；
e) GJB 1909A—2009《装备可靠性维修性保障性要求论证》；
f) GJB/Z 72—1995《可靠性维修性评审指南》；
g) 通用规范；
h) 研制总要求和/或技术协议书；
i) 研制方案。

8.4.5 评审内容

初步设计评审时，主要评审在工程研制的第一阶段各项可靠性工作是否满足可靠性大纲的要求。详细内容见 GJB/Z 72—1995 附录 A（补充件）A3.1。

A3.1 初步设计评审

A3.1.1 是否修正了可靠性模型，进行了可靠性预计和指标再分配？可靠性预计值是否有足够的裕量？

A3.1.2 是否按照可靠性设计准则进行了可靠性设计？

A3.1.3 是否进行了 FMEA(FMECA) 工作？是否确定了可靠性关键项目和管理要求？

A3.1.4 是否建立了可靠性数据管理系统和故障报告、分析与纠正措施系统？效果如何？

A3.1.5 是否对外协配套产品的承制单位进行了可靠性控制？有无明确的可靠性设计和鉴定验收要求？

A3.1.6 是否制定了产品贮存试验大纲并着手开展试验分析工作？

A3.1.7 可靠性大纲和工作计划对本阶段规定的任务的落实情况如何？

A3.1.8 元器件大纲规定的本阶段工作落实情况如何？

A3.1.9 是否有初步的可靠性试验、验证计划及方案？本阶段试验结果如何？

详细设计评审时，主要评审可靠性大纲实施情况、可靠性遗留问题解决情况及可靠性已达到的水平。详细内容见 GJB/Z 72—1995 附录 A（补充件）A3.2。

A3.2 详细设计评审

A3.2.1 可靠性设计分析一般检查项目

A3.2.1.1 系统可靠性指标分配结果如何?

A3.2.1.2 可靠性预计结果是否满足规定要求,预计方法及数据来源是否符合可靠性大纲或相应文件的规定?

A3.2.1.3 是否将可靠性作为必保要求与其他要求进行综合权衡?

A3.2.1.4 设计是否尽可能采用标准件及现有零、部件,并尽量减少零部件种类和数量?

A3.2.1.5 可靠性薄弱环节是否采取了有效改进措施?

A3.2.1.6 材料及工艺的选用是否符合相容性要求?

A3.2.1.7 如有要求,设计是否充分考虑防潮湿、防盐雾、防霉菌、防沙尘和抗核防护?

A3.2.1.8 FMEA和FTA等可靠性分析的结果如何?是否确定了系统所有严重、致命或灾难性故障模式?是否有足够的补救措施?

A3.2.1.9 是否考虑了功能测试、储存、包装、装卸、运输及维修对可靠性的影响?

A3.2.2 非电产品可靠性设计与分析

A3.2.2.1 受力结构的应力——强度分析结果、实际能达到的安全系数(经静力试验给出的结果)是否满足可靠性要求?

A3.2.2.2 承受动载荷结构的动力响应分析或疲劳寿命是否满足使用要求?

A3.2.2.3 防热材料的极限情况,失效判据及使用安全裕度是否满足使用要求?

A3.2.2.4 环境防护设计是否考虑了下列要求:

a) 高、低温下金属结构的强度、刚度是否能满足可靠性要求,是否要求采取特殊隔热措施。所采取的措施是否满足可靠性工作的要求;

b) 结构耐振动、冲击、加速度、噪声等影响的工作可靠性如何?

c) 材料在高、低温及周围介质环境下性能是否能满足要求?长期存放时是否能保证可靠地工作?对不同金属接触腐蚀是否采取措施加以防止。

A3.2.2.5 运动结构对各种偏差的最坏情况组合的分析结果是否满足使用要求?

A3.2.2.6 连接结构防松动措施是否正确、可靠?

A3.2.2.7 引信、火工品及固体发动机的可靠性(贮存可靠及工作可靠)是否经过试验充分验证?

A3.2.2.8 引信、火工品及固体发动机的装配检测是否有安全、防爆及防误操作的措施?

A3.2.2.9 引信、战斗部的发火是否采用了多级保险？能否确保适时起爆及安全可靠？

A3.2.2.10 火工品是否有防盐雾、防潮、防霉菌设计及检查方法？

A3.2.2.11 火工品在寿命周期内的防雷、防静电、防辐射及防高压电场等的措施是否满足用户要求？

A3.2.2.12 液压、气压系统的设计是否能保证在其寿命周期内各种条件下均可靠，密封性是否符合要求？是否有防止产生超压或不允许的负压的安全措施？

A3.2.2.13 气路、液路管道设计是否力求距离短、拐弯少、易固定及密封性检查方便？管路接头的连接结构是否能保证寿命周期各种条件下可靠、不松动？

A3.2.2.14 光学设备的环境措施和提高耐久性措施是否确保了寿命周期内的战术指标要求？

A3.2.3 电子产品可靠性设计与分析

A3.2.3.1 是否根据预计结果通过下列措施来提高设备的可靠性：

　　a) 减少电路复杂性；
　　b) 降低环境温度条件和力学条件；
　　c) 提高元器件质量等级；
　　d) 通过进一步降额，降低元器件应力；
　　e) 增加冗余。

A3.2.3.2 元器件大纲是否考虑了以下要求：

　　a) 承制方是否有元器件控制委员会或相应的组织来促进在设计中正确选择和应用元器件；
　　b) 承制方是否定出并保持一份最新的优选元器件清单，以供设计师使用；
　　c) 承制方是否定出降低电气或电子元器件电应力的降额指南；
　　d) 降额指南是否符合技术规范的要求；
　　e) 承制方是否已制定出正确选择元器件类型的元器件应用指南；
　　f) 在设计中是否使用军用等级元器件；
　　g) 在使用非标准元器件的地方，它们是否有适当的鉴定或试验数据及可靠性证明材料；
　　h) 在使用非标准元器件时，它们是否是根据有可靠性要求和环境要求的技术规范控制的图纸采购的；

i) 在设计中使用的元器件是否在工作温度、非工作或贮存温度、湿度、振动、冲击等方面满足它们将经受的环境的要求;

j) 是否就正确应用元器件作出评估,元器件的应力计算或测量是否符合相应的应用指南及降额指南的要求;

k) 在使用有可靠性要求的元器件的地方,元器件等级是否与可靠性要求相适应;

l) 在使用军用等级半导体器件的地方,所用器件等级是否适当?

m) 在使用军用等级微电路或高质量微电路的地方,所用器件等级是否适当;

n) 所有被选用的元器件是否能满足设备的寿命(工作寿命及贮存寿命)要求;

o) 那些对于冲击、振动、静电放电以及其他不明原因造成的损坏、退化和污染敏感的关键元器件和精密元器件是否规定了专门的采购、试验及装卸要求;

p) 是否规定了装配方法和清洗程序,以防止在装配到印制电路板、底板等上面的过程中将元器件损坏;

q) 在选择特定的元器件时,是否考虑了那种元器件的主要失效模式;

r) 在设计中是否尽可能地使用固定的而不是可变的元件(诸如电阻器、电容器和电感线圈等);

s) 是否对所有继电器、电动机、电动发电机、旋转功率变换器等进行了控制,以使它们在使用过程中不会产生过度的火花或瞬变现象;

t) 在湿度不受控制的地方,是否使用密封式电阻器、电容器和继电器等;

u) 元器件(包括有可靠性要求的元器件)在进货检查时是否都按规定的环境条件及抽样方案经过了筛选。

A3.2.3.3 在进行参数最坏情况分析或统计分析,以确定元器件电气容差时,是否考虑了:

a) 制造容差;

b) 温度变化引起的容差;

c) 老化引起的容差;

d) 湿度引起的容差;

e) 高频或其他工作限制引起的容差。

A3.2.3.4 为了能抑制射频干扰是否应用了如下的设计惯例:

a) 在可行的时候,是否使用交流非整流电机,而不用直流电机?在通、断感性负载的电路里设置灭火花电路;

b) 在使用导线对的时候,在共同屏蔽里是否用双绞线来提供最佳干扰抑制?强干扰时信号传输是否使用了双绞线或外屏蔽双绞线;

c) 是否优先使用短导线而不使用长导线;

d) 是否使用滤波连接器来消除谐波和其他类型的固有干扰;

e) 在不改变滤波效率的情况下,滤波器是否尽可能接近干扰源安装;

f) 在底板、导线管、屏蔽、连接器、结构件和壳体之间,是否使用焊接技术以保证有良好的电接触;

g) 是否消除了螺栓、螺帽和引出孔上的不导电层;

h) 对干扰非常敏感或者产生干扰的设备是否采用内部屏蔽。例如,射频输入级和本机振荡器应单独屏蔽;

i) 所用带宽是否尽可能接近被接收信号的带宽以利于提高信噪比;

j) 在印刷板的电源线上是否设置去耦电路(L—C、R—C 或 C);

k) 为了减少干扰,是否将功率地线、数字地线和模拟地线分开布设;

l) 屏蔽层是否遵守单点(低频)和多点(高频)接地规则;

m) 是否未将有噪声的电缆与干净的信号线捆绑在一起;

n) 是否未将电缆布设得靠近已知干扰源;

o) 是否使用了屏蔽层或金属结构作为回流线路;

p) 为方便检查,所有引出的测试点均无绝缘涂层吗?

q) 是否尽量控制脉冲波形前后沿升降速度和宽度,以减少干扰的高频分量;

r) 连接线布线设计是否注意了强弱信号隔离及输入线与输出线隔离;

s) 是否控制了印刷线路间距,以减少印刷线间的耦合。

A3.2.3.5 热设计是否考虑了下列要求:

a) 是否进行了确定元器件或组件工作环境温度的详细热分析;

b) 是否对试生产的装置进行过热分布图的测试;

c) 设备内部冷却措施能否足以把内部最高温升限制到设备可靠工作的允许范围;

d) 大功耗元器件(例如大功率电阻器、变压器、二极管和液管等)的散热措施是否充分;

e) 在使用水冷或气冷进行冷却的地方,是否选择了气密元器件、在设备内消除冷凝、把元器件与湿气冷凝隔离开或进行其他保护;

f) 所有印制电路板是否都有保护涂层;

g) 为了保证在要求的工作温度范围内电路稳定,是否在高温和低温极值进行过电路性能试验;

h) 导热表面是否接触良好(无气隙)而且热阻低;

i) 表面镀层和涂层是否具有良好的热传导和热辐射系数;

j) 用来把元器件固定在印制电路板或底板上的粘合剂是否具有良好的导热性能;

k) 采用了封装、密封和保护镀层材料的地方是否具有良好的导热性能;

l) 是否考虑了连接材料热膨胀的不同;

m) 大功耗元器件为了更好地散热,是否直接装到底板上;

n) 元器件与散热器之间热接触面积是否满足散热要求;

o) 热敏感元器件是否远离热气流通道、电源和其他大功耗元器件;

p) 在热敏感元器件需要避开热流的地方是否有气隙或隔热措施;

q) 是否使用热过载装置来防止由于冷却装置失效引起的危险;

r) 导热管入口处是否有过滤器来防止在组件上集聚灰尘使导热效能降低;

s) 装在印制电路板上的元器件的引线是否有足够余量,以利于在热膨胀和收缩过程中减少导线应力;

A3.2.3.6 对结构设计抗振动和冲击的要求:

a) 是否已进行分析并确定设备在规定的环境中必定会遇到的谐振频率;

b) 为了验证设计结构的完整性,是否进行过详细的振动、冲击以及结构分析;

c) 是否用加速度计测量关键的或特定的组件,并且据此设计具有足够余度的振动和冲击传递特性系统;

d) 是否考虑在其自然频率接近预期环境频率的组件和元器件安装座上增加阻尼;

e) 为了防止电路导线出现高应力或疲劳失效,是否把大型元器件(超过14克重量)牢固地固定在底板或印制电路板上;

f) 重的元器件是否装在接近安装点的底板角的附近以便直接由结构支撑,而不是装在支撑点之间;

g) 重的元器件的重心是否保持较低并靠近安装座的底板?安装高度过高的元器件是否有局部加固措施;

h) 电缆和线束是否在连接端附近夹紧,以避免谐振及防止在连接点出现应力和失效;

i) 电缆和导线长度是否适当,以防止在温度变化和机械振动和冲击过程中产生应力;

j) 当电缆对疲劳失效敏感时,是否使用绞合线;

k) 元器件和组件间是否留有适当的空间。以避免在温度变化、振动和冲击过程中碰伤;

l) 所有元器件的引线是否符合电装规范,以避免过应力。

A3.2.3.7 设计印制电路板是否考虑避免下列问题:

a) 印制电路板的材料、金属包层或结合强度、板子的弯曲等与其存储温度和工作温度(加上工作温升)是否相容;

b) 印制电路板是否具有足够高的电阻率,以确保在高温情况下,也能满足电路漏电流限制的要求;

c) 在出现高电压的地方,印制电路板的电弧电阻是否足够高;

d) 为了防止造成不希望有的电容,印制电路板的介电系数是否足够低;

e) 印制电路板的抗弯强度是否足以满足结构抗振动的要求;

f) 印制电路板的导体宽度是否足以承受最大电流而无过热;

g) 为了有利导线连接,印制电路板的所有通孔与埋孔是否已经金属化;

h) 印制电路板导体间隔是否按导体之间的安全电压(例如:0.635毫米/150毫伏峰值)要求设计;

i) 印制电路板导电线路之间是否留有足够间隔,以保持电容最小;

g) 印制电路板是否有保护涂层。

A3.2.3.8 在使用密封、嵌入封装的地方,材料是否已根据需要考虑:

a) 良好的导热性;

b) 良好的绝缘性;

c) 阻尼冲击和振动的措施;

d) 与被密封器件相匹配的热膨胀系数;

e) 在振动、机械冲击及热冲击下有良好的抗破裂或粉碎能力;

f) 在预期的使用环境下,有良好的化学稳定性。

A3.2.3.9 冗余设计应考虑以下要求:

a) 对关键功能是否考虑了切实可行的冗余;

b) 使用冗余的地方,是否考虑了避免可能损坏全部余度电路工作模式的故障情况。

A3.2.3.10 在设计中是否根据需要采用了保护电路,以防止可能造成的危害?

A3.2.3.11 是否进行了正常和最坏情况的电路分析?在最坏情况下是否能保证电路稳定?

A3.2.3.12 老练和环境应力筛选

A3.2.3.12.1 是否在下列等级上进行了老练处理:

a) 元器件级;

b) 分组件或组装件级;

c) 设备级;

d) 系统级。

A3.2.3.12.2 老练持续时间是否适当?

A3.2.3.12.3 备件是否得到相应的老练?

A3.2.3.12.4 所有设备或系统是否得到相同的老练?

A3.2.3.12.5 在设备验收之前是否有无故障老练要求?

A3.2.3.12.6 老练和环境应力筛选是否在下列条件下进行的:

a) 温度(高);

b) 温度循环;

c) 振动。

A3.2.3.12.7 环境应力筛选是否进行了符合下列因素要求的随机振动:

a) 组件、单元件或设备级;

b) 功率谱密度;

c) 频率范围;

d) 持续时间。

A3.2.3.13 是否考虑了下述可能引起潜在通路的问题,例如:

a) 信号是否不会通往不需要的地方;

b) 运算放大器是否避免了无意识的推向饱和;

c) 数字装置的推挽电路引线输出端是否已避免连接在一起;

d) 含有对称性的电路是否避免了不对称的元件或通路;

e) 同一电路是否避免了混合的多个接点;

f) 数字电路、继电器或电爆管是否已避免在同一地线上;

g) 捆扎在一起的不同电位的电源线之间的绝缘是否可靠;

h) 电源与相应的接地点是否位于同一基准点;

i) 是否已避免不希望有的电容器放电通路;

j) 在状态或开关电路改变过程中是否已避免产生瞬时不希望发生的电流通路。

A3.2.4 可靠性增长试验

A3.2.4.1 承制方是否制定并执行可靠性增长试验大纲?

A3.2.4.2 可靠性增长试验是否包括被试产品的全部关键的部分?

A3.2.4.3 可靠性增长试验所包括的下列环境试验条件是否符合为设计鉴定所规定的水平?

  a) 高温和低温;
  b) 振动;
  c) 冲击;
  d) 湿度。

A3.2.4.4 性能要求检查是否在要求的工作温度水平以上进行的?

A3.2.4.5 关键元器件或组件的寿命试验或可靠性试验是否已进行?

A3.2.4.6 是否对部件等进行"阶跃应力"试验来确定设计的安全系数?

A3.2.4.7 在可靠性研制试验过程中,是否收集了故障数据和维修数据,以便确定是否需要提高可靠性?

A3.2.5 可靠性验证试验

A3.2.5.1 试验是否模拟了任务剖面?

A3.2.5.2 是否需要对设备的所有工作模式进行试验?

A3.2.5.3 故障的定义和判别准则是否符合规定的要求?

A3.2.5.4 试验是否是在合同技术规范规定的环境等级下进行的?

A3.2.5.5 对受试产品进行的老练是否符合技术规范要求?

A3.2.5.6 是否已将不工作和设备储存时间从相应的验证可靠性试验时间中扣除?

A3.2.5.7 在试验过程中是否只进行技术手册中规定的预防性维修而不进行其他预防性维修?

A3.2.5.8 为试验规定的性能检查是否能够检查整个设备故障率?

A3.2.5.9 是否所有接口都需要模拟或激励?

A3.2.6 故障报告、分析和纠正措施系统(FRACAS)

A3.2.6.1 故障报告、分析和纠正措施系统是否有效?

A3.2.6.2 故障报告、分析和纠正措施系统是否记录并报告包括在下列过程中发生的故障:

  a) 在转承制方的工厂的检验;
  b) 进货检验;
  c) 加工过程中的检验;
  d) 研制试验;
  e) 组件或组装件试验;

f) 设备组装和检验；

g) 老练或环境应力筛选；

h) 交付试验；

i) 验收试验；

j) 环境和鉴定试验；

k) 可靠性和维修性试验。

A3.2.6.3 是否对所有故障都进行故障分析？

A3.2.6.4 是否已按元器件数目和故障类型来总结出现的故障，以便确定趋势和分布图？

A3.2.6.5 是否已经定出了决定需要纠正措施的门限值（百分比缺陷或故障率）？

A3.2.6.6 故障报告表格是否包含关于下列内容的必要信息：

a) 确定失效的元器件、发生故障的组件等；

b) 经过时间度量（用于设备级的故障）；

c) 故障征候；

d) 故障对设备或系统的影响；

e) 在发生故障时的试验及环境条件；

f) 可疑的故障原因。

A3.2.6.7 故障报告、分析和纠正措施系统是否也包括关键分组件的转承制方？

A3.2.6.8 转承制方的故障报告是否已包括在承制方的故障总结中？

A3.2.6.9 包括改变设计在内的纠正措施在定型之前对其有效性是否进行过验证？

A3.2.6.10 在重复出现同类故障时，是否重新进行纠正措施研究？

A3.2.6.11 是否需要把建议的纠正措施提交给采购单位取得同意？

8.4.6 评审结论

可靠性初步设计评审意见示例：

可靠性初步设计修正和确认了可靠性模型，完成了可靠性预计和指标再分配，贯彻了可靠性设计准则，进行了 FMEA 并确定了可靠性关键项目和管理要求，制定了国产电子元器件使用方案，建立了可靠性数据管理系统和故障报告、分析与纠正措施系统，对外协单位进行了可靠性控制，制定了初步的可靠性试验验证计划，落实了可靠性工作计划对本阶段规定的任务。

评审组同意×××(*产品名称*)可靠性初步设计通过评审。

可靠性详细设计评审意见示例：

可靠性详细设计确认了可靠性模型，按照应力预计法完成了可靠性预计，结果满足规定要求；贯彻了可靠性设计准则，考虑了功能测试、贮存、包装、装卸、运输及维修对可靠性的影响；进行了 FMEA 并确定了可靠性关键项目和管理要求；军用国产电子元器件使用数量比、规格比和费用比满足法规要求；进行了可靠性摸底试验，对试验中暴露的可靠性薄弱环节采取了有效的解决措施，故障报告、分析与纠正措施系统运行有效；落实了可靠性工作计划对本阶段规定的任务，能保证产品达到规定的可靠性要求。

评审组同意×××(产品名称)可靠性详细设计通过评审。

8.5 设计定型阶段可靠性评审

8.5.1 评审目的

评审可靠性验证结果与合同要求的符合性；验证中暴露的问题和故障分析处理的正确性与彻底性。评审结论为能否通过设计定型提供重要依据之一。

说明：《设计定型可靠性鉴定试验大纲》审查和《设计定型可靠性鉴定试验报告》验收审查，以及《设计定型可靠性维修性测试性保障性安全性评估大纲》审查和《设计定型可靠性维修性测试性保障性安全性评估报告》验收审查，均按照 GJB 1362A—2007《军工产品定型程序和要求》和 GJB/Z 170—2013《军工产品设计定型文件编制指南》执行，详见本书第 15 章。

8.5.2 评审时机

设计定型审查前，或结合设计定型审查进行。

8.5.3 评审文件

在进行装备设计定型评审时，应当对装备可靠性是否满足研制总要求、研制合同/技术协议书要求进行评审。

提交评审的文件一般应包括下列可靠性的内容：

a) 系统可靠性设计总结报告；

b) FMEA(FMECA)报告；

c) 可靠性试验、验证及其分析评估报告；

d) 可靠性大纲实施报告；

e) 供应单位、转承制单位配套研制的产品可靠性鉴定报告；

f) 对维修保障的影响和协调性分析报告。

8.5.4 评审依据

评审依据主要包括：
a) GJB 450A—2004《装备可靠性工作通用要求》；
b) GJB 813—1990《可靠性模型的建立和可靠性预计》；
c) GJB 841—1990《故障报告、分析和纠正措施系统》；
d) GJB 899A—2008《可靠性鉴定和验收试验》；
e) GJB 1909A—2009《装备可靠性维修性保障性要求论证》；
f) GJB/Z 72—1995《可靠性维修性评审指南》；
g) 通用规范；
h) 研制总要求和/或技术协议书；
i) 设计定型可靠性鉴定试验大纲；
j) 设计定型可靠性鉴定试验报告；
k) 设计定型可靠性维修性测试性保障性安全性评估大纲；
l) 设计定型可靠性维修性测试性保障性安全性评估报告。

8.5.5 评审内容

主要评审装备可靠性是否满足研制总要求和/或技术协议书要求。

详细内容见 GJB/Z 72—1995 附录 A（补充件）A4。

A4 设计定型阶段评审

A4.1 可靠性指标的鉴定结果是否满足合同或任务书要求？

A4.2 合同或任务书规定的可靠性数据及可靠性大纲实施总结报告是否齐全并符合规定要求？

A4.3 在研制过程中发生的故障的改正措施是否全部落实并且有效？

A4.4 必要时可以有重点地参照 A3.2.1—A3.2.6 再检查可靠性设计与试验是否符合要求？

8.5.6 评审结论

设计定型阶段可靠性评审意见示例：

按照可靠性工作计划完成了规定的工作项目，设计定型可靠性鉴定试验结果满足研制总要求和/或技术协议书的要求，研制过程中和设计定型试验过程中发生的故障已完成归零，改正措施已全部落实到设计图样和技术文件。

评审组同意×××(产品名称)可靠性通过评审。

8.6 生产定型阶段可靠性评审

8.6.1 评审目的

确认装备批生产所有必需的资源和各种控制措施是否符合规定的可靠性要求。评审结论为装备能否转入批生产提供重要依据之一。

8.6.2 评审时机

结合生产定型审查进行。

8.6.3 评审文件

在生产定型审查时,应当鉴定或评审在批生产条件下装备可靠性保证措施的有效性。

提交评审的文件一般应包括下列可靠性的内容:

a) 用户试用和生产定型试验的结果符合批准设计定型时的可靠性的分析评价报告;

b) 试验和试用中出现的可靠性问题的分析及改进情况报告。

8.6.4 评审依据

评审依据主要包括:
a) GJB 450A—2004《装备可靠性工作通用要求》;
b) GJB 813—1990《可靠性模型的建立和可靠性预计》;
c) GJB 841—1990《故障报告、分析和纠正措施系统》;
d) GJB 899A—2009《可靠性鉴定和验收试验》;
e) GJB 1909A—2009《装备可靠性维修性保障性要求论证》;
f) GJB/Z 72—1995《可靠性维修性评审指南》;
g) 通用规范;
h) 产品规范;
i) 设计定型可靠性验收试验大纲;
j) 设计定型可靠性验收试验报告。

8.6.5 评审内容

主要评审试生产的产品是否满足规定的可靠性要求以及在批量生产条件下

装备可靠性保证措施的有效性。

详细内容见 GJB/Z 72—1995 附录 A（补充件）A5。

A5　生产定型阶段评审

A5.1　试生产的条件是否能保证产品达到规定的可靠性？

A5.2　试用期间出现的可靠性问题是否得到解决？可靠性是否达到规定的要求？

A5.3　试生产可靠性验收试验结果是否满足合同要求？验收试验出现的问题是否已解决？

A5.4　批生产工艺规范及生产质量控制措施是否能保证产品可靠性要求？

8.6.6　评审结论

生产定型阶段可靠性评审意见示例：

按照可靠性工作计划完成了规定的工作项目，使用过程中和生产定型试验过程中未出现可靠性问题（或出现的可靠性问题已完成归零，改正措施已全部落实到生产图样和技术文件），生产定型可靠性验收试验结果满足产品规范的要求，批生产工艺规范及生产质量控制措施能保证产品可靠性要求。

评审组同意×××（产品名称）可靠性通过评审。

第9章 维修性评审

9.1 概 述

9.1.1 基本概念

GJB 451A—2005《可靠性维修性保障性术语》规定了有关可靠性、维修性和保障性的常用术语及其定义,适用于军用产品的可靠性、维修性和保障性的有关工作。

维修性是指产品在规定的条件下和规定的时间内,按规定的程序和方法进行维修时,保持或恢复到规定状态的能力。

维修性工程是指为了确定和达到产品的维修性要求所进行的一系列技术和管理活动。

软件维护性是指在规定的条件下,可被理解、修改、测试和完善的能力。

抢修性是指在预定的战场条件下和规定的时限内,装备损伤后经抢修恢复到能执行某种任务状态的能力。

任务维修性是指产品在规定的任务剖面中,经维修能保持或恢复到规定状态的能力。

GJB 368B—2009《装备维修性工作通用要求》规定了固有维修性、使用维修性、维修性使用参数和维修性合同参数等术语。

固有维修性是指通过设计和制造赋予产品的,并在理想的使用和保障条件下所呈现的维修性,也称设计维修性。

使用维修性是指产品在实际的使用维修中表现出来的维修性,它反映了产品设计、制造、安装和使用环境、维修策略等因素的综合影响。

维修性使用参数是指直接与战备完好性、任务成功性、维修人力和保障资源有关的一种维修性度量。其度量值称为使用值(目标值与门限值)。

维修性合同参数是指在合同中表达订购方维修性要求的,并且是承制方在研制和生产过程中可以控制的参数。其度量值称为合同值(规定值与最低可接受值)。

GJB 1909A—2009《装备可靠性维修性保障性要求论证》规定了装备可靠性

维修性保障性(RMS)要求确定的原则、程序和方法,适用于新型装备研制立项综合论证和研制总要求综合论证中的 RMS 要求论证工作,装备改进、改型及现役装备的加改装研制也可参照执行。GJB 1909A—2009 给出了下述术语定义。

RMS 参数是指装备可靠性维修性保障性的度量。其要求的量值称为装备可靠性维修性保障性指标。

RMS 使用参数是指反映装备任务需求的可靠性维修性保障性参数。其要求的量值称为 RMS 使用指标,它受产品设计、制造、安装、环境、使用、维修等的综合影响。

RMS 合同参数是指在合同或研制总要求中表述对装备的可靠性维修性保障性要求的参数。其要求的量值称为 RMS 合同指标,它只受合同规定条件的影响。

目标值是指用户期望装备达到的使用指标。

门限值是指完成作战任务(即满足使用要求)装备所应达到的最低使用指标。

规定值是指用户期望达到的合同指标。

最低可接受值是指要求装备应达到的合同指标,是装备定型考核或验证的依据。

9.1.2 维修性参数

维修性参数可分为以下 3 类:

a) 维修时间参数,如平均修复时间(MTTR)、系统平均恢复时间(MTTRS)和平均预防性维修时间(MPMT)等;

b) 维修工时参数,如维修工时率(MR);

c) 测试诊断类参数,如故障检测率(FDR)、故障隔离率(FIR)、虚警率(FAR)、故障检测隔离时间(FIT)等(测试诊断类参数在 10.1.2 节中阐述)。

常用的一个度量产品维修性的基本参数是平均修复时间。其度量方法为:在规定的条件下和规定的时间内,产品在规定的维修级别上,修复性维修总时间与在该级别上被修复产品的修复次数之比。排除故障的实际时间包括准备、检测诊断、换件、调校、检验及原位修复等时间,不包括由于管理或后勤供应引起的延误时间。其计算公式为

$$\text{MTTR} = \frac{\sum_{i=1}^{n} t_i}{n}$$

式中 t_i——第 i 次修复性维修的维修时间;

n——修复次数。

平均修复时间按照 GJB 2072—1994《维修性试验与评定》进行验证。一般通过外场统计数据进行验证,即统计规定时期内的故障总数和总的修复时间。

9.1.3 维修性工作项目

GJB 368B—2009《装备维修性工作通用要求》规定了装备寿命周期内开展维修性工作的要求和工作项目,为订购方和承制方开展维修性工作提供依据和指导,适用于各类装备(或系统、分系统和设备)。

表9.1参考常规武器装备的研制程序,提供在研制与生产各阶段及现役装备的改进中应该进行哪些维修性工作的一般指导。依据表9.1可初步确定各阶段一般应包括的维修性工作项目,表9.1只是一般性的指南,并不能适合所有的情况。对于不同的产品,可根据其研制程序,调整阶段划分和确定相应的维修性工作项目。战略武器装备和军用卫星可按相应研制程序划分。

表9.1 维修性工作项目应用矩阵

GJB 368B 条款编号	工作项目编号	工作项目名称	论证阶段	方案阶段	工程研制与定型阶段	生产与使用阶段	装备改型
5.1	101	确定维修性要求	√	√	×	×	√(1)
5.2	102	确定维修性工作项目要求	√	√	×	×	√
6.1	201	制定维修性计划	√	√(3)	√	√(3)(1)	√(1)
6.2	202	制定维修性工作计划	△	√	√	√	√
6.3	203	对承制方、转承制方和供应方的监督和控制	×	△	√	√	△
6.4	204	维修性评审	△	√(3)	√	√	△
6.5	205	建立维修性数据收集、分析和纠正措施系统	×	△	√	√	△
6.6	206	维修性增长管理	×	√	√	○	√
7.1	301	建立维修性模型	△	△(4)	√	○	×
7.2	302	维修性分配	△	√(2)	√(2)	○	△(4)
7.3	303	维修性预计	×	√(2)	√(2)	○	△(2)
7.4	304	故障模式及影响分析——维修性信息	×	△(2)(3)(4)	√(1)(2)	○(1)(2)	△(2)
7.5	305	维修性分析	△(3)	√(1)	√(1)	○(1)	△
7.6	306	抢修性分析	×	△(3)	√(1)	○(1)	△

(续)

GJB 368B 条款编号	工作项目编号	工作项目名称	论证阶段	方案阶段	工程研制与定型阶段	生产与使用阶段	装备改型
7.7	307	制定维修性设计准则	×	△(3)	√	○	△
7.8	308	为详细的维修保障计划和保障性分析准备输入	×	△(2)(3)	√(2)	○(2)	△
8.1	401	维修性核查	×	√(2)	√(2)	○(2)	△(2)
8.2	402	维修性验证	×	△(2)	√(2)	○(2)	△(2)
8.3	403	维修性分析评价	×	×	△	√(2)	√(2)
9.1	501	使用期间维修性信息收集	×	×	×	√	√
9.2	502	使用期间维修性评价	×	×	×	√	√
9.3	503	使用期间维修性改进	×	×	×	√	√

注：√表示一般适用；△表示根据需要选用；○表示一般仅适用于设计变更；×表示不适用。
(1) 要求对其费用效益作详细说明后确定。
(2) GJB 368B 不是该工作项目第一位的执行文件，在确定或取消某些要求时，必须考虑其他标准或《工作说明》的要求。例如在叙述维修性验证细节和方法时，必须以 GJB 2072 为依据。
(3) 工作项目的部分要点适用于该阶段。
(4) 取决于要订购的产品的复杂程度、组装及总的维修策略

9.1.4 维修性评审要求

维修性评审是对维修性工作监督和控制的有效方法，在研制过程中应作为产品设计评审的一个组成部分，并在合同工作说明中规定，保证评审的人员和经费落实。

订购方和承制方在装备研制过程中应进行分阶段、分级的维修性评审，以确保维修性工作按预定的程序进行，并保证交付的装备及其组成部分达到规定的维修性要求。评审结论是转阶段决策的重要依据之一。

维修性评审主要包括订购方内部的维修性评审和按合同要求对承制方、转承制方进行的维修性评审。另外，还应包括承制方和转承制方进行的内部维修性评审。

维修性定量、定性要求和维修性工作项目要求是订购方内部维修性评审的重要内容。维修性定量、定性要求评审应与相关特性的要求评审结合进行，并尽可能与系统要求审查（见 GJB 3273—1998《研制阶段技术审查》或本书 3.2 节）结合进行。

承制方应对合同要求的正式维修性评审和内部进行的维修性评审做出安排,制定详细的评审计划。评审计划应包括评审点的设置、评审内容、评审类型、评审方式及评审要求等。评审计划应经订购方认可。

GJB/Z 72—1995《可靠性维修性评审指南》提供了装备可靠性与维修性评审的通用要求、内容、方法和程序,适用于有可靠性维修性要求的装备的论证、方案、工程研制、设计定型和生产定型各阶段。生产和使用过程也可参照使用。

9.2　论证阶段维修性评审

9.2.1　评审目的

评价所论证装备的维修性定性与定量要求的科学性、可行性和是否满足装备的使用要求。评审结论为申报装备的战术技术指标提供重要依据之一。

9.2.2　评审时机

在进行装备战术技术指标评审时,应当包括对维修性指标的评审。

9.2.3　评审文件

提交评审的文件包括《维修保障方案》和《维修性要求论证报告》。

《维修性要求论证报告》一般应包括:

a) 装备的维修性参数和指标要求及其选择和确定的依据;
b) 国内外相似产品或装备维修性水平分析;
c) 装备寿命剖面、任务剖面及其他约束条件(如初步的维修保障要求等);
d) 维修性指标考核方案;
e) 维修性经费需求分析。

9.2.4　评审依据

评审依据主要包括:

a) GJB 368B—2009《装备维修性工作通用要求》;
b) GJB 451A—2005《装备可靠性维修性保障性术语》;
c) GJB 1909A—2009《装备可靠性维修性保障性要求论证》;
d) GJB/Z 72—1995《可靠性维修性评审指南》;
e) 通用规范;
f) 作战任务、作战使用方案、使用要求及装备工作环境。

9.2.5 评审内容

主要评审提出维修性要求的依据及约束条件,维修性指标考核方案设想。

详细内容见 GJB/Z 72—1995 附录 B(补充件)B1。

B1　论证阶段评审

B1.1　是否经过需求分析提出装备的使用要求?

B1.2　维修性定性和定量要求是否进行了充分的论证和确认?是否与可靠性、安全性、保障性、性能、进度和费用之间进行了初步的权衡分析?

B1.3　装备的维修性指标与国内外同类型装备相比是属于先进、一般或落后的水平?

B1.4　规定的寿命剖面和任务剖面是否正确、完整?其中环境剖面是否符合实际使用要求?

B1.5　是否编制了维修性大纲初步要求?主要的维修性工作项目的确定与经费、进度是否进行了权衡分析?

B1.6　是否已确定初步的维修方案和初步的维修保障要求?

B1.7　装备的维修性要求是否与初步的维修方案相协调?

9.2.6 评审结论

评审意见示例:

维修性指标经充分论证,与可靠性、测试性、保障性、安全性、性能和费用等进行了初步的综合权衡分析,与国内外同类产品相比属于先进水平,维修性工作项目合理可行,确定的维修方案和维修保障要求符合部队实际。

评审组同意×××(产品名称)维修性要求和维修性方案通过评审。

9.3　方案阶段维修性评审

9.3.1 评审目的

评审维修性研制方案与技术途径的正确性、可行性、经济性和研制风险。评审结论为是否转入工程研制阶段提供重要依据之一。

9.3.2 评审时机

在方案阶段评审中,必须将装备的维修性方案作为重点内容之一进行评审。

9.3.3 评审文件

提交评审的文件一般应包括下列维修性的内容：

a) 可达到的维修性定性、定量要求和维修性技术方案及其分析(含故障诊断及检测隔离要求等)；
b) 维修性大纲及其重要保证措施；
c) 维修性指标考核验证方法及故障判别准则；
d) 采用的标准、规范；
e) 维修性设计准则；
f) 维修性经费预算及依据。

9.3.4 评审依据

评审依据主要包括：

a) GJB 368B—2009《装备维修性工作通用要求》；
b) GJB 451A—2005《装备可靠性维修性保障性术语》；
c) GJB 1909A—2009《装备可靠性维修性保障性要求论证》；
d) GJB/Z 72—1995《可靠性维修性评审指南》；
e) 通用规范；
f) 研制总要求和/或技术协议书。

9.3.5 评审内容

主要评审维修性大纲的完整性与可行性，相应的保证措施以及初步维修保障方案的合理性。

详细内容见 GJB/Z 72—1995 附录 B(补充件)B2。

B2　方案阶段评审

B2.1　各备选方案是否避免了现有装备存在的维修性缺陷？

B2.2　是否对各备选方案进行维修性分析并提出各方案的优点和存在的问题？

B2.3　在确定方案过程中，是否对各备选方案的维修性与可靠性、保障性、性能、进度和费用之间进行权衡分析使方案优化？

B2.4　是否根据同类型产品的经验数据，初步预计装备各备选方案的有关维修性指标？预计的结果是否符合规定的要求？

B2.5　是否对装备有关的维修性指标规定了成熟期的目标值和门限值？

B2.6　是否将装备有关维修性指标的目标值转换为合同规定值，门限值转换

> 为合同最低可接受值?
> B2.7 装备的维修性指标是否按功能框图分配到各系统、分系统或主要设备(功能项目)?
> B2.8 是否根据维修性大纲初步要求对 GJB 368A 及相应的行业标准进行了合理的剪裁制定了维修性大纲?该大纲是否能保证产品达到战术指标的维修性要求?
> B2.9 是否制定维修性工作计划并纳入型号研制综合计划?
> B2.10 是否确定系统、主要分系统或设备的维修方案?
> B2.11 系统、主要分系统或设备的可修复件的修理级别是否确定?确定的依据是什么?
> B2.12 是否规定了系统、主要分系统或设备在各维修级别相应的维修策略?依据是什么?
> B2.13 是否初步确定了系统、主要分系统或设备在各维修级别的计划维修和非计划维修任务?依据是什么?
> B2.14 测试、维修设备的要求是否与维修方案相一致?
> B2.15 是否对各维修级别的维修人员类型、数量、技术熟练程度进行估计?是否满足使用要求?
> B2.16 是否根据类似装备的使用与保障经验对新装备的使用与保障方案进行了分析和剪裁?
> B2.17 是否确定初步的维修保障方案?
> B2.18 系统、分系统是否可利用各维修级别现有维修保障设施?是否需要建立新的设施?对计划的进度和费用有何影响?
> B2.19 是否制定装备的维修性验证方案并纳入合同?

9.3.6 评审结论

评审意见示例:

维修性工作计划对 GJB 368B—2009 及相应的行业标准进行了合理剪裁,规定的工作项目与其他研制工作相互协调,并已纳入型号研制综合计划,能保证产品达到维修性要求;维修性指标已由使用要求转换为合同值,指标分配合理,预计结果能满足规定指标要求;维修性方案进行了维修性的比较与优选,避免了现役装备存在的维修性缺陷,初步确定了产品在各维修级别的计划维修和非计划维修任务,维修保障方案合理可行,符合部队实际。

评审组同意×××(*产品名称*)维修性工作计划通过评审。

9.4 工程研制阶段维修性评审

9.4.1 评审目的

工程研制阶段的维修性评审应根据实际情况具体安排,一般可进行两次评审,即初步设计评审和详细设计评审。

初步设计评审检查初步设计是否满足研制任务书对该阶段规定的维修性要求的情况;检查维修性大纲实施情况;找出维修性方面存在问题或薄弱环节,并提出改进建议。评审结论为是否转入详细设计提供重要依据之一。

详细设计评审检查详细设计是否满足研制任务书规定的本阶段维修性要求;检查维修性大纲实施情况;检查维修性的薄弱环节是否得到改进或彻底解决。评审结论为是否转入设计定型阶段提供重要依据之一。

9.4.2 评审时机

在进行初步设计评审时,应当包括对装备的维修性设计及维修性大纲进展情况进行评审。

在进行详细设计评审时,应当包括对装备达到的维修性水平及实施维修性大纲情况进行评审。

9.4.3 评审文件

初步设计评审时,提交评审的文件一般应包括下列维修性的内容:

a) 维修性初步设计情况报告(含分配、预计、相应的模型框图及分析报告,各维修级别的故障检测、隔离方法等);

b) 关键项目清单及控制计划;

c) 故障模式及影响分析(FMEA)或故障模式、影响及危害性分析(FMECA)和故障树分析(FTA)资料;

d) 元器件大纲;

e) 维修性研制和增长试验及鉴定试验方案,本阶段试验结果报告。

详细设计评审时,提交评审的文件一般应包括下列维修性的内容:

a) 维修性详细设计(含分配、预计和维修性分析,对每一维修级别故障检测、隔离设计途径和测试性的评估等);

b) 维修性验证;

c) 预期的维修和测试设备清单及费用分析;

d) FMEA(FMECA)、FTA 资料；

e) 维修性增长。

9.4.4 评审依据

评审依据主要包括：

a) GJB 368B—2009《装备维修性工作通用要求》；

b) GJB 451A—2005《装备可靠性维修性保障性术语》；

c) GJB 1909A—2009《装备可靠性维修性保障性要求论证》；

d) GJB/Z 72—1995《可靠性维修性评审指南》；

e) 通用规范；

f) 研制总要求和/或技术协议书；

g) 研制方案。

9.4.5 评审内容

初步设计评审时，主要评审在工程研制的第一阶段各项维修性工作是否满足维修性大纲的要求。详细内容见 GJB/Z 72—1995 附录 B(补充件)B3.1。

B3.1 初步设计评审

B3.1.1 是否初步确定了系统、分系统或设备的基层级可更换单元(LRU)和中继级可更换单元(SRU)？确定的依据是什么？

B3.1.2 在总体布置方案上是否考虑了各系统、分系统或设备的测试和维修要求？

B3.1.3 在总体布局上，配置在不同部位上的系统、分系统或设备是否尽量做到在检查或拆卸故障件时，不必拆卸其他设备和机件？

B3.1.4 在总体布局可能的条件下，是否给维修人员提供了充分的维修空间？工作舱口开口的尺寸、方向、位置是否使维修人员在比较合适的姿态下进行操作？

B3.1.5 是否初步确定了系统、分系统或设备的测试点数量、位置和测试的基本要求？

B3.1.6 系统、分系统或设备是否采用了必要的机内测试设备(BITE)？

B3.1.7 是否在选择机内测试设备或外部测试设备之间作了权衡分析？选择的依据是否合理？

B3.1.8 装备的维修性指标是否根据需要分配到有关的功能层次？

B3.1.9 装备的维修性定性和定量要求是否明确到必要的详细程度？

B3.1.10 是否对系统、分系统或设备进行维修性预计？预计的结果是否满足规定的要求？
B3.1.11 是否提出各维修级别的维修和测试设备初步清单？
B3.1.12 是否提出系统、分系统或设备在各维修级别的初步备件清单？
B3.1.13 是否制订装备的维修性试验计划？
B3.1.14 是否在工程样机上进行维修性演示？对演示中暴露的维修性缺陷和问题是否采取有效的改正措施？

详细设计评审时，主要评审维修性大纲实施情况、维修性遗留问题解决情况及维修性已达到的水平。详细内容见GJB/Z 72—1995附录B(补充件)B3.2。

B3.2 详细设计评审
B3.2.1 简化设计
B3.2.1.1 设计系统时是否寻求了多种简化的方案？
B3.2.1.2 是否采用标准的或现有的零部件完成系统所要求的功能？
B3.2.1.3 是否采用多用途、多路传输的设计，以减少所需的零件数量？
B3.2.1.4 考虑冗余要求时，是否使系统设计的元件数量达到最低限度？
B3.2.1.5 是否把完成维修工作的通用和专用工具的数量减到最少？
B3.2.1.6 是否简化故障诊断的方法？
B3.2.1.7 电路调整和机械调整是否减少到最低程度？调整是否方便？
B3.2.2 标准化
B3.2.2.1 在设计中是否尽最大可能采用标准设备和零件？
B3.2.2.2 对功能相似的部位，是否采用同样的设备或零件？
B3.2.2.3 设备上的识别标记是否符合有关的标准？
B3.2.3 互换性
B3.2.3.1 在任何适用的地方是否具有完全的互换性？
B3.2.3.2 在有功能互换性的地方，是否避免了在尺寸、形状和装配方面对互换性的影响？
B3.2.3.3 在标牌上和有关使用说明中，是否有足够的资料使用户能够正确地判断两个相似零件能不能互换？
B3.2.3.4 设计在不同的应用中完成同一功能的项目，是否提供了完全的互换性？
B3.2.3.5 所有相同的可拆下的零件是否具有电的和机械的完全互换性？
B3.2.3.6 损坏率高的零部件是否具有互换性？

B3.2.3.7 在完全互换性不适用的地方,是否尽可能使零部件的设计具有功能互换性而其连接用的附件则具有物理互换性?

B3.2.3.8 是否注意了在新老装备中所用的零部件之间保持完全互换性?

B3.2.3.9 不同工厂生产的相同零、部件是否具有互换性?

B3.2.4 可达性

B3.2.4.1 所在需要维修、检查、分解或更换的设备和零部件是否都具有最佳的可达性?

B3.2.4.2 用于目视检查通道是否设有透明窗口或快速开启的口盖?

B3.2.4.3 采用无遮盖的通道口是否可能降低装备的性能?

B3.2.4.4 需要物体出入的通道是否采用了铰链门?

B3.2.4.5 如果通道口的位置装不了铰链门,是否采用了卡锁式快速开启的盖钣?

B3.2.4.6 各零部件的安排是否为测试和维修工具提供足够的使用空间?

B3.2.4.7 结构设计是否能使所有需要更换的部分都是可达的而不必移动其他部分?

B3.2.4.8 通道门的形状是否能允许必须通过它的那些元件和辅助设备进出?

B3.2.4.9 拆卸紧固件是否方便、快速?紧固件数量是否是最少?

B3.2.5 模块化

B3.2.5.1 是否根据需要与可能将系统划分为若干个机械、电气、电子模块,以使空间得到有效的利用并满足装备可用度的要求?

B3.2.5.2 是否明确规定弃件式模块报废所用的测试方法和报废标准?

B3.2.5.3 模块中包含的各个元件是否具有一种最佳的规定功能而没有赋予其他无关的功能?

B3.2.5.4 模块的设计是否能从设备上卸下以后进行工作测试,而更换后的模块几乎不需要作调整?

B3.2.5.5 设计时是否使部件所包含的各个模块能够独立卸下而不必移动其他的模块?

B3.2.5.6 是否使每一模块能独立地进行检查?若需调整,调整时是否与其他部件不相关联?

B3.2.5.7 每个模块是否尽可能设计得小而轻,一个人能搬运携带?

B3.2.5.8 是否采用快速拆卸固定装置使模块拆换简便?

B3.2.6 测试性

B3.2.6.1 被测试设备是否与测试设备具有相容性？

B3.2.6.2 是否进行故障模式影响和后果分析,并作为测试性分析的一部分？

B3.2.6.3 测试点是否尽可能都集中在前方面板上？

B3.2.6.4 如有要求在使用状态各外部测试点的可达性是否都得到了保证？

B3.2.6.5 每一测试点上是否都标有相应的名称与记号？如有可能是否标有应测试的信号和容许范围？

B3.2.6.6 测试点的位置是否靠近有关的控制器和显示器？

B3.2.6.7 通过各测试点测试是否能将故障隔离到可更换的模块或单元？

B3.2.6.8 测试点的设计与布局是否与各级维修技术水平相适应？

B3.2.6.9 所有的测试点是否有适当的防护和照明？

B3.2.6.10 对危险征候是否有自动报警和显示？

B3.2.6.11 是否尽可能使用标准化、通用化的测试设备？

B3.2.7 故障诊断

B3.2.7.1 测试系统的故障检测能力是否符合规定的要求？

B3.2.7.2 测试系统是否能将故障隔离到所要求的可更换层次？

B3.2.7.3 虚警率、不能复现率和重测合格率是否符合规定要求？

B3.2.7.4 测试系统的硬件设计是否与系统的环境条件相一致？

B3.2.7.5 自动化测试硬件的故障是否会引起系统故障？

B3.2.7.6 如果有不能测试的参数或单元是否对系统设计作了修改？

B3.2.7.7 与测试设备接口的关键部件是否进行了潜在通路分析？

B3.2.7.8 是否根据需要采用了机内测试设备(BITE)？

B3.2.7.9 在不用机内测试设备时,测试点能否提供检查和故障隔离？基层级可更换单元(LRU)上的测试点能否用于中继级的检查和故障隔离以检查中继级可更换单元(SRU)？SRU上的测试点能否用于基地级的检查和故障隔离以检查单个零件的故障？

B3.2.8 标记

B3.2.8.1 是否所有的单元都有标记并注上充分的识别数据？

B3.2.8.2 标志的位置是否无阻挡地可以充分辨识？

B3.2.8.3 从操作人员正常观察位置看到的标记内容是否便于正面观察？

B3.2.8.4 凡技术人员必须辨认、读取或操纵的每一项目上是否都有显著标记？

B3.2.8.5 对于需要判定故障的所有单元,是否有简图说明并直接标在其附近?

B3.2.8.6 部件外壳上的显示标牌是否提供了与该部件有关的电、气动或液压的特性?

B3.2.8.7 密封的元件是否尽可能标上了电流、电压、阻抗、端点数据等?

B3.2.8.8 润滑点是否有相应的标记?

B3.2.8.9 是否标明了控制器的运动方向(特别是在缺乏这方面知识就会损坏设备时)?

B3.2.8.10 设备上的识别标记是否符合有关的标准?

B3.2.8.11 标记能否在长期使用中保持清新?

B3.2.9 人素工程

B3.2.9.1 测试点、机件调整和机件连接是否便于识别和操作?

B3.2.9.2 工作舱口的尺寸、方向、位置是否使操作人员在合适的姿态下操作?

B3.2.9.3 在系统、设备上进行维修时的环境条件是否符合人的生理参数和能力?

B3.2.9.4 设计时是否遵循单人搬动的机件重量不大于16kg,两人搬动的机件重量不超过32kg,重量超过32kg的机件采取起重措施?

B3.2.9.5 在所有利用人体感官调整的程序中是否提供了直观、声响或触觉的反应?

B3.2.9.6 在野外操作时,能否使维修人员穿御寒服戴手套完成维修工作?

B3.2.10 维修安全

B3.2.10.1 对需要维修的部件,是否使维修人员不会受到电、热、辐射、运动零件、有毒化学物质和放射性物质等有危险因素的危害?

B3.2.10.2 各维修通道口的边缘是否避免锐角或采取保护措施,以防止伤人?

B3.2.10.3 在可能发生火警的地方是否配备适当的消防设备?

B3.2.10.4 在维修时可能伤人的铰接件和滑动件是否设有固定的支撑或弹键?

B3.2.10.5 对人员和设备有危害的部位是否有明确的标记?

B3.2.10.6 对于储有很大能量且维修时需要拆卸的装置是否备有释放能量的结构和安全可靠的设备或工具?

B3.2.10.7 对于可能因静电或电磁辐射而引起失火或引爆的装置是否有防静电和防电磁辐射措施?

B3.2.10.8 凡与安装、操作、维修安全有关的地方,是否有专用文件或在有关技术文件中做出规定?

B3.2.11 防维修差错

B3.2.11.1 设计上是否采用"装上就对,否则就装不上"的设计思想?

B3.2.11.2 对外形相似而功能不同的机件,对于容易装反、装错的机件,是否采取防错措施?

B3.2.11.3 当系统、分系统或设备内机件较多、空间较小、机件安装定位困难,可能发生操作差错时,是否设有安装定位和操作方向标记?

B3.2.12 维修性分析

B3.2.12.1 是否按规定的维修性要求,确定并完成了维修性分析中应考虑的事项?

B3.2.12.2 是否将维修性有关工作项目的结果,作为准备维修保障性分析的信息输入?

B3.2.12.3 是否把按测试性大纲进行的维修性分析的输出作为测试和诊断分析的基础?

B3.2.12.4 根据详细设计结果及确定的维修保障方案,是否对装备进行维修性预计?是否满足规定的指标要求?

B3.2.13 试验验证

B3.2.13.1 是否在模拟条件下进行维修性和测试性验证试验?

B3.2.13.2 模拟条件与实际使用条件有何差别?对装备的维修性验证结果影响程度如何?

B3.2.13.3 受试装备的验证结果是否符合合同规定的维修性定量和定性要求?

B3.2.13.4 验证中发现的维修性缺陷和问题是否采取有效的改正措施?

9.4.6 评审结论

维修性初步设计评审意见示例:

维修性初步设计初步确定了产品的基层级可更换单元(LRU)和中继级可更换单元(SRU),初步进行了维修性指标再分配;贯彻了维修性设计准则,在总体布局上确保在检查或拆卸故障件时,不必拆卸其他设备和机件,且给维修人员提供了充分的维修空间,符合人机工程要求;提出了各维修级别的维修和测试设备初步清单;对外协单位进行了维修性控制,制定了初步的维修性试验验证计划,落实了维修性工作计划对本阶段规定的任务,维修性预计的结果满足规定的要求。

评审组同意×××(产品名称)维修性初步设计通过评审。

维修性详细设计评审意见示例：

维修性详细设计最终确定了产品的基层级可更换单元(LRU)和中继级可更换单元(SRU)，完成了维修性指标再分配；落实了简化设计、标准化、模块化、防差错等维修性设计准则，在总体布局上确保在检查或拆卸故障件时，不必拆卸其他设备和机件，且给维修人员提供了充分的维修空间，符合人机工程要求；明确了各维修级别的维修和测试设备清单；对外协单位进行了维修性控制；根据详细设计结果及确定的维修保障方案，对装备进行了维修性预计，结果满足规定的指标要求；在模拟条件下进行了维修性验证试验，对发现的维修性缺陷和问题采取了有效的改正措施，维修性试验结果满足规定的要求；落实了维修性工作计划对本阶段规定的任务，能保证产品达到规定的维修性要求。

评审组同意×××(产品名称)维修性详细设计通过评审。

9.5 设计定型阶段维修性评审

9.5.1 评审目的

评审维修性验证结果与合同要求的符合性；验证中暴露的问题和故障分析处理的正确性与彻底性；维修保障的适应性。评审结论为能否通过设计定型提供重要依据之一。

9.5.2 评审时机

在进行装备设计定型评审时，应当对装备维修性是否满足《研制任务书》、合同要求进行评审。

9.5.3 评审文件

提交评审的文件一般应包括下列维修性的内容：
a) 系统维修性设计总结报告；
b) FMEA(FMECA)报告；
c) 维修性试验、验证及其分析评估报告；
d) 维修性大纲实施报告；
e) 装备的维修、测试设备，工具，零备件，资料配套清单；
f) 诊断与测试性设计的有效性分析；

g) 供应单位、转承制单位配套研制的产品维修性鉴定报告；
h) 对维修保障的影响和协调性分析报告。

9.5.4 评审依据

评审依据主要包括：
a) GJB 368B—2009《装备维修性工作通用要求》；
b) GJB 451A—2005《装备可靠性维修性保障性术语》；
c) GJB 1362A—2007《军工产品定型程序和要求》；
d) GJB 1909A—2009《装备可靠性维修性保障性要求论证》；
e) GJB 2072—1994《维修性试验与评定》；
f) GJB/Z 72—1995《可靠性维修性评审指南》；
g) GJB/Z 170—2013《军工产品设计定型文件编制指南》；
h) 通用规范；
i) 研制总要求和/或技术协议书；
j) 设计定型可靠性维修性测试性保障性安全性评估大纲；
k) 设计定型可靠性维修性测试性保障性安全性评估报告。

9.5.5 评审内容

主要评审装备维修性是否满足研制总要求和研制合同/技术协议书要求。
详细内容见 GJB/Z 72—1995 附录 B(补充件)B4。

B4 设计定型阶段评审

B4.1 装备是否在实际条件下进行维修性和测试性验证试验？

B4.2 根据验证中获取的装备及其系统、分系统和设备的维修性信息，经分析计算出有关的维修性参数值是否符合规定的指标要求？

B4.3 验证中发现的维修性缺陷和问题是否采取有效的改进措施？

B4.4 各种测试装置、维修保障设备和工具、维修技术资料、维修人员培训方案是否达到预定的要求？

B4.5 按合同规定需要提交的有关维修性设计报告是否齐全？

B4.6 工程研制阶段评审遗留问题是否已彻底解决？

9.5.6 评审结论

设计定型阶段维修性评审意见示例：
按照维修性工作计划完成了规定的工作项目，设计定型基地试验和部队试验过程中维修性评估结果满足研制总要求和/或技术协议书的要求;试验过程中发生的维修性缺陷和问题已采取有效的改进措施,并全部落实到设计图样和技术文件,已通过归零审查;配套研制的测试装置、维修保障设备已通过设计鉴定审查,配套工具、维修技术资料、维修人员培训方案满足部队使用要求。

评审组同意×××(产品名称)维修性通过评审。

9.6　生产定型阶段维修性评审

9.6.1　评审目的

确认装备批生产所有必需的资源和各种控制措施是否符合规定的维修性要求。评审结论为装备能否转入批生产提供重要依据之一。

9.6.2　评审时机

在生产定型评审时,应当鉴定或评审在批生产条件下装备维修性保证措施的有效性。

9.6.3　评审文件

提交评审的文件一般应包括下列维修性的内容:

a) 用户试用和生产定型试验的结果符合批准设计定型时的维修性的分析评价报告;

b) 试验和试用中出现的维修性问题的分析及改进情况报告。

9.6.4　评审依据

评审依据主要包括:

a) GJB 368B—2009《装备维修性工作通用要求》;

b) GJB 451A—2005《装备可靠性维修性保障性术语》;

c) GJB 1362A—2007《军工产品定型程序和要求》;

d) GJB 1909A—2009《装备可靠性维修性保障性要求论证》;

e) GJB 2072—1994《维修性试验与评定》;

f) GJB/Z 72—1995《可靠性维修性评审指南》;

g) GJB/Z 170—2013《军工产品设计定型文件编制指南》;

h) 通用规范;

i) 产品规范;

j) 设计定型维修性试验大纲；

k) 设计定型维修性试验报告。

9.6.5 评审内容

主要评审试生产的产品是否满足规定的维修性要求以及在批量生产条件下装备维修性保证措施的有效性。

详细内容见 GJB/Z 72—1995 附录 B(补充件)B5。

B5 生产定型阶段评审

B5.1 是否将产品的维修性设计特性反映在有关的生产规范和图纸及质量保证要求上？

B5.2 对试生产的产品是否通过生产技术、工艺标准、过程控制等办法控制产品有关维修性要求？

B5.3 对试生产的产品是否按产品的验收技术条件进行维修性及测试性要求的验收？

B5.4 是否按照计划要求在安排产品生产的同时,对维修和测试设备与备件生产、维修技术资料的印刷出版及维修人员的培训等作出安排？

9.6.6 评审结论

生产定型阶段维修性评审意见示例：

按照维修性工作计划完成了规定的工作项目,已将产品的维修性设计特性全部反映在产品规范和图样及质量保证要求上,产品维修性要求通过生产技术、工艺标准、过程控制等办法得到有效控制；使用过程中和生产定型试验过程中未出现维修性问题(或出现的维修性问题已完成归零,改正措施已全部落实到生产图样和技术文件),生产定型维修性试验结果满足产品规范的要求。

评审组同意×××(产品名称)维修性通过评审。

第 10 章 测试性评审

10.1 概 述

10.1.1 基本概念

一个系统或设备可靠性再高也不能保证永远正常工作,使用者和维修者要掌握其"健康"状况,要确知有无故障或何处发生了故障,这就要求对其进行监控和测试。人们希望系统和设备本身能为此提供方便,这种系统和设备本身所具有的便于监控其"健康"状况、易于进行故障诊断测试的特性,就是系统和设备的测试性。

开展测试性工作的目标是确保研制、生产或改型的装备达到规定的测试性要求,实现高质量的测试,简化生产过程的测试,提高装备的性能监测与故障诊断能力,进而提高装备的战备完好性、任务成功性和安全性,减少维修人力及其他保障资源,降低寿命周期费用,并为装备全寿命周期管理和测试性持续改进提供必要的信息。

GJB 451A—2005《可靠性维修性保障性术语》规定了有关可靠性、维修性和保障性的常用术语及其定义,适用于军用产品的可靠性、维修性和保障性的有关工作。其中含有测试性常用术语及其定义。

测试性是指产品能及时并准确地确定其状态(可工作、不可工作或性能下降),并隔离其内部故障的能力。

机内测试是指系统或设备自身具有的检测和隔离故障的自动测试功能。

机内测试设备是指完成机内测试功能的设备。

自动测试设备是指自动进行功能和(或)参数测试、评价性能下降程度或隔离故障的测试设备。

故障诊断是指检测和隔离故障的过程。

故障检测率是指用规定的方法正确检测到的故障数与故障总数之比,用百分数表示。

故障隔离率是指用规定的方法将检测到的故障正确隔离到不大于规定模糊读的故障数与检测到的故障数之比,用百分数表示。

虚警率是指在规定的期间内发生的虚警数与同一期间内故障指示总数之比,用百分数表示。

GJB 2547A—2012《装备测试性工作通用要求》给出了下述术语定义。

固有测试性是指仅取决于产品设计,不受测试激励数据和响应数据影响的测试性。它反映了设计对测试过程的支持程度。

中央诊断系统是泛指装备内用于采集各种测试相关数据,进行分析、处理和存储,提供性能监测、故障诊断或预测和维修等信息的综合测试系统。

平均虚警间隔时间是在规定的时间内产品运行总时间与虚警总次数之比。

诊断方案是指对产品诊断的总体构想,它主要包括诊断对象、范围、功能、要求、方法、维修级别、诊断要素和诊断能力。

诊断策略是指综合考虑规定约束、目标和有关影响因素而确定的用于诊断产品故障的测试步骤或顺序。

嵌入式诊断是指装备内部提供的故障诊断能力,实现这种能力的硬件和软件是装备的一个组成部分,包括机内测试设备(BITE)、性能监测装置、故障信息的存储和显示设备、中央诊断系统(CTS)等,它们封装在装备内部或在结构上或电气上与装备永久性连接。

测试性模型是指为分配、预计、设计、分析或评估产品的测试性所建立的模型。

GJB 1909A—2009《装备可靠性维修性保障性要求论证》规定了装备可靠性维修性保障性(RMS)要求确定的原则、程序和方法,适用于新型装备研制立项综合论证和研制总要求综合论证中的 RMS 要求论证工作,装备改进、改型及现役装备的加改装研制也可参照执行。GJB 1909A—2009《装备可靠性维修性保障性要求论证》中含装备测试性要求论证。

GJB 1909A—2009 给出了下述术语定义。

RMS 参数是指装备可靠性维修性保障性的度量。其要求的量值称为装备可靠性维修性保障性指标。

RMS 使用参数是指反映装备任务需求的可靠性维修性保障性参数。其要求的量值称为 RMS 使用指标,它受产品设计、制造、安装、环境、使用、维修等的综合影响。

RMS 合同参数是指在合同或研制总要求中表述对装备的可靠性维修性保障性要求的参数。其要求的量值称为 RMS 合同指标,它只受合同规定条件的影响。

目标值是指用户期望装备达到的使用指标。

门限值是指完成作战任务(即满足使用要求)装备所应达到的最低使用

指标。

规定值是指用户期望达到的合同指标。

最低可接受值是指要求装备应达到的合同指标,是装备定型考核或验证的依据。

10.1.2 测试性参数

1. 故障检测率

故障检测率是在规定的条件下和规定的时间内检测到的故障数与故障总数之比,用百分数表示,它主要用于描述产品测试性设计水平。所谓的规定方法是操作人员或维修人员用 BIT、专用或通用的外部测试设备(ETE)、自动测试设备(ATE)等方法。

$$R_{FD} = \frac{N_D}{N_T} \times 100\%$$

式中　N_D——正确检测到的故障数;

N_T——故障总数或在 t 时间内发生的实际故障数。

2. 故障隔离率

故障隔离率是在规定的条件下和规定的时间内正确隔离到小于或等于规定可更换单元数的故障数与同一时间内检测到的故障数之比,用百分数表示。它用于描述 BIT 和测试设备准确隔离已被检测出的故障的能力。在理想情况下,应将故障隔离到一个可更换单元,但由于费用和技术水平或环境条件的限制,可先将故障隔离到 L 个可更换单元(其中含有故障的单元),再采用其他的方法隔离到故障单元,L 称为模糊度。

$$R_{FI} = \frac{N_L}{N_D} \times 100\%$$

式中　N_L——正确隔离到小于或等于 L 个可更换单元的故障数;

N_D——正确检测到的故障数。

3. 虚警率

虚警率是在规定的条件下和规定的时间内发生的虚警数与同一时间内故障指示总数之比,用百分数表示。它用于描述 BIT 和测试设备正确检测和指示故障的能力。虚警次数包括 BIT 和测试设备指示故障而实际上无故障发生(假报)和/或 A 发生故障却指示 B 故障(错报)。

$$R_{FA} = \frac{N_{FA}}{N_F + N_{FA}} \times 100\%$$

式中　N_{FA}——虚警次数;

N_F——真实故障指示次数。

10.1.3 测试性工作项目

GJB 2547A—2012《装备测试性工作通用要求》规定了装备寿命周期内开展测试性工作的要求和工作项目,为订购方和承制方开展测试性工作提供依据和指导,适用于各类装备。

表10.1向订购方和承制方提供了使用GJB 2547A—2012《装备测试性工作通用要求》的指南,它说明在每一阶段应该做哪些工作项目。

表10.1 测试性工作项目应用矩阵

GJB 2547A 条款编号	工作项目编号	工作项目名称	论证阶段	方案阶段	工程研制与定型阶段	生产与使用阶段
5.1	101	确定诊断方案和测试性要求	√	√	√	×
5.2	102	确定测试性工作项目要求	√	√	×	×
6.1	201	制定测试性计划	√	√	√	√
6.2	202	制定测试性工作计划	△	√	√	√
6.3	203	对承制方、转承制方和供应方的监督和控制	×	△	√	√
6.4	204	测试性评审	△	√	√	△
6.5	205	测试性数据收集、分析和管理	×	√	√	√
6.6	206	测试性增长管理	×	×	√	√
7.1	301	建立测试性模型	△	√	√	×
7.2	302	测试性分配	×	△	√	×
7.3	303	测试性预计	×	△	√	×
7.4	304	故障模式、影响及危害性分析——测试性信息	×	√	√	×
7.5	305	制定测试性设计准则	×	△	√	×
7.6	306	固有测试性设计和分析	×	△	√	△
7.7	307	诊断设计	×	△	√	△
8.1	401	测试性核查	×	△	√	×
8.2	402	测试性验证试验	×	△	√	△
8.3	403	测试性分析评价	×	△	√	△
9.1	501	使用期间测试性信息收集	×	×	×	√
9.2	502	使用期间测试性评价	×	×	×	√
9.3	503	使用期间测试性改进	×	×	×	√

注:√表示适用;△表示有选择地应用;×表示不适用。

10.1.4 测试性评审要求

测试性评审是对测试性工作监督和控制的有效方法,在研制过程中应作为产品设计评审的一个组成部分,并在合同工作说明中规定,保证评审的人员和经费落实。

订购方和承制方在装备研制过程中应进行分阶段、分级的测试性评审,以确保测试性工作按预定的程序进行,并保证交付的装备及其组成部分达到规定的测试性要求。评审结论是转阶段决策的重要依据之一。

测试性评审主要包括订购方内部的测试性评审和按合同要求对承制方、转承制方进行的测试性评审;测试性设计评审是承制方、转承制方和供应方内部进行的测试性评审。这些评审应尽可能与维修性评审协调进行。

测试性定量、定性要求和测试性工作项目要求是订购方内部测试性评审的重要内容。测试性定量、定性要求评审应与相关特性的要求评审结合进行,并尽可能与系统要求审查(见 GJB 3273 或本书 3.2 节)结合进行。

承制方应对合同要求的正式测试性评审和内部进行的测试性评审做出安排,制定详细的评审计划。评审计划应包括评审点的设置、评审内容、评审类型、评审方式及评审要求等。评审计划应经订购方认可。

测试性设计评审的目的是保证所选定的设计和试验方案、实施进度与测试性要求的一致性。研制期间应及时、不断地进行评审。随着设计的进展,评审的间隔时间可适当延长。订购方和承制方都应把测试性设计评审作为阶段决策的重要依据。

GJB/Z 72—1995《可靠性维修性评审指南》提供了装备可靠性与维修性评审的通用要求、内容、方法和程序,适用于有可靠性维修性要求的装备的论证、方案、工程研制、设计定型和生产定型各阶段。生产和使用过程也可参照使用。其中也含有测试性评审的相关内容。

10.2 论证阶段测试性评审

10.2.1 评审目的

审查初始测试方案、测试性要求、测试性计划编制工作的过程和结果的正确性、合理性、协调性、可行性。

10.2.2 评审时机

一般在论证阶段后期,应与相关特性的要求评审结合进行,并尽可能与系统要求审查结合进行。

10.2.3 评审文件

论证阶段测试性评审文件主要包括：
a) 初始诊断方案；
b) 测试性定性定量要求；
c) 测试性工作项目要求；
d) 测试性计划。

10.2.4 评审依据

论证阶段测试性评审依据主要包括：
a) 批复的主要战术技术指标和使用要求；
b) GJB 368B—2009《装备维修性工作通用要求》；
c) GJB 450A—2004《装备可靠性工作通用要求》；
d) GJB 900A—2012《装备安全性工作通用要求》；
e) GJB 1371—1992《装备保障性分析》；
f) GJB 1909A—2009《装备可靠性维修性保障性要求论证》；
g) GJB 2547A—2012《装备测试性工作通用要求》；
h) GJB 3207—1998《军事装备和设施的人机工程要求》；
i) GJB 3273—1998《研制阶段技术审查》；
j) GJB 3872—1999《装备综合保障通用要求》；
k) GJB/Z 72—1995《可靠性维修性评审指南》。

10.2.5 评审内容

论证阶段测试性评审的主要内容见GJB 2547A—2012附录A(补充件)A5。

> A.5.2.4.4.1 论证阶段
> a) 装备初步测试性要求确定的依据；
> b) 相似装备(产品)测试性水平分析；
> c) 现役装备测试性存在的问题及其确定的依据；
> d) 测试性指标验证方案的设想。

10.2.6 评审结论

论证阶段测试性评审意见示例：
测试性指标经充分论证，与可靠性、维修性、保障性、安全性、性能和费用等进行了初步的综合权衡分析,与国内外同类产品相比属于先进水平,测试性工作项目合理可行,试验验证要求明确。

评审组同意×××(产品名称)测试性要求通过评审。

10.3 方案阶段测试性评审

10.3.1 评审目的

评审测试性研制方案与技术途径的正确性、可行性、经济性和研制风险。评审结论为是否转入工程研制阶段提供重要依据之一。

10.3.2 评审时机

测试性工作计划宜在方案阶段早期进行评审。计划的执行情况以及测试方案一般在方案阶段后期进行评审。

10.3.3 评审文件

方案阶段测试性评审文件主要包括:
a) 测试性工作计划;
b) 测试性模型;
c) 测试性分配;
d) 测试性预计;
e) 故障模式、影响及危害性分析;
f) 测试性设计准则;
g) 固有测试性设计和分析。

10.3.4 评审依据

方案阶段测试性评审依据主要包括:
a) 批复的主要战术技术指标和使用要求;
b) 研制总要求、技术协议书和/或研制合同;
c) GJB 368B—2009《装备维修性工作通用要求》;
d) GJB 450A—2004《装备可靠性工作通用要求》;
e) GJB 900A—2012《装备安全性工作通用要求》;
f) GJB 1371—1992《装备保障性分析》;
g) GJB 1909A—2009《装备可靠性维修性保障性要求论证》;

h) GJB 2547A—2012《装备测试性工作通用要求》；
i) GJB 3207—1998《军事装备和设施的人机工程要求》；
j) GJB 3273—1998《研制阶段技术审查》；
k) GJB 3872—1999《装备综合保障通用要求》；
l) GJB/Z 72—1995《可靠性维修性评审指南》。

10.3.5 评审内容

方案阶段测试性评审的主要内容如下：
a) 评审所选择的诊断方案对战备完好性、寿命周期费用、人力和培训的影响；
b) 对嵌入式诊断和外部诊断(包括性能监测、BIT 和脱机测试、维修辅助手段等)的性能要求及约束条件进行评审以保证它们是完整的和一致的；
c) 对设计所选用的测试性技术进行评审，确认所使用的设计指南或程序。说明将采用的所有测试性分析程序或自动化工具；
d) 装备测试性及其工作项目要求的科学性和合理性；
e) 装备测试性要求是否符合装备诊断方案，诊断约束是否正确；
f) 是否按照测试性工作项目要求制定并落实测试性工作计划；
g) 测试性设计准则和加权因子的选取原则的正确性和合理性；
h) 测试性验证试验方案；
i) 测试性组织机构的落实情况。

10.3.6 评审结论

方案阶段测试性评审意见示例：

测试性工作计划对 GJB 2547A—2012 及相应的行业标准进行了合理剪裁，规定的工作项目与其他研制工作相互协调，并已纳入型号研制综合计划；修订、完善了装备测试性定性定量要求，制定了测试性设计准则，系统科学、全面实用；进行了测试性指标的分解与分配，方法正确、结果合理；对初始测试方案进行了修改细化和优化，提出的测试方案对各要素考虑全面充分，内容完整准确，避免了现役装备存在的测试性缺陷，符合部队实际。

评审组同意×××(产品名称)测试工作计划和测试性方案通过评审。

10.4 工程研制阶段测试性评审

10.4.1 评审目的

审查装备测试性设计与分析工作实现的程度及其过程与结果的正确性、合理性。

10.4.2 评审时机

承制方宜在工程研制阶段适时多次安排内部评审和专题评审。合同评审宜在本阶段后期进行。

10.4.3 评审文件

工程研制阶段测试性评审文件主要包括：
a）测试性计划执行情况；
b）测试性工作计划执行情况；
c）对承制方、转承制方和供应方的监督和控制情况；
d）测试性数据收集、分析和管理；
e）测试性增长管理；
f）测试性预计；
g）测试性信息；
h）测试性设计；
i）固有测试性设计和分析；
j）诊断设计；
k）测试性核查；
l）测试性验证试验。

10.4.4 评审依据

工程研制阶段测试性评审依据主要包括：
a）批复的主要战术技术指标和使用要求；
b）研制总要求、技术协议书和/或研制合同；
c）GJB 368B—2009《装备维修性工作通用要求》；
d）GJB 450A—2004《装备可靠性工作通用要求》；
e）GJB 900A—2012《装备安全性工作通用要求》；
f）GJB 1371—1992《装备保障性分析》；
g）GJB 1686A—2005《装备质量信息管理通用要求》；
h）GJB 1775—1993《装备质量与可靠性信息分类和编码通用要求》；
i）GJB 1909A—2009《装备可靠性维修性保障性要求论证》；
j）GJB 2547A—2012《装备测试性工作通用要求》；
k）GJB 3207—1998《军事装备和设施的人机工程要求》；
l）GJB 3273—1998《研制阶段技术审查》；

m) GJB 3872—1999《装备综合保障通用要求》；

n) GJB/Z 72—1995《可靠性维修性评审指南》。

10.4.5 评审内容

工程研制阶段测试性评审的主要内容如下：

a) 测试性建模、分配、预计、FMECA 等的分析报告；

b) 测试性工作计划实施的情况；

c) 测试性设计基础的故障模式数据的充分程度，评估测试性与 FMECA 数据接口的一致性；

d) 评审测试性设计准则的符合程度，确定阻碍全部实施测试性设计准则的技术限制或费用考虑因素；

e) BIT 硬件研制、BIT 软件和任务软件开发工作之间的协调情况。评审 BIT 与操作人员和维修人员的接口；

f) 对用于度量 BIT 故障检测和故障隔离的方法进行评审，确认所使用的模型及其假设，并确认用于自动测试生成和测试性评价的方法；

g) 评审 BIT 故障检测和故障隔离的水平以确定是否满足要求。对通过改进测试性或重新设计产品以提高 BIT 水平的工作进行评审。评估测试性与维修性数据的符合性；

h) 评审测试点信号特征与所选择的测试设备的兼容性。评估测试性与保障和测试设备特性之间数据接口的一致性；

i) 对嵌入式诊断和外部诊断（包括性能监测、BIT 和脱机测试等）性能的完整性和一致性进行评审；

j) 对由新的故障模式、测试无效、模糊度和测试容差不协调造成的问题的识别、确定和解决的方法进行评审；

k) 对监控生产试验和现场维修活动的方法进行评审以确定故障检测和故障隔离的有效性；

l) 对工程更改建议对诊断能力的影响的评价计划进行评审。

在研制过程中应对系统或设备的固有测试性进行分析评价，固有测试性核对表如下：

1　一般要求

　　a) 测试性设计和主设备设计是否同步进行？

　　b) 测试点选择、设计和测试划分是否在系统布局和组装中起到重要作用？

　　c) 故障模式及影响分析是否已进行过？它是否作为测试性分析的一部分？

d) BIT(机内测试)/BITE(机内测试设备)和 ATE(自动测试设备)分析和故障模拟是否用于评价测试设备设计的覆盖范围？

e) 测试性设计方法是否随着从分析和测试经验中所得到的信息的增多而不断改进？

f) 是否已经进行了修理级别分析？

g) 在各维修级别上，对每个 UUT(被测单元)是否已确定了如何使用 BITE、ATE 和通用电子测试设备来进行故障检测和故障隔离？

h) 计划的测试自动化程度与维修技术人员的能力是否一致？

i) 对每个 UUT，测试性设计的水平是否与修理级别、各种测试手段组合及决策自动化的程度相符合？

j) 对 BITE 和 ETE(外部测试设备)设计的进展是否加以监控和评价？在研制计划中是否分配了足够的时间和资金用于考验 BITE 和 ETE 设备的效能？在生产过程中是否使用了检测设备来考核产品？

k) 是否进行了综合诊断设计，使故障检测率达到 100%？

l) 各维修级的测试容差是否建立了锥状容差：基地级容差范围最狭，基层级最宽？

2 测试数据

a) 时序电路的状态图是否能识别无效序列和不确定的输出？

b) 如果使用了计算机辅助设计，计算机辅助设计的数据是否能有效地支持测试生成过程和测试评价过程？

c) 对设计中使用的大规模集成电路，是否有足够的数据准确地模拟大规模集成电路并产生高置信度的测试？

d) 对计算机辅助测试生成，是否有可利用的软件使得在程序能力、故障模拟、元件库和测试响应数据处理方面能满足要求？

e) 系统设计工程师是否根据测试设计者的意图和原理的阐述将测试性特性包含在测试要求文件中？

f) 每个主要的测试是否都有测试流程图？测试流程图是否仅限于少数几张图表？图表之间的连接标志是否清楚？

g) UUT 中每个信号的容差范围是否已知？

h) 输出显示是否符合人机工程分析的结果，以确保用最适用的形式为用户提供要求的信息？

i) 用户是否对输出格式满意；已格式化的输出是否可以用于数据的采集或数据收集分析？

j) 在实验室里,通过引入故障所得到的性能是否与真实环境中所观测到的相一致?

3 嵌入式诊断(含 BIT、性能监测)设计

    a) 嵌入式诊断是否能识别 UUT 的当前状态及预测故障?

    b) 每个 UUT 内的嵌入式诊断是否能在测试设备的控制下执行?

    c) 组成嵌入式诊断的硬件、软件和固件的配置是否经过优化?

    d) 嵌入式诊断指示器的设计是否能在嵌入式诊断故障时给出状态指示和状态预测?

    e) 所设计的嵌入式诊断电路是否是可自测试的?

    f) 嵌入式诊断是否有保存联机测试数据的方法,用来分析维修环境中不能复现的间歇故障和运行故障?

    g) 测试程序集(TPS)是否设计成能利用嵌入式诊断能力?

    h) 预计的嵌入式诊断电路的故障率是否在 10% 的 UUT 故障率范围内?

    i) 嵌入式诊断电路引起的附加重量是否在 30% 范围内?

    j) 嵌入式诊断电路引起体积的增加是否在 30% 范围内?

    k) 嵌入式诊断电路引起的附加功耗是否在 30% 范围内?

    l) 嵌入式诊断电路所需增加的元件数量是否在 10% 范围内?

    m) 是否按相对故障率和功能关键性给每个 UUT 分配适当的嵌入式诊断能力?

    n) 根据使用情况需要进行修改的嵌入式诊断门限值是否存放在软件或存在易于调整的固件中?

    o) 为了尽量减少虚警,嵌入式诊断数据是否利用滤波和表决等方法进行了处理?

    p) 嵌入式诊断提供的数据是否满足系统使用和维修人员的不同需要?

    q) 是否给嵌入式诊断置信水平测试和诊断软件留有足够的存贮空间?

    r) 嵌入式诊断软件是否有足够的检测硬件错误的能力?

    s) 在确定每个参数的嵌入式诊断门限值时,是否考虑了每个参数的统计分布特性、嵌入式诊断测量误差,最佳的故障检测和虚警特性?

    t) 是否(通过 FMEA)确定了系统工作和用户要求性能监测的功能?

    u) 是否已把机械系统状态监测及战斗损伤监控功能与其他性能监测功能结合起来?

    v) 是否设置非电系统的监测点或监测窗?

4 传感器

a) 传感器的选择是否考虑了工作环境的适应性?
b) 为提高动态数据的带宽,传感器是否放在尽量靠近测量敏感点的位置?
c) 是否考虑了测试介质和敏感元件之间的热惯性(滞后)?
d) 是否建立了校准程序?
e) 所选用的传感器是否具有快速、一致性且可重复的响应?
f) 传感器是否可以在不干扰或不增加被测系统的负荷下工作?
g) 传感器的电气或数据接口是否与采集系统的接口或总线兼容?
h) 是否对传感器进行了优选,以便在提高性能、可靠性的同时,实现小型化、智能化?
i) 传感器是否具有 BIT 或其他自测试功能?
j) 传感器是否适应远程数据传输,而不减低信噪比或误码率?

5 测试点

a) 各测试点是否尽可能都位于前面板上?
b) 在使用状态时,各外部测试点的可达性是否都得到了保证?
c) 测试点是否按照可达性和方便的测试顺序组合的?
d) 每一测试点上是否对相应的名称或符号进行了标记?
e) 每一测试点是否都标有应测试的信号和容许范围?
f) 各测试点是否标明了输出的内容?
g) 所有测试点的颜色标志是否容易辨别?
h) 各测试点是否按照该系统的测试计划设置的?
i) 所用的测试的插头是否采用了快卸式测试连接器?
j) 各个测试点的位置是否靠近有关的控制器和显示器?
k) 在调整步骤中,所用的每一测试点是否对应有一个调整控制器?
l) 在操纵对应的控制器时,该测试点是否有给出明确信号指示的手段?
m) 各测试点的布局是否能使操作、维修人员在操纵有关控制器的同时读取显示器上的信号?
n) 是否设置了直接检查所有可更换件的测试点?
o) 如果未设置标准的测试点时,接线盒中的电缆是否作扇形展开以便检查?
p) 各测试点的设计布局是否与各级维修技术水平相适应而不是随意配置的?
q) 各测试点是否按照各相联的部件进行编号,以便指明在故障电路中故障的所在位置?

r) 内部测试点是否在不拆卸模块和元器件的情况下就可达到？

s) 各测试点的布局是否能减少寻找时间（靠近主要通道口，组合，适当标志，靠近从操作位置能观察到的主要面等）？

t) 凡需要使测试探头停留在上面的测试点是否配有夹具，以使维修人员不需要握住探头？

u) 凡无法使用标准携带式测试设备的装备是否采用了内部测试？

v) 一些日常例行测试的点是否不需要人员离开舱室就能测试？

w) 所有测试点是否有适当的防护、照明并便于达到？

x) 测试点是否经过优化设计？

6 电子功能结构设计

a) 为了便于识别，印刷电路板上的元件是否按标准的座标网格方式布置？

b) 元件之间是否留有足够的空间，允许插入与测试有关的夹子和测试探针？

c) 所有元件是否都按同一方向排列（如所有插座的 1 号插针是否都在相同方向）？

d) 连接电源、接地、时钟、测试和其他公共信号等的插针是否都位于连接器的标准（固定）位置？

e) 边缘连接器或电缆连接器上的输入和输出信号插针的数目是否与所选择测试设备的输入和输出信号的能力相兼容？

f) 排列连接器插针时是否考虑到使由于相邻插针短路而引起的损坏程度最小？

g) 印制电路板的布局是否支持引导探针测试技术？

h) 为提高 ATE 对其连接装置的测试能力，设计中是否准备了测试连接器？

i) 输入、输出连接器和测试连接器上是否尽可能包括了电源和接地线？

j) 测试时是否会影响涂镀层？

k) 设计中是否避免了对会降低测试速度的专用装置（例如专用冷却）的要求？

l) 每个 UUT 是否都有清晰的标志？

7 电子功能的划分

a) 每个被测试的功能所涉及的全部元件是否都装在一块印制电路板上？

b) 如果一块印制电路板上有一个以上的功能，是否能按功能进行独立测试？

c) 在一个功能中的复杂数字电路和模拟电路能否进行单独测试？

d）测试需要的电源的类型和数目是否与测试设备相一致？
　　e）测试要求的激励源的类型和数目是否与测试设备相一致？
　　f）故障不能准确隔离的一组单元是否放在同一封装内？

8　测试控制
　　a）是否使用连接器的空余插针将测试激励和控制信号从测试设备引到电路内部的节点？
　　b）是否能将电路迅速而容易地预置到一个已知的初始状态？
　　c）在设计上，冗余元件是否能进行独立测试？
　　d）是否能用测试设备的时钟信号断开印制电路板上振荡器和驱动所有的逻辑电路？
　　e）在测试模式下，是否能将长的计数链分成几段，每一段都能在测试设备控制下进行独立测试？
　　f）测试设备是否能将UUT在电气上划分成几个较小的易于独立测试的部分？
　　g）是否提供了把系统总线作为一个整体进行测试的措施？
　　h）是否能在测试设备控制下断开反馈回路？
　　i）在有微处理器的系统中，测试设备是否能访问数据总线、地址总线和重要的控制线？
　　j）在高扇入的节点（测试瓶颈）上是否设置了测试控制点？
　　k）是否为有高驱动能力要求的控制信号设置了输入缓冲器？
　　l）是否采用了如多路转换器和移位寄存器之类的有源器件，使测试设备能利用现有的输入插针控制需要的内部节点？

9　测试通路
　　a）是否使用连接器的备用插针将附加的内部节点数据传输给测试设备？
　　b）信号线和测试点是否设计成能驱动测试设备的容性负载？
　　c）是否提供了使测试设备能监控印制电路板上的时钟并与之同步的测试点？
　　d）是否采用了缓冲器和多路分配器保护那些因偶然短路而可能损坏的测试点？
　　e）为了与测试设备相兼容，UUT中的所有高电压在提供测试点观测之前，是否都按比例降低了？
　　f）测试设备测量的精度是否满足UUT的容差要求？

10 元器件选择

a) 元器件是否有刷新要求？如果有刷新要求，测试时，是否有足够的时钟周期保障动态器件的刷新？

b) 使用的元器件是否属于同一逻辑系列？如果不是，相互连接时，是否使用了通用的信号电平？

c) 是否尽可能地选用了故障模式已知的元器件？

d) 是否尽可能地选用了具有自检功能的元器件？

e) 是否尽可能地选用了具有边界扫描功能的元器件？

11 模拟电路设计

a) 必要情况下，每一级分立的有源电路是否引出一个测试点到连接器上？

b) 每个测试点是否经过适当的缓冲或与主信号通道隔离？

c) 是否禁止对生产产品进行多次、有互相影响的调整？

d) 不用其他 UUT 上的偏置电路或负载电路，电路的功能是否完整？

e) 所需与相位有关的或与时间相关的激励源的数量是否合理？

f) 对相位和时间要求测量的次数是否合理？

g) 要求的复杂调制测试或专用定时测试的数量是否合理？

h) 激励信号的频率是否与测试设备能力相一致？

i) 激励信号的上升时间或脉冲宽度是否与测试设备能力相一致？

j) 要测量的响应信号在频率上是否与测试设备能力相一致？

k) 测量时，响应信号的上升时间或脉冲宽度是否与测试设备能力相兼容？

l) 激励信号的幅值要求是否在测试设备的能力范围之内？

m) 测量时，响应信号的幅值是否在测试设备的能力范围之内？

n) 设计是否避免了外部反馈回路？

o) 设计是否避免使用温度敏感元件或对这些元件进行补偿？

p) 设计是否允许在没有散热条件下进行测试？

12 射频(RF)电路设计

a) 发射机输出端是否有定向耦合器或使用了类似的信号敏感/衰减技术，用于 BIT 或脱机测试监控，或者两者都用？

b) 如果射频发射机使用脱机 ATE 测试的话，是否进行了适当地测试安装(微波暗室)设计，以便在规定的频率和功率范围内安全地测试所有产品？

c) 为准确模拟要测试的所有射频信号负载要求，在脱机 ATE 或者 BIT 电路中是否使用了适当的终端负载装置？

d) 对测试射频 UUT 所需的全部射频激励和响应信号,在脱机 ATE 内是否提供了开关?

e) 为补偿由开关和电缆导致的测量数据误差,脱机 ATE 或 BIT 的诊断软件是否提供了调整 UUT 输入功率(激励)和补偿 UUT 输出功率(响应)的能力?

f) 射频 UUT 使用的信号频率和功率是否超出了 ATE 的激励和测量能力? 如果是这样,ATE 内是否使用了信号变换器,以使 ATE 和 UUT 兼容?

g) UUT 的 RF 测试输入和输出(I/O)接口部分,在机械上是否与脱机 ATE I/O 部分兼容?

h) UUT 和 ATE 的 RF 接口设计,能否使系统操作者不用专门工具就可迅速容易地连接和断开 UUT?

i) 射频 UUT 设计,能否不用分解就能完成任何组件或部件的修理或更换?

j) 是否为 UUT 校准提供了充分的测试性措施(可控性和可观测性)?

k) 是否建立了 RF 补偿调整程序和数据库,以便校准施加的所有激励信号和通过 BIT 或脱机 ATE(接到 RF)测量的所有响应信号?

l) 所有 RF 测试参数及其定量要求、在射频 UUT 接口处每个要测试的 RF 激励和响应信号,是否都明确地指出?

13 电光(EO)设备设计

a) 是否设有光学分离器和耦合器,以便不进行较大分解就可提供可达性?

b) 光学系统的功能配置,能否使得它们的有关的驱动电子部分可独立测试?

c) 预定的脱机测试安装方式是否有机械稳定性要求?

d) UUT 设计和安装是否已考虑了温度稳定性,以保证在整个正常工作环境中有一致的性能?

e) 为获得准确的光学读数(对准),是否有足够的机械稳定性和可控性?

f) 光纤设备是否设计了 BIT?

g) 轴线校准要求能否自动满足或取消(不需要校准)?

h) 是否有适当的滤光措施以达到光线衰减要求?

i) 在整个工作范围内光源是否提供了足够的动态特性?

j) 监控器是否有足够的灵敏度,以适应广泛的光强度范围?

k) 是否所有调制模型都能被仿真、激励和监控?

l) 测试程序的内部存储器能否测试灰色阴影的像素？

m) 不用较大的分解或重新排列，是否有到光学部件的通路？

n) 为聚焦和小孔成像，目标是否能自动控制？

o) 平行光管（准直仪）是否在它们整个运动范围内自动可调？

p) 是否有足够的行程，以满足多种测试应用？

14 数字电路设计

a) 电路是否设计成只包含同步逻辑电路？

b) 所有不同相位和频率的时钟是否都来自单一主时钟？

c) 所有存储器是否都用主时钟导出的时钟来定时（避免使用其他部件信号定时）？

d) 设计是否避免使用阻容单稳触发电路和避免依靠逻辑延时电路产生定时脉冲？

e) 对于多层印制电路板，主要总线的布局是否允许用电流探头或其他技术进行故障隔离？

f) 选择了不用的地址时，是否产生一个明确规定的错误状态？

g) 每个内部电路的扇出数是否低于预定值？

h) 每块印制电路板输出的扇出数是否低于预定值？

i) 在测试设备输入端时滞可能成为问题的情况下，印刷电路板的输入端是否有锁存器？

15 基于边界扫描的电路板设计

a) 边界扫描器件的选择

1) 选择的器件是否符合 IEEE1149.1 标准？

2) 所选器件的 JTAG 端口是否是双功能？

3) 所选器件是否支持 SAMPLE/PRELOAD、EXTEST 和 BYPASS 指令？

4) 所选器件的边界扫描描述语言（BSDL）文件是否有设计警告？

b) 扫描链路

1) 主测试存取通道（TAP）信号是否都直接连接到测试连接器？

2) 在任一测试级别，主 TAP 信号是否都能被测试设备访问？

3) 如果扫描链路经过多路转换器，测试设备是否能够控制多路转换器？

4) 扫描链路是否完整？

5) 如果存在多个主 TAP，测试设备是否支持对多个 TAP 同时测试？

6) TAP 连接器是否配置有接地插针？

7) 电路板是否配置了次级扫描链路,如果有,主 TAP 链路是否不应受次级扫描链路的影响?

c) 测试时钟(TCK)信号的完整性是否予以保证?

1) TCK 信号是否进行了缓冲?

2) TCK 信号是否上拉至合适的电平?

3) TCK 信号是否配置了合适的终端电阻?

4) 当 TCK 信号从 0 跳变到 1 时,TMS 信号是否稳定?

5) 测试模式选择(TMS)信号是否经过缓冲和上拉至合适的电平?

6) 测试数据输入(TDI)信号在输入至第一个设备之前是否经过缓冲和上拉至合适的电平?

7) 测试数据输出(TDO)信号在离开最后一个设备之后是否经过缓冲和配置终端电阻?

8) 测试复位(TRST*)是否可以受控于测试设备?

d) 兼容性

1) 如果存在非兼容的边界扫描设备,是否可以通过跳线,完成 TDI 到 TDO 通路,并通过跳线将 TMS 信号从该设备断开?

2) 检查 TCK 的频率与被测芯片的频率是否匹配?

3) 同一链路的 TCK 频率是否一致?

4) 是否可以对非边界扫描设备三态和双向信号进行控制?

5) 如果存在加电自检或程序引导电路,在进行边界扫描测试时,是否可以对其进行控制?

6) 边界扫描设备和非边界扫描设备是否存在冲突?

e) 非边界扫描 Memory 的连接

1) Memory 的地址、数据、控制脚是否与边界扫描器件相连?

2) Memory 的控制脚是否受边界扫描单元的控制?

3) 随机存储器(RAM)和边界扫描器件之间的缓冲器、锁存器等器件是否受边界扫描单元控制?

10.4.6 评审结论

工程研制阶段测试性设计评审意见示例:

测试性设计最终建立了测试性模型并根据设计变更等约束条件及时对模型进行了修改;对产品的测试性定量要求逐层分配到了规定的产品层次,并明确了各产品层次的测试性定量要求。贯彻了测试性设计准则,根据详细设计结果及确定的测试方案进行了测试性预计,结果满足规定的指标要求;进行了测试性验证试验,对发现的测试性缺陷和问题采取了有效的改正措施,测试性试验结果满足规定的要求;落实了测试性工作计划对本阶段规定的任务,能保证产品达到规定的测试性要求。

评审组同意×××(产品名称)测试性详细设计通过评审。

10.5 设计定型阶段测试性评审

10.5.1 评审目的

评审测试性验证结果与合同要求的符合性;验证中暴露的问题和故障分析处理的正确性与彻底性。评审结论为能否通过设计定型提供重要依据之一。

10.5.2 评审时机

测试性试验准备工作评审应在试验之前进行;其他评审宜在相应的定型阶段后期进行。

10.5.3 评审文件

设计定型阶段测试性评审文件主要包括:
a) 测试性验证试验方案和计划;
b) 测试性验证试验报告;
c) 测试性分析评价方案和报告;
d) 测试性分析评价报告。

10.5.4 评审依据

设计定型阶段测试性评审依据主要包括:
a) 批复的主要战术技术指标和使用要求;
b) 研制总要求、技术协议书和/或研制合同;
c) GJB 368B—2009《装备维修性工作通用要求》;
d) GJB 450A—2004《装备可靠性工作通用要求》;
e) GJB 900A—2012《装备安全性工作通用要求》;
f) GJB 1371—1992《装备保障性分析》;
g) GJB 1686A—2005《装备质量信息管理通用要求》;
h) GJB 1775—1993《装备质量与可靠性信息分类和编码通用要求》;

i) GJB 1909A－2009《装备可靠性维修性保障性要求论证》；

j) GJB 2547A—2012《装备测试性工作通用要求》；

k) GJB 3207—1998《军事装备和设施的人机工程要求》；

l) GJB 3273—1998《研制阶段技术审查》；

m) GJB 3872—1999《装备综合保障通用要求》；

n) GJB/Z 72—1995《可靠性维修性评审指南》。

10.5.5 评审内容

设计定型阶段测试性评审的主要内容见 GJB 2547A—2012 附录 A(补充件)A5。

a) 测试性设计准则符合的程度；
b) 测试性工作计划实施的情况；
c) 贯彻测试性设计准则并进行符合性检查；
d) 测试性验证试验中发现的问题及其解决的情况。

10.5.6 评审结论

设计定型阶段测试性评审意见示例：

按照测试性工作计划完成了规定的工作项目，设计定型测试性试验结果满足研制总要求和/或技术协议书的要求，研制过程中和设计定型试验过程中发生的测试性缺陷和问题已采取有效的改进措施，并全部落实到设计图样和技术文件，已通过归零审查。

评审组同意×××(产品名称)测试性通过评审。

10.6 生产定型阶段测试性评审

10.6.1 评审目的

确认装备批生产所有必需的资源和各种控制措施是否符合规定的测试性要求。评审结论为装备能否转入批生产提供重要依据之一。

10.6.2 评审时机

在生产定型评审时，应当鉴定或评审在批生产条件下装备测试性保证措施的有效性。

10.6.3 评审文件

生产定型阶段测试性评审提交评审的文件一般应包括下列测试性的内容：

a) 用户试用和生产定型试验的结果符合批准设计定型时的测试性的《测试性分析评价报告》；

b) 试验和试用中出现的测试性问题的分析及改进情况报告。

10.6.4 评审依据

生产定型阶段测试性评审依据主要包括：

a) 批复的主要战术技术指标和使用要求；
b) 研制总要求、技术协议书和/或研制合同；
c) 产品规范；
d) GJB 368B—2009《装备维修性工作通用要求》；
e) GJB 450A—2004《装备可靠性工作通用要求》；
f) GJB 900A—2012《装备安全性工作通用要求》；
g) GJB 1371—1992《装备保障性分析》；
h) GJB 1686A—2005《装备质量信息管理通用要求》；
i) GJB 1775—1993《装备质量与可靠性信息分类和编码通用要求》；
j) GJB 1909A—2009《装备可靠性维修性保障性要求论证》；
k) GJB 2547A—2012《装备测试性工作通用要求》；
l) GJB 3207—1998《军事装备和设施的人机工程要求》；
m) GJB 3273—1998《研制阶段技术审查》；
n) GJB 3872—1999《装备综合保障通用要求》；
o) GJB/Z 72—1995《可靠性维修性评审指南》。

10.6.5 评审内容

生产定型阶段测试性评审的主要内容包括：

a) 使用期间测试性信息收集计划；
b) 按计划收集的产品使用期间的测试性信息；
c) 使用期间测试性评价计划；
d) 使用期间测试性评价；
e) 使用期间测试性改进建议；
f) 使用期间测试性改进方案；
g) 使用期间测试性改进项目报告。

10.6.6 评审结论

生产定型阶段测试性评审意见示例：

按照测试性工作计划完成了规定的工作项目，已将产品的测试性设计特性全部反映在产品规范和图样及质量保证要求上，使用过程中和生产定型试验过程中未出现测试性问题（或出现的测试性问题已完成归零，改正措施已全部落实到生产图样和技术文件），生产定型测试性试验结果满足产品规范的要求。

评审组同意×××（产品名称）测试性通过评审。

第11章 保障性评审

11.1 概　　述

11.1.1 基本概念

GJB 451A—2005《可靠性维修性保障性术语》规定了有关可靠性、维修性和保障性的常用术语及其定义,适用于军用产品的可靠性、维修性和保障性的有关工作。

保障性是指装备的设计特性和计划的保障资源满足平时战备完好性和战时利用率要求的能力。

软件保障性是指软件所具有的能够和便于维护、改进、升级或其他更改和供应等的能力。

部署性是指装备系统满足作战部署要求的能力。它取决于装备的特性和保障方案、所需保障资源的特性和运送方法,用所部署的装备和(或)保障资源的运输要求、安装和操作设备所需人员数量等来度量。

综合保障是指在装备的寿命周期内,综合考虑装备的保障问题,确定保障性要求,影响装备设计,规划保障并研制保障资源,进行保障性试验与评价,建立保障系统等,以最低费用提供所需保障而反复进行的一系列管理和技术活动。

综合保障要素是指综合保障的各组成部分,一般包括:规划保障;人力与人员;供应保障;保障设备;技术资料;训练与训练保障;计算机资源保障;保障设施;包装、装卸、贮存和运输;设计接口等。

规划保障是指从确定装备保障方案到制定装备保障计划的工作过程。包括规划使用保障和规划维修。

人力与人员是指平时和战时使用与维修装备所需人员的数量、专业及技术等级。

供应保障是指规划、确定、采购、贮存、分发并处置备件、消耗品的过程。

保障设备是指使用与维修装备所需的设备,包括测试设备、维修设备、试验设备、计量与校准设备、搬运设备、拆装设备、工具等。

技术资料是指使用与维修装备所需的说明书、手册、规程、细则、清单、工程图样等的统称。

训练与训练保障是指训练装备使用与维修人员的活动与所需的程序、方法、技术、教材和器材等。

　　计算机资源保障是指使用与维修装备中的计算机所需的设施、硬件、软件、文档、人力和人员。

　　保障设施是指使用与维修装备所需的永久性和半永久性的建筑物及其配套设备。

　　包装、装卸、贮存和运输是指为保证装备及其保障设备、备件等得到良好的包装、装卸、贮存和运输所需的程序、方法和资源等。

　　设计接口是指包含有关保障的设计要求（如可靠性、维修性等）与战备完好性要求和保障资源要求之间的相互关系。

　　保障系统是指使用与维修装备所需的所有保障资源及其管理的有机组合。

　　使用方案是指对装备预期的任务、编制、部署、使用、保障及环境的描述。

　　保障方案是指保障系统完整的总体描述。它由一整套综合保障要素方案组成，满足装备功能的保障要求，并与设计方案及使用方案相协调。

　　保障计划是指装备保障方案的详细说明。它涉及综合保障每个要素，并使各要素之间相互协调，其内容可涉及硬件的较低约定层次，并提供比保障方案更具体的维修级别的任务范围。一般包括使用保障计划和维修保障计划。

　　保障资源是指使用与维修装备所需的硬件、软件与人员等的统称。

　　软件保障是指为保证投入使用的软件能持续完全地保障产品执行任务所进行的全部活动。

　　基准比较系统是指与新研系统的设计、使用及保障特性最为接近的现有系统或由现有不同系统的有关分系统组合而成的系统。

　　初始部署保障是指在装备开始部署到形成初始作战能力的过程中所开展的各项初始保障工作。

　　GJB 1909A—2009《装备可靠性维修性保障性要求论证》给出了下述术语定义。

　　RMS参数是指装备可靠性维修性保障性的度量。其要求的量值称为装备可靠性维修性保障性指标。

　　RMS使用参数是指反映装备任务需求的可靠性维修性保障性参数。其要求的量值称为RMS使用指标，它受产品设计、制造、安装、环境、使用、维修等的综合影响。

　　RMS合同参数是指在合同或研制总要求中表述对装备的可靠性维修性保障性要求的参数。其要求的量值称为RMS合同指标，它只受合同规定条件的影响。

目标值是指用户期望装备达到的使用指标。

门限值是指完成作战任务(即满足使用要求)装备所应达到的最低使用指标。

规定值是指用户期望达到的合同指标。

最低可接受值是指要求装备应达到的合同指标,是装备定型考核或验证的依据。

11.1.2 保障性参数

保障性参数可分为以下 3 类:系统战备完好性参数,如使用可用度、能执行任务率等;保障性设计特性参数,包括可靠性参数、维修性参数、测试性参数;保障系统及其资源参数,如平均保障延误时间、平均管理延误时间、保障设备利用率、保障设备满足率、备件利用率、备件满足率等。

保障性设计特性参数在相关章节分别介绍,下面主要介绍系统战备完好性参数和保障系统及其资源参数。

1. 系统战备完好性参数

a) 使用可用度

使用可用度是指装备在规定的条件下,在要求使用时间内的任意时刻能完好使用的概率。它是与能工作时间和不能工作时间有关的一种可用性参数。一种度量方法为产品的能工作时间与能工作时间、不能工作时间的和之比。其计算公式为

$$A_O = \frac{T_O + T_S}{T_O + T_S + T_{CM} + T_{PM} + T_D}$$

式中 T_O——工作时间;

T_S——待命时间(能工作不工作时间);

T_{CM}——修复性维修时间;

T_{PM}——预防性维修时间;

T_D——管理和保障延误时间。

b) 能执行任务率

能执行任务率是指装备在规定的期间内至少能够执行一项规定任务的时间与其由作战部队控制下的总时间之比。它为能执行全部任务率与能执行部分任务率之和。

c) 出动架次率

在规定的使用及维修保障方案下,每架飞机每天能够出动的次数,也称单机出动率或战斗出动强度。其计算公式为

$$A_O = \frac{T_{FL}}{T_{DU} + T_{GM} + T_{TA} + T_{CM} + T_{PM} + T_{AB}}$$

式中　T_{FL}——飞机每个日历时间的小时数，一般取 24h 或 12h；
　　　T_{DU}——飞机平均每次任务时间(h)；
　　　T_{GM}——飞机平均每次任务地面滑行时间(h)；
　　　T_{TA}——飞机再次出动准备时间(h)；
　　　T_{CM}——飞机每出动架次的平均修复性维修时间(h)；
　　　T_{PM}——飞机每出动架次的平均预防性维修时间(h)；
　　　T_{AB}——飞机每出动架次的平均战斗损伤修理时间(h)。

2. 保障系统及其资源参数

a) 平均保障延误时间

平均保障延误时间是在规定的时间内，保障资源延误时间的平均值。其计算公式为

$$T_{MLD} = \frac{T_{LD}}{N_L}$$

式中　T_{LD}——保障延误总时间；
　　　N_L——保障事件总数。

b) 平均管理延误时间

平均管理延误时间是在规定的时间内，管理延误时间的平均值。其计算公式为

$$T_{MAD} = \frac{T_{AD}}{N_L}$$

式中　T_{AD}——管理延误总时间；
　　　N_L——保障事件总数。

c) 保障设备利用率

保障设备利用率是指在规定的时间周期内，实际使用的保障设备数量与该级别实际拥有的保障设备总数之比。其计算公式为

$$R_{SEU} = \frac{N_{EU}}{N_{TE}}$$

式中　N_{EU}——该维修级别保障设备实际使用数；
　　　N_{TE}——该维修级别拥有的保障设备数。

d) 保障设备满足率

保障设备满足率是指在规定的维修级别及规定的时间内，能提供使用的保障设备数与需用的保障设备数之比。其计算公式为

$$R_{SEF} = \frac{N_{EA}}{N_{EN}}$$

式中 N_{EA}——该维修级别能够提供使用的保障设备数；

N_{EN}——该维修级别实际需要的保障设备数。

e）备件利用率

备件利用率是指在规定的时间周期内，实际使用的备件数量与该级别实际拥有的备件总数之比。其计算公式为

$$R_{SU} = \frac{N_{SU}}{N_{SA}}$$

式中 N_{SU}——该维修级别备件的实际使用数；

N_{SA}——该维修级别拥有的备件数。

f）备件满足率

备件满足率是指在规定的维修级别及规定的时间内，在提出备件需求时，能提供使用的备件数与需求的备件数之比。通常考虑基层级备件满足率。其计算公式为

$$R_{SF} = \frac{N_{SA}}{N_{SN}}$$

式中 N_{SA}——该维修级别能提供使用的备件数；

N_{SN}——该维修级别实际需要的备件数。

11.1.3 保障性工作项目

GJB 3872—1999《装备综合保障通用要求》规定了装备寿命周期综合保障的要求和工作项目，适用于新研装备和重大改型装备。

GJB 3872—1999 没有像 GJB 450A—2004《装备可靠性工作通用要求》、GJB 368B—2009《装备维修性工作通用要求》、GJB 2547A—2012《装备测试性工作通用要求》、GJB 900A—2012《装备安全性工作通用要求》那样给出一个推荐的工作项目应用矩阵。通过初步分析，建议按照表 11.1 开展综合保障工作。

表 11.1 综合保障工作项目应用矩阵

GJB 3872 条款编号	工作项目名称	论证阶段	方案阶段	工程研制与定型阶段	生产与使用阶段
5.1.1	制定综合保障计划	√	√	√	√
5.1.2	制定综合保障工作计划	△	√	√	√
5.1.3	综合保障评审	√	√	√	√
5.1.4	对转承制方和供应方的监督与控制	×	√	√	√

(续)

GJB 3872 条款编号	工作项目名称	论证 阶段	方案 阶段	工程研制 与定型 阶段	生产与 使用 阶段
5.2.1	规划使用保障	×	√	√	△
5.2.2	规划维修	×	√	√	△
5.2.3	规划保障资源	×	√	√	△
5.3.1	研制保障资源	×	√	√	√
5.3.2	提供保障资源	×	×	√	√
5.4	装备系统的部署保障	×	△	√	√
5.5.1	保障性设计特性的试验与评价	×	×	√	√
5.5.2	保障资源试验与评价	×	×	√	√
5.5.3	系统战备完好性评估	×	×	√	√

注：√表示适用；△表示可选用；×表示不适用。

11.1.4 保障性评审要求

综合保障评审是指在装备的寿命周期内，为确定综合保障活动进展情况或结果而进行的评价或审查。

综合保障评审的目的是，通过审查和评价订购方、承制方及转承制方的综合保障工作情况，以确定装备寿命周期内所开展的综合保障活动是否符合规定要求，为装备研制、生产和部署决策提供依据。

GJB/Z 147—2006《装备综合保障评审指南》规定了装备综合保障评审的一般原则、内容和要求，适用于装备论证、方案、工程研制、定型、生产、部署和使用阶段的装备综合保障评审。

订购方和承制方在装备论证、方案、工程研制、定型、生产、部署和使用阶段，应按照有关文件或合同规定，按预定的程序与要求进行装备综合保障评审，评审结论应作为转阶段决策的重要依据。

订购方应在装备综合保障计划中明确提出装备综合保障评审的要求及安排；承制方应在所制定的综合保障工作计划中明确规定综合保障评审计划的各项内容，明确需评审的项目、目的、内容、主持单位、参加人员、评审时间、判据、评审意见处理等方面的要求和安排，在综合保障评审计划中应明确对转承制方的评审要求。

在装备研制、生产和部署过程中，订购方和承制方在其内部应充分开展装备综合保障评审工作，发现问题及时解决。

装备综合保障评审包括合同评审和内部评审。合同评审是订购方对研制、生产合同中要求承制方所开占的装备综合保障工作进行的评审。内部评审是订购方或承制方内部对有关装备综合保障工作进行的评审。

在装备的寿命周期内，应与GJB 3273—1998《研制阶段技术审查》规定的研制阶段技术审查以及可靠性、维修性、测试性工作评审相结合进行综合保障评审；订购方与承制方还可根据需要，对装备保障方案、保障计划以及保障资源等评审项目进行专题评审。

装备综合保障评审指南应与GJB 3273—1998《研制阶段技术审查》、GJB 368B—2009《装备维修性工作通用要求》、GJB 450A—2004《装备可靠性工作通用要求》等标准规定的有关评审相协调，应尽可能结合进行，必要时可单独进行。

承制方应负责对转承制方和供应方的装备综合保障评审，应主持或参与重要或规定的转承制成品和供应产品的综合保障评审。

应按照综合保障评审实施计划以及所确定的检查单或检查项目进行评审。对检查单或检查项目中所提问题，应说明相应的依据、理由或提出相应的改进建议。

11.2 论证阶段保障性评审

11.2.1 评审目的

审查初始保障方案、保障性要求、综合保障计划编制工作的过程和结果的正确性、合理性、协调性、可行性。

11.2.2 评审时机

一般在论证阶段后期进行评审。

11.2.3 评审文件

主要包括：
a) 初始保障方案；
b) 保障性定性定量要求；
c) 综合保障计划。

11.2.4 评审依据

评审依据主要包括：

a) GJB 451A—2005《装备可靠性维修性保障性术语》；
b) GJB 1909A—2009《装备可靠性维修性保障性要求论证》；
c) GJB 3872—1999《装备综合保障通用要求》；
d) GJB/Z 147—2006《装备综合保障评审指南》；
e) GJB/Z 151—2007《装备保障方案和保障计划编制指南》；
f) 通用规范；
g) 作战任务、作战使用方案、使用要求及装备工作环境。

11.2.5 评审内容

本项评审的详细要求和内容参见 GJB/Z 147—2006 附录 A 的 A.1。

A.1.1　初始保障方案评审检查单

A.1.1.1　是否按照规定的程序与要求提出、编制了初始保障方案？

A.1.1.2　是否针对装备每一备选方案提出了满足其功能要求的备选保障方案？

A.1.1.3　初始保障方案提出的依据是否明确、充分、合理？

A.1.1.4　初始保障方案的提出是否符合规定要求？

A.1.1.5　初始保障方案的内容是否符合规定要求？

A.1.1.6　备选保障方案提出的依据是否明确、充分、合理？

A.1.1.7　备选保障方案的提出是否符合规定要求？

A.1.1.8　保障方案提出、权衡分析、编制的过程与方法是否符合规定要求？

A.1.1.9　是否明确了影响系统战备完好性和费用的关键因素并有控制措施？

A.1.1.10　是否已经清楚部队各种保障资源的现状？

A.1.1.11　是否明确提出了保障资源选用、研制的原则和要求？

A.1.1.12　是否进行了寿命周期费用初步分析或者提出保障费用限制的要求？

A.1.1.13　是否明确提出了初始保障与后续保障策略的要求？

A.1.1.14　是否对保障方式进行了分析和初步优化？

A.1.1.15　是否与现行保障系统进行了比较分析？分析结果是否可以接受？

A.1.1.16　对人力和人员、供应保障、保障设施、设备、训练保障、技术资料保障、包装、装卸、贮存和运输保障、计量保障及计算机资源保障的约束条件是否已经提出？

A.1.1.17　对新增加的保障资源及新增加的费用是否经过分析确认了其合理性？

A.1.1.18　是否充分考虑了利用部队现有的保障资源？

A.1.1.19　对装备各保障要素提出的要求是否与装备保障需求相适应？

A.1.2 保障性定性定量要求评审检查单

A.1.2.1 是否明确了每项作战任务所需要的保障需求?

A.1.2.2 是否明确了保障需求与现有保障资源及约束条件(含所需保障费用)的差距并提出了改进目标?

A.1.2.3 是否提出了保障性定性要求和定量要求?

A.1.2.4 保障性参数指标是否经过充分论证和确认?

A.1.2.5 是否将保障性定性要求和定量要求与功能、费用等因素进行了初步的综合权衡分析?能否满足作战、训练及贮存和运输等剖面的需求?

A.1.2.6 是否对保障性分析与设计工作提出了要求并进行了安排?

A.1.2.7 是否将保障性参数指标与国内外同类产品进行了对比?属于先进、一般或落后水平?

A.1.2.8 保障性定量和定性要求是否已经过作战和保障部门认可?

A.1.3 综合保障计划评审检查单

A.1.3.1 是否按照 GJB 3872 并结合型号装备的实际需要提出了装备综合保障要求?

A.1.3.2 综合保障计划内容是否符合有关要求?其工作项目的确定和经费、进度是否进行了权衡分析?

A.1.3.3 重要的保障性试验项目要求是否明确?其进度和经费是否合理?

A.1.3.4 是否已经安排综合保障工作机构,明确了职责并开始工作?

A.1.3.5 是否制定了装备部署保障计划和保障交接计划?

A.1.3.6 是否确定了装备的服役年限或寿命期限?

A.1.3.7 是否考虑了停产后的保障及退役报废处理的保障问题?

A.1.3.8 是否制定了装备现场使用评估计划?

A.1.3.9 综合保障计划是否与装备研制、使用及其他有关计划相协调?

A.1.3.10 综合保障计划是否明确区分了订购方和承制方各自应做的工作?订购方应完成的工作是否明确了工作内容、进度、负责单位等。计划中要求承制方完成的工作,是否规定了工作进度和要求?

A.1.3.11 综合保障计划是否明确规定了装备综合保障评审的要求及安排?是否对由订购方主持或订购方内部的评审明确了评审项目、目的、内容、主持单位、参加人员、评审时间、判据、评审意见处理等?

11.2.6 评审结论

评审意见示例：

按照规定的程序与要求提出了初始保障方案,依据明确充分,内容符合规定要求;提出的保障性指标经充分论证,与可靠性、维修性、测试性、安全性、性能和费用等进行了初步的综合权衡分析,满足作战、训练及贮存和运输等剖面的需求,与国内外同类产品相比属于先进水平;按照 GJB 3872 并结合型号实际需要提出了综合保障要求,综合保障计划内容符合有关要求;保障性工作项目合理可行,试验验证要求明确。

评审组同意×××(产品名称)保障性要求通过评审。

11.3 方案阶段保障性评审

11.3.1 评审目的

审查综合保障工作计划与综合保障计划的完整性、合理性、协调性和可行性;所确定的保障性要求的正确性、合理性、可行性;所提出的备选保障方案能否满足装备的功能要求以及与装备使用方案等方面的协调性。

11.3.2 评审时机

综合保障计划、综合保障工作计划宜在方案阶段早期进行评审。计划的执行情况以及保障方案和保障性定性定量要求一般在方案阶段后期进行评审。

11.3.3 评审文件

评审文件主要包括：

a) 综合保障计划;
b) 综合保障工作计划;
c) 保障方案;
d) 保障性定性定量要求。

11.3.4 评审依据

评审依据主要包括：

a) GJB 451A—2005《装备可靠性维修性保障性术语》;
b) GJB 1909A—2009《装备可靠性维修性保障性要求论证》;

c) GJB 3872—1999《装备综合保障通用要求》；

d) GJB/Z 147—2006《装备综合保障评审指南》；

e) GJB/Z 151—2007《装备保障方案和保障计划编制指南》；

f) 通用规范；

g) 研制总要求和/或技术协议书。

11.3.5 评审内容

本项评审的详细要求和内容参见 GJB/Z 147—2006 附录 A 的 A.2。

A.2.1 综合保障计划评审检查单

A.2.1.1 是否明确了装备的使用方案,使用环境以及作战使命、功能、主要性能指标和使用需求？

A.2.1.2 是否明确了装备的采购数量和部署要求？

A.2.1.3 是否明确了订购方综合保障工作机构的组成和职责？是否规定了综合保障管理组的构成、领导关系、职责及运行方式？

A.2.1.4 是否对订购方直接采购的设备的性能指标和软硬件接口规定了明确要求？

A.2.1.5 是否明确了装备研制过程中必须执行的主要法规和标准？

A.2.1.6 是否通过保障性分析确定了影响系统战备完好性的关键因素？

A.2.1.7 是否通过保障性分析确定了影响费用的关键因素？

A.2.1.8 是否对影响系统战备完好性、费用的关键因素进行了敏感性分析？

A.2.1.9 是否明确了在装备研制中对这些关键因素的控制要求和原则？

A.2.1.10 对工程研制阶段的保障性分析工作是否进行了合理的安排？

A.2.1.11 是否明确了工程研制阶段承制方保障性分析工作的输出要求和时间节点？

A.2.1.12 是否明确了规划保障的进度和输出要求？

A.2.1.13 是否对综合保障工作经费进行了预算和规划？

A.2.1.14 对论证阶段的综合保障计划进行内部评审时提出的问题和建议是否得到了圆满解决？有无遗留问题？本阶段应当补充和完善的内容是否已经补充和完善？

A.2.1.15 承制方对综合保障计划提出的合理建议是否已纳入计划？

A.2.2 综合保障工作计划评审检查单

A.2.2.1 承制方是否制定了综合保障工作计划？其格式是否符合有关要求？

A.2.2.2 是否明确了承制方综合保障工作机构的组成和职责？是否规定了综合保障管理组的构成、领导关系、职责及运行方式？

A.2.2.3 综合保障工作计划规定的工作项目和内容是否与可靠性、维修性等工作相协调？

A.2.2.4 是否列出了需要开展的保障性设计与分析工作？是否确定了保障性设计与分析工作项目，并明确由谁进行、职责、进度、输入输出要求？

A.2.2.5 列出的保障性设计与分析工作项目是否覆盖了综合保障计划规定的内容和范围？

A.2.2.6 是否针对综合保障计划中提出的影响系统战备完好性和费用的关键因素提出了控制和改进措施？

A.2.2.7 是否明确规定了装备综合保障评审的要求及安排？是否明确了评审项目、目的、内容、主持单位、参加人员、评审时间、判据、评审意见处理等？

A.2.2.8 是否制定了保障性试验与评价计划？试验和评价项目是否合适？试验与评价方法是否符合有关标准或规定？

A.2.2.9 是否明确了规划使用保障的工作程序、方法、职责、进度、中间成果和最终成果？

A.2.2.10 是否明确了规划维修的工作程序、方法、职责、进度、中间成果和最终成果？

A.2.2.11 是否确定了保障资源选择、确定及研制的原则和方法？

A.2.2.12 是否明确了需新研制或增加的重要保障资源？并提交订购方确认？

A.2.2.13 是否已经确定保障设备、设施等资源的初步需求？对长研制周期的保障设备是否着手或安排研制？

A.2.2.14 是否制定了现场使用评估计划？明确了评估的目的、时机、评估参数、评价准则、约束条件、数据收集方式、数据收集表格、传递方法和途径、数据的处理和利用以及所需的资源？

A.2.2.15 是否进行了综合保障工作的经费预算？预算结果是否合理？是否对工程研制阶段的装备综合保障经费进行了安排？

A.2.2.16 是否制订了初步的装备部署后的保障计划？其内容是否合理？

A.2.2.17 是否考虑了停产后的保障工作安排？是否提出了退役报废处理保障工作的建议？

A.2.2.18 是否明确了对转承制方和供应方的装备综合保障工作的监督与控制要求？

A.2.2.19 是否列出了综合保障工作的进度表？对综合保障工作实施过程是否有监督与控制措施？

A.2.2.20 是否考虑了综合保障与其他专业工程的协调问题？

A.2.3 保障方案评审检查单

A.2.3.1 是否对初始保障方案进行了修改细化和优化？

A.2.3.2 承制方提出的保障方案是否完整、全面？

A.2.3.3 是否通过保障性设计与分析确定了所需的保障资源？是否初步制定了装备保障计划？

A.2.3.4 是否初步预测了所需的使用、维修保障费用？能否满足订购方提出的费用约束条件？

A.2.3.5 使用方案是否充分考虑或者明确了以下问题？

 a) 装备动用准备方案及其所需的资源约束条件；
 b) 人员和人力需求的约束；
 c) 能源供应的约束；
 d) 使用、保障技术文件的编制要求；
 e) 装备运输方案，装备运输的主要手段以及相关约束条件；
 f) 操作、携带和运输检测设备及工具的要求；
 g) 与装备相匹配的运输设备(工具)的连接、装卸、使用要求；
 h) 充填加挂方案，及对充填加挂设备的约束条件；
 i) 弹药加挂和补充能力，及相匹配的弹药贮存、运输、供弹设备的要求；
 j) 装备贮存方案；
 k) 使装备合理和方便地贮存与保管的要求；
 l) 装备所需的场站、仓库、码头、放置场所等需长周期建设的设施的基本设计要求。

A.2.3.6 维修方案是否充分考虑了以下问题？

 a) 装备的测试诊断方案；
 b) 保障设备和检测设备的功能划分；
 c) 保障设备与装备的各种软硬件接口要求；
 d) 保障设备与装备之间的数据传输要求；
 e) 装备的维修级别划分，各维修级别的维修范围；
 f) 装备的维修原则；
 g) 各维修级别推荐使用的保障设备和保障设施的清单及主要性能等；
 h) 工具和设备的通用性和简易性的要求与措施；
 i) 维修技术文件的要求与措施；
 j) 维修人员的数量和技能要求；
 k) 战场抢修工具、设备和各种应急抢修措施；

l) 所需备件的品种和数量的约束；

m) 各维修级别所需的维修设施及设备的配置方案。

A.2.3.7 是否已经初步分析平时和战时装备使用与维修所需的人力和人员，并提出初步的人员配备方案？

A.2.3.8 是否明确了保障设备、备件、人力与人员、用户技术资料、训练与训练保障、计算机资源保障等保障资源规划的程序、方法、进度、中间成果和最终成果？

A.2.3.9 是否制定了供应保障所需的备件和消耗品的品种、数量确定的原则和方法？

A.2.3.10 是否已经确定保障设备（含计量保障所需设备）的初步需求？对长研制周期的保障设备是否着手或安排研制？

A.2.3.11 是否已经初步确定人员训练的需求？

A.2.3.12 是否已经提出初步的技术资料项目要求，编制了初步的技术资料配套目录？提出了技术资料编制要求？

A.2.3.13 是否已经确定了保障设施的初步需求？

A.2.3.14 是否已经明确了装备及其保障设备、备件对包装、装卸、贮存和运输保障的要求及约束条件？

A.2.3.15 是否已经提出初步的计算机资源保障需求？软件如何保障？

A.2.3.16 是否开始编制按合同规定要提交的资料？

A.2.4 保障性定性定量要求评审检查单

A.2.4.1 是否修订、完善了装备保障性定性、定量要求？

A.2.4.2 是否根据保障性定性要求制订了保障性设计准则？这些准则是否系统、科学、全面、实用？

A.2.4.3 保障性要求（包括定性要求和定量指标）是否完整、合理、可行？是否与其他指标或要求相协调？

A.2.4.4 保障性定量要求的含义是否明确？保障性参数及指标是否经过合理转换？

A.2.4.5 是否进行了保障性指标的分解与分配，分解与分配方法是否正确？分配结果是否合理？

A.2.4.6 保障性定性与定量要求是否与功能、研制进度和费用等进行了综合权衡？结果是否合理？

A.2.4.7 是否已经明确了对重要分承制装备的保障性定性、定量要求？分承制装备的保障性要求与主装备是否匹配？

A.2.4.8 是否明确了保障性定量要求的考核方法？并纳入相应的合同中？

A.2.4.9 保障性定性要求的考核方法是否明确？

11.3.6 评审结论

评审意见示例:

综合保障工作计划对 GJB 3872 及相应的行业标准进行了合理剪裁,规定的工作项目与其他研制工作相互协调,并已纳入型号研制综合计划;修订、完善了装备保障性定性定量要求,制定了保障性设计准则,系统科学、全面实用,并进行了保障性指标的分解与分配,方法正确、结果合理;进行了保障性分析,确定了影响系统战备完好性和费用的关键因素,并提出了对这些关键因素的控制要求和原则;明确了需新研制或增加的重要保障资源,提出了初步需求;对初始保障方案进行了修改细化和优化,提出的保障方案对各要素考虑全面充分,内容完整准确,避免了现役装备存在的保障性缺陷,符合部队实际。

评审组同意×××(产品名称)综合保障工作计划和保障方案通过评审。

11.4 工程研制阶段保障性评审

11.4.1 评审目的

审查装备保障性设计与分析工作实现的程度及其过程与结果的正确性、合理性;规划使用保障、规划维修工作及其结果的正确性、合理性、完整性和协调性。

11.4.2 评审时机

承制方宜在工程研制阶段适时多次安排内部评审和专题评审。合同评审宜在本阶段后期进行。

11.4.3 评审文件

评审文件主要包括:
a) 保障性设计与分析报告;
b) 保障资源规划;
c) 综合保障工作总结报告(工程研制阶段);
d) 保障计划;
e) 保障性试验与评价大纲。

11.4.4 评审依据

评审依据主要包括:

a) GJB 451A—2005《装备可靠性维修性保障性术语》；

b) GJB 1181—1991《军用装备包装、装卸、贮存和运输通用大纲》；

c) GJB 1378A—2007《装备以可靠性为中心的维修分析》；

d) GJB 1909A—2009《装备可靠性维修性保障性要求论证》；

e) GJB 2961—1997《修理级别分析》；

f) GJB 3872—1999《装备综合保障通用要求》；

g) GJB 4355—2002《备件供应规划要求》；

h) GJB 5238—2004《装备初始训练与训练保障要求》；

i) GJB 5432—2005《装备用户技术资料规划与编制要求》；

j) GJB/Z 72—1995《可靠性维修性评审指南》；

k) GJB/Z 147—2006《装备综合保障评审指南》；

l) GJB/Z 151—2007《装备保障方案和保障计划编制指南》；

m) 通用规范；

n) 研制总要求和/或技术协议书。

11.4.5 评审内容

本项评审的详细要求和内容参见 GJB/Z 147—2006 附录 A 的 A.3。

A.3.1 保障性设计与分析评审检查单

A.3.1.1 是否按照保障性设计准则进行了保障性设计？

A.3.1.2 是否按照综合保障工作计划规定和要求开展了各项保障性设计与分析工作？工作是否全面、深入？

A.3.1.3 保障性设计与分析的程序和方法是否科学、合理，符合有关标准等要求或规定？结果是否可信？

A.3.1.4 是否将保障性分析结果及时地按照要求进行了记录？分析记录是否规范符合有关要求？

A.3.1.5 是否对保障性指标分解与分配进行了必要的补充、修改？补充和修改是否合理？

A.3.1.6 运输性设计是否充分考虑了下列问题？

A.3.1.6.1 是否根据保障方案或要求制定了科学合理的装备运输的设计准则，并按此准则进行了装备设计？

A.3.1.6.2 装备的外形尺寸、质量能否用规定的运输工具进行装卸、运输？能否在规定的道路或空间等通行？

A.3.1.6.3 是否设置有固定在运输工具中所需的系紧点、加固设备并便于系紧和加固？

A.3.1.7 是否将以下保障问题纳入装备设计并制定了相应的设计准则？

A.3.1.7.1 人员上下或进出装备是否方便迅速？

A.3.1.7.2 装备停放、遮盖、拖拉、移动、固定、吊装是否方便？有无必需的挂钩、拉钩、突钮、固定钩、结索环、吊具接口或接头、支架、垫铁或垫木、防滑链（板）、牵引钢缆（绳）、移动滚轮等？整体吊装的部组件或装置是否标明了其质心的位置？操作人员维护装备是否方便？

A.3.1.7.3 有无必需的检查靶、清洗器材、校正仪、土木工具、加油机（枪）等附件、工具，其固定安装的位置是否便于人员存取？

A.3.1.7.4 装备保管、封存、启封、伪装是否符合规定要求？有无必需的防尘、防雨雪、防日晒、防雷电、防盗窃设计措施？

A.3.1.7.5 装备使用前（或再次出动）的准备工作能否满足使用或规定要求？

A.3.1.7.6 充填加挂弹药、导弹、燃油、润滑剂、气体、液体是否简便、迅速、安全、可靠（牢固）？检查其固定确实或数量达标的方法是否简便？

A.3.1.7.7 装备上的被测试单元与计划的测试设备是否匹配兼容？

A.3.1.7.8 装备及其保障装备、设备所用能源（如电源、液压源、气源等）是否符合规定要求（如使用自备能源、使用外接能源）？

A.3.1.7.9 所设计的装备能否按要求使用多种规格的燃油、润滑与防护油（剂）、液压、密封油液和气体？所使用的特殊规格燃油、润滑与防护剂、气体、液体的品种规格是否减至最少？

A.3.1.8 是否将装备及其保障设备、备件对包装、装卸、贮存和运输保障的要求及约束条件等纳入装备设计过程？

A.3.1.9 有关可靠性与维修性设计评审参见 GJB/Z 72。

A.3.2 保障资源规划与研制评审检查单

A.3.2.1 是否利用保障分析结果和规划保障的有关信息提出了平时和战时使用与维修装备所需的人员数量、技术等级和专业类型？承制方编制的人力和人员需求报告，是否得到订购方确认？

A.3.2.2 是否合理地优化了平时和战时所需的备件和消耗品的品种和数量？承制方编制的初始备件和消耗品清单是否得到订购方确认？

A.3.2.3 是否优化了保障设备配备方案？是否包括了战场抢修与抢救方面的需求？是否充分利用了现有保障设备？是否包括了软件保障所需设备？承制方编制的保障设备配套目录是否已经得到订购方确认？

A.3.2.4 是否确定了使用与保障人员必须具备的知识和技能？是否已经制定了各类人员初始训练计划和教材编写计划，并开始编写训练教材或编制完成？

承制方提出的研制和采购训练器材清单是否充分利用了现有训练条件并得到订购方确认？

A.3.2.5 训练设施是否已经建设或完成？培训老师是否已经有计划安排？

A.3.2.6 是否已经确定技术资料编配目录？是否根据有关标准和装备保障的实际需要编写了使用及维修保障所需的技术资料？所编写的技术资料是否适合和基层级、中继级各类人员使用需求并经过初步评审？

A.3.2.7 技术资料的内容和格式是否符合有关标准的规定？

A.3.2.8 订购方是否及时地按照有关规定和要求向订购方提出了新研设备或新建设施方面的需求？订购方是否确认并安排了设备研制，开展了设施建设？

A.3.2.9 各种专用保障设备是否已经完成样机研制？基层级、中继级使用的专用保障设备是否与相应的维修任务相适应？

A.3.2.10 是否已经展开保障设备等保障资源的筹措工作？长研制周期的保障设备或设施进度能否满足需求？费用是否合理、落实到位？

A.3.2.11 是否已经根据GJB 1181《军用装备包装、装卸、贮存和运输通用大纲》制定并实施了装备的包装、装卸、贮存和运输大纲？是否充分利用了现有的包装、装卸、贮存和运输方面的保障资源？

A.3.2.12 承制方提出的计算机资源保障需求是否满足订购方提出的约束条件？是否考虑了后续保障问题？能否满足后续保障需求？

A.3.2.13 是否对有关保障资源的合理性、有效性、经济性进行了进一步的分析、试验和评价？

需要评价的保障资源主要如下：

a) 人力和人员；
b) 供应保障；
c) 保障设备；
d) 训练和训练保障；
e) 技术资料；
f) 计算机资源保障；
g) 保障设施；
h) 包装、装卸、贮存和运输保障；
i) 计量保障。

A.3.2.14 附录B中有关检查内容。

A.3.3 综合保障计划执行情况评审检查单

A.3.3.1 综合保障工作机构职责是否认真履行职责？

A.3.3.2 订购方和承制方联合成立的综合保障管理组成员是否稳定？是否在正常开展工作？

A.3.3.3 是否对定型阶段的保障性试验与评价工作提出了明确的要求？

A.3.3.4 是否根据装备部署方案制定了部署保障计划？

A.3.3.5 部署保障计划中各种保障资源是否明确？

A.3.3.6 部署保障计划中各种保障资源的落实责任是否明确？是否有明确的进度要求？

A.3.3.7 是否根据装备的实际情况制定了保障交接计划？保障交接计划中对保障资源的交接方式、进度等是否明确？

A.3.3.8 是否制定了现场使用评估计划？是否明确规定了现场使用评估计划的目的、评估参数、数据收集和处理方法、评价准则、评估时机、约束条件等内容？是否明确了现场使用评估所需的各种资源？

A.3.3.9 是否对停产后保障工作进行了合理、具体的安排？

A.3.3.10 是否充分考虑了退役报废处理中的保障问题？

A.3.4 综合保障工作计划执行情况评审检查单

A.3.4.1 综合保障工作机构职责是否认真履行了职责？

A.3.4.2 承制方制定的综合保障工作计划是否得到订购方认可？经认可的综合保障工作计划是否得到严格执行？

A.3.4.3 是否对定型阶段的保障性试验与评价工作做出了明确的安排？

A.3.4.4 是否对部署保障工作进行了安排？

A.3.4.5 部署保障工作的安排与订购方综合保障计划中的相关内容是否协调？

A.3.4.6 是否对保障交接工作进行了安排？

A.3.4.7 保障交接工作的安排是否与订购方装备综合保障计划中的相关内容是否协调？

A.3.4.8 是否对停产后保障工作做出了明确的安排？

A.3.4.9 是否对退役报废处理的保障工作提出了明确的建议？

A.3.4.10 是否对转承制方和供应方参与定型阶段的综合保障工作做出了明确的安排？

A.3.5 保障计划评审检查单

A.3.5.1 是否针对每项使用任务明确了保障工作的程序、步骤和工作方法？

A.3.5.2 是否明确了对各种保障资源的要求？

A.3.5.3 是否明确了每一维修级别的维修工作内容和范围？

A.3.5.4 是否明确了各种预防性维修的时间、内容、程序、维修级别等？

A.3.5.5 是否针对各种修复性维修都明确了维修级别？

A.3.5.6 是否针对每项维修明确了维修工作程序？

A.3.5.7 是否明确了各种维修保障资源？

A.3.5.8 保障计划是否充分考虑了下列使用保障问题？

A.3.5.8.1 对装备的寿命剖面、任务剖面是否作了充分地研究？

A.3.5.8.2 是否充分考虑了装备的编配、使用方案(包括装备预计的使用年限、以及装备在各种作战任务中的作用和在各种天候自然条件下的使用方法)？

A.3.5.8.3 是否进行了充分的使用工作分析？

A.3.5.8.4 是否包括了装备在各种作战任务及自然环境条件下的使用保障需求及对策，并落实到装备设计中？

A.3.5.8.5 是否包括了装备动用准备、运输、贮存、诊断、充填加挂等方面的内容及安排？

A.3.5.9 保障计划是否充分考虑了下列维修保障问题？

A.3.5.9.1 是否合理地划分了维修级别，并确定各维修级别的维修范围？是否优化并确定了各维修级别的保障资源？维修级别设置及各级别的任务划分是否合理？是否考虑充分利用部队现有维修机构？

A.3.5.9.2 是否按GJB 1378《装备预防性维修大纲的制定要求与方法》制订了预防性维修大纲或计划？

A.3.5.9.3 是否按GJB 2961《修理级别分析》确定了装备及其组成部分是否进行修理？在何处修理？

A.3.5.9.4 是否对战场抢修、抢救进行了分析与设计？是否充分考虑了抢修、抢救所需的资源？

A.3.5.9.5 是否充分考虑了利用现有的维修资源(包括民用维修资源)？

A.3.5.9.6 是否建立在保障性分析的基础上？

A.3.5.9.7 是否包含了详细的计量保障工作安排？

A.3.5.9.8 是否经过权衡选优，有效性和经济性是否能够满足保障需求？

A.3.5.9.9 是否包括了软件保障工作安排？

A.3.6 保障性试验准备评审检查单

A.3.6.1 保障性试验前的各项准备工作是否明确？是否符合试验与评审计划要求？

A.3.6.2 是否详细规定进行试验的项目、目的、内容、主持单位、参加人员、试验时间、判据、统计表格、问题处理等方面的要求和安排？

A.3.6.3 是否明确了相关的单位、人员？

A.3.6.4 是否明确了进行试验的具体程序、方法和要求？

A.3.6.5 试验方案、程序、方法是否科学、合理、可行？是否符合有关标准或规定？

A.3.6.6 是否及时将试验实施计划及试验要求通知各有关部门、单位和人员？

A.3.6.7 是否提前将试验文件等相关资料按专业分工发给有关人员,使其在试验前有充足时间做好准备工作？

A.3.6.8 是否对试验中可能遇到的情况或问题进行充分地考虑,并作好相应的对策？

保障资源等要素专题评审的详细要求和内容参见 GJB/Z 147—2006 附录 B。

保障资源等要素的专题评审项目检查单

B.1 人力和人员评审检查单

B.1.1 装备使用和保障所需人员数量、技术等级等方面的约束条件是否明确？

B.1.2 是否根据保障性分析明确提出了装备使用与维修保障所需各类人员的数量和素质要求？是否充分考虑了现有人员的数量及素质？

B.1.3 是否充分考虑了平时和战时装备使用与维修所需的人员数量、技术等级和专业类型？

B.1.4 是否分析了人员或其技能的短缺对系统战备完好性和费用的影响？

B.1.5 所确定的编制人力和人员需求方案是否征得订购方的认可？

B.2 供应保障评审检查单

B.2.1 是否贯彻执行 GJB 4355《备件供应规划要求》的要求？是否明确了备件和消耗品的品种和数量的确定原则和供应保障方面的约束条件？

B.2.2 是否分析了备件和消耗品品种和数量的短缺对系统战备完好性的影响？

B.2.3 所确定的备件和消耗品清单能否满足订购方提出使用需求？是否准确、经济、高效？

B.2.4 备件品种、数量及其配置是否充分考虑了战时的需要？是否指明了可用的替代品？

B.2.5 是否具有通畅的备件和消耗品供应渠道？

B.2.6 装备停产后其备件和消耗品来源有无保障？有无具体的保障计划和措施？

B.3 保障设备(工具)评审检查单

B.3.1 是否明确了保障设备品种和数量的选用原则和研制要求?

B.3.2 是否明确分析、优化了保障设备的配备级别及其数量?

B.3.3 保障设备的配套方案能否满足装备保障需求?是否充分利用了现有的保障设备?是否经济高效?

B.3.4 是否有通畅保障设备的供应渠道?是否优先选用了市购民用设备?

B.3.5 保障设备(工具)方案中是否包括了战场抢修、抢救所需的设备?

B.3.6 新研制的保障设备是否与主装备研制同步协调?

B.3.7 是否明确提出保障设备的性能以及自身的保障要求?

B.3.8 是否考虑并解决了保障设备自身的保障问题?

B.3.9 保障设备是否与所保障的装备相匹配、协调?

B.3.10 保障设备、工具是否符合标准化(系统化、通用化、组合化)要求?

B.3.11 保障设备配套清单是否得到订购方认可?

B.4 训练和训练保障评审检查单

B.4.1 训练和训练保障工作是否符合GJB 5238《装备初始训练与训练保障要求》的规定?是否明确了现有训练及训练保障的有关信息和约束条件?

B.4.2 是否对训练和训练保障所需的各种要素进行全面、系统地规划和安排?

B.4.3 人员初始训练计划、教材的编写、训练器材的选购和研制是否与主装备研制同步?

B.4.4 训练和训练保障方案是否满足装备使用及保障的要求?该方案是否经订购方认可?

B.4.5 是否科学、合理地确定了训练的模式或方式?

B.4.6 训练器材是否包括了装备使用、教学等所需的全部训练器材?是否经济、高效?能否满足使用需求?

B.4.7 初始训练计划能否按进度实施?

B.4.8 训练与训练保障方面所需费用是否得以规划和落实?

B.5 技术资料评审检查单

B.5.1 技术资料规划与编写工作是否符合GJB 5432《装备用户技术资料规划与编制要求》?

B.5.2 技术资料是否齐全、配套?是否适合装备特点并满足装备使用与维修保障需求?

B.5.3 各类技术资料是否准确无误？能否满足相应人员的使用需求？

B.5.4 各类技术资料其格式、内容以及交付形式等是否符合有关标准和要求？

B.6 保障设施评审检查单

B.6.1 保障设施选用的原则和建造的要求是否明确？

B.6.2 是否系统分析、全面规划了所需的保障设施？

B.6.3 承制方是否及时地提出了装备使用及保障所需的设施？订购方是否系统安排了新建、扩建或改建保障设施项目？

B.6.4 保障设施的组成、样式、尺寸、空间和使用功能能否满足使用与维修需求？

B.6.5 保障设施的环境温度、照明、安全措施能否满足使用与维修需求？

B.6.6 是否对保障设施中的各种保障设备进行了系统分析？其性能、功能等能否满足使用与维修需求？

B.6.7 保障设施的各种接口、管线是否与装备相匹配？

B.6.8 保障设施的环保措施能否满足有关标准或规定要求？

B.7 包装、装卸、贮存和运输保障评审检查单

B.7.1 包装、装卸、贮存和运输要求及工作是否符合 GJB 1181《军用装备包装、装卸、贮存和运输通用大纲》？是否明确提出了装备及其配套器材包装、装卸、贮存和运输保障的要求和约束条件？

B.7.2 装备及其保障设备、备件、消耗品等的包装、装卸、贮存和运输是否充分合理地利用了现有包装、装卸、贮存和运输资源？

B.7.3 需要研制、采购的包装、装卸器材是否提出了明确要求并能方便地获取？

B.7.4 所确定的包装、装卸、贮存和运输的程序、方法是否符合有关标准或规定要求？

B.7.5 对易燃、易爆等危险品及其包装、装卸、贮存和运输是否符合有关标准或规定要求？

B.7.6 对轻武器、枪弹、手榴弹、火工品、密码、密钥等流失社会将危及社会治安的装备及其零部件的包装、装卸、贮存、运输是否符合国家、军队的有关安全法规或规定要求？

B.7.7 是否提出了装备及其特殊部件、机构在部队条件及在仓库条件下的运输、封存、启封、启封技术要求？

B.7.8 是否考虑、规划并提供了装备在通过江河、湖海、沼泽、冰雪、沙漠、森林等特殊天然障碍时所需的器材?

B.7.9 是否考虑、规划并提供了装备在贮存期间所需的器材(衣、套、盖布及消防器材等)和油料以及供应标准?

B.7.10 是否考虑、规划并提供了装备在严寒、炎热、霉雨、潮湿、风沙等环境下的贮存、封存、使用技术规范?

B.7.11 是否科学合理地规定了装备、保障设备、保障器材的贮存期限?是否考虑了贮存期间的装备维护保养等问题?是否对贮存期间应开展的维修工作进行了合理规划和确定?

B.8 计算机资源保障评审检查单

B.8.1 是否按照有关标准或规定要求进行了软件开发?是否进行了规范的测试?

B.8.2 是否按照有关标准或规定要求编写并提供了完整齐全的计算机文档?

B.8.3 装备内嵌入的计算机的操作使用及维护能否满足使用需求?

B.8.4 是否考虑了装备内计算机软件、硬件的生存期及其更新换代后的兼容性与适用性?

B.8.5 是否存在因软件本身错误或缺陷可能引起的装备安全问题?

B.8.6 是否系统规划了软件保障问题?是否开发并提供了使用、维修、训练时的测试软件、维护软件、培训软件以及所需的保障资源?

B.9 计量保障评审检查单

B.9.1 计量保障的对象是否明确?

B.9.2 需要进行周期计量检定的检测仪器、仪表等是否明确?

B.9.3 装备计量保障所需的计量法规、计量保障文书和技术资料是否完备?

B.9.4 装备计量保障所需的保障资源是否有保证?

11.4.6 评审结论

对保障性设计与分析、保障资源规划与研制、保障计划、保障性试验等方面单独进行评审或对其中几个方面一起进行评审时,根据评审检查单的具体内容对评审对象给出评审意见。

转阶段设计评审时,对工程研制阶段保障性工作开展情况进行全面评价。

工程研制阶段保障性评审意见示例:

综合保障工作计划与综合保障计划相关内容协调一致,得到了订购方认可;按照综合保障工作计划规定和要求开展了各项保障性设计与分析工作,工作全面深入,方法科学合理,结论准确可信,符合有关标准要求或规定;利用保障分析结果和规划保障的有关信息,对人力和人员、供应保障、保障设备、训练和训练保障、技术资料、计算机资源保障、保障设施、包装装卸贮存和运输保障、计量保障等有关保障资源的合理性、有效性、经济性进行了进一步的分析、试验和评价;保障计划针对每项使用任务明确了保障工作的程序、步骤和工作方法,明确了对各种保障资源的要求以及每一维修级别的维修工作内容和范围,充分考虑了使用保障和维修保障需求;制定了保障性试验大纲,试验方案、程序、方法科学合理,符合有关标准或规定,试验前的各项准备工作明确,对试验中可能出现的情况或问题进行充分考虑,提出了相应的处置预案。

评审组同意×××(产品名称)工程研制阶段保障性工作通过评审。

11.5 定型阶段保障性评审

11.5.1 评审目的

审查保障性设计特性及有关要求满足合同规定要求的程度;保障资源的有效性、适用性及其满足装备使用与维修要求的程度,保障资源与装备的匹配性,保障资源之间的协调性;部署保障计划的可行性、完整性、有效性和经济性。

说明:《设计定型可靠性维修性测试性保障性安全性评估大纲》审查和《设计定型可靠性维修性测试性保障性安全性评估报告》验收审查,均按照 GJB 1362A—2007《军工产品定型程序和要求》和 GJB/Z 170—2013《军工产品设计定型文件编制指南》执行,详见本书第 15 章。

11.5.2 评审时机

保障性试验准备工作评审应在试验之前进行;其他评审宜在相应的定型阶段后期进行。

11.5.3 评审文件

评审文件主要包括:

a) 保障性试验与评价大纲(或设计定型可靠性维修性测试性保障性安全性评估大纲);

b) 保障性试验与评价报告(或设计定型可靠性维修性测试性保障性安全性评估报告);

c) 部署保障计划;

d) 综合保障工作总结报告(设计定型阶段)或保障性评估报告。

11.5.4 评审依据

评审依据主要包括:

a) GJB 451A—2005《装备可靠性维修性保障性术语》;

b) GJB 1362A—2007《军工产品定型程序和要求》;

c) GJB 1909A—2009《装备可靠性维修性保障性要求论证》;

d) GJB 3872—1999《装备综合保障通用要求》;

e) GJB 7686—2012《装备保障性试验与评价要求》;

f) GJB/Z 147—2006《装备综合保障评审指南》;

g) GJB/Z 151—2007《装备保障方案和保障计划编制指南》;

h) GJB/Z 170—2013《军工产品设计定型文件编制指南》;

i) 通用规范;

j) 研制总要求和/或技术协议书;

k) 产品规范;

l) 保障性试验与评价大纲(或设计定型可靠性维修性测试性保障性安全性评估大纲);

m) 保障性试验与评价报告(或设计定型可靠性维修性测试性保障性安全性评估报告)。

11.5.5 评审内容

本项评审的详细要求和内容参见 GJB/Z 147—2006 附录 A 的 A.4。

A.4.1 保障性试验与评价评审检查单

A.4.1.1 保障性试验与评价计划是否周密?项目是否全面?

A.4.1.2 保障性验证方法是否正确?过程是否严密?数据是否真实?结果是否可信?

A.4.1.3 保障性试验与评价结果是否满足合同要求?

A.4.1.4 是否对验证和评估中发现的保障性设计、保障方案及保障资源方面的缺陷和问题进行认真记录、分析?采取的纠正措施是否有效、可行?

A.4.1.5 计划的各种保障资源是否已经完备配套?

A.4.1.6 必要时可以有重点地参照 A.3.1 保障性设计与分析评审检查单再检查若干项目以判定装备是否已满足保障要求。

A.4.1.7 保障方面的各种遗留问题是否已经得到彻底或根本解决?

A.4.1.8 保障资源试验与评价是否满足下列要求?

A.4.1.8.1 配备的人员数量、专业、技术等级是否合理?是否符合订购方提出的约束条件?是否满足装备使用与维修需求?

A.4.1.8.2 配备的备件、消耗品等的品种、数量是否合理?能否满足平时和战时装备保障需求?承制方提出的后续备件清单及供应方面的建议是否可行?

A.4.1.8.3 配备的保障设备的功能和性能是否满足要求?品种和数量是否合理?保障设备是否便于保障?

A.4.1.8.4 对使用、维修人员的训练是否有效?训练设备器材的数量、功能是否满足训练要求?

A.4.1.8.5 技术资料的品种和数量是否满足装备使用与保障需求?技术资料的内容是否全面、完整、通俗易懂、图文并茂,适合相应人员的文化层次?装备及保障系统的设计更改是否已准确反映在相应的技术资料中?

A.4.1.8.6 保障设施能否满足装备使用、维修和贮存需求?是否经济实用?

A.4.1.8.7 装备及其配套的保障设备的实体参数(长、宽、高、质量、总质量、质心位置)、承受动力学极限参数(振动、冲击加速度、挠曲、表面负荷等)、环境极限参数(温度、湿度、气压、清洁度)、各种导致危险的因素(误操作、射线、静电、弹药、生物等)以及包装等级是否符合规定要求?包装储运设施、设备是否经济实用?

A.4.1.8.8 计算机资源保障能否满足装备保障需求?是否符合有关规定和要求?

A.4.2 部署保障计划评审检查单

A.4.2.1 部署保障计划的各项内容是否得到进一步优化?计划是否全面、科学、合理、可行?

A.4.2.2 部署前的各项准备工作是否明确?所采取的措施是否可行?进度、费用能否满足要求?

A.4.2.3 在定型试验中或部队试用、试验中发现的问题是否得到根本解决?

A.4.2.4 各种保障资源是否已经完备、适用?

A.4.2.5 各种保障方面的遗留问题是否已经彻底解决?

A.4.2.6 是否对由承制方保障向部队保障的过渡事宜进行了具体规划和安排?

A.4.2.7 按照初始部署保障计划实施装备保障,所需保障的经费是否符合预先规划或订购方提出的费用要求?

A.4.2.8 必要时按照 A.3.3,A.3.4,A.3.5 的内容再次检查。

11.5.6 评审结论

对设计定型阶段保障性工作进行全面审查,审查意见示例:

按照综合保障工作计划完成了规定的工作项目,设计定型基地试验和部队试验过程中保障性试验与评价结果满足研制总要求和/或技术协议书的要求;对试验和评估过程中发现的保障性设计、保障方案及保障资源方面的缺陷和问题进行了分析,采取了有效的改进措施,已通过归零审查;配套研制的测试装置、维修保障设备已通过设计鉴定审查,各种保障资源配套完备、经济适用;用户技术资料内容完整准确、通俗易懂、图文并茂,满足部队使用维修要求。

评审组同意×××(产品名称)保障性通过审查。

11.6 生产、部署和使用阶段评审

11.6.1 评审目的

审查规划与研制的保障资源和有关初始部署前的准备工作情况及其效果;装备保障系统的适用性、有效性和经济性,系统战备完好性是否满足使用要求。

11.6.2 评审时机

计划的保障资源和有关初始部署前的准备工作宜在装备系统部署之前进行评审;在部队试验或试用期间宜对装备保障系统和系统战备完好性进行初步评估。系统战备完好性评估宜作为初始作战能力评估的一部分进行,一般宜在装备部署一个基本作战单位、人员经过了规划的培训、保障资源要求配备到位后进行评估。在装备系统使用过程中,可对装备保障系统和系统战备完好性进行后续评估。

11.6.3 评审文件

评审文件主要包括:
a) 装备系统部署保障;
b) 装备保障系统;
c) 系统战备完好性。

11.6.4 评审依据

评审依据主要包括:
a) GJB 451A—2005《装备可靠性维修性保障性术语》;

b) GJB 1362A—2007《军工产品定型程序和要求》;

c) GJB 1909A—2009《装备可靠性维修性保障性要求论证》;

d) GJB 3872—1999《装备综合保障通用要求》;

e) GJB 7686—2012《装备保障性试验与评价要求》;

f) GJB/Z 147—2006《装备综合保障评审指南》;

g) GJB/Z 151—2007《装备保障方案和保障计划编制指南》;

h) GJB/Z 170—2013《军工产品设计定型文件编制指南》;

i) 通用规范;

k) 产品规范;

l) 使用阶段保障性评估大纲;

m) 使用阶段保障性评估报告。

11.6.5 评审内容

本项评审的详细要求和内容参见 GJB/Z 147—2006 附录 A 的 A.5。

A.5.1 装备系统部署保障评审检查单
A.5.1.1 是否根据部署保障计划交付了所需的保障资源?
A.5.1.2 是否按计划完成了由承制方保障向部队保障的过渡,效果如何?
A.5.2 装备保障系统评审检查单
A.5.2.1 是否对装备保障系统进行了进一步优化?各项保障要素能否满足装备保障需求?
A.5.2.2 是否对保障资源的适用性、有效性进行了正确地评价?
A.5.2.3 装备保障体制、组织机构、维修制度是否与装备系统协调匹配?
A.5.2.4 设计定型、生产定型发现的保障方面的问题是否已全部得到解决?
A.5.2.5 在装备部署期间发现的保障方面的问题是否得到妥善解决?
A.5.2.6 所要求的各种保障资源是否已齐备,并能经济有效地发挥应有的作用?
A.5.2.7 装备及其保障系统是否已经正常运转,装备是否能够如期形成应用的作战能力?
A.5.2.8 订购方或承制方保障交接问题是否按计划得到实施?有无后续保障方面的问题?有无切实可行的解决措施及步骤?是否得到了有效解决?
A.5.3 系统战备完好性评审检查单
A.5.3.1 是否对系统战备完好性进行了科学地评估?系统战备完好性等指标是否达到使用要求?

A.5.3.2 系统战备完好性评估程序、方法是否符合有关规定或要求?
A.5.3.3 系统战备完好性评估的条件是否满足评估要求?
A.5.3.4 数据收集、处理的方法是否正确?数据是否真实、可信?
A.5.3.5 系统战备完好性评估结论是否真实、可信?
A.5.3.6 是否对影响系统战备完好性的重要因素以及暴露出的保障方面的问题进行了认真分析?是否制定并采取了有效措施加以解决?

11.6.6 评审结论

生产、部署和使用阶段保障性评审意见示例:

按照综合保障工作计划完成了规定的本阶段工作项目,根据部署保障计划交付了所需的保障资源,装备保障系统适用、有效和经济,满足部队使用要求,按计划完成了由承制方保障向部队保障的过渡;设计定型、生产定型和装备部署期间发现的保障方面的问题全部得到妥善解决,已通过归零审查;对系统战备完好性进行了评估,数据收集真实可信,处理方法科学正确,评估结果满足使用要求。

评审组同意×××(产品名称)保障性通过评审。

第 12 章　安全性评审

12.1　概　　述

12.1.1　基本概念

GJB 900A—2012《装备安全性工作通用要求》给出了下述术语定义。

事故是指造成人员伤亡、职业病、装备损坏、财产损失或环境破坏的一个或一系列意外事件。

危险是指可能导致事故的状态。

安全性是指产品具有的不导致人员伤亡、装备损坏、财产损失或不危及人员健康和环境的能力。

危险可能性是指某种危险发生的可能性。

危险严重性是指某种危险可能引起的事故后果的严重程度。

风险是指某一危险的危险可能性和危险严重性的综合度量。

残余风险是指实施了安全性设计措施、使用安全措施等所有可以降低风险的技术手段之后，仍然存在的风险。

安全性关键项目是指对装备安全性有重大影响的项目，通常包括功能、硬件、软件、操作规程和信息等。

12.1.2　安全性参数

1. 事故率

安全性的一种基本参数。其度量方法为：在规定的条件下和规定的时间内，系统的事故总次数与寿命单位总数之比。用下式表示：

$$P_A = \frac{N_A}{N_T}$$

式中　P_A——事故率或事故概率；

　　　N_A——事故总次数，包括由于系统或设备故障、人为因素及环境因素等造成的事故总次数；

　　　N_T——寿命单位总数，表示系统总使用持续期的度量，如任务次数、飞行时间、工作小时、年、千米等。

说明：当 N_T 用时间（如飞行时间、工作小时）表示时，P_A 称为事故率；当 N_T 用任务次数、工作循环次数等表示时，P_A 称为事故概率。

2. 平均事故间隔时间

安全性的一种基本参数。其度量方法为：在规定的条件下和规定的时间内，系统的寿命单位总数与事故总次数之比。用下式表示：

$$T_{BA}=\frac{N_T}{N_A}$$

式中　T_{BA}——平均事故间隔时间。

3. 损失率

安全性的一种基本参数。其度量方法为：在规定的条件下和规定的时间内，系统的灾难性事故总次数与寿命单位总数之比。用下式表示：

$$P_L=\frac{N_L}{N_T}$$

式中　P_L——损失率；

N_L——灾难性事故总次数。

说明：当寿命单位 N_T 用时间（如飞行时间、工作小时）表示时，P_L 称为损失率；当 N_T 用任务次数、工作循环次数等表示时，P_L 称为损失概率。

4. 安全可靠度

安全可靠度是与安全有关的可靠性参数。其度量方法为：在规定的条件下和规定的时间内，在系统执行任务过程中不发生由于系统或设备故障造成的灾难性事故的概率。用下式表示：

$$R_S=\frac{N_W}{N_{T2}}$$

式中　R_S——安全可靠度；

N_W——不发生由系统或设备故障造成的灾难性事故的过程中所执行任务的次数；

N_{T2}——用飞行次数、工作循环次数等表示的寿命单位总数。

5. 危险严重性等级

危险严重性是对某种危险可能引起的事故的最严重程度的估计。危险严重性等级是对危险严重程度定性的度量，具体规定见表 12.1。

表 12.1　危险严重性等级及度量

程度	等级	事故后果
灾难的	Ⅰ	人员伤亡或系统（整机）毁坏或任务失败
严重的	Ⅱ	人员严重伤害或系统（整机）严重损坏

(续)

程度	等级	事故后果
轻度的	Ⅲ	人员轻度伤害或系统(整机)轻度损坏
轻微的	Ⅳ	不影响完成任务的人员伤害或系统(整机)损坏

6. 危险可能性

危险可能性是产生某种危险的事件发生的总的可能性。危险可能性是对发生危险的可能程度的度量,具体规定见表12.2。

表12.2　危险可能性及度量

程度	等级	个体	总体
频　繁	A	频繁发生	连续发生
很可能	B	出现若干次	频繁发生
有　时	C	有时发生	出现若干次
极　少	D	不易发生	有时发生
不可能	E	很不容易发生,可以认为不发生	不易发生,但仍有极小可能发生

7. 危险风险评价指数

根据对危险严重性及危险可能性等级的分析,得出危险状态的指数,并用风险指数表列出,表12.3和表12.4给出风险指数示例。

表12.3　风险指数示例1

危险可能性等级	危险严重性等级			
	Ⅰ(灾难的)	Ⅱ(严重的)	Ⅲ(轻度的)	Ⅳ(轻微的)
A(频　繁)	1A	2A	3A	4A
B(很可能)	1B	2B	3B	4B
C(偶　然)	1C	2C	3C	4C
D(很　少)	1D	2D	3D	4D
E(不可能)	1E	2E	3E	4E
危险风险评价指数	建议的准则			
1A,1B,1C,2A,2B,3A	不可接受			
1D,2C,2D,3B,3C	不希望有的,需订购方决策			
1E,2E,3D,3E,4A,4B	订购方评审后可接受			
4C,4D,4E	不评审即可接受			

表 12.4 风险指数示例 2

危险可能性等级	危险严重性等级			
	Ⅰ(灾难的)	Ⅱ(严重的)	Ⅲ(轻度的)	Ⅳ(轻微的)
A(频 繁)	1	3	7	13
B(很可能)	2	5	9	16
C(偶 然)	4	6	11	18
D(很 少)	8	10	14	19
E(不可能)	12	15	17	20
危险风险评价指数	建议的准则			
1,2,3,4,5	不可接受			
6,7,8,9	不希望有的,需订购方决策			
10,11,12,13,14,15,16,17	订购方评审后可接受			
18,19,20	不评审即可接受			

12.1.3 安全性工作项目

GJB 900A—2012《装备安全性工作通用要求》规定了装备寿命周期内开展安全性工作的一般要求和工作项目,适用于各类装备的招标、投标和签订合同。

表 12.5 说明了装备安全性工作项目的适用阶段,为初步选择工作项目提供一般性的参考。表 12.5 参考了常规武器装备的研制阶段划分,战略武器装备和军用卫星可按相应研制程序进行划分。

表 12.5 安全性工作项目应用矩阵

GJB 900A 条款编号	工作项目编号	工作项目名称	论证阶段	方案阶段	工程研制与定型阶段	生产使用阶段
5.1	101	确定安全性要求	√	√	×	×
5.2	102	确定安全性工作项目要求	√	√	×	×
6.1	201	制定安全性计划	√	√	√	√
6.2	202	制定安全性工作计划	△	√	√	√
6.3	203	建立安全性工作组织机构	△	√	√	√
6.4	204	对承制方、转承制方和供应方的安全性综合管理	△	√	√	√
6.5	205	安全性评审	√	√	√	√
6.6	206	危险跟踪与风险处置	√	√	√	√
6.7	207	安全性关键项目的确定与控制	△	√	√	△

(续)

GJB 900A条款编号	工作项目编号	工作项目名称	论证阶段	方案阶段	工程研制与定型阶段	生产使用阶段
6.8	208	试验的安全	△	√	√	△
6.9	209	安全性工作进展报告	△	√	√	△
6.10	210	安全性培训	×	√	√	√
7.1	301	安全性要求分解	×	√	△	×
7.2	302	初步危险分析	△	√	△	×
7.3	303	制定安全性设计准则	△	√	△	×
7.4	304	系统危险分析	×	△	√	×
7.5	305	使用与保障危险分析	×	△	√	×
7.6	306	职业健康危险分析	×	△	√	×
8.1	401	安全性验证	×	△	√	△
8.2	402	安全性评价	×	△	√	△
9.1	501	使用安全性信息收集	×	×	×	√
9.2	502	使用安全保障	×	×	×	√
10.1	601	外购与重用软件的分析与测试	×	√	√	×
10.2	602	软件安全性需求与分析	√	√	△	×
10.3	603	软件设计安全性分析	×	√	√	△
10.4	604	软件代码安全性分析	×	△	√	△
10.5	605	软件安全性测试分析	×	×	√	△
10.6	606	运行阶段的软件安全性工作	×	×	×	√

注：√表示适用；△表示可选用；×表示不适用。

12.1.4 安全性评审要求

安全性评审是指在新产品研制过程中，为了评价新产品的目标和要求以及是否达到这些目标和要求，对安全性工作进行的全面的和系统的检查。

安全性评审是对装备研制工作从一个阶段转入另一个阶段的重要决策手段。安全性评审实际包括两种形式的评审：一是安全性设计评审，主要评审安全性设计的可行性，以及产品的安全性是否达到合同规定的安全性定性、定量要求，这种评审是产品设计评审的一个重要组成部分；二是安全性工作评审，主要评审安全性工作项目的进展情况和关键问题。

订购方应安排并进行安全性要求和工作项目要求的评审,并主持或参与合同要求的安全性评审。

承制方应支持合同要求的安全性评审,并主持或参与转承制方和供应方的安全性评审。

在重大装备的研制初期,至少每季度进行一次安全性工作计划的评审,随着研制的深入,评审间隔时间可以延长,若有关安全性鉴定部门有要求,需进行特殊的安全性评审。

根据新产品研制的实际情况,安全性评审应尽可能与产品设计、可靠性、维修性、综合保障性等质量评审结合进行,对影响装备安全性的设计更改、软件问题、偏离和超差应进行专项安全性评审,并且调查所有可能的范围,控制由此导致的危险。如果因设计更改、软件问题及偏离和超差降低了产品的安全性水平,则应通知订购方。

承制方负责的安全性评审计划根据安全性工作计划确定,其内容应包括评审点设置、评审内容、评审类型、评审要求等。订购方安排的安全性评审及要求应纳入安全性计划。

安全性评审的主要任务:检查在新产品研制过程中是否执行《装备安全性工作通用要求》及有关法规;是否满足主要战术技术指标、研制总要求或研制合同的要求,并给出评审意见和结论。

在每一个评审点上所进行的安全性评审都必须认真检查安全性工作的执行情况、效果及安全性工作进度,特别是对安全性设计和验证的正确性与充分性、安全性是否达到规定的要求及装备的风险水平等。

安全性评审应执行 GJB 900A—2012《装备安全性工作通用要求》、GJB/Z 99—1997《系统安全工程手册》和相关法规标准。

12.2 论证阶段安全性评审

12.2.1 评审目的

评价所论证装备的安全性定性与定量要求的科学性、可行性和是否满足装备的使用要求,将装备的风险控制在可接受的范围内。评审结论纳入装备研制总要求、研制合同或相关文件。

12.2.2 评审时机

在论证阶段进行装备战术技术指标评审时,应当包括对安全性指标的评审。

12.2.3 评审文件

论证阶段安全性评审的主要文件包括：
a) 安全性要求；
b) 安全性工作项目要求；
c) 安全性计划。

12.2.4 评审依据

论证阶段安全性评审的主要依据包括：
a) 总装备部批复的主要战术技术指标和使用要求；
b) GJB 368B—2009《装备维修性工作通用要求》；
c) GJB 450A—2004《装备可靠性工作通用要求》；
d) GJB 900A—2012《装备安全性工作通用要求》；
e) GJB 2547A—2012《装备测试性工作通用要求》；
f) GJB 3872—1999《装备综合保障通用要求》；
g) GJB/Z 99—1997《系统安全工程手册》；
h) GJB/Z 102—1997《软件可靠性和安全性设计准则》；
i) GJB/Z 102A—2012《军用软件安全性设计指南》；
j) GJB/Z 142—2004《军用软件安全性分析指南》。

12.2.5 评审内容

论证阶段主要评审提出安全性要求的依据及约束条件，安全性指标考核方案设想，主要内容包括：
a) 是否经过需求分析提出装备初步的安全性要求？
b) 安全性定性和定量要求是否进行了充分的论证和确认？是否与可靠性、维修性、测试性、保障性、性能、进度和费用之间进行了初步的权衡分析？
c) 装备的安全性指标与国内外同类型装备相比是属于先进、一般或落后的水平？
d) 是否提出了软件安全性需求与分析？
e) 是否制定了安全性计划？主要的安全性工作项目的确定与经费、进度是否进行了权衡分析？
f) 是否提出了试验安全要求？
g) 是否进行了初步危险分析？

12.2.6 评审结论

论证阶段安全性评审意见示例：

安全性指标经充分论证,与可靠性、维修性、测试性、保障性、性能和费用等进行了初步的综合权衡分析,与国内外同类产品相比属于先进水平,安全性工作项目合理可行,试验验证要求明确。

评审组同意×××(产品名称)安全性要求通过评审。

12.3 方案阶段安全性评审

12.3.1 评审目的

评审安全性研制方案与技术途径的正确性、可行性、经济性和研制风险。评审结论为申报装备的《研制任务书》和是否转入工程研制阶段提供重要依据之一。

12.3.2 评审时机

安全性工作计划宜在方案阶段早期进行评审。计划的执行情况以及安全性方案和安全性定性定量要求一般在方案阶段后期进行评审。

12.3.3 评审文件

方案阶段安全性评审的主要文件如下：
a) 安全性工作计划；
b) 安全性工作进展报告；
c) 对承制方、转承制方和供应方的安全性综合管理；
d) 初步危险分析报告；
e) 职业健康危险分析报告；
f) 外购与重用软件的分析与测试报告；
g) 软件安全性需求与分析报告；
h) 软件设计安全性分析报告。

12.3.4 评审依据

方案阶段安全性评审的主要依据包括：
a) 总装备部批复的主要战术技术指标和使用要求；

b) 研制总要求、技术协议书和/或研制合同;
c) GJB 368B—2009《装备维修性工作通用要求》;
d) GJB 450A—2004《装备可靠性工作通用要求》;
e) GJB 900A—2012《装备安全性工作通用要求》;
f) GJB 2547A—2012《装备测试性工作通用要求》;
g) GJB 3872—1999《装备综合保障通用要求》;
h) GJB/Z 99—1997《系统安全工程手册》;
i) GJB/Z 102—1997《软件可靠性和安全性设计准则》;
j) GJB/Z 102A—2012《军用软件安全性设计指南》;
k) GJB/Z 142—2004《军用软件安全性分析指南》。

12.3.5 评审内容

方案阶段安全性评审的主要内容如下:

a) 各备选方案是否避免了现有装备存在的安全性缺陷?
b) 是否对各备选方案进行安全性分析并提出各方案的优点和存在的问题?
c) 在确定方案过程中,是否对各备选方案的安全性与可靠性、维修性、保障性、性能、进度和费用之间进行权衡分析使方案优化?
d) 是否对论证阶段制定的安全性计划进行了完善?
e) 承制方是否根据安全性计划,制定了安全性工作计划,确保落实了装备安全性要求和安全性工作项目要求?
f) 是否建立了装备安全性工作组织机构并明确职责,是否同时建立了组织机构内部之间以及与外部相关机构的沟通机制?
g) 订购方是否对承制方、转承制方和供应方的安全性进行了综合管理?
h) 承制方对转承制方和供应方的分要求是否纳入有关合同,是否与装备的安全性要求协调一致?
i) 是否制定了危险跟踪和风险处置的方法和程序?
j) 是否对安全性关键项目进行了确定与控制? 是否根据装备特点,制定具体的安全性关键项目判别准则,并通过对技术方案、规范、安全性要求、历史经验教训等的分析来确定安全性关键项目?
k) 是否确保在各种试验中考虑了安全性问题?
l) 是否明确了承制方提交安全性进展工作报告的节点或周期?
m) 是否明确了安全性培训的方式? 培训人员? 培训内容?
n) 是否将装备的安全性要求和定量指标分解到了规定层次产品,作为产品承制单位规划安全性工作和提出外协、外购产品安全性要求的依据?

o) 是否根据装备特点和设计方案,并利用有效信息,初步识别具有危险特性的危险因素,编制初步危险表?是否针对初步危险表,开展了初步危险分析?是否对初步危险分析的过程和结果进行了记录?

p) 是否根据同类型产品的工程经验和事故教训,并根据装备特点以及相关规章、条例、标准、规范、文件或要求以及初步危险分析的结果,制定安全性设计准则,作为本装备应满足的安全性设计要求?

q) 是否分析了设计要求、分系统/设备任务书、系统接口要求说明书或其他相关文件,确保全面、正确地制定了安全性设计准则?

r) 是否在方案阶段后期开展了系统危险分析?

s) 是否进行了职业健康危险分析?是否将职业健康危险分析的结果作为制定安全性关键项目清单的依据?是否对职业健康危险分析的过程和结果进行了记录?

t) 是否对外购和重用软件进行了安全性评价?

u) 是否在前期软件安全性需求与分析的基础上,进一步修改软件安全性需求与分析?

v) 是否进行了软件设计安全性分析?

w) 是否制定装备的安全性验证方案并纳入合同?

12.3.6 评审结论

方案阶段安全性评审的评审意见示例:

安全性工作计划对 GJB 900A—2012 及相应的行业标准进行了合理剪裁,规定的工作项目与其他研制工作相互协调,并已纳入型号研制综合计划;修订、完善了装备安全性定性定量要求,制定了安全性设计准则,系统科学、全面实用;进行了安全性分析,确定了影响系统战备完好性和费用的关键因素,并提出了对这些关键因素的控制要求和原则;对初始安全性方案进行了修改细化和优化,提出的安全性方案对各要素考虑全面充分,内容完整准确,避免了现役装备存在的安全性缺陷,符合部队实际。

评审组同意×××(产品名称)安全性工作计划和安全性方案通过评审。

12.4 工程研制阶段安全性评审

12.4.1 评审目的

检查安全性设计是否满足任务书和合同明确的本阶段的安全性要求;检查

安全性工作计划的实施情况;检查安全性的薄弱环节是否得到改进或彻底解决。评审结论作为是否转入设计定型阶段提供重要依据之一。

12.4.2 评审时机

在进行详细设计评审时,应当包括对装备达到的安全性水平及实施安全性工作计划情况进行评审。

12.4.3 评审文件

工程研制阶段安全性评审的主要文件包括：
a) 安全性工作计划进展情况；
b) 系统危险分析报告；
c) 分系统危险分析报告；
d) 使用和保障危险分析报告；
e) 安全性设计报告；
f) 试验的安全性情况。

12.4.4 评审依据

工程研制阶段安全性评审的主要评审依据包括：
a) 总装备部批复的主要战术技术指标和使用要求；
b) 研制总要求、技术协议书和/或研制合同；
c) GJB 368B—2009《装备维修性工作通用要求》；
d) GJB 450A—2004《装备可靠性工作通用要求》；
e) GJB 900A—2012《装备安全性工作通用要求》；
f) GJB 2547A—2012《装备测试性工作通用要求》；
g) GJB 3872—1999《装备综合保障通用要求》；
h) GJB/Z 99—1997《系统安全工程手册》；
i) GJB/Z 102—1997《软件可靠性和安全性设计准则》；
j) GJB/Z 102A—2012《军用软件安全性设计指南》；
k) GJB/Z 142—2004《军用软件安全性分析指南》。

12.4.5 评审内容

工程研制阶段安全性评审的主要评审内容如下：
a) 是否对方案阶段制定的安全性计划进行了进一步补充、完善？
b) 是否对方案阶段的安全性工作计划进行了补充、完善？是否与订购方的安全性计划相协调,并经过评审和订购方认可?

c) 承制方是否建立专门的安全性信息系统或利用故障报告、分析和纠正措施系统,对危险及其控制措施进行记录和跟踪?是否建立了装备的危险记录,对每个危险形成危险记录项目?

d) 是否对安全性关键项目实施严格的管理和控制?是否编制了安全性关键项目清单?

e) 是否在试验前,结合试验条件,进一步识别了试验中可能发生的危险?对研制过程中和试验前识别的危险,是否均采取了措施或控制Ⅰ级和Ⅱ级危险,并列出了所有可能的Ⅲ级和Ⅳ级危险?

f) 是否在试验前开展了安全检查和评审?

g) 在产品的试验计划中是否考虑了试验安全问题?

h) 安全性进展工作报告中是否概述了报告期内安全性工作内容、进展情况及产品目前的安全性状态?

i) 是否说明了新发现的重大危险和已知风险控制措施的重大变化?

j) 是否对从事装备管理、设计、生产、试验、使用、维修和保障等工作的人员进行了安全性培训,并进行了考核?是否对参与危险操作或从事对装备的安全性有重要影响的研制人员进行资格认定?

k) 是否在装备设计已足够详细时进行了系统危险分析,并随设计的深入而不断修改和完善?是否考虑了为实现产品要求所采取的设计更改对安全性的影响?

l) 是否在初步危险分析的基础上,进一步识别可能由产品故障或功能异常、危险品、能源、环境因素、人为差错、接口等导致的危险,制定详细的危险清单?

m) 是否针对装备详细设计和细化后的危险清单,在确认初步危险分析所制定安全性措施的有效性和充分性的基础上,应用风险指数评价法等方法,对危险进行风险评价,对不可接受的危险,提出设计改进或使用补偿的措施?

n) 是否对装备各层次(如装备、系统、分系统、单机、设备、部件、组件等)进行了全面分析?并在研制阶段持续迭代进行,直到确认装备的危险均得到消除或风险降低到可接受水平,安全性要求得到满足?

o) 是否逐一检查装备各层次间的接口关系,并考虑了与规定的安全性设计要求或设计准则的符合程度?

p) 是否分析了独立失效、关联失效或同时发生的危险事件,主要包括人为差错、单点故障、系统故障、安全装置故障及产品间相互作用导致的危险或增加的风险?

q）是否分析了软件的正常工作、故障和其他异常情况对安全性的影响？

r）是否考虑了安全性试验与产品性能试验计划和程序的综合？

s）是否考虑了低层次产品危险对高层次产品安全性的影响及其控制措施？

t）是否对订购方提供的设备或设施进行危险分析。明确装备与订购方设备或设施之间的接口关系，保证装备的使用安全？

u）当采用转承制方或供应方编制的软件时，是否检查并应用该软件开发过程中各阶段的输出结果，支持系统危险分析？

v）是否将系统危险分析的结果作为制定安全性关键项目清单的依据？

w）是否对系统危险分析的过程和结果进行了记录？

x）是否识别并评价由人员操作、执行任务或实施保障导致的危险？

y）是否考虑了各阶段的装备状态、设施间接口、设定的环境（或区域）、保障工具或其他专用设备等，并重点考虑软件控制的测试设备、使用或任务次序、并行工作的效果与限制、人的生理因素、意外事件的影响、认为差错等导致的危险？

z）是否确定了需在危险环境下完成的工作、工作时间及将其风险降到最低所需要的措施？

aa）是否明确了为消除、控制或降低相关危险，对装备软硬件、设施、工具及试验设备在功能或设计要求方面进行的更改？

bb）是否对安全装置和设备提出了要求，包括人员安全和生命保障装备等？

cc）是否明确了警告、告警或专门的应急规程（如出口、营救、逃生、废弃安全、爆炸性装置处理、不可逆操作等）？

dd）是否明确了危险材料的包装、装卸、运输、存储、维修和报废处理要求？

ee）是否明确了安全性培训和人员资格的要求？

ff）是否明确了与其他系统部件或分系统相关联的非研制硬件和软件的影响？

gg）是否明确了可控制的危险状态？

hh）是否按相关法规或合同规定的准则，提出消除危险或将风险降低到可接受水平所需要的安全性措施？

ii）是否对装备生产、部署、安装、装配、试验、使用、维修、服务、运输、存储、改进、退役和报废处理等工作规程进行安全评价并记录成文？

jj）是否在系统设计或使用规程发生更改时，更新了使用和保障危险分析？

kk）是否将使用和保障危险分析的结果作为制定安全性关键项目清单的依据？

ll）是否对使用和保障危险性分析的过程和结果进行记录，并为制定安全的装备使用和保障规程提供依据？

mm) 是否分析由材料引起的危险,并考察此类危险相关部件的备选材料,推荐可降低风险的材料?

nn) 是否对可能直接或间接对人体健康或后代产生不良影响的材料进行了分析?

oo) 在对有害材料的分析中,是否确定了有害材料的名称和货号,受影响的部件和规程,装备中这类材料的数量、特性和浓度及与该材料有关的原始文件?

pp) 在对有害材料的分析中,是否确定了有害材料能被身体器官吸收、摄入或吸收的条件,分析其对人的健康造成的威胁,以便采取改进措施?

qq) 在对有害材料的分析中,是否说明有害材料的特性和确定基准数量及危险等级,检查急性、慢性健康危害、致癌作用、接触情况、易燃性和环境危害等?

rr) 在对有害材料的分析中,是否估计了每种有害材料在每道工艺或每个部件中的使用率,确定其对子系统、系统和装备的影响?

ss) 在对有害材料的分析中,是否推荐对已确定的各种有害材料的处理方法?

tt) 在产品的操作、维护、运输和材料的使用中,若存在可能导致人员死亡、损伤、急慢性疾病、残疾、职业病或使人产生心理压力而降低工作能力的状态,是否进行了职业健康分析,并在分析中考虑了化学危险、物理危险、生物危险、人际功效危险及防护装置?

uu) 是否将职业健康危险分析的结果作为制定安全性关键项目清单的依据?

vv) 是否对职业健康危险分析的过程和结果进行了记录?

ww) 是否通过试验、演示或其他方法,验证装备符合安全性要求?

xx) 是否通过评审验证(包括设计验证、使用评价、技术资料验证、生产验收、贮存寿命验证)计划、验证规程和结果,以确保充分验证了装备的安全性?

yy) 是否通过试验、演示、仿真、分析、设计评审等方式进行安全性验证?

zz) 是否对安全性关键项目进行专门的安全性鉴定和认证,以确保其符合规定的安全性要求?

aaa) 对于采用安全装置、告警装置及特殊规程来控制危险的项目,是否通过专门的安全性试验来验证措施的有效性?

bbb) 对于复杂装备,是否通过选择低层次产品的试验和高层次产品的综合分析相结合的方式来实施安全性验证?

ccc) 装备安全性验证采用的具体方法是否经订购方认可,必要时应实施第三方复合、复算或审查,以保证复杂装备安全性验证的有效性?

ddd) 安全性验证工作是否与产品研制过程中的其他验证工作协调进行?

eee）软件设计中,是否将软件的安全性需求分配到软件的各个层次,并实现全部的软件安全性需求?

fff）软件设计是否标识用于实现软件安全性需求的安全性设计方法（如约束、失效检测与恢复、互锁、断言）?

ggg）软件设计是否使软件安全性需求可以得到完全测试?

hhh）实现安全性关键需求的设计元素（部件、单元或数据）,或是由于失效或其他机制能够对安全性关键元素造成影响的设计元素,是否被设定为安全性关键的设计元素,并在软件文档中给出明确标示?

iii) 软件设计安全性分析是否至少包括下述内容：

1）验证软件设计满足上述四条提出的全部要求?

2）验证因设计附加的全部危险、危险原因或危险激励因素是否被记录在文档中?

3）设计分析至少考虑了时序约束、硬件失效、故障迁移、通讯、中断、并发、时间序列、容错、不利的外部环境、非法输入和信息流等因素?

4）验证设计是否足以保证安全功能的完成?

5）前期的安全性分析结果,如故障模式与影响及危害性分析、故障树分析等系统危险分析,是否作为确定防止、减轻或控制失效和故障的设计特征,以及应考虑的失效/故障组合级别的依据?

6）在设计中使用的隔离方法是否足以保证安全性关键设计与非安全性关键设计的隔离?

7）所有的安全性关键设计元素是否均可追溯到软件安全性需求,反之亦然?

jjj) 软件安全性设计与分析结果是否应在《软件设计说明》（见 GJB 438B—2009《军用软件开发文档通用要求》）中以独立条款明确,并通过正式项目评审,纳入配置管理?

kkk）全部软件安全性设计特征与方法是否均在软件代码中实现?

lll) 在源代码注释中是否清晰地表示安全性关键代码与数据?

mmm）软件代码是否符合软件编码标准?

nnn) 代码安全性分析至少是否包括下述内容：

1）安全性关键软件代码和数据是否满足上述 3 条的全部要求?

2）在软件代码中是否正确实现了设计的安全特征与方法?

3）软件代码实现是否弱化了任何安全控制或安全处理？是否制造了新的危险？在全部运行模式下,软件是否可将系统维持在一个安全的状态?

4）代码分析时是否考虑了时序约束、硬件失效、故障迁移、通讯、中断、并发、时间序列、容错、不利的外部环境、非法输入、信息流等因素?

5) 代码和数据验证活动是否确保了软件部件或单元层次上所有的软件安全性需求得到充分的证实?

6) 全部安全性关键代码单元对安全性关键性设计元素是否具有可追踪性?

ooo) 软件代码安全性分析是否作为《软件测试报告》(见 GJB 438B—2009《军用软件开发文档通用要求》)的独立章节,通过专家评审,并纳入配置管理?

12.4.6 评审结论

工程研制阶段安全性评审意见示例:

安全性工作计划与安全性计划相关内容协调一致,得到了订购方认可;按照安全性工作计划规定和要求开展了各项安全性设计与分析工作,工作全面深入,方法科学合理,结论准确可信,符合有关标准要求或规定;利用针对装备详细设计和细化后的危险清单,在确认初步危险分析所制定安全性措施的有效性和充分性的基础上,应用风险指数评价法等方法,对危险进行了风险评价,对不可接受的危险,提出了设计改进或使用补偿的措施。识别了使用与保障危险并提出了消除危险或将危险降低到可接受水平所需要的安全性措施;确定了有害健康危险并提出了防护措施。将软件的安全性需求分配到了软件的各个层次,且全部软件安全性特征与方法均在软件代码中实现。对全部软件安全性需求和安全关键软件单元进行了验证。

评审组同意×××(*产品名称*)工程研制阶段安全性工作通过评审。

12.5 设计定型阶段安全性评审

12.5.1 评审目的

评审安全性验证结果与合同要求的符合性;验证过程中暴露的问题和故障分析处理的正确性与彻底性。评审结论为能否通过设计定型提供重要依据之一。

12.5.2 评审时机

安全性试验准备工作评审应在试验之前进行;其他评审宜在相应的定型阶段后期进行。

12.5.3 评审文件

设计定型阶段安全性评审的主要文件如下:
a) 安全性工作计划实施总结;

b) 安全性分析评价；
c) 安全性成套资料。

12.5.4 评审依据

设计定型阶段安全性评审的主要评审依据包括：
a) 总装备部批复的主要战术技术指标和使用要求；
b) 研制总要求、技术协议书和/或研制合同；
c) GJB 368B—2009《装备维修性工作通用要求》；
d) GJB 450A—2004《装备可靠性工作通用要求》；
e) GJB 900A—2012《装备安全性工作通用要求》；
f) GJB 2547A—2012《装备测试性工作通用要求》；
g) GJB 3872—1999《装备综合保障通用要求》；
h) GJB/Z 99—1997《系统安全工程手册》；
i) GJB/Z 102—1997《软件可靠性和安全性设计准则》；
j) GJB/Z 102A—2012《军用软件安全性设计指南》；
k) GJB/Z 142—2004《军用软件安全性分析指南》。

12.5.5 评审内容

设计定型阶段安全性评审的主要评审内容如下：
a) 是否对试验中发现的与装备安全性有关的问题进行了分析和跟踪处理？
b) 进行安全性或风险评价时，是否收集了可获得的工程信息，包括已实施的安全性设计、分析和验证等工作以及前期安全性评价的结果，并对以下方面进行重点归纳和说明？
　　1) 危险分类和排序的准则和方法及其依据或来源，包括订购方确定的可接受风险；
　　2) 用于识别危险的分析和试验的结果；
　　3) 用于确认安全性设计要求或验证安全性设计措施所进行的验证活动（包括演示、试验、仿真或分析等）；
　　4) 存在的残余风险及其安全性改进措施的设施情况；
　　5) 现阶段安全性工作成果，包括危险分析报告、安全性关键项目清单等。
c) 是否开展了符合性评价，且依据现有工程数据和信息，通过必要的试验、分析、评审及检查活动，对以下方面进行考查和说明？
　　1) 装备安全性水平与安全性要求的符合程度；
　　2) 装备的状态与相关安全性标准的符合程度；

3) 装备的安全性工作过程、结果与安全性工作计划的符合程度。

d) 是否根据实际情况策划并实施安全性评价试验,以确定装备和有关标准、要求的符合程度?

e) 是否对不可接受的风险提出改进建议,并根据需要重新进行评价?承制方是否就所研装备与其他装备系统的接口部分可能存在的危险给出建议措施?

f) 软件单元测试是否覆盖了全部安全关键软件部件、单元和数据?

g) 软件单元测试的结果,相关的测试细则、模拟器、测试组合、驱动模块、桩模块和数据是否记录在文档中,并纳入配置管理?

h) 软件合格性测试是否覆盖全部软件安全性功能需求?

i) 软件系统测试和验收测试是否满足下述要求?

1) 是否在系统验收以前,随软件能否与系统硬件和操作人员的输入一起正确且安全地运行进行验证?

2) 系统测试是否对系统在存在失效或故障的情况下能否正确且安全地运行进行验证,包括软件、硬件、输入、定时、存储器性能恶化以及通讯等方面的失效?

3) 前期的安全性分析(如故障模式与影响及危害性分析、故障树分析等系统危险分析)结果,是否应用于确定需进行测试的失效模式和需包括的组合失效的级别(如某个硬件与软件都失效,或是多个硬件同时失效)?

4) 系统测试是否对系统在系统负荷与应力异常状态下能否正确且安全地运行进行验证?

5) 系统测试是否对系统在全部预期的正常运行配置与异常运行配置状态下能否正确且安全地运行进行验证?

j) 验证与软件相关的系统危险是否已被消除,或是已经被控制在可接受风险等级?

k) 不能通过测试方法验证的需求,是否通过评价、审查或证明的方式进行验证?

l) 在软件交付或使用前,是否对测试期间新识别出的危险状态、可能导致或有助于危险发生的软件代码进行彻底地分析?

m) 全部分分析、测试或验证结果,包括新识别的危险和未正确实现的安全性特征是否计入了文档,并提供给系统安全人员?

n) 未正确实现的安全性特征是否被输入到危险跟踪闭环系统,以获得系统层次的解决方案?

o) 分析结果是否通过正式项目评审和系统安全性评审,并纳入配置管理?

p) 是否对职业健康危险分析的过程和结果进行了记录?

q) 是否对全部软件代码安全性需求进行了验证？

r) 是否保证全部软件安全性需求和安全关键软件单元通过测试和非测试的方法进行了验证？

s) 是否保证全部软件安全性设计特征与方法均在软件代码中实现？

t) 在源代码注释中是否清晰地表示了安全性关键代码与数据？

u) 软件代码是否符合软件编码标准？

v) 代码安全性分析是否包含了下述内容：

1) 安全性关键软件代码和数据是否满足了上述 s)～u)条的全部要求？

2) 在软件代码中是否正确实现了设计的安全特征与方法？

3) 软件代码实现是否弱化了任一安全控制或安全处理？是否制造了任何新的危险？在全部运行模式下，软件是否可将系统维持在一个安全的状态？

4) 代码分析是否考虑了时序约束、硬件失效、故障迁移、通讯、中断、并发、事件序列、容错、不利的外部环境、非法输入、信息流等因素？

5) 代码和数据验证活动是否确保软件部件或单元层次上所有的软件安全性需求得到充分的真实(在可验证的范围内)？

6) 是否验证了全部安全性关键代码单元对安全性关键性设计元素的可追踪性？

w) 软件代码安全性分析是否作为《软件测试报告》(见 GJB 438B—2009《军用软件开发文档通用要求》规定)的独立章节，通过专家评审，并纳入配置管理？

12.5.6 评审结论

设计定型阶段安全性评审意见示例：

按照安全性工作计划完成了规定的工作项目，设计定型安全性试验结果满足研制总要求和/或技术协议书的要求，研制过程中和设计定型试验过程中发生的安全性缺陷和问题已采取有效的改进措施，并全部落实到设计图样和技术文件，已通过归零审查。

评审组同意×××(产品名称)安全性通过评审。

12.6 生产定型阶段安全性评审

12.6.1 评审目的

确认装备批生产所有必需的资源和各种控制措施是否符合规定的安全性要求。评审结论为装备能否转入批生产提供重要的依据之一。

12.6.2 评审时机

在生产定型评审时,应当鉴定或评审在批生产条件下装备安全性保证措施的有效性。

12.6.3 评审文件

生产定型阶段安全性评审的主要文件包括:
a) 安全性验证计划评审;
b) 安全性验证程序评审;
c) 安全性验证结果评审。

12.6.4 评审依据

生产定型阶段安全性评审的主要依据如下:
a) 批复的主要战术技术指标和使用要求;
b) 研制总要求、技术协议书和/或研制合同;
c) 产品规范;
d) GJB 368B—2009《装备维修性工作通用要求》;
e) GJB 450A—2004《装备可靠性工作通用要求》;
f) GJB 900A—2012《装备安全性工作通用要求》;
g) GJB 2547A—2012《装备测试性工作通用要求》;
h) GJB 3872—1999《装备综合保障通用要求》;
i) GJB/Z 99—1997《系统安全工程手册》;
j) GJB/Z 102—1997《软件可靠性和安全性设计准则》;
k) GJB/Z 102A—2012《军用软件安全性设计指南》;
l) GJB/Z 142—2004《军用软件安全性分析指南》。

12.6.5 评审内容

生产定型阶段安全性评审的主要内容如下:
a) 订购方是否组织制定了使用安全性信息收集计划,计划中规定的主要内容是否包括了:
   1) 信息收集和分析的部门、单位及人员的职责;
   2) 信息收集工作的管理与监督要求;
   3) 信息收集的范围、方法和程序;
   4) 信息分析、处理、传递的要求和方法;

5）信息分类与判别准则；

6）定期进行信息审核、汇总的安排等。

b) 装备使用单位是否按规定的要求，完整、准确地收集安全性信息，分析、传递和贮存安全性信息，并对装备的事故或危险征兆及时报告？

c) 承制方是否配合订购方，在整理、分析安全性信息的基础上，识别装备使用阶段的危险，并将危险纳入危险跟踪闭环系统？

d) 使用安全性信息是否纳入了装备使用信息系统或装备全寿命周期信息管理系统？

e) 是否跟踪装备中已识别和确定的危险，并根据使用与保障分析结果和按相应安全性控制要求，结合执业健康安全有关规定，制定了安全操作规范？

f) 对于装备使用阶段识别的新危险，承制方是否按订购方要求，采取相应措施消除危险或将其风险降低至可接受水平？

g) 是否定期对装备进行安全性评价，评价过程中是否充分利用了现场使用数据和历史经验信息，并对评价过程及结果进行记录？

h) 是否对装备使用阶段所开展的各种改进进行安全性验证与评价，防止引入新危险或由于接触了对原有危险的控制措施而造成危险？

i) 是否对装备使用阶段发生的事故及危险征兆及时进行上报，开展事故调查，从技术上和管理上分析产生的原因和机理，并采取纠正或预防措施，防止再次发生？

j) 是否针对装备中存在的危险的特点，制定相应的事故应急预案，降低事故影响？

k) 是否对人员进行资格认定和培训，确认其能够正确地进行安全操作？

p) 运行文档，包括《软件用户手册》、《软件中心操作员手册》、《计算机操作手册》等（见 GJB 438B—2009《军用软件开发文档通用要求》规定），应当描述所有安全性相关的命令、数据、输入序列等系统安全运行所必需的全部信息，包括错误消息描述和纠正措施？

q) 运行文档是否通过正式评审，并纳入了配置管理？

r) 是否对软件使用人员进行资格认定和培训，确认其能够正确地进行安全操作。培训内容至少包括：

1）安全操作规程；

2）错误处理和纠正措施；

3）安全案例。

s) 是否分析了运行文档升级对装备安全性的影响，并确保与软件和操作人员相关的所有危险控制或操作得到完整、清晰的描述？

12.6.6 评审结论

生产定型阶段安全性评审意见示例：

按照安全性工作计划完成了规定的工作项目，已将产品的安全性设计特性全部反映在产品规范和图样及质量保证要求上，产品安全性要求通过生产技术、工艺标准、过程控制等办法得到有效控制；使用过程中和生产定型试验过程中未出现安全性问题（或出现的安全性问题已完成归零，改正措施已全部落实到生产图样和技术文件），生产定型安全性试验结果满足产品规范的要求。

评审组同意×××(*产品名称*)安全性通过评审。

第 13 章　军用电子元器件审查

13.1　概　　述

国产军用电子元器件,是指国内生产、为武器装备配套的电子元器件,包括微电子器件、光电子器件、真空电子器件、化学与物理电源、特种元器件、机电组件与通用元件。

微电子器件包括硅数字集成电路、硅模拟/混合信号集成电路、微波/毫米波器件与电路、超高速集成电路、宽禁带半导体器件与电路、功率半导体器件与功率集成电路、混合集成电路与多芯片组件、抗辐射器件与电路、片上系统等。

光电子元器件包括激光器、红外光电及焦平面探测器组件、半导体光电探测器、电荷耦合器件、红外探测器用杜瓦及制冷机/器、微光夜视器件、平板显示器、光电信息处理器件、光纤光缆、光纤器件、光纤传感器、集成光学器件等。

真空电子器件包括速调管、行波管、微波功率模块、磁控管、正交场放大管、回旋管、高功率微波源、气体放电器件、真空显示器件、真空光电器件、军用特种光源等。

化学与物理电源包括原电池、蓄电池、储备电池、燃料电池、太阳电池、温差发电器等。

特种元器件包括 MEMS 惯性器件、RF MEMS 器件、MEMS 传感器、物理量传感器、化学量传感器、生物传感器、微波/毫米波磁性元器件、软磁与抗电磁干扰元器件、军用永磁元件、声表面波器件、体声波器件、声光元器件、振动惯性器件等。

机电组件与通用元件包括微特电机、继电器、电连接器与开关、电传输线、电阻器、电位器、电容器、复合元件和集成无源元件、压电晶体器件等。

为加强武器装备研制生产使用国产电子元器件管理,提高武器装备国内自主保障能力,总装备部先后制定并颁发了装法〔2006〕3 号《武器装备使用进口电子元器件管理办法》、装电〔2011〕263 号《武器装备使用进口电子元器件管理办法实施细则》和装法〔2011〕2 号《武器装备研制生产使用国产军用电子元器件暂行管理办法》。

武器装备研制生产使用国产军用电子元器件按品种国产比例、数量国产比例以及国产数费比等指标实施量化管理。武器装备研制生产使用国产军用电子元器件量化管理指标根据装备研制需求和国内自主保障情况,由总装备部综合计划部具体明确。

品种国产比例是指武器装备使用国产军用电子元器件的品种数与使用全部电子元器件的品种数的比例。

数量国产比例是指武器装备使用国产军用电子元器件的数量与使用全部电子元器件的数量的比例。

国产数费比是指数量国产比例与费用国产比例的比值。其中费用国产比例是指武器装备使用国产军用电子元器件的费用与使用全部电子元器件的费用的比例。

总部分管有关装备的部门、各军兵种装备部对《中国人民解放军装备科研条例》规定的武器装备研制生产各个阶段中使用国产军用电子元器件进行审查。

元器件选用比例不满足装备论证要求的,原则上应修改研制技术方案,无法修改研制技术方案的,应制定进口元器件国产化替代方案和计划,军方型号主管部门负责组织对进口元器件国产化替代方案和计划进行专项评审。

13.2 主要电子元器件使用方案审查

13.2.1 审查目的

审查承制单位提出的武器装备研制生产主要电子元器件使用方案是否符合总装备部有关法规要求,为武器装备研制立项提供依据。

主要电子元器件是指针对某型武器装备主要战术技术指标起重要作用的电子元器件。

13.2.2 审查时机

在论证阶段,在研制立项综合论证报告评审之前或与其同时进行审查。

总部分管有关装备的部门、各军兵种装备部在报批武器装备研制立项时,应当随附承制单位提出的该武器装备研制生产主要电子元器件使用方案,并随附审查意见。

13.2.3 审查文件

审查文件主要包括:主要电子元器件使用方案。

《主要电子元器件使用方案》内容包括：

a) 国产军用电子元器件使用比例(总计)；
b) 主要电子元器件使用情况；
c) 主要电子元器件使用情况说明。

国产军用电子元器件使用比例(总计)见表13.1。

表13.1 国产军用电子元器件使用比例(总计)

(论证单位盖章)

品　种	(种数)	国　产	(种数)
		进　口	(种数)
		国产比例	
数　量	(个数)	国　产	(个数)
		进　口	(个数)
		国产比例	
费　用	(人民币,元)	国　产	(人民币,元)
		进　口	(人民币,元)
		国产比例	
国产数费比＝数量国产比例/费用国产比例			

主要电子元器件使用情况见表13.2。

表13.2 主要电子元器件使用情况(××××××××)

(论证单位盖章)

序号	品名	主要技术指标	备注
国产			
1			
2			
…			
进口			
1			
2			
…			

[注]××××××××分别为：1 微电子器件、2 光电子器件、3 真空电子器件、4 化学与物理电源、5 特种元器件、6 机电组件与通用元件。

主要电子元器件使用情况说明内容如下：

> 1　项目简介
> 2　主要战术技术指标
> 3　研制技术方案
> 4　主要电子元器件配套需求
> 5　主要电子元器件选用原则及保障方案
> 6　主要电子元器件采购经费概算
> 7　使用进口电子元器件风险自测
> 8　进口电子元器件国产化需求
> 9　自评结论

13.2.4　审查依据

审查依据主要包括：

a) 装法〔2011〕2号《武器装备研制生产使用国产军用电子元器件暂行管理办法》；

b) 装法〔2006〕3号《武器装备使用进口电子元器件管理办法》；

c) 装电〔2011〕263号《武器装备使用进口电子元器件管理办法实施细则》；

d) 军定〔2011〕70号《关于在装备定型工作中加强电子元器件使用情况审查事》；

e) GJB 3404－1998《电子元器件选用管理要求》；

f) GJB 546B－2011《电子元器件质量保证大纲》。

13.2.5　审查内容

审查内容主要包括：

a) 国产军用电子元器件使用比例（总计）统计数据是否合理，是否符合总装备部有关法规要求；

b) 主要电子元器件使用情况是否准确、必要；

c) 主要电子元器件使用情况说明。

1) 项目简介内容是否准确；

2) 主要战术技术指标是否正确，与研制总要求或技术协议书是否一致；

3) 研制技术方案描述是否完整、准确；

4) 主要电子元器件配套需求是否明确、合理；

5) 主要电子元器件选用原则是否正确，保障方案是否合理、可行；

6) 主要电子元器件采购经费概算是否合理，是否符合合同要求；

7) 对进口元器件选用必要性和选用比例达标情况分析,使用进口电子元器件风险自测是否充分;

8) 进口电子元器件国产化需求是否明确、合理;

9) 自评结论是否可信。

13.2.6 审查结论

完成主要电子元器件使用方案审查后,审查组应给出审查意见。审查意见示例:

×××(产品名称)研制生产主要电子元器件使用方案提出了主要电子元器件配套需求、主要电子元器件选用原则及保障方案、主要电子元器件采购经费概算、使用进口电子元器件风险自测和进口电子元器件国产化需求,内容全面,论证充分,需求明确,使用合理,风险可控,方案可行,符合总装备部有关法规要求。

审查组同意×××(产品名称)研制生产主要电子元器件使用方案通过审查。

13.3 使用国产军用电子元器件论证审查

13.3.1 审查目的

审查承制单位提出的军用电子元器件清单和论证报告是否符合总装备部有关法规要求,为批复武器装备研制总要求提供依据。

13.3.2 审查时机

在论证阶段,在研制总要求论证评审之前或与其同时进行审查。

在论证阶段,总部分管有关装备的部门、各军兵种装备部在报批研制总要求时,应当随附承制单位提出的该武器装备研制生产军用电子元器件清单和论证报告,并随附审查意见。

在武器装备正样评审或转入定型试验时,总部分管有关装备的部门、各军兵种装备部应当审查承制单位提出的武器装备研制生产使用军用电子元器件清单和论证报告,并形成审查意见,对不满足研制总要求中明确量化管理指标要求的,原则上不能转入定型试验。

13.3.3 审查文件

审查文件主要包括:

a) 军用电子元器件清单;

b) 武器装备研制生产使用国产军用电子元器件论证报告。

《军用电子元器件清单》内容包括:国产军用电子元器件使用比例(总计)和军用电子元器件清单明细,见表13.3和表13.4。

表13.3 国产军用电子元器件使用比例(总计)
(论证单位盖章)

品　种	(种数)	国　产	(种数)
		进　口	(种数)
		国产比例	
数　量	(个数)	国　产	(个数)
		进　口	(个数)
		国产比例	
费　用	(人民币,元)	国　产	(人民币,元)
		进　口	(人民币,元)
		国产比例	
国产数费比=数量国产比例/费用国产比例			

表13.4 军用电子元器件清单明细(××××××××)
(论证单位盖章)

品种/数量/费用合计		国　产	品种		数量		费用	
		进　口	品种		数量		费用	
		国产比例	品种		数量		费用	
序号	品名	规格	主要性能指标	价格	单机数量	生产厂商	费用小计	
国产								
1								
2								
...								
进口								
1								
2								
...								

[注]××××××××分别为:1 微电子器件、2 光电子元器件、3 真空电子器件、4 化学与物理电源、5 特种元器件、6 机电组件与通用元件。

《武器装备研制生产使用国产军用电子元器件论证报告》内容包括：

1　项目简介
2　主要战术技术指标
3　研制技术方案
4　电子元器件配套需求
5　电子元器件选用原则及保障方案
6　电子元器件采购经费概算
7　使用进口电子元器件风险自测
8　进口电子元器件国产化需求
9　自评结论

13.3.4　审查依据

审查依据主要包括：

a) 装法〔2011〕2号《武器装备研制生产使用国产军用电子元器件暂行管理办法》；

b) 装法〔2006〕3号《武器装备使用进口电子元器件管理办法》；

c) 装电〔2011〕263号《武器装备使用进口电子元器件管理办法实施细则》；

d) 军定〔2011〕70号《关于在装备定型工作中加强电子元器件使用情况审查事》；

e) 总装备部批复的武器装备作战使用性能。

13.3.5　审查内容

审查内容主要包括：

a) 军用电子元器件清单：

1) 国产军用电子元器件使用比例（总计）统计数据是否准确，是否符合总装备部有关法规要求；

2) 军用电子元器件清单明细是否完整、准确、必要。

b) 武器装备研制生产使用国产军用电子元器件论证报告：

1) 项目简介内容是否准确；

2) 主要战术技术指标是否正确，与研制总要求或技术协议书是否一致；

3) 研制技术方案描述是否完整、准确；

4) 电子元器件配套需求是否明确、合理；

5) 电子元器件选用原则是否正确，保障方案是否合理、可行；

6）电子元器件采购经费概算是否合理,是否符合合同要求;

7）对进口元器件选用必要性和选用比例达标情况分析,使用进口电子元器件风险自测是否充分;

8）进口电子元器件国产化需求是否明确、合理;

9）自评结论是否可信。

13.3.6　审查结论

完成《军用电子元器件清单》和《武器装备研制生产使用国产军用电子元器件论证报告》审查后,审查组应形成《武器装备研制生产使用国产军用电子元器件审查意见》。审查意见编写要求如下:

1　作战使命和战术技术性能
2　研制技术方案
3　使用电子元器件情况
4　使用电子元器件的性能、质量和可靠性评估
5　使用电子元器件的供货稳定性评估
6　审查结论
　　(注:对于必须使用进口电子元器件的,应按以下要求说明)
7　必须使用进口电子元器件的理由
7.1　整机方面
　　包括需求的急迫程度、拟装备的数量规模等。
7.2　电子元器件方面
　　包括进口产品的安全性;国内保障能力的现状、差距等。
8　保障措施与替代方案
　　包括战略储备方案、国产化替代方案等。

武器装备研制生产使用国产军用电子元器件专家评估委员会根据总装备部综合计划部、军兵种装备部、电子信息基础部按职责分工下达的任务开展工作,在接到任务后10至15个工作日内,完成对承制单位提出的武器装备研制生产主要电子元器件使用方案、军用电子元器件清单和论证报告评估工作,形成武器装备研制生产使用国产军用电子元器件评估报告。

武器装备研制生产使用国产军用电子元器件专家评估委员会《武器装备研制生产使用国产军用电子元器件评估报告》编写要求如下:

一、情况简介
二、使用国产电子元器件及进口电子元器件情况

> 三、使用电子元器件的安全性评估
> 四、使用电子元器件的经济性评估
> 五、使用电子元器件的供货稳定性评估
> 六、评估结论

13.4 进口电子元器件国产化替代方案评审

13.4.1 评审目的

审查承制单位提出的进口电子元器件国产化替代方案是否符合总装备部有关法规要求,为开展进口电子元器件国产化替代工作提供依据。

进口元器件替代包括用国产元器件替代进口元器件和用进口元器件替代停产断档进口元器件或替代存在使用安全风险的进口元器件。

13.4.2 评审时机

通常在初样机研制阶段评审,最迟在正样机研制阶段评审。

型号的国产化替代工作原则上应在初样机研制阶段完成,初样机研制阶段由各承研单位按照各自管理程序进行替代及验证。正样机研制阶段的国产化替代及验证工作需报总师单位。

13.4.3 评审文件

评审文件主要包括:×××(产品名称)元器件国产化替代方案。

《×××(产品名称)元器件国产化替代方案》编写示例如下:

> 1 项目简介
> 2 主要战术技术指标
> 3 研制技术方案
> 4 电子元器件配套需求
> 4.1 国产电子元器件统计分析
> 4.2 进口电子元器件统计分析
> 4.3 达标情况计算
>   计算产品元器件国产化率,包括品种、数量、经费,给出是否达标结论。
> 5 进口电子元器件国产化需求

5.1 总师单位推荐建议情况

完全替代×××项、插拔替代×××项,功能替代×××项。

5.2 产品替代实现情况

完全替代×××项、插拔替代×××项,功能替代×××项,共替代××
×项。

6 替代工作分析说明

6.1 实现替代情况说明

说明实现国产化替代项目对产品的影响分析。

设备名称:设备型号:

名称	型号/规格	国外生产厂家	替代型号/规格	替代类型	国内生产厂家	影响分析

6.2 未实现替代情况说明

说明未实现国产化替代项目,如果替代对产品的影响分析。

设备名称:设备型号:

名称	型号/规格	国外生产厂家	替代型号/规格	国内生产厂家	未替代情况说明

7 存在问题

说明存在的问题。

8 国产化替代后国产化率达标情况

8.1 国产化替代后选用国产电子元器件清单

给出国产化替代后选用国产电子元器件清单,格式如下:

×××型号选用国产电子元器件清单

设备名称:设备型号:

序号	名称	型号/规格	封装形式	生产厂家	单机数量	单价

8.2 国产化替代后选用进口电子元器件清单

给出国产化替代后选用进口电子元器件清单,格式如下:

×××型号选用进口电子元器件清单

单位名称(公章)　　　　　　　　　　　　　　日期：

序号	规格	分类代码	数量	制造商	获取渠道	等级颜色	建议等级颜色	建议说明	参考价格(单价元)	必要性	关重件	备注
备注：												

注：1. 必要性。没有类似国产产品填写"1"；国产类似产品性能指标达不到使用要求填写"2.1"；国产类似产品可靠性指标达不到使用要求填写"2.2"；国产类似产品体积/重量达不到使用要求填写"2.3"；国产类似产品价格昂贵填写"3"；其他填写"4"。

2. 关重件。是关重件的产品填写"关重件"。

3. 备注。填写需要说明的其他事宜。

8.3 国产化替代后产品元器件国产化率

计算完成国产化替代后产品元器件国产化率，包括品种、数量、经费，给出是否达标结论。

13.4.4 评审依据

审查依据主要包括：

a) 装法〔2011〕2号《武器装备研制生产使用国产军用电子元器件暂行管理办法》；

b) 装法〔2006〕3号《武器装备使用进口电子元器件管理办法》；

c) 装电〔2011〕263号《武器装备使用进口电子元器件管理办法实施细则》；

d) 军定〔2011〕70号《关于在装备定型工作中加强电子元器件使用情况审查事》；

e) GJB 3404—1998《电子元器件选用管理要求》；

f) GJB 546B—2011《电子元器件质量保证大纲》。

13.4.5 评审内容

评审内容主要包括：

a) 实现国产化替代项目对产品的影响分析是否正确；

b) 未实现国产化替代项目对产品的影响分析是否充分；
c) 实现国产化替代前后元器件国产化率（包括品种、数量、经费）达标情况；
d) 实现国产化替代项目的可行性。

13.4.6 评审结论

完成《进口电子元器件国产化替代方案》评审后，评审组应形成评审意见。评审意见示例：

×××（**产品名称**）进口电子元器件国产化替代方案综合考虑型号研制要求、研制基础、研制周期和国产元器件替代能力等因素，提出了进口电子元器件国产化需求、任务规划和实现途径，需求明确，内容全面，论证充分，技术途径合理可行，风险可控，符合×××（**产品名称**）研制总要求和有关法规要求。

评审组同意×××（**产品名称**）进口电子元器件国产化替代方案通过评审。

第 14 章 软件开发技术评审

14.1 概　　述

14.1.1 软件开发活动的分类

软件开发过程是按照选定的软件生存周期模型由一系列软件开发活动组合而成的。在军用软件研制过程中,承制单位应建立一个与合同(或与合同等效的任务书、协议书)要求一致的软件开发过程。如果合同中没有要求,承制单位应规定或选择适合于项目范围、规模和复杂度的软件生存周期模型,并将软件开发活动映射到生存周期模型中。

根据 GJB 2786A—2009《军用软件开发通用要求》,软件开发活动包括基本活动、管理活动和支持活动三类。

软件开发的基本活动包括:

a) 系统需求分析;

b) 系统设计;

c) 软件需求分析;

d) 软件设计;

e) 软件实现和单元测试;

f) 单元集成和测试;

g) CSCI 合格性测试;

h) CSCI/HWCI 集成和测试;

i) 系统合格性测试;

j) 软件使用准备;

k) 软件移交准备;

l) 软件验收支持。

软件开发的管理活动包括:

a) 项目策划和监控;

b) 软件开发环境建立;

c) 风险管理;

d) 保密性有关活动；
e) 分承制方管理；
f) 与软件独立验证和确认(IV&V)机构的联系；
g) 与相关开发方的协调；
h) 项目过程的改进。

软件开发的支持活动包括：
a) 软件配置管理；
b) 软件产品评价；
c) 软件质量保证；
d) 纠正措施；
e) 联合评审；
f) 测量与分析。

在软件开发过程中，按照选定的生存周期模型，这些活动可以重叠或相互作用，并且可以重复或循环地进行。因此，不同的软件项目可以应用不同的软件开发活动，针对具体的软件开发过程，还可以对这些活动进行剪裁。也就是说，无论什么类型的软件项目开发过程均可分解为上述软件开发活动组合而成。

14.1.2 基本开发活动的软件文档

软件承制单位可根据项目所选定的生存周期模型、合同（或软件研制任务书）的要求以及实际活动，确定项目产生的软件文档种类，并根据实际情况对文档的种类进行合并或拆分。若两个或多个文档合并，以其中一个文档为主文档，将其他文档的内容有机地组合到主文档中，组合后形成的文档要素应保持完整、不遗漏，并在注释中进行说明。例如，《系统/子系统规格说明》和《接口需求规格说明》可以合并成一个文档，以《系统/子系统规格说明》为主文档，将《接口需求规格说明》的内容有机地组合到《系统/子系统规格说明》的相应章节中。若一个文档拆分为两个或多个文档，拆分前后各文档的要素和要求应保持一致，并在其中的一个文档的注释中对拆分情况进行说明。

1. 系统需求分析

软件承制单位参与系统/子系统需求分析活动，并通过开展用户需求分析了解用户需要，定义并记录系统运行方案，定义并记录系统要满足的产品需求以及保证每项需求得以满足所使用的技术方法。最终产生（但不限于）以下工作产品：

a) 《运行方案说明》(OCD)；
b) 《系统/子系统规格说明》(SSS)；
c) 《接口需求规格说明》(IRS)。

其中,有关系统接口的需求可以包含在《系统/子系统规格说明》中,也可以独立形成《接口需求规格说明》文档。

2. 系统设计

软件承制单位参与系统/子系统设计活动,并通过定义和记录系统行为设计、其他影响系统部件的选择与设计等系统级设计决策,标识系统部件(包括硬件、软件、人工操作)及其接口,描述执行方案等系统体系结构设计以及系统部件与系统需求之间的可追踪性。最终产生(但不限于)以下工作产品:

a)《系统/子系统设计说明》(SSDD);

b)《接口设计说明》(IDD);

c)《数据库设计说明》(DBDD);

d)《软件研制任务书》(SDTD)。

其中,有关接口的设计可以包含在《系统/子系统设计说明》中,也可以独立形成《接口设计说明》文档;有关数据库的设计可以包含在《系统/子系统设计说明》中,也可以独立形成《数据库设计说明》文档。

3. 软件需求分析

软件承制单位开展软件需求分析工作,定义并记录每个CSCI要满足的软件需求(包括要求的状态和方式、能力、外部接口、内部接口、内部数据、适应性、安全性、保密性、环境、计算机资源、质量因素、设计和实现约束、合格性要求等方面)以及保证每项软件需求得以满足所使用的技术方法,记录CSCI需求与系统需求之间的可追踪性。最终产生(但不限于)以下工作产品:

a)《软件需求规格说明》(SRS);

b)《接口需求规格说明》(IRS)。

其中,有关CSCI接口的需求可以包含在《软件需求规格说明》中,也可以独立形成《接口需求规格说明》文档。

4. 软件设计

软件承制单位开展软件设计工作,定义并记录CSCI级设计决策(即关于CSCI行为设计的决策和其他对组成CSCI的软件单元的选择和设计有影响的决策),定义并记录每个CSCI的体系结构设计(标识组成该CSCI的软件单元及接口,它们之间的执行方案),编写并记录每个软件单元的说明(包括每个软件单元的设计决策和约束、接口和数据库的详细设计说明),记录软件单元与CSCI需求之间的可追踪性。最终产生(但不限于)以下工作产品:

a)《软件设计说明》(SDD);

b)《接口设计说明》(IDD);

c)《数据库设计说明》(DBDD)。

其中,有关 CSCI 接口的设计可以包含在《软件设计说明》中,也可以独立形成《接口设计说明》文档;有关数据库的设计可以包含在《软件设计说明》中,也可以独立形成《数据库设计说明》文档。

5. 软件实现和单元测试

软件承制单位开发并记录与 CSCI 设计中每个软件单元相对应的程序;制定软件单元测试计划,准备测试用例、测试规程和测试数据,并按照单元测试计划、用例和规程实施测试;根据单元测试的结果对软件进行必要的修改和回归测试,对单元测试的结果进行分析和记录。最终产生(但不限于)以下工作产品:

a)软件源代码;
b)《软件单元测试说明》(STD);
c)《软件单元测试报告》(STR)。

6. 单元集成和测试

软件承制单位为进行软件单元集成和测试制定计划,准备测试用例、测试规程和测试数据,并按照软件集成测试计划、用例和规程实施测试;根据集成测试的结果对软件进行必要的修改和回归测试,并对集成测试的结果进行分析和记录。最终产生(但不限于)以下工作产品:

a)《软件单元集成测试说明》(STD);
b)《软件单元集成测试报告》(STR)。

7. CSCI 合格性测试

软件承制单位为进行 CSCI 合格性测试制定计划,准备测试用例、测试规程和测试数据,记录测试用例与 CSCI 需求之间的可追踪性,并按照 CSCI 合格性测试计划、用例和规程实施测试;根据 CSCI 合格性测试的结果对软件进行必要的修改和回归测试,并对 CSCI 合格性测试的结果进行分析和记录。最终产生(但不限于)以下工作产品:

a)《CSCI 合格性测试说明》(STD);
b)《CSCI 合格性测试报告》(STR)。

8. CSCI/HWCI 集成和测试

软件承制单位参与制定和记录用于执行 CSCI/HWCI 集成和测试的测试计划,参与准备测试用例、测试规程和测试数据,记录测试用例与系统设计之间的可追踪性,并按照 CSCI/HWCI 集成测试计划、用例和规程实施测试;根据 CSCI/HWCI 集成测试的结果对软件进行必要的修改和回归测试,并对 CSCI/HWCI 集成测试的结果进行分析和记录。最终产生(但不限于)以下工作产品:

a)《CSCI/HWCI 集成测试说明》(STD);
b)《CSCI/HWCI 集成测试报告》(STR)。

9. 系统合格性测试

软件承制单位参与编写系统合格性测试计划,并按计划进行测试用例、测试规程和测试数据准备;参与确定并记录测试用例与系统需求之间的可追踪性,并按照系统合格性测试计划、用例和规程实施测试;根据系统合格性测试的结果对软件进行必要的修改和回归测试,并对系统合格性测试的结果进行分析和记录。最终产生(但不限于)以下工作产品:

a)《系统合格性测试说明》(STD);
b)《系统合格性测试报告》(STR)。

10. 软件使用准备

除在用户现场进行安装准备外,软件承制单位还为每个用户现场准备可执行的软件;标识和记录为每个用户现场准备的软件的准确版本;标识和记录软件的直接用户所需的信息;标识和记录用户应向计算机提交的输入和从计算机获得的输出;标识和记录在计算机中心或者在集中式或网络式的软件装置上操作该软件的人员所需要的信息;标识和记录为操作运行该软件的计算机所需的信息。最终产生(但不限于)以下工作产品:

a)《软件产品规格说明》(SPS);
b)《软件版本说明》(SVD);
c)《软件用户手册》(SUM);
d)《软件输入/输出手册》(SIOM);
e)《软件中心操作员手册》(SCOM);
f)《计算机操作手册》(COM)。

11. 软件移交准备

软件承制单位准备需要向保障机构现场移交的可执行软件、源文件,标识和记录软件的准确版本;标识和记录在开发或运行该软件的计算机上编程所需的信息;标识和记录在安装该软件的固件上进行编程和重编程所需的信息。最终产生(但不限于)以下工作产品:

a)《软件产品规格说明》(SPS);
b)《软件版本说明》(SVD);
c)《计算机编程手册》(CPM);
d)《固件保障手册》(FSM)。

12. 软件验收支持

软件承制单位按合同规定提供验收、交付、培训和产品定型支持,提供(但不限于)以下文档:

a)《软件研制总结报告》(SDSR);

b)《软件配置管理报告》(SCMR);
c)《软件质量保证报告》(SQAR)。

14.1.3 软件定型测评的技术文档

软件定型测评是指由定型测评机构依据国家军用标准,考核软件是否符合系统研制总要求或软件研制总要求规定的战术技术指标的活动。定型测评机构应根据软件研制总要求或系统研制总要求和国家军用标准,编制定型测评大纲;在按照定型测评大纲测试符合终止条件后,根据文档审查、软件及数据测试结果出具定型测评报告。

软件定型测评提供(但不限于)以下文档:
a)《软件定型测评大纲》;
b)《软件定型测评报告》。

14.1.4 军用软件评审的分类

按照 GJB 6389—2008《军用软件评审》的术语和定义,评审是"将软件产品提交给项目成员、管理人员、用户、顾客、用户代表或其他相关方,以便进行评论或批准的过程或会议。评审通常包括管理评审、技术评审、审查、走查四种类型。"

1. 管理评审

管理评审是由管理部门或者管理部门代表对软件获取、供应、开发、运行或维护等过程进行的一种系统性评价,以便监督进展,确定计划和进度的状态,确认需求及其系统分配,或者评价管理方法的有效性。

管理评审的目的主要是通过监控进展,标识与计划的一致性和偏离,或者标识遵循管理规程的充分性与不充分性,使管理者全面了解项目的状态、遵循的法规、达成的技术协议以及演进中的软件产品的总体状态,为采取纠正措施、改变资源分配或者变更项目范围、管理风险等方面的决策提供支持。

管理评审的对象可包括:软件开发计划、软件质量保证计划、软件配置管理计划、软件安装计划、软件移交计划,以及进展报告、技术评审报告等。

2. 技术评审

技术评审是由一组合格人员对软件产品进行的一种系统性评价,以检查软件产品对其预期用途的适合性,并标识与规格说明和标准的差异。技术评审可提出推荐的备选方法并检查各种不同的备选方法。

技术评审的目的主要是通过对软件产品评价,确定该软件产品对其预期用法的适合性,并标识出与规格说明和标准的差异,以便给管理部门提供证据。包括:

a) 软件产品是否完备；
b) 软件产品是否遵守适用于项目的规定、标准、指南、计划和规程；
c) 软件产品是否适合于预期的用法；
d) 软件产品的更改是否得到了适当的实施,且只影响到更改规格说明中标识的那些系统区域；
e) 软件产品是否就绪,以便进行下一步活动；
f) 是否存在导致硬件异常或者与规格说明差异等。

技术评审的对象包括运行方案说明、系统/子系统需求文档、系统/子系统设计文档、软件需求规格说明、软件设计说明、软件测试文档、软件用户文档、软件维护保障文档等。

3. 审查

审查是对软件产品的一种可视性检查,以检测和标识软件异常,其中包括错误、对标准和规格说明的偏离。审查是由受过审查技术培训的、公正的组织者领导的同行专家检查。

审查的目的主要是发现并识别软件产品异常,以便及时采取纠正措施。包括：

a) 软件产品是否符合它的规格说明；
b) 软件产品是否符合规定的质量属性；
c) 软件产品是否遵循适用的规定、标准、指南、计划和规程；
d) 标识对标准和规格说明的偏离。

审查的对象包括软件需求规格说明、软件设计说明、软件源代码、软件测试文档、软件用户文档、软件维护保障文档等。

4. 走查

走查是一种静态分析技术,设计者或程序员引导开发组成员和其他有关人员对软件产品进行通读,参与者提出问题并对可能的错误、违反开发标准之处和其他问题进行评论。

走查的主要目的是发现软件异常、标识与标准和规格说明的遗漏或矛盾、改进软件产品,考虑备选方案的实现,评价与标准和规格说明的一致性。通过一次走查可能指出若干缺陷(例如,软件产品的效率和可读性问题,在设计或编码中的模块性问题或者不可测试的规格说明等)。

走查的对象包括软件需求规格说明、软件设计说明、软件源代码、软件测试文档、软件用户文档、软件维护保障文档等。

本章所指的技术评审主要是通过评审、审查和走查的方式,对基本开发活动和软件定型测评产生的软件文档进行技术评价。

14.1.5 技术评审的一般过程

技术评审过程通常包括计划评审、准备评审、实施评审、跟踪与验证四个阶段。

1. 计划评审阶段

由拟开展技术评审的单位确定待评审的软件工作产品、评审形式,确定具体的评审时间、地点、评审组组长、评审组成员以及其他参与人员(根据需要),安排技术评审进度。

2. 准备评审阶段

被评审单位项目组准备待评审的软件工作产品及其他相关资料,并分发技术评审材料;评审组成员按照评价准则分别独立评审并记录软件工作产品中的缺陷或问题。

3. 实施评审阶段

根据准备评审阶段报告的缺陷或问题,以及在本阶段新发现的缺陷,经分析、讨论和质询,最终由技术评审组汇总缺陷或问题列表,以及提出的意见建议;被评审单位对技术评审组发现的缺陷或问题以及提出的意见建议进行归纳整理,给出采纳、部分采纳或解释的处理意见;技术评审组最终形成评审结论,并指定评审组成员负责后续的跟踪和验证工作。

4. 跟踪与验证阶段

被评审单位必须及时更正技术评审中提出的所有缺陷或问题,对意见建议进行妥善处理。评审组成员负责进行缺陷或问题的跟踪和验证。

14.1.6 技术评审的评价准则

1. 评价准则的定义

GJB 2786A—2009《军用软件开发通用要求》附录 E"软件产品评价"规定了评价准则的定义:

E.3.1　准则 1:准确陈述(某项)

该准则适用于用户/操作员/程序员的操作,以及"已建成"的设计与版本的描述,表示这些操作或描述正确地陈述了该软件或其他所描述的项。

E.3.2　准则 2:充分的测试用例、规程、数据和结果

如果测试用例覆盖了所有适用的需求或设计决定,并且详细说明了所使用的输入、预期的结果以及用来评价这些结果的准则,那么这些测试用例就是充分的。如果测试规程详细说明了执行每个测试用例要遵循的步骤,那么这些测试规程就是充分的。如果测试数据使能执行所计划的测试用例和测试

规程,那么这些测试数据就是充分的。如果测试或预演能说明所有测试用例的结果,并指出所有的准则均已得到满足(可能经过修改和回归测试之后),那么这些测试或预演结果就是充分的。

E.3.3 准则3:与指定的产品一致

该准则表示:

a) 一个软件产品的陈述或表示与另一个指定软件产品的陈述或表示不相矛盾;

b) 给定的术语、首字母缩写词或缩写词在所有的软件产品中具有相同的含义;

c) 在所有的软件产品中,用相同的名字或描述引用一个给定条款或概念。

E.3.4 准则4:包含(某特定文档中)所有适用的信息

该准则用文档来指定要求软件产品具有的内容,而不管某个可交付文档是否已订购。对每个文档的章条标题的适用范围可做调整。文档中所规定的格式(即所要求的章条划分和编号)与本评价无关。

E.3.5 准则5:覆盖(给定的一组条款)

一个软件产品"覆盖"了给定的一组条款是指该组中的每一个条款均已在该软件产品中得到安排。例如,一个计划覆盖了工作说明(SOW),是指工作说明(SOW)中的每一条规定均在该计划中得到了安排;一个设计覆盖了一组需求,是指在这个设计中每一项需求均得到了处理;一个测试计划覆盖了一组需求,是指每一项需求都是一个或多个测试的主题。"覆盖"对应于需求、设计以及测试计划/说明等文档的向下可追踪性(例如,从需求到设计)。

E.3.6 准则6:可行

该准则表示,根据评价者的学识和经验,给定的方案、一组需求、设计、测试等没有违反已知的原则或经验教训,否则将不可能实现。

E.3.7 准则7:遵循软件开发计划

该准则表示,有证据表明该软件产品一直按照软件开发计划所要求的方式进行开发。例如,遵循了计划所要求的设计与编码标准。对软件开发计划本身,该准则适用于对最初的计划进行的修订。

E.3.8 准则8:内部一致

该准则表示:

a) 在一个软件产品中不存在彼此矛盾的两种陈述或表示;

b) 贯穿该软件产品,给定的术语、首字母缩写词或缩写词具有相同的含义;

c) 贯穿该软件产品,用相同的名字或描述引用一个给定条款或概念。

E.3.9 准则9:满足合同资料要求清单要求(如适用)

如果被评价的软件产品是合同资料要求清单所规定的,且已安排在评价期间交付,则本准则适用。本准则关注的是合同资料要求清单中规定的格式、标记及其他条款,而不是其他准则所涉及的内容。

E.3.10 准则10:满足工作说明或软件研制任务书要求(如适用)

该准则表示软件产品满足工作说明(SOW)或软件研制任务书(SDTD)中对它提出的所有要求。例如,SOW或SDTD可能对运行方案或设计提出约束条件。

E.3.11 准则11:提出的方法合理

该准则表示,根据评价者的知识及经验认为,所给定的计划描述了执行这些必要活动的合理方法。

E.3.12 准则12:显示出(受测试项目)满足要求的证据

该准则表示,已记录的测试结果表明,受测试项或是一次通过了全部测试,或是经过修改和回归测试最终通过各种测试。

E.3.13 准则13:可测试

对于一个需求或一组需求,如果能够设计一个客观可行的测试用以确定每个需求是否得到满足,就称其为可测试的。

E.3.14 准则14:可理解

该准则表示"能为预期的读者所理解"。例如,为程序员之间交流所提供的软件产品就无需为非程序员所理解。产品正确地指明了它的读者且对于这些读者是可理解,则认为符合本准则。

2. 评价准则的确定

按照评价准则的定义,GJB 2786A—2009《军用软件开发通用要求》附录E"软件产品评价"中还列出了应进行评价的软件产品和相关的评价准则。在实施技术评审过程中,还应将这些评价准则具体化,对其中某些主观的评价准则,评审时并不要求证明这些准则已得到满足,而只要求使用这些准则进行评价并指出可能存在的问题,以便讨论和解决。

14.2 系统需求分析评审

14.2.1 评审目的

审查承制单位在开展系统需求分析过程中所产生的工作产品,以确定其为满足用户使用要求所做的产品需求分析工作是否充分和正确,以便在研制任务提出单位、承制单位、保障机构和使用部门之间,对所开发系统的研制目标、研制范围和使用要求达成一致共识,并将其作为系统设计活动的输入和技术基础。

14.2.2 评审时机

系统需求分析评审一般在论证阶段后期或方案阶段初期,承制单位完成用户要求分析,定义并记录系统运行方案、系统需求、接口需求之后进行。也可根据所开发系统的软件规模、实体数量、技术复杂程度、安全等级等因素,在完成用户要求分析、定义并记录系统运行方案之后,以及完成定义并记录系统需求、接口需求之后分别进行。根据项目的具体情况,软件产品系统需求分析评审可一次对多个技术文件或分几次逐个文件进行。

14.2.3 评审文件

系统需求分析评审包括(但不限于)以下技术文件:

a) 描述系统应满足的用户需要、与现有系统或规程的关系以及使用方式等的《运行方案说明》(OCD);

b) 描述系统的需求以及确保满足各项需求所使用的技术方法的《系统/子系统规格说明》(SSS);

c) 描述系统内部、外部实体之间接口需求的系统《接口需求规格说明》(IRS)。

按照 GJB 438B—2009《军用软件开发文档通用要求》,《运行方案说明》的目次格式如下:

```
1   范围
1.1   标识
1.2   系统概述
1.3   文档概述
2   引用文档
3   现行系统或状态
3.1   背景、目标和范围
3.2   运行策略和约束
3.3   现行系统或状态的描述
3.4   用户或相关人员
3.5   保障方案
4   更改理由和实质
```

4.1 更改理由
4.2 所需更改的说明
4.3 更改的优先级别
4.4 考虑但未纳入的更改
4.5 假设和约束
5 新系统或修改后系统的方案
5.1 背景、目标和范围
5.2 运行策略和约束
5.3 新系统或修改后系统的描述
5.4 用户/受影响人员
5.5 保障方案
6 运行场景
7 影响综述
7.1 运行影响
7.2 组织影响
7.3 开发期间的影响
8 分析建议系统
8.1 优点概述
8.2 缺点/限制概述
8.3 考虑的替代方案和权衡
9 注释

按照GJB 438B—2009《军用软件开发文档通用要求》，《系统/子系统规格说明》的目次格式如下：

1 范围
1.1 标识
1.2 系统概述
1.3 文档概述
2 引用文档
3 需求
3.1 要求的状态和方式
3.2 系统能力需求
3.2.X （系统能力）

3.3 系统外部接口需求
3.3.1 接口标识和接口图
3.3.X （接口的项目唯一的标识符）
3.4 系统内部接口需求
3.5 系统内部数据需求
3.6 适应性需求
3.7 安全性需求
3.8 保密性需求
3.9 系统环境需求
3.10 计算机资源需求
3.10.1 计算机硬件需求
3.10.2 计算机硬件资源利用需求
3.10.3 计算机软件需求
3.10.4 计算机通信需求
3.11 系统质量因素
3.12 设计和构造的约束
3.13 人员需求
3.14 培训需求
3.15 保障需求
3.16 其他需求
3.17 包装需求
3.18 需求的优先顺序和关键性
4 合格性规定
5 需求可追踪性
6 注释

按照GJB 438B—2009《军用软件开发文档通用要求》，系统《接口需求规格说明》的目次格式如下：

```
1  范围
1.1  标识
1.2  系统概述
1.3  文档概述
2  引用文档
3  需求
```

```
3.1  接口标识和接口图
3.X  （接口的项目唯一的标识符）
3.Y  需求的优先顺序和关键性
4    合格性规定
5    需求可追踪性
6    注释
```

14.2.4 评审依据

评审依据主要包括：立项综合论证报告、研制总要求、研制合同、技术要求或技术规格说明、工作说明、作战使用需求等用户需求文件，GJB 438B—2009《军用软件开发文档通用要求》和 GJB 2786A—2009《军用软件开发通用要求》等标准。

14.2.5 评审内容

1. 运行方案说明

按照 GJB 2786A—2009《军用软件开发通用要求》附录 E"软件产品评价"的规定，运行方案的评价准则如下：

软件产品	评价准则						
	准则4：包含如下文档中所有适用的信息	准则10：满足SOW或SDTD要求	准则9：满足合同资料要求清单要求	准则14：可理解	准则8：内部一致	准则7：遵循软件开发计划	附加准则
7. 运行方案	√ OCD	√	√	√	√	√	准则6：可行。

对照上述评价准则，以及 GJB 438B—2009《军用软件开发文档通用要求》附录 A 的有关规定，列举一个具体的审查内容和要求参考示例如下：

a）是否清晰地描述了运行方案说明所适用系统的完整标识和用途。适用时，包括其标识号、名称、缩略名、版本号和发布号。

b）对现行系统或状况的描述是否完整、准确，主要包括：系统的任务或目标和范围，运行策略和设计约束，不同的运行状态或工作方式及其差异，相关人员的分类和背景信息，保障方案等方面。

c) 对现行系统存在的问题以及新研或升级系统的用户需求(包括系统能力/功能、信息处理、与其他系统的接口或其他所需求等)的分析、阐述是否充分、正确;是否标识出了新建或升级系统用户需求的优先级及其假设和约束条件,并分析、记录了有潜在可能但未纳入研制的需求。

d) 对新研或升级系统的描述是否充分、准确,主要包括:系统的任务或目标和范围,运行策略和设计约束,不同的运行状态或工作方式及其差异,相关人员的分类和背景信息,保障方案等方面。

e) 描述的运行场景(包括系统的作用、与用户的交互、与其他系统的接口以及标识的所有运行状态或工作方式等)是否全面、正确地体现了用户使用要求。

f) 是否清晰地描述了新研或升级系统可能对使用人员、研制任务提出方、软件承制方和保障机构带来的各种影响(包括系统运行、组织管理、研制开发等方面)。

g) 是否对新研或升级系统改善的功能性能或作战使用效能进行评估;是否对新研或升级系统带来的限制、约束和非预期的结果进行预测;是否考虑了可选的替代方案和决策依据。

h) 文中的表述是否与研制合同(或技术要求、技术规格说明、工作说明等其他等效文件)相一致,并易于理解;技术上是否可行且内部一致、无歧义。

i) 是否编制规范、层次清晰、描述准确,符合有关标准和评审依据性文件中规定的相关要求。

2. 系统/子系统规格说明

按照 GJB 2786A—2009《军用软件开发通用要求》附录 E "软件产品评价"的规定,系统需求的评价准则如下:

软件产品	评价准则						
	准则4:包含如下文档中所有适用的信息	准则10:满足SOW或SDTD要求	准则9:满足合同资料要求清单要求	准则14:可理解	准则8:内部一致	准则7:遵循软件开发计划	附加准则
8. 系统需求	√ SSS, IRS	√	√	√	√	√	准则5:覆盖运行方案; 准则6:可行; 准则13:可测试。

对照上述评价准则,以及 GJB 438B—2009《军用软件开发文档通用要求》附录 B、附录 C 的有关规定,列举一个具体的审查内容和要求参考示例如下:

> a) 是否清晰地描述了系统/子系统规格说明所适用系统的完整标识和用途。适用时,包括其标识号、名称、缩略名、版本号和发布号。
>
> b) 是否满足用户要求的系统目标和范围、工作状态和运行方式、系统能力需求;是否充分分析并详细描述了系统内/外部实体间的接口需求以及数据需求。
>
> c) 是否对系统的适应性、安全性、保密性、系统环境、计算机资源等需求逐一进行了描述;是否分析、记录了用户对系统质量因素、设计和构造约束需求,以及有关人员、培训、保障、包装等方面的其他需求。
>
> d) 是否对上述需求的优先次序、关键程度或所赋予的重要性权重,以及合格性规定和方法加以定义和描述。
>
> e) 是否覆盖了系统、子系统、硬件配置项(HWCI)、计算机软件配置项(CSCI)、人工操作或者其他系统部件之间的一个或多个实体接口,包括:接口标识和接口图,接口需求的优先次序、关键程度或所赋予的重要性权重,合格性规定和方法等。
>
> f) 系统需求的表述是否与研制合同(或技术要求、技术规格说明、工作说明等其他等效文件)相一致,并易于理解。
>
> g) 是否覆盖了运行方案说明中定义的系统任务或目标和范围、工作状态和运行方式、运行策略和设计约束等要求。
>
> h) 分析提出的系统需求以及保证每项需求得以满足所使用的方法是否可行、可测试,且内部一致、无歧义。
>
> i) 系统需求的文档类型和格式等是否符合各方的要求;是否编制规范、层次清晰、描述准确,符合有关标准和评审依据性文件中规定的相关要求。

对每一个子系统规格说明、子系统级或更低等级接口规格说明,还应增加需求可追踪性的评价准则,如:

> j) 每个子系统需求是否均可追溯到它所涉及的系统需求。
>
> k) 实体间的每个接口需求是否均可追溯到该需求所涉及的系统(或子系统)需求。

14.2.6 评审结论

完成系统需求分析审查后,技术评审组应给出评审意见,并宣布评审结论:

确认、有条件确认或不确认系统需求分析工作,可否开展下一步系统设计工作或是否需要再次进行评审。评审意见示例:

×××。会议成立了评审组(附件×),听取了×××(研制单位)作的×××(产品名称)系统需求分析工作情况报告,审查了系统规格说明等文档,经讨论、质询,形成评审意见如下:

1. 系统规格说明对系统的研制目标和范围、工作状态、运行方式以及所要满足的能力需求、接口需求、数据要求等进行了详细描述,内容完整准确,覆盖了研制总要求、研制合同或技术协议书规定的全部系统需求,可作为×××(产品名称)系统设计依据;

2. 系统规格说明文档齐套、编制规范、层次清晰,符合国家军用标准和评审依据性文件中规定的相关要求。

评审组同意《×××(产品名称)系统规格说明》通过评审。

建议按照专家意见(附件×)进一步修改完善。

14.3 系统设计评审

14.3.1 评审目的

审查承制单位在开展系统设计过程中所产生的工作产品,以确定其为满足系统需求所做的系统级设计决策和体系结构设计等工作是否充分、正确和可行,以便在研制任务提出单位和承制单位之间,对所开发系统的部件组成、接口关系、数据要求等方面达成一致共识,并将其作为系统实现的技术基础。

14.3.2 评审时机

系统设计评审一般在方案阶段后期,承制单位完成系统级设计决策、系统体系结构设计、系统部件接口设计和数据库设计之后进行。也可结合研制方案或系统总体技术方案评审进行。根据项目的具体情况,软件产品系统设计评审可一次对多个技术文件或分几次逐个文件进行。

14.3.3 评审文件

系统设计评审包括(但不限于)以下技术文件:

a) 描述系统/子系统的系统级或子系统级设计决策与体系结构设计的《系统/子系统设计说明》(SSDD);

b) 描述一个或多个系统或子系统、硬件配置项(HWCI)、计算机软件配置

项(CSCI)、人工操作,或者其他系统部件接口特性的系统级《接口设计说明》(IDD);

c)描述系统数据库设计,以及存取、操纵数据库所使用的系统级软件或系统共性基础软件的《数据库设计说明》(DBDD)。

按照GJB 438B—2009《军用软件开发文档通用要求》,《系统/子系统设计说明》的目次格式如下:

```
1  范围
1.1  标识
1.2  系统概述
1.3  文档概述
2  引用文档
3  系统级设计决策
4  系统体系结构设计
4.1  系统部件
4.2  执行方案
4.3  接口设计
4.3.1  接口标识和图表
4.3.X  (接口的项目唯一的标识符)
5  需求的可追踪性
6  注释
```

按照GJB 438B—2009《军用软件开发文档通用要求》,《接口设计说明》的目次格式如下:

```
1  范围
1.1  标识
1.2  系统概述
1.3  文档概述
2  引用文档
3  接口设计
3.1  接口标识和接口图
3.X  (接口的项目唯一的标识符)
4  需求的可追踪性
5  注释
```

按照 GJB 438B—2009《军用软件开发文档通用要求》,《数据库设计说明》的目次格式如下：

```
1   范围
1.1   标识
1.2   数据库概述
1.3   文档概述
2   引用文档
3   数据库级设计决策
4   数据库详细设计
4.X   （数据库设计级别的名称）
5   用于数据库访问或操纵的软件单元的详细设计
5.X   （软件单元的项目唯一的标识符,或者一组软件单元的标志符）
6   需求可追踪性
7   注释
```

14.3.4　评审依据

评审依据主要包括：研制总要求,研制合同、技术要求或技术规格说明、工作说明,《运行方案说明》、《系统/子系统规格说明》、《接口需求规格说明》等系统需求相关文件,GJB 438B—2009《军用软件开发文档通用要求》和 GJB 2786A—2009《军用软件开发通用要求》等标准。

14.3.5　评审内容

按照 GJB 2786A—2009《军用软件开发通用要求》附录 E"软件产品评价"的规定,系统设计产品的评价准则如下：

软件产品	评价准则						
	准则4:包含如下文档中所有适用的信息	准则10:满足SOW或SDTD要求	准则9:满足合同资料要求清单要求	准则14:可理解	准则8:内部一致	准则7:遵循软件开发计划	附加准则
9.系统级设计决策	√ SSDD,IDD,DBDD	√	√	√	√	√	准则3:与系统需求一致; 准则6:可行。

(续)

软件产品	评价准则						
	准则4:包含如下文档中所有适用的信息	准则10:满足SOW或SDTD要求	准则9:满足合同资料要求清单要求	准则14:可理解	准则8:内部一致	准则7:遵循软件开发计划	附加准则
10.系统体系结构设计	√ SSDD, SDTD, IDD	√	√	√	√	√	准则5:覆盖系统需求; 准则3:与系统级设计决策一致; 准则6:可行。

对照上述评价准则,以及GJB 438B—2009《军用软件开发文档通用要求》附录D、附录E和附录O的有关规定,列举一个具体的审查内容和要求参考示例如下:

a) 是否清晰地描述了系统/子系统设计所适用系统的完整标识和用途。适用时,包括其标识号、名称、缩略名、版本号和发布号。

b) 是否充分、准确地描述了为满足系统需求而进行的设计决策,即系统行为的设计决策以及对系统部件的选择与设计产生影响的决策,包括:有关系统接收的输入和产生的输出,对每个输入或条件进行响应的系统行为,系统数据库/数据文件如何呈现给用户,为满足安全性和保密性需求所选用的方法,为提供所需的灵活性可用性和可维护性而选择的方法等方面的设计决策。

c) 是否完整、准确地描述了体系结构设计,包括:标识系统部件及其接口,用图示和文字说明系统部件之间的静态和动态关系,陈述每个系统部件的用途并标识分配给该部件的系统需求,标识已知的每个系统部件的开发状态/类型,描述其计算机硬件资源等。

d) 接口设计是否完整覆盖了系统、子系统、硬件配置项(HWCI)、计算机软件配置项(CSCI)、人工操作或者其他系统部件之间的一个或多个实体接口,并用项目唯一的标识符标识和说明了每个接口,包括:接口标识和接口图,接口特性,接口需求的优先次序、关键程度或所赋予的重要性权重,合格性规定和方法等。

e) 是否明确定义和记录了数据库设计级别,通过项目唯一的标识符来标识用于数据库访问或操作的软件单元,并用所选设计方法的术语描述数据库的数据元素、数据元素集合和软件单元,包括:各个数据元素的特征,数据元素组合体(如记录、消息、文件、数组、显示、报表等)的特征,对数据库访问或操作的软件单元进行的设计说明等。

f) 每个系统部件的设计内容是否均可追溯到并覆盖了它所涉及的系统需求,并与系统需求保持一致。

g) 每个接口实体的设计内容是否均可追溯到并覆盖了相应的系统或计算机软件配置项需求,并与其保持一致。

h) 每个数据库及其软件单元的设计内容是否均可追溯到并覆盖了它所处理的系统需求或计算机软件配置项需求,并与其保持一致。

i) 提出的系统及系统部件设计、接口实体设计、数据库及其软件单元设计方案是否可行,且内部一致、无歧义。

j) 系统设计文档的表述是否与研制合同(或技术要求、技术规格说明、工作说明等其他等效文件)相一致,并易于理解。

k) 系统设计文档的类型、格式和数量等是否符合各方的要求;是否编制规范、层次清晰、描述准确,符合有关标准和评审依据性文件中规定的相关要求。

14.3.6 评审结论

完成系统设计审查后,技术评审组应给出评审意见,并宣布评审结论:确认、有条件确认或不确认系统设计工作,可否开展下一步软件设计开发工作或是否需要再次进行评审。评审意见示例:

×××。会议成立了评审组(附件×),听取了×××(研制单位)作的×××(产品名称)系统设计工作情况报告,审查了系统设计说明等文档,经讨论、质询,形成评审意见如下:

1. 系统设计文件对系统级设计决策进行了详细描述,对系统部件、执行方案、接口关系、数据要求等系统体系结构进行了详细设计,内容完整准确,覆盖了系统需求文件规定的全部需求,可指导系统软件研制工作;

2. 系统设计文档齐套、编制规范、层次清晰,符合国家军用标准和评审依据性文件中规定的相关要求。

评审组同意《×××(产品名称)系统设计说明》通过评审。

建议按专家意见(附件×)进一步修改完善。

14.4 软件研制任务书评审

14.4.1 评审目的

软件研制任务书是系统对其所属软件的产品需求说明,其内容不仅包括功能、性能、接口、运行环境等技术要求和设计约束,还包括质量控制、验收交付、保障要求以及重要进度控制节点等要求。对于以软件为主或纯软件的系统而言,软件研制任务书可能是研制任务提出单位与承制单位共同对使用部门需求开发的结果,也可能是系统总体通过系统需求分析和设计后提出的分系统软件产品要求。

对软件研制任务书审查的目的是确保所提出的软件产品需求能够正确、合理地反映使用需求,以便在软件任务提出方和软件研制方(对于一个大型、复杂系统而言,可能是系统工程组或总体组与软件工程组)之间,对待开发的软件产品达成一致理解,并将其作为软件研制开发的技术基础。

14.4.2 评审时机

软件研制任务书评审一般在方案阶段后期,承制单位完成系统级设计并形成系统对软件的需求分配之后进行。软件研制任务书评审也可结合系统设计评审进行。

14.4.3 评审文件

软件研制任务书评审包括(但不限于)以下技术文件:

a) 描述软件开发的目的、目标、主要任务、功能及性能指标等要求的《软件研制任务书》(SDTD)。

按照 GJB 438B—2009《军用软件开发文档通用要求》,《软件研制任务书》的目次格式如下:

```
1   范围
1.1  标识
1.2  系统概述
1.3  文档概述
2   引用文档
3   运行环境要求
```

3.1 硬件环境
3.2 软件环境
4 技术要求
4.1 功能
4.2 性能
4.3 输入/输出
4.4 数据处理要求
4.5 接口
4.6 固件
4.7 关键性要求
4.7.1 可靠性
4.7.2 安全性
4.7.3 保密性
5. 设计约束
6. 质量控制要求
6.1 软件关键性等级
6.2 标准
6.3 文档
6.4 配置管理
6.5 测试要求
6.6 对分承制方的要求
7 验收和交付
8 软件保障要求
9 进度和里程碑
10 注释

14.4.4 评审依据

评审依据主要包括：研制总要求，研制合同、技术要求或技术规格说明、工作说明，《运行方案说明》、《系统/子系统规格说明》、《接口需求规格说明》、《系统设计说明》、《接口设计说明》、《数据库设计说明》等系统需求和设计文件，GJB 438B—2009《军用软件开发文档通用要求》和 GJB 2786A—2009《军用软件开发通用要求》等标准。

14.4.5 评审内容

按照 GJB 2786A—2009《军用软件开发通用要求》附录 E"软件产品评价"的规定,系统体系结构设计产品的评价准则如下:

软件产品	评价准则						
	准则4:包含如下文档中所有适用的信息	准则10:满足SOW或SDTD要求	准则9:满足合同资料要求清单要求	准则14:可理解	准则8:内部一致	准则7:遵循软件开发计划	附加准则
10.系统体系结构设计	√ SSDD,SDTD,IDD	√	√	√	√	√	准则5:覆盖系统需求; 准则3:与系统级设计决策一致; 准则6:可行。

软件研制任务书评审参照上述评价准则,以及 GJB 438B—2009《军用软件开发文档通用要求》附录 F 的有关规定,列举一个具体的审查内容和要求参考示例如下:

> a) 是否清晰地描述了软件研制任务书所适用软件的完整标识和用途。适用时,包括其标识号、名称、缩略名、版本号和发布号。
>
> b) 是否完整、准确地描述了软件产品的技术要求(包括功能、性能、输入/输出、数据处理、接口、固件、关键性要求等方面)、运行环境和设计约束(如:软件的数学模型、规则、计算公式、参数名称、符号和重用要求,编程语言和编程规则,开发工具和环境要求,测试工具和环境要求,软件的重用性和可移植性要求等),并覆盖系统需求,与系统设计(或与用户的实际需求)保持一致。
>
> c) 提出的质量控制要求,如软件关键性等级、标准化、文档编制、配置管理、软件测试、分承制方管理等方面的要求是否明确、合理、可行。
>
> d) 提出的验收和交付要求(如:软件的验收准则,软件的交付形式、数量、装载媒体,应交付的文档清单等)、软件保障要求(包括软件维护、培训等技术保障要求)、进度和里程碑要求(包括需要任务提出方或使用方代表参加的评审活动)等管理性措施要求是否明确、合理、可行。

e) 各项软件要求之间是否相互一致且无矛盾、无二义性。
　　f) 各项软件要求是否可测试,测试要求是否明确。
　　g) 各项软件要求的表述是否与研制合同(或技术要求、技术规格说明、工作说明等其他等效文件)或系统设计文档保持一致,并易于理解。
　　h) 各项软件要求是否符合各方的要求,是否编制规范、层次清晰、描述准确,符合有关标准和评审依据性文件中规定的相关要求。

14.4.6　评审结论

完成软件研制任务书审查后,技术评审组应给出评审意见,并宣布评审结论:确认、有条件确认或不确认软件研制任务书,可否作为下一步软件研制开发工作的依据或是否需要再次进行评审。评审意见示例:

　　×××。会议成立了评审组(附件×),听取了×××(研制单位)作的×××(产品名称)系统软件产品要求情况报告,审查了软件研制任务书,经讨论、质询,形成评审意见如下:

　　1. 软件研制任务书提出的软件功能和性能等研制任务要求完整准确,符合研制总要求规定的相关要求以及系统设计文件分配到该计算机软件配置项的全部系统要求;

　　2. 软件研制任务书描述的技术要求、设计约束、质量控制、验收和交付、软件保障等要求明确、合理可行,能够规范软件研制;

　　3. 软件研制任务书文档齐套、编制规范、层次清晰,符合国家军用标准和评审依据性文件中规定的相关要求。

　　评审组同意《×××(产品名称)软件研制任务书》通过评审。
　　建议按专家意见(附件×)进一步修改完善。

14.5　软件需求分析评审

14.5.1　评审目的

审查软件开发方在开展计算机软件配置项需求分析过程中所产生的工作产品,以确定其为满足软件研制任务书或系统级设计要求所做的软件需求分析工作是否充分和正确,目的是确定软件需求分析文档能否作为计算机软件配置项设计与合格性测试的基础,是否可以建立软件技术状态项目的分配基线。

14.5.2 评审时机

软件需求分析评审一般应在软件设计开发阶段初期,软件开发方将软件研制要求纳入项目管理,建立软件技术状态项目的功能基线,并完成计算机软件配置项需求分析之后进行。根据项目的具体情况,软件需求分析评审可同时对《软件需求规格说明》、《接口需求规格说明》进行评审,也可分别进行评审。

14.5.3 评审文件

软件需求分析评审包括(但不限于)以下技术文件:

a) 描述对计算机软件配置项(CSCI)的需求,以及确保满足每个需求所使用的方法的《软件需求规格说明》(SRS);

b) 描述计算机软件配置项(CSCI)内部、外部实体之间接口需求的软件《接口需求规格说明》(IRS)。

按照 GJB 438B—2009《军用软件开发文档通用要求》,《软件需求规格说明》的目次格式如下:

```
1    范围
1.1   标识
1.2   系统概述
1.3   文档概述
2    引用文档
3    需求
3.1   要求的状态和方式
3.2   CSCI 能力需求
3.2.X （CSCI 能力）
3.3   CSCI 外部接口需求
3.3.1  接口标识和接口图
3.3.X （接口的项目唯一的标识符）
3.4   CSCI 内部接口需求
3.5   CSCI 内部数据需求
3.6   适应性需求
3.7   安全性需求
3.8   保密性需求
3.9   CSCI 环境需求
```

3.10 计算机资源需求
3.10.1 计算机硬件需求
3.10.2 计算机硬件资源使用需求
3.10.3 计算机软件需求
3.10.4 计算机通信需求
3.11 软件质量因素
3.12 设计和实现约束
3.13 人员需求
3.14 培训需求
3.15 软件保障需求
3.16 其他需求
3.17 验收、交付和包装需求
3.18 需求的优先顺序和关键程度
4 合格性规定
5 需求可追踪性
6 注释

按照GJB 438B—2009《军用软件开发文档通用要求》，软件《接口需求规格说明》与系统《接口需求规格说明》的目次相同，格式如下：

1 范围
1.1 标识
1.2 系统概述
1.3 文档概述
2 引用文档
3 需求
3.1 接口标识和接口图
3.X （接口的项目唯一的标识符）
3.Y 需求的优先顺序和关键性
4 合格性规定
5 需求可追踪性
6 注释

与系统级《接口需求规格说明》内容不同，软件《接口需求规格说明》应主要描述计算机软件配置项内部软件部件或单元之间、软件部件或单元与外部实体之间的软件接口需求。

14.5.4 评审依据

评审依据主要包括:《软件研制任务书》或研制总要求,研制合同、技术要求或技术规格说明、工作说明,《系统设计说明》、《接口设计说明》、《数据库设计说明》、《软件开发计划》等软件产品要求、系统设计和软件策划文件,GJB 438B—2009《军用软件开发文档通用要求》和 GJB 2786A—2009《军用软件开发通用要求》等标准。

14.5.5 评审内容

按照 GJB 2786A—2009《军用软件开发通用要求》附录 E"软件产品评价"的规定,软件需求分析产品的评价准则如下:

软件产品	准则4:包含如下文档中所有适用的信息	准则10:满足SOW或SDTD要求	准则9:满足合同资料要求清单要求	准则14:可理解	准则8:内部一致	准则7:遵循软件开发计划	附加准则
11. CSCI 需求	√ SRS, IRS	√	√	√	√	√	准则5:覆盖分配到该 CSCI 的系统需求; 准则6:可行; 准则13:可测试。

对照上述评价准则,以及 GJB 438B—2009《军用软件开发文档通用要求》附录 M、附录 C 的有关规定,列举一个具体的审查内容和要求参考示例如下:

> a) 是否清晰地描述了软件需求规格说明所适用软件的完整标识和用途。适用时,包括其标识号、名称、缩略名、版本号和发布号。
>
> b) 是否完整、准确地定义和标识了计算机软件配置项(CSCI)的每一种工作状态和运行方式,如空闲、就绪、活动、事后分析、训练、降级、紧急情况、后备、战时和平时等。
>
> c) 是否完整、正确地定义和标识了计算机软件配置项(CSCI)所要满足的能力要求,以及保证每项软件需求得以满足所使用的技术方法,包括应达到的功能、性能需求,内部、外部接口需求,数据信息需求以及环境适应性需求等。

d) 有关安全性、保密性、计算机资源等软件需求以及质量因素、设计和实现约束、人员、培训、软件保障、验收交付等其他软件要求的描述是否明确、可行。

e) 是否对上述需求的优先顺序、关键程度或所赋予的重要性权重,以及合格性规定和方法加以定义和描述。

f) 接口需求的描述是否覆盖了计算机软件配置项(CSCI)的内部软件单元、人工操作或者其他系统部件之间的一个或多个实体接口,包括:接口标识和接口图,接口需求的优先次序、关键程度或所赋予的重要性权重,合格性规定和方法等。

g) 每一条需求的语言表述是否都清晰明了、无二义性,各项需求描述的详细程度是否都一致且适当,各项需求之间是否无冲突或重复且内部一致。

h) 每一条需求是否都可以实现,是否都可以通过测试、示范、评审或者分析的方法被验证,测试要求是否明确。

i) 各项软件需求的表述是否完整、准确地覆盖了《软件研制任务书》或系统设计文件分配到该计算机软件配置项(CSCI)的全部系统需求,并与《软件研制任务书》或系统设计文档保持一致,并易于理解。

j) 各项软件要求是否符合各方的要求,是否编制规范、层次清晰、描述准确,符合有关标准和评审依据性文件中规定的相关要求。

14.5.6 评审结论

完成软件需求分析审查后,技术评审组应给出评审意见,并宣布评审结论:确认、有条件确认或不确认软件需求分析工作,可否开展下一步软件设计工作或是否需要再次进行评审。评审意见示例:

×××。会议成立了评审组(附件×),听取了×××(研制单位)作的×××(产品名称)软件需求分析工作报告,审查了软件需求规格说明、接口需求规格说明等文档,经讨论、质询,形成评审意见如下:

1. 软件需求规格说明对计算机软件配置项的功能性能需求、外部接口需求、数据元素要求等进行了详细描述,内容完整准确,覆盖了软件研制任务书和系统设计文件分配到该计算机软件配置项的全部系统需求,可作为软件设计依据;

2. 软件需求规格说明文档齐套、编制规范、层次清晰,符合国家军用标准和评审依据性文件中规定的相关要求。

评审组同意《×××(产品名称)软件需求规格说明》通过评审。

建议按照专家意见(附件×)进一步修改完善。

14.6 软件设计评审

14.6.1 评审目的

审查软件开发方在开展计算机软件配置项设计过程中所产生的工作产品，以确定其为满足软件需求所做的软件概要设计和详细设计工作是否充分和正确，目的是确保软件设计满足《软件研制任务书》和《软件需求规格说明》、《接口需求规格说明》的要求，并且对软件设计文档的有效性和完善程度取得技术上的共识，确定软件设计文档能否作为计算机软件配置项编码实现和单元测试的基础，是否可以建立软件技术状态项目的设计基线。

14.6.2 评审时机

软件设计评审一般应在软件设计开发阶段中期，软件开发方建立软件技术状态项目的分配基线，完成计算机软件配置项的概要设计和详细设计之后进行。根据项目的具体情况，软件设计评审可同时对多个技术文件或分几次逐个文件进行。

14.6.3 评审文件

软件设计评审包括（但不限于）以下技术文件：

a) 描述计算机软件配置项(CSCI)级设计决策、体系结构设计（概要设计）和实现该软件所需详细设计的《软件设计说明》(SDD)；

b) 描述计算机软件配置项(CSCI)级数据库设计，以及存取或操纵数据库所使用的软件单元的《数据库设计说明》(DBDD)；

c) 描述一个或多个计算机软件配置项(CSCI)、人工操作，或者其他软件部件、软件单元接口特性的《接口设计说明》(IDD)。

按照 GJB 438B—2009《军用软件开发文档通用要求》，《软件设计说明》的目次格式如下：

```
1   范围
1.1  标识
1.2  系统概述
1.3  文档概述
2   引用文档
3   CSCI 级设计决策
```

```
4  CSCI体系结构设计
4.1  CSCI部件
4.2  执行方案
4.3  接口设计
4.3.1  接口标识和接口图
4.3.X  （接口的项目唯一的标识符）
5  CSCI详细设计
5.X  （软件单元的项目唯一的标识符，或者一组软件单元的标志符）
6  需求可追踪性
7  注释
```

按照 GJB 438B—2009《军用软件开发文档通用要求》，《数据库设计说明》的目次格式如下：

```
1  范围
1.1  标识
1.2  数据库概述
1.3  文档概述
2  引用文档
3  数据库级设计决策
4  数据库详细设计
4.X  （数据库设计级别的名称）
5  用于数据库访问或操纵的软件单元的详细设计
5.X  （软件单元的项目唯一的标识符，或者一组软件单元的标志符）
6  需求可追踪性
7  注释
```

与系统《数据库设计说明》内容不同，计算机软件配置项(CSCI)《数据库设计说明》应主要描述软件需求规格说明中明确的数据库设计决策、详细设计，以及存取或操纵数据库数据所使用的软件单元详细设计。

按照 GJB 438B—2009《军用软件开发文档通用要求》，《接口设计说明》的目次格式如下：

```
1  范围
1.1  标识
```

```
1.2　系统概述
1.3　文档概述
2　引用文档
3　接口设计
3.1　接口标识和接口图
3.X　（接口的项目唯一的标识符）
4　需求的可追踪性
5　注释
```

与系统级《接口设计说明》内容不同，软件《接口设计说明》应主要描述计算机软件配置项（CSCI）、人工操作，或者其他软件部件、软件单元接口特性的接口设计。

14.6.4　评审依据

评审依据主要包括：《软件研制任务书》、《软件需求规格说明》、《接口需求规格说明》等软件需求文件，GJB 438B—2009《军用软件开发文档通用要求》和GJB 2786A—2009《军用软件开发通用要求》等标准。

14.6.5　评审内容

按照GJB 2786A—2009《军用软件开发通用要求》附录E"软件产品评价"的规定，软件设计产品的评价准则如下：

软件产品	评价准则							
	准则4：包含如下文档中所有适用的信息	准则10：满足SOW或SDTD要求	准则9：满足合同资料要求清单要求	准则14：可理解	准则8：内部一致	准则7：遵循软件开发计划	附加准则
12. CSCI级设计决策	✓ SDD, IDD, DBDD	✓	✓	✓	✓	✓	准则3：与CSCI需求一致；准则6：可行。

(续)

软件产品	评价准则						附加准则
	准则4:包含如下文档中所有适用的信息	准则10:满足SOW或SDTD要求	准则9:满足合同资料要求清单要求	准则14:可理解	准则8:内部一致	准则7:遵循软件开发计划	
13. CSCI体系结构设计	√ SDD, IDD	√	√	√	√	√	准则5:覆盖CSCI需求; 准则3:与CSCI级设计决策一致; 准则6:可行。
14. CSCI详细设计	√ SDD, IDD, DBDD	√	√	√	√	√	准则5:覆盖分配到每个单元的CSCI需求; 准则3:与CSCI级设计决策一致。

对照上述评价准则,以及GJB 438B—2009《军用软件开发文档通用要求》附录N、附录E和附录O的有关规定,列举一个具体的审查内容和要求参考示例如下:

a) 是否清晰地描述了软件设计所适用软件的完整标识和用途。适用时,包括其标识号、名称、缩略名、版本号和发布号。

b) 是否充分、准确地描述了为满足软件需求而进行的CSCI级行为设计决策,即从用户角度出发描述系统将怎样运转以满足需求,以及其他影响组成该CSCI的软件单元的选择与设计决策。包括:该CSCI接收的输入和产生的输出、对每个输入或条件进行响应处理,非法输入或条件的处理,有关数据库/数据文件如何呈现给用户,为满足关键性需求所选择的方法,为提供所需的灵活性、可用性和可维护性而选择的方法等方面的设计决策。

c) 是否完整、准确地描述了CSCI体系结构设计,包括用图示和文字说明构成该CSCI的每个软件单元及其接口,每个软件单元的用途、开发状态/类型,以及软件单元间的静态关系、执行方案、交互作用情况,实现每个软件单元的软件放置在哪个程序库中等。适用时还应说明CSCI的资源使用需求。

d) 是否完整、准确地描述了每一个接口实体的特征,并用项目唯一标识符标识和说明了每个接口实体,包括:接口实体分配给接口的优先级,要实现的接口类型(如实时数据传输、数据的存储和检索等),接口实体将提供、存储、发送、访问、接收的各个数据元素及其组合体的特征,接口实体用于接口的通信方法特征,接口实体用于接口的协议特征等。

e) 是否逐一地用项目唯一的标识符来标识软件单元,并对该单元进行详细设计说明,包括:软件单元的设计决策,设计中的任何约束、限定或非常规特征,包含的过程性命令,输入/输出数据,逻辑运算,异常和错误处理等。

f) 是否明确定义和记录了数据库设计级别,通过项目唯一标识符来标识用于数据库访问或操作的软件单元,并用所选设计方法的术语描述数据库的数据元素、数据元素集合和软件单元,包括:各个数据元素的特征,数据元素组合体(如:记录、消息、文件、数组、显示、报表等)的特征,对数据库访问或操作的软件单元进行的设计说明等。

g) 每个软件单元的设计内容是否均可追溯到并覆盖了它所涉及的CSCI级软件需求,并与CSCI级设计决策保持一致。

h) 每个接口实体的设计内容是否均可追溯到并覆盖了相应的系统级或CSCI级接口需求,并与其保持一致。

i) 每个数据库及其软件单元的设计内容是否均可追溯到并覆盖了它所处理的系统级或CSCI级需求,并与其保持一致。

j) 提出的CSCI软件及软件单元设计、接口实体设计、数据库及其软件单元设计方案是否可行,且内部一致、无歧义。

k) 软件设计文档的表述是否与软件研制任务书(或技术要求、技术规格说明、工作说明等其他等效文件)相一致,并易于理解。

l) 软件设计文档的类型、格式和数量等是否符合各方的要求;是否编制规范、层次清晰、描述准确,符合有关标准和评审依据性文件中规定的相关要求。

14.6.6 评审结论

完成软件设计审查后,技术评审组应给出评审意见,并宣布评审结论:确认、有条件确认或不确认软件设计工作,可否开展下一步软件编码实现和单元测试工作或是否需要再次进行评审。评审意见示例:

×××。会议成立了评审组(附件×),听取了×××(研制单位)作的×××(*产品名称*)软件设计工作情况报告,审查了软件设计说明等文档,经讨论、质询,形成评审意见如下:

1. 软件设计说明对计算机软件配置项级设计决策进行了详细描述,对软件单元、执行方案、接口关系、数据元素等软件体系结构,以及每个软件单元进行了详细设计,内容完整准确,覆盖了软件研制任务书和软件需求文件规定的全部需求,可指导软件实现工作;

2. 软件设计文档齐套、编制规范、层次清晰,符合国家军用标准和评审依据性文件中规定的相关要求。

评审组同意《×××(产品名称)软件设计说明》通过评审。

建议按专家意见(附件×)进一步修改完善。

14.7 软件实现和单元测试评审

14.7.1 评审目的

审查软件开发方在开展软件编码实现和单元测试过程中所产生的工作产品,以确定每个软件单元能否正确地实现软件设计说明(含接口设计说明、数据库设计说明)中的功能、性能、接口和其他设计约束等要求,目的是发现并识别单元内可能存在的各种错误、异常或缺陷,以便改进软件编码产品或考虑备选方案的实现,从而确定软件编码实现的产品能否作为软件单元集成和测试的基础,是否可以建立软件技术状态项目的代码基线。

14.7.2 评审时机

软件实现和单元测试评审一般应在软件设计开发阶段中期,软件开发方建立软件技术状态项目的设计基线,并按照计算机软件配置项详细设计完成软件编码、建立数据库等为实现设计所需的活动之后进行。

14.7.3 评审文件

软件实现和单元测试评审包括(但不限于)以下技术文件:

a) 软件源代码;

b) 描述软件编码实现过程中执行每个软件单元测试所需的测试准备、测试用例、测试规程和测试数据的《软件单元测试说明》(STD);

c) 对软件单元测试结果进行分析和记录形成的《软件单元测试报告》(STR)。

《软件单元测试说明》的目次可参考 GJB 438B—2009《军用软件开发文档通用要求》附录 P,格式如下:

1 范围
1.1 标识
1.2 系统概述
1.3 文档概述
2 引用文档
3 测试准备
3.X （测试的项目唯一的标识符）
3.X.1 硬件准备
3.X.2 软件准备
3.X.3 其他测试前准备
4 测试说明
4.X （测试的项目唯一的标识符）
4.X.Y （测试用例的项目唯一的标识符）
4.X.Y.1 涉及的需求
4.X.Y.2 先决条件
4.X.Y.3 测试输入
4.X.Y.4 预期的测试结果
4.X.Y.5 评价结果的准则
4.X.Y.6 测试过程
4.X.Y.7 假设和约束
5 需求的可追踪性
6 注释

《软件单元测试报告》的目次可参考 GJB 438B—2009《军用软件开发文档通用要求》的附录 Q,格式如下：

1 范围
1.1 标识
1.2 系统概述
1.3 文档概述
2 引用文档
3 测试结果概述
3.1 对被测试软件的总体评估
3.2 测试环境的影响

```
3.3  改进建议
4   详细测试结果
4.X  （测试的项目唯一的标识符）
4.X.1   测试结果总结
4.X.2   遇到的问题
4.X.2.Y （测试用例的项目唯一的标识符）
4.X.3   与测试用例/规程的不一致
4.X.3.Y （测试用例的项目唯一的标识符）
5   注释
```

14.7.4 评审依据

评审依据主要包括:《软件设计说明》以及相关联的《数据库设计说明》、《接口设计说明》、《软件单元测试计划》等软件设计文件,GJB 438B—2009《军用软件开发文档通用要求》和 GJB 2786A—2009《军用软件开发通用要求》等标准。

14.7.5 评审内容

1. 软件源代码

按照 GJB 2786A—2009《军用软件开发通用要求》附录 E"软件产品评价"的规定,软件源代码的评价准则如下:

软件产品	评价准则						
	准则4:包含如下文档中所有适用的信息	准则10:满足SOW或SDTD要求	准则9:满足合同资料要求清单要求	准则14:可理解	准则8:内部一致	准则7:遵循软件开发计划	附加准则
15.已实现的软件	—	√	√	√	√	√	准则5:覆盖CS-CI详细设计。

软件源代码审查通常与软件单元测试相结合,通过代码审查、代码走查或静态分析的方式进行。静态分析常需要使用软件工具进行,而代码审查、代码走查则以检查单的形式进行。对照上述评价准则以及 GJB/Z 141—2004《军用软件测试指南》的有关要求,列举一个具体的审查内容和测试要求参考示例如下:

a) 软件源代码实现的功能是否与软件详细设计保持一致,且覆盖软件设计说明的全部设计内容。

b) 已实现的软件代码是否与软件研制任务书(或技术要求、技术规格说明、工作说明等其他等效文件)的要求相一致,是否执行了软件开发计划关于设计、编码方面的标准规范。

c) 软件源代码的注释量是否达到有关要求,注释是否清晰、正确;软件源代码是否易于被理解,且具有良好的可读性。

d) 代码的逻辑表达是否正确,结构是否合理,包括:寄存器使用、书写格式、程序入口和出口连接、程序语言的使用、存储器使用等。如:

1) 寄存器使用:

如果需要一个专用寄存器,指定了吗?

宏扩展或子程序调用使用了已使用着的寄存器而未保存数据吗?

默认使用的寄存器的值正确吗?

2) 书写格式:

嵌套的 IF 是否已正确地缩进?

注释准确并有意义吗?

是否使用了有意义的标号?

代码是否基本上与开始时的模块模式一致?

是否遵循全套的编程标准?

3) 入口和出口连接:

初始入口的最终出口正确吗?

对另一模块的每一次调用:

全部所需的参数是否已传送给每一个被调用的模块?

被传送的参数值是否正确的设置?

栈状态和指针状态是否正确?

4) 程序语言的使用:

模块中是否使用语言完整定义的有限子集?

未使用内存的内容是否影响系统安全?处理是否得当?

5) 存储器使用:

每一个域在第一次使用前正确地初始化了吗?

规定的域正确吗?

每个域是否由正确的变量类型声明?

存储器重复使用吗?可能产生冲突吗?

6) 测试和转移:

> 是否进行了浮点相等比较？
> 测试条件正确吗？
> 用于测试的变量正确吗？
> 每个转换目标正确并至少执行一次？
> 三种情况(大于0,小于0,等于0)是否已全部测试？
> 7) 性能：
> 逻辑是否被最佳地编码？
> 提供的是一般的错误处理还是异常的例程？
> 8) 可维护性：
> 所提供的列表控制是否有利于提高可读性？
> 标号和子程序名符合代码的意义吗？
> 9) 逻辑：
> 全部设计是否均已实现？
> 编码是否做了设计所规定的内容？
> 每个循环是否执行正确的次数？
> 输入参数的所有异常值是否已直接测试？
> 10) 软件多余物：
> 是否有不可能执行到的代码？
> 是否有即使不执行也不影响程序功能的指令？
> 是否有未引用的变量、标号和常量？
> 是否有多余的程序单元？

2. 软件单元测试说明

按照GJB 2786A—2009《军用软件开发通用要求》附录E"软件产品评价"的规定,软件单元测试说明的评价准则如下：

软件产品	评价准则						
	准则4：包含如下文档中所有适用的信息	准则10：满足 SOW 或 SDTD 要求	准则9：满足合同资料要求清单要求	准则14：可理解	准则8：内部一致	准则7：遵循软件开发计划	附加准则
16. CSCI 合格性测试说明	✓ STD	✓	✓	✓	✓	✓	准则5：覆盖所有CSCI需求。

照上述评价准则,以及 GJB 438B—2009《军用软件开发文档通用要求》附录P 的有关规定,列举一个具体的审查内容和要求参考示例如下:

> a) 是否清晰地描述了软件单元测试说明所适用的软件的完整标识,包括其标识号、名称、缩略名、版本号和发布号。
>
> b) 是否准确、无遗漏地说明了每项测试工作所需的硬件准备规程,以及准备被测项、配合测试相关软件和测试数据的必要规程;是否明确描述了在进行测试前所需的其他人员活动、准备工作或规程。
>
> c) 是否对照软件设计文档规定的软件单元的功能、性能、接口等逐项进行测试和说明,并且每个测试项目和测试用例都定义了项目唯一的标识符。
>
> d) 软件单元的每个特性是否至少被一个正常测试用例和一个被认可的异常测试用例覆盖;是否对软件单元的输出数据及其格式进行测试;测试用例的语句覆盖率和分支覆盖率是否达到100%。
>
> e) 对每一个测试用例是否都详细说明了执行测试用例前必须具备的先决条件,(若适用)应提供以下内容:
>
> 1) 软件配置和硬件配置;
>
> 2) 测试开始之前需设置或重置的标志、初始断点、指针、控制参数或初始数据;
>
> 3) 运行测试用例所需的预置硬件条件或电气状态;
>
> 4) 计时测量所用的初始条件;
>
> 5) 模拟环境的调整;
>
> 6) 测试用例特有的其他特殊条件。
>
> f) 对每一个测试用例是否都详细说明了测试用例所需的测试输入,测试用例的输入是否包括有效等价类值、无效等价类值和边界数据值。(若适用)应提供以下内容:
>
> 1) 每一测试输入的名称、用途和说明(例如,取值范围、准确性);
>
> 2) 测试输入的来源与选择测试输入的方法;
>
> 3) 测试输入是真实的还是模拟的;
>
> 4) 测试输入的时间或事件序列;
>
> 5) 控制输入数据的方式,包括:最小/合理数量的数据类型和值测试各被测项;为了检验过载、饱和及其他"最坏情况"的影响,用各种有效数据类型和值测试被测各项;为了检验对非常规输入的适当处理,用无效数据类型和值试验被测各项;如需要,允许再测试。

g) 对每一个测试用例是否都详细说明了测试用例的所有预期测试结果,必要时应提供中间结果和最终结果。

h) 对每一个测试用例是否都详细说明了用于评价测试用例的中间和最终结果的准则。(若适用)应对每一测试结果提供以下信息:

  1) 输出可能变化但仍能接受的范围或准确性;
  2) 构成可接受的测试结果的输入和输出条件的最少组合或选择;
  3) 用时间或事件数表示的允许的最大/最小测试持续时间;
  4) 可以发生的中断、停机或其他系统突变的最大次数;
  5) 允许的处理错误严重程度;
  6) 当测试结果不确定时,进行再测试的条件;
  7) 输出解释为"输入测试数据、测试数据库/数据文件或测试过程不规范"的条件;
  8) 允许的表达测试的控制、状态和结果的指示方式,以及表明下一个测试用例(或许是辅助测试软件的输出)准备就绪的指示方式等。

i) 对每一个测试用例是否都详细定义了测试用例的测试规程,即以执行步骤顺序排列的、一系列独立编号的测试步骤。(若适用)每一测试规程应提供:

  1) 每一步骤所需的测试操作员的动作和设备操作,包括以下方面的命令:初始化测试用例并运用测试输入;检查测试条件;进行测试结果的中期评价;记录数据;停机或中断测试用例;如果需要,要求数据转储或其他帮助;修改数据库/数据文件;如果不成功,重复测试用例;根据测试用例的要求,应用替代方式;终止测试用例;
  2) 对每一步骤给出预期结果与评价准则;
  3) 如果测试用例涉及多个需求,应标识测试规程步骤与需求之间对应关系;
  4) 程序停止或指示了错误发生后要采取的动作,如:对指示器的关键数据进行记录,以便于引用;停止或暂停对时间敏感的测试支撑软件和测试仪器;对测试结果有关的系统和操作员的记录进行收集;
  5) 归约和分析测试结果所采用的规程,如:检测是否已产生了输出;标识由测试用例所产生数据的介质和位置;对输出进行评价,并以此作为测试序列继续的基础;按照预期的输出,对测试输出进行评价;

j) 对每一个测试用例是否都详细说明了所做的任何假设,以及测试条件给测试用例带来的约束或限制,如时间、接口、设备、人员与数据库/数据文件的限制等。

k) 软件单元测试说明中的测试用例是否与软件详细设计保持一致,并且覆盖软件设计说明的全部设计内容。

l) 软件单元测试说明中的测试用例是否覆盖软件研制任务书(或技术要求、技术规格说明、工作说明等其他等效文件)的设计约束和数据处理要求。

m) 软件单元测试说明是否遵循了软件开发计划中单元测试活动的有关要求。

3. 软件单元测试报告

按照 GJB 2786A—2009《军用软件开发通用要求》附录 E"软件产品评价"的规定,软件单元测试报告的评价准则如下:

软件产品	评价准则						
	准则4:包含如下文档中所有适用的信息	准则10:满足SOW或SDTD要求	准则9:满足合同资料要求清单要求	准则14:可理解	准则8:内部一致	准则7:遵循软件开发计划	附加准则
17. CSCI合格性测试结果	✓ STR	✓	✓	✓	✓	✓	准则5:覆盖所有计划的CSCI合格性测试用例;准则12:显示证据证明CSCI满足其需求。

对照上述评价准则,以及 GJB 438B—2009《军用软件开发文档通用要求》附录 Q 的有关规定,列举一个具体的审查内容和要求参考示例如下:

a) 是否清晰地描述了软件单元测试所适用的软件的完整标识,包括其标识号、名称、缩略名、版本号和发布号。

b) 是否准确地描述了被测软件单元所属系统和软件的用途和一般特性,概述了系统开发、运行和维护的历史,标识了当前和计划的运行现场等。

c) 是否详细列举了引用文档的编号、标题、编写单位、修订版及日期,是否标识了不能通过正常采购活动得到的文档的来源。

d) 是否根据单元测试结果准确地说明了对被测软件单元的总体评估,对单元测试中发现的所有遗留的缺陷、限制或约束都逐一进行了描述(可用问题/更改报告形式,给出缺陷信息);是否对软件单元测试环境与操作环境的差异以及这种差异对单元测试结果的影响进行了评估;是否对被测试软件的设计、操作或测试提供改进建议,并描述了每个建议及其对软件的影响。

e) 是否对照软件单元测试说明中的每一个测试项目逐一描述对测试结果进行的总结,并详细说明与该测试相关联的每个测试用例的完成状态(如:"所有结果都如预期的那样","遇到的问题","与要求有偏差"等)。

f) 当某个测试用例完成状态不是"所预期的"时,是否用项目唯一的标识符标识了遇到问题的测试用例,并提供以下内容:

1) 简述所遇到的问题;
2) 标识所遇到问题的测试规程步骤;
3) (若适用)对相关问题/更改报告和备份数据的引用;
4) 改正这些问题所重复的规程或步骤的次数及每次得到的结果;
5) 再测试时,是从哪些回退点或测试步骤恢复测试的。

g) 当某个测试用例完成状态"与要求有偏差"时,是否用项目唯一的标识符标识了出现一个或多个偏差的测试用例,并提供:

1) 偏差说明(例如,出现偏差的测试用例的运行情况和偏差性质,如替换了所要求的设备、未能遵循规定的步骤等);
2) 偏差理由;
3) 偏差对测试用例有效性影响的评估。

h) 软件单元测试报告的内容是否内部一致,是否覆盖了软件单元测试计划的所有测试用例,是否说明了被测软件对软件详细设计的满足程度,以及对软件设计说明中全部设计内容的覆盖程度。

i) 软件单元测试报告是否说明了被测软件对软件研制任务书(或技术要求、技术规格说明、工作说明等其他等效文件)的设计约束和数据处理要求的满足程度。

j) 软件单元测试活动是否遵循了软件开发计划中关于软件单元测试的有关要求。

14.7.6 评审结论

1. 软件单元测试说明

完成软件单元测试说明审查后,技术评审组应给出评审意见,并宣布评审结论:确认、有条件确认或不确认软件单元测试说明编制工作,可否开展下一步软件单元测试工作或是否需要再次进行评审。评审意见示例:

×××。会议成立了评审组(附件×),听取了×××(研制单位)作的×××(产品名称)软件单元测试说明报告,审查了软件单元测试相关文档,经讨论、质询,形成评审意见如下:

1. 软件单元测试针对软件设计文档规定的软件单元功能、性能、接口和其他设计约束等要求进行逐项测试设计,规定的测试准备要求明确,测试项目划分合理,测试内容描述完整,覆盖了软件设计文档的详细设计内容;

2. 测试用例和测试规程设计充分、合理,测试输入完整,测试方法正确,测试步骤清晰,评价准则明确,覆盖了软件单元的每个特性;

3. 测试说明文档编制规范、层次清晰、描述准确,符合国家军用标准和评审依据性文件中规定的相关要求。

评审组同意《×××(产品名称)软件单元测试说明》通过评审。

建议按专家意见(附件×)进一步修改完善。

2. 软件单元测试报告

完成软件单元测试报告审查后,技术评审组应给出评审意见,并宣布评审结论:确认、有条件确认或不确认软件单元测试工作,可否开展下一步软件单元集成和测试工作或是否需要再次进行评审。评审意见示例:

×××。会议成立了评审组(附件×),听取了×××(研制单位)作的×××(产品名称)软件单元测试工作情况报告,审查了软件单元测试相关文档,经讨论、质询,形成评审意见如下:

1. ×××(研制单位)按照软件单元测试计划和测试说明完成了全部单元测试工作,发现的问题均已归零,并经回归测试确认。测试结果表明,×××(产品名称)满足软件设计文档规定的功能、性能、接口和其他设计约束等要求;

2. 单元测试环境符合要求,测试方法正确,测试用例充分,测试记录完整,测试数据真实,测试结论可信;

3. 测试报告编制规范、描述准确,符合国家军用标准和评审依据性文件中规定的相关要求。

评审组同意《×××(产品名称)软件单元测试报告》通过评审。

建议按专家意见(附件×)进一步修改完善。

14.8 软件单元集成和测试评审

14.8.1 评审目的

审查软件开发方在开展软件单元集成和测试过程中所产生的工作产品,以确定软件单元组装过程以及软件单元集成后的软件部件能否正确地实现软件设计说明(含接口设计说明、数据库设计说明)中的功能、性能、接口和其他设计约束等要求,目的是发现并识别软件单元和软件部件之间接口关系中可能存在的各种错误、异常或缺陷,从而确定软件单元集成的产品能否作为软件配置项合格性测试的基础,是否可以建立软件技术状态项目的软件单元集成测试基线。

14.8.2 评审时机

软件单元集成和测试评审一般应在软件设计开发阶段中期,软件开发方按照计算机软件配置项详细设计完成软件编码、建立数据库等为实现设计所需的活动,并通过软件单元测试建立软件技术状态项目的代码基线之后进行。

14.8.3 评审文件

软件单元集成和测试评审包括(但不限于)以下技术文件:
a) 已实现的用于软件单元集成测试软件;
b) 描述执行软件单元集成测试所需的测试准备、测试用例、测试规程和测试数据的《软件单元集成测试说明》(STD);
c) 对软件单元集成测试结果进行分析和记录形成的《软件单元集成测试报告》(STR)。

《软件单元集成测试说明》的目次可参考 GJB 438B—2009《军用软件开发文档通用要求》附录 P,格式如下:

```
1   范围
1.1  标识
1.2  系统概述
1.3  文档概述
2   引用文档
3   测试准备
3.X  (测试的项目唯一的标识符)
3.X.1  硬件准备
3.X.2  软件准备
3.X.3  其他测试前准备
4   测试说明
4.X  (测试的项目唯一的标识符)
4.X.Y  (测试用例的项目唯一的标识符)
```

```
4.X.Y.1    涉及的需求
4.X.Y.2    先决条件
4.X.Y.3    测试输入
4.X.Y.4    预期的测试结果
4.X.Y.5    评价结果的准则
4.X.Y.6    测试过程
4.X.Y.7    假设和约束
5   需求的可追踪性
6   注释
```

与《软件单元测试说明》内容不同,软件单元集成测试侧重于软件单元和软件部件之间的接口关系和集成顺序测试,《软件单元集成测试说明》应主要描述软件单元组装或集成过程的测试准备、测试用例、测试规程和测试数据。

《软件单元集成测试报告》的目次可参考 GJB 438B—2009《军用软件开发文档通用要求》的附录 Q,格式如下:

```
1   范围
1.1   标识
1.2   系统概述
1.3   文档概述
2   引用文档
3   测试结果概述
3.1   对被测试软件的总体评估
3.2   测试环境的影响
3.3   改进建议
4   详细测试结果
4.X   （测试的项目唯一的标识符）
4.X.1    测试结果总结
4.X.2    遇到的问题
4.X.2.Y   （测试用例的项目唯一的标识符）
4.X.3    与测试用例/规程的不一致
4.X.3.Y   （测试用例的项目唯一的标识符）
5   注释
```

与《软件单元集成测试说明》相对应,《软件单元集成测试报告》应主要描述软件单元组装或集成过程的测试记录、分析及其结果。

14.8.4 评审依据

评审依据主要包括：《软件设计说明》以及相关联的《数据库设计说明》、《接口设计说明》等软件设计文件。评审过程中也可参考《软件单元测试报告》的结论，GJB 438B—2009《军用软件开发文档通用要求》和 GJB 2786A—2009《军用软件开发通用要求》等标准。

14.8.5 评审内容

1. 已实现的软件

按照 GJB 2786A—2009《军用软件开发通用要求》附录 E"软件产品评价"的规定，用于软件单元集成测试的已实现软件的评价准则如下：

软件产品	评价准则						
	准则4：包含如下文档中所有适用的信息	准则10：满足SOW或SDTD要求	准则9：满足合同资料要求清单要求	准则14：可理解	准则8：内部一致	准则7：遵循软件开发计划	附加准则
15. 已实现的软件	—	√	√	√	√	√	准则5：覆盖CS-CI详细设计。

对用于软件单元集成与测试的已实现软件的技术评审，可通过软件部件测试的静态测试和动态测试进行评价。当对软件部件进行静态测试评价时，所测试的内容与选择的静态测试方法有关，审查内容和要求可参照本书 14.7.5 节中的有关描述。当进行动态测试评价时，对照上述评价准则以及 GJB/Z 141—2004《军用软件测试指南》的有关要求，列举一个具体的审查内容和测试要求参考示例如下：

a) 从全局性要求方面，已实现的软件代码的全局数据结构（包括数据的内容、格式）是否完整，其内部数据结构是否对全局数据结构有影响。

b) 通过软件单元集成得到的软件部件是否实现了软件设计的每项功能，是否与软件详细设计保持一致且覆盖软件设计说明的全部设计内容。

c) 软件单元的集成方法和集成过程是否符合设计要求。

d) 集成的软件单元和部件与已存在的软件单元和部件之间，软件部件与支持其运行的其他软件部件、例行程序或硬件设备件之间的接口关系是否正确,接口的输入和输出数据的格式、内容、传递方式、接口协议等是否满足设计要求。

e) 软件单元集成的数据处理精度、时间控制精度、时间测量精度是否满足设计要求。

f) 软件单元集成的控制信息,如信号或中断的来源、信号或中断的目的、信号或中断的优先级、信号或中断的表示格式或表示值,信号或中断的最小、最大和平均频率,响应方式和响应时间等是否满足设计要求。

g) 集成的软件单元和部件对错误输入、错误中断、漏中断等情况的容错能力、降级情况是否满足设计要求。

h) 集成的软件单元和软件部件的运行时间,算法的最长路径下的计算时间是否满足设计要求。

i) 集成的软件单元和软件部件运行占用的内存空间是否满足设计要求。

j) 已实现的软件代码是否与软件研制任务书(或技术要求、技术规格说明、工作说明等其他等效文件)的要求相一致,是否执行了软件开发计划关于设计、编码方面的标准规范。

2. 软件单元集成测试说明

按照 GJB 2786A—2009《军用软件开发通用要求》附录 E "软件产品评价"的规定,软件单元集成测试说明的评价准则如下:

软件产品	评价准则						
	准则4:包含如下文档中所有适用的信息	准则10:满足 SOW 或 SDTD 要求	准则9:满足合同资料要求清单要求	准则14:可理解	准则8:内部一致	准则7:遵循软件开发计划	附加准则
16.CSCI合格性测试说明	√ STD	√	√	√	√	√	准则5:覆盖所有 CSCI 需求。

对照上述评价准则,以及 GJB 438B—2009《军用软件开发文档通用要求》附录 P 的有关规定,列举一个具体的审查内容和要求参考示例如下:

a) 是否清晰地描述了软件单元集成测试说明所适用的软件的完整标识,包括其标识号、名称、缩略名、版本号和发布号。

b) 是否准确、无遗漏地说明了每项测试工作所需的硬件准备规程,以及准备被测项、配合测试相关软件和测试数据的必要规程;是否明确描述了在进行测试前所需的其他人员活动、准备工作或规程。

c) 是否采用增量法测试软件单元集成的软件部件;是否对照软件设计文档规定的软件部件的功能、性能、接口等逐项进行测试和说明,并且每个测试项目和测试用例都定义了项目唯一的标识符。

d) 软件单元集成的每个特性是否至少被一个正常测试用例和一个被认可的异常测试用例覆盖;是否对软件部件的输出数据及其格式进行测试;测试用例对软件单元和软件部件之间的所有调用的测试覆盖率是否达到100%。

e) 是否设计了运行条件(如数据结构、输入/输出通道容量、内存空间、调用频率等)在边界状态下,对软件部件的功能和性能进行的测试。

f) 是否按设计文档要求,设计了对软件部件的功能和性能进行强度测试。

g) 是否对安全性关键的软件部件进行安全性分析,明确每一个危险状态和导致危险的可能原因,并对此进行了针对性的测试。

h) 对每一个测试用例是否都详细说明了执行测试用例前必须具备的先决条件,(若适用)应提供以下内容:

1) 软件配置和硬件配置;

2) 测试开始之前需设置或重置的标志、初始断点、指针、控制参数或初始数据;

3) 运行测试用例所需的预置硬件条件或电气状态;

4) 计时测量所用的初始条件;

5) 模拟环境的调整;

6) 测试用例特有的其他特殊条件。

i) 对每一个测试用例是否都详细说明了测试用例所需的测试输入,测试用例的输入是否包括有效等价类值、无效等价类值和边界数据值。(若适用)应提供以下内容:

1) 每一测试输入的名称、用途和说明(如取值范围、准确性);

2) 测试输入的来源与选择测试输入的方法;

3) 测试输入是真实的还是模拟的;

4）测试输入的时间或事件序列；

5）控制输入数据的方式,包括:最小/合理数量的数据类型和值测试各被测项；为了检验过载、饱和及其他"最坏情况"的影响,用各种有效数据类型和值测试被测各项；为了检验对非常规输入的适当处理,用无效数据类型和值试验被测各项；如需要,允许再测试。

j) 对每一个测试用例是否都详细说明了测试用例的所有预期测试结果,必要时应提供中间结果和最终结果。

k) 对每一个测试用例是否都详细说明了用于评价测试用例的中间和最终结果的准则。（若适用）应对每一测试结果提供以下信息：

1）输出可能变化但仍能接受的范围或准确性；

2）构成可接受的测试结果的输入和输出条件的最少组合或选择；

3）用时间或事件数表示的允许的最大/最小测试持续时间；

4）可以发生的中断、停机或其他系统突变的最大次数；

5）允许的处理错误严重程度；

6）当测试结果不确定时,进行再测试的条件；

7）输出解释为"输入测试数据、测试数据库/数据文件或测试过程不规范"的条件；

8）允许的表达测试的控制、状态和结果的指示方式,以及表明下一个测试用例（或许是辅助测试软件的输出）准备就绪的指示方式等。

l) 对每一个测试用例是否都详细定义了测试用例的测试规程,即以执行步骤顺序排列的、一系列独立编号的测试步骤。（若适用）每一测试规程应提供：

1）每一步骤所需的测试操作员的动作和设备操作,包括以下方面的命令:初始化测试用例并运用测试输入；检查测试条件；进行测试结果的中期评价；记录数据；停机或中断测试用例；如果需要,要求数据转储或其他帮助；修改数据库/数据文件；如果不成功,重复测试用例；根据测试用例的要求,应用替代方式；终止测试用例；

2）对每一步骤给出预期结果与评价准则；

3）如果测试用例涉及多个需求,应标识测试规程步骤与需求之间对应关系；

4）程序停止或指示了错误发生后要采取的动作,如:对指示器的关键数据进行记录,以便于引用；停止或暂停对时间敏感的测试支撑软件和测试仪器；对测试结果有关的系统和操作员的记录进行收集；

5）归约和分析测试结果所采用的规程,如:检测是否已产生了输出;标识由测试用例所产生数据的介质和位置;对输出进行评价,并以此作为测试序列继续的基础;按照预期的输出,对测试输出进行评价。

m) 对每一个测试用例是否都详细说明了所做的任何假设,以及测试条件给测试用例带来的约束或限制,如时间、接口、设备、人员与数据库/数据文件的限制等。

n) 软件单元集成测试说明中的测试项是否与软件详细设计保持一致,并且覆盖软件设计说明的全部设计内容。

o) 软件单元集成测试说明中的测试用例是否覆盖软件研制任务书(或技术要求、技术规格说明、工作说明等其他等效文件)的设计约束和数据处理要求。

p) 软件单元集成测试说明是否遵循了软件开发计划中单元集成测试的有关要求。

3. 软件单元集成测试报告

按照 GJB 2786A—2009《军用软件开发通用要求》附录 E"软件产品评价"的规定,软件单元集成测试报告的评价准则如下:

软件产品	评价准则						
	准则4:包含如下文档中所有适用的信息	准则10:满足 SOW 或 SDTD 要求	准则9:满足合同资料要求清单要求	准则14:可理解	准则8:内部一致	准则7:遵循软件开发计划	附加准则
17. CSCI 合格性测试结果	√ STR	√	√	√	√	√	准则5:覆盖所有计划的 CSCI 合格性测试用例;准则12:显示证据证明 CSCI 满足其需求。

对照上述评价准则,以及 GJB 438B—2009《军用软件开发文档通用要求》附录 Q 的有关规定,列举一个具体的审查内容和要求参考示例如下:

a) 是否清晰地描述了软件单元集成测试所适用的软件的完整标识,包括其标识号、名称、缩略名、版本号和发布号。

b) 是否准确地描述了被测软件部件所属系统和软件的用途和一般特性,概述了系统开发、运行和维护的历史,标识了当前和计划的运行现场等。

c) 是否详细列举了引用文档的编号、标题、编写单位、修订版及日期,是否标识了不能通过正常采购活动得到的文档的来源。

d) 是否根据单元集成测试结果准确地说明了对被测软件部件的总体评估,对单元集成测试中发现的所有遗留的缺陷、限制或约束都逐一进行了描述(可用问题/更改报告形式,给出缺陷信息);是否对软件单元集成测试环境与操作环境的差异以及这种差异对单元集成测试结果的影响进行了评估;是否对被测试软件的设计、操作或测试提供改进建议,并描述了每个建议及其对软件的影响。

e) 是否对照软件单元集成测试说明中的每一个测试项目逐一描述对测试结果进行的总结,并详细说明与该测试相关联的每个测试用例的完成状态(如:"所有结果都如预期的那样","遇到的问题","与要求有偏差"等)。

f) 当某个测试用例完成状态不是"所预期的"时,是否用项目唯一的标识符标识了遇到问题的测试用例,并提供以下内容:

1) 简述所遇到的问题;

2) 标识所遇到问题的测试规程步骤;

3) (若适用)对相关问题/更改报告和备份数据的引用;

4) 改正这些问题所重复的规程或步骤的次数及每次得到的结果;

5) 再测试时,是从哪些回退点或测试步骤恢复测试的。

g) 当某个测试用例完成状态"与要求有偏差"时,是否用项目唯一的标识符标识了出现一个或多个偏差的测试用例,并提供:

1) 偏差说明(例如,出现偏差的测试用例的运行情况和偏差性质,如替换了所要求的设备、未能遵循规定的步骤等);

2) 偏差理由;

3) 偏差对测试用例有效性影响的评估。

h) 软件单元集成测试报告的内容是否内部一致,是否覆盖了软件单元集成测试说明的所有测试用例,是否说明了被测软件对软件详细设计的满足程度,以及对软件设计说明中全部设计内容的覆盖程度。

i) 软件单元集成测试报告是否说明了被测软件对软件研制任务书(或技术要求、技术规格说明、工作说明等其他等效文件)的设计约束和数据处理要求的满足程度。

j) 软件单元集成测试活动是否遵循了软件开发计划中关于软件单元集成测试的有关要求。

14.8.6 评审结论

1. 软件单元集成测试说明

完成软件单元集成测试说明审查后,技术评审组应给出评审意见,并宣布评审结论:确认、有条件确认或不确认软件单元集成测试说明编制工作,可否开展下一步软件单元集成和测试工作或是否需要再次进行评审。评审意见示例:

×××。会议成立了评审组(附件×),听取了×××(研制单位)作的×××(产品名称)软件单元集成和测试工作情况报告,审查了软件单元集成测试说明文档,经讨论、质询,形成评审意见如下:

1. 软件单元集成测试针对软件设计文档规定的软件单元集成过程和功能、性能等要求进行逐项测试设计,规定的测试策略明确,测试项目划分合理,测试内容完整,覆盖了系统设计文档的系统级设计决策、体系结构设计和接口关系等要求;

2. 测试用例和测试规程设计充分、合理,测试输入完整,测试方法正确,测试步骤清晰,评价准则明确,覆盖了软件单元集成的每个功能、性能特性;

3. 软件单元集成测试说明文档编制规范、层次清晰、描述准确,符合国家军用标准和评审依据性文件中规定的相关要求。

评审组同意《×××(产品名称)软件单元集成测试说明》通过评审。

建议按专家意见(附件×)进一步修改完善。

2. 软件单元集成测试报告

完成软件单元集成测试报告审查后,技术评审组应给出评审意见,并宣布评审结论:确认、有条件确认或不确认软件单元集成和测试工作,可否开展下一步CSCI合格性测试工作或是否需要再次进行评审。评审意见示例:

×××。会议成立了评审组(附件×),听取了×××(研制单位)作的×××(产品名称)软件单元集成和测试工作情况报告,审查了软件单元集成和测试的相关文档,经讨论、质询,形成评审意见如下:

1. ×××(研制单位)按照软件单元集成测试计划和测试说明完成了全部软件单元集成测试工作,发现的问题均已归零,并经回归测试确认。测试结果表明,×××(产品名称)满足软件设计文档规定的系统级设计决策、体系结构设计以及软件单元集成的功能、性能、接口关系等特性要求;

2. 单元集成测试环境符合要求,测试方法正确,测试用例充分,测试记录完整,测试数据真实,测试结论可信;

3. 测试报告编制规范、描述准确,符合国家军用标准和评审依据性文件中规定的相关要求。

评审组同意《×××(产品名称)软件单元集成测试报告》通过评审。
建议按专家意见(附件×)进一步修改完善。

14.9 CSCI 合格性测试评审

14.9.1 评审目的

审查软件开发方在开展软件配置项合格性测试过程中所产生的工作产品，以确定所开发的软件配置项能否正确地实现软件需求规格说明(含接口需求规格说明)中的功能、性能、接口和其他设计约束等要求，目的是发现并识别软件配置项可能存在的各种错误、异常或缺陷，从而确定软件配置项产品能否作为软件软/硬件集成测试的基础，是否可以建立软件技术状态项目的软件配置项合格性测试基线。

14.9.2 评审时机

软件配置项合格性测试评审一般应在软件设计开发阶段中后期，软件开发方完成软件单元测试、软件单元集成测试，建立软件技术状态项目的软件单元集成测试基线之后进行。

14.9.3 评审文件

CSCI 合格性测试评审包括(但不限于)以下技术文件：
a) 已实现的软件配置项执行程序；
b) 描述执行计算机软件配置项合格性测试所需的测试准备、测试用例及测试过程的《软件配置项测试说明》(STD)；
c) 对计算机软件配置项进行合格性测试记录和结果分析的《软件配置项测试报告》(STR)。

按照 GJB 438B—2009《军用软件开发文档通用要求》，《软件配置项测试说明》的目次格式如下：

```
1   范围
1.1   标识
1.2   系统概述
1.3   文档概述
2   引用文档
```

```
3  测试准备
3.X  （测试的项目唯一的标识符）
3.X.1  硬件准备
3.X.2  软件准备
3.X.3  其他测试前准备
4  测试说明
4.X  （测试的项目唯一的标识符）
4.X.Y  （测试用例的项目唯一的标识符）
4.X.Y.1  涉及的需求
4.X.Y.2  先决条件
4.X.Y.3  测试输入
4.X.Y.4  预期的测试结果
4.X.Y.5  评价结果的准则
4.X.Y.6  测试过程
4.X.Y.7  假设和约束
5  需求的可追踪性
6  注释
```

与《软件单元集成测试说明》内容不同，软件配置项测试侧重于软件单元、软件部件集成为软件配置项后的整体功能、性能、接口和其他设计约束的满足程度，《软件配置项测试说明》应主要描述执行计算机软件配置项合格性测试过程的测试准备、测试用例、测试规程和测试数据。

按照GJB 438B—2009《军用软件开发文档通用要求》，《软件配置项测试报告》的目次格式如下：

```
1   范围
1.1  标识
1.2  系统概述
1.3  文档概述
2   引用文档
3   测试结果概述
3.1  对被测试软件的总体评估
3.2  测试环境的影响
3.3  改进建议
```

```
4    详细测试结果
4.X   （测试的项目唯一的标识符）
4.X.1    测试结果总结
4.X.2    遇到的问题
4.X.2.Y  （测试用例的项目唯一的标识符）
4.X.3    与测试用例/规程的不一致
4.X.3.Y  （测试用例的项目唯一的标识符）
5    注释
```

与《软件配置项测试说明》相对应，《软件配置项测试报告》应主要描述执行计算机软件配置项合格性测试过程的测试记录、分析及其结果。

14.9.4 评审依据

评审依据主要包括：《软件需求规格说明》及相关联的《接口需求规格说明》等软件需求文件，以及《软件用户手册》等用户操作使用文件，GJB 438B—2009《军用软件开发文档通用要求》和 GJB 2786A—2009《军用软件开发通用要求》等标准。

评审过程中也可参考《软件单元集成测试报告》的结论。

14.9.5 评审内容

1. 已实现的软件

按照 GJB 2786A—2009《军用软件开发通用要求》附录 E"软件产品评价"的规定，用于 CSCI 合格性测试的已实现软件的评价准则如下：

软件产品	评价准则						
	准则4：包含如下文档中所有适用的信息	准则10：满足SOW或SDTD要求	准则9：满足合同资料要求清单要求	准则14：可理解	准则8：内部一致	准则7：遵循软件开发计划	附加准则
15.已实现的软件	—	√	√	√	√	√	准则5：覆盖CSCI详细设计。

对用于软件配置项测试的已实现软件的技术评审，一般可采用黑盒测试方法通过软件配置项测试进行评价。对照上述评价准则以及 GJB/Z 141—2004《军用软件测试指南》的有关要求，列举一个具体的审查内容和测试要求参考示例如下：

a) 是否实现了软件需求规格说明(含接口需求规格说明)规定的每一项功能要求,并与软件需求规格说明(含接口需求规格说明)保持一致。

b) 是否达到了软件需求规格说明(含接口需求规格说明)规定的每一项准确性、精确性和时间特性等性能要求,如:数据处理和响应时间、时间控制精度、时间测量精度等。

c) 是否满足软件需求规格说明(含接口需求规格说明)规定的软件配置项与外部设备、与其他系统的每一项接口要求,包括接口的遵循性、正确性、协调性和适应性,接口的格式、内容和交互能力等。

d) 是否满足软件需求规格说明(含接口需求规格说明)规定的每一项安全保密性要求,包括软件配置项及其数据访问的可控制性,防止非法操作的模式,防止数据被讹误和被破坏的能力,以及加密和解密功能等。

e) 是否满足软件需求规格说明(含接口需求规格说明)规定的资源利用性要求,包括输入/输出设备、内存和传输资源等的利用情况。

f) 在不同使用环境、不同使用功能组合(包括对重要输入变量值的覆盖、对相关输入变量可能组合的覆盖、对设计输入空间与实际输入空间之间区域的覆盖、对各种使用功能的覆盖、对使用环境的覆盖)等条件下,软件配置项是否满足可靠运行的需求。

g) 运行条件在非正常情况(如:中断发生、边界状态和异常状态、功能性能的降级使用、各种误操作模式、各种故障模式等)下,软件配置项是否能正确地响应和处理。

h) 对有恢复或重置功能需求的软件配置项,是否满足其恢复或重置功能和平均恢复时间、可重启动并继续提供服务的能力,以及还原功能的还原能力要求。

i) 从可操作性方面审查,软件配置项是否对输入数据进行有效性检查,是否满足中断执行、还原能力、参数设置、定制能力、运行状态监控等功能要求,人机交互界面是否易于操作,显示界面是否清晰明了等。

j) 从可理解性方面审查,软件配置项的各项功能是否容易被识别和被理解;要求具有演示能力的功能是否容易被访问、演示是否充分和有效;在线帮助是否与软件用户手册或操作手册一致、是否容易定位、是否有效。

k) 从适应性方面审查,软件配置项是否满足对诸如数据文件、数据块或数据库等数据结构的适应能力要求,对硬件设备和网络设施等硬件环境的适应能力要求,对系统软件或并行的应用软件等软件环境的适应能力要求;是否易于移植,是否易于替换等。

l) 从安装性方面审查,软件配置项是否满足安装的可定制性、简易性,是否容易重新安装等要求。

m) 软件配置项实现的功能、性能是否与软件研制任务书(或技术要求、技术规格说明、工作说明等其他等效文件)的要求相一致,是否执行了软件开发计划中的有关标准规范。

2. 软件配置项测试说明

按照 GJB 2786A—2009《军用软件开发通用要求》附录 E"软件产品评价"的规定,软件配置项测试说明的评价准则如下:

软件产品	准则4:包含如下文档中所有适用的信息	准则10:满足SOW或SDTD要求	准则9:满足合同资料要求清单要求	准则14:可理解	准则8:内部一致	准则7:遵循软件开发计划	附加准则
16. CSCI合格性测试说明	√ STD	√	√	√	√	√	准则5:覆盖所有CSCI需求。

对照上述评价准则,以及 GJB 438B—2009《军用软件开发文档通用要求》附录 P 的有关规定,列举一个具体的审查内容和要求参考示例如下:

a) 是否清晰地描述了软件配置项测试说明所适用的软件的完整标识,包括其标识号、名称、缩略名、版本号和发布号。

b) 是否准确、无遗漏地说明了每项测试工作所需的硬件准备规程,以及准备被测项、配合测试相关软件和测试数据的必要规程;是否明确描述了在进行测试前所需的其他人员活动、准备工作或规程。

c) 是否对照软件需求规格说明(含接口需求规格说明)规定的软件配置项的功能、性能、接口等逐项进行测试和说明,并且每个测试项目和测试用例都定义了项目唯一的标识符。

d) 软件配置项的每个特性是否至少被一个正常测试用例和一个被认可的异常测试用例覆盖;是否对软件配置项的所有外部输入、输出接口(包括和硬件之间的接口)进行测试和说明;是否对照软件需求规格说明的要求对软件配置项的功能、性能进行强度测试。

e) 是否按照软件需求规格说明的要求,对软件配置项的安全保密性(包括数据的安全保密性)设计测试用例;是否对安全性关键的软件配置项进行安全性分析,明确每一个危险状态和导致危险的可能原因,并对此进行了针对性的测试;是否对用于提高软件配置项安全性、可靠性的结构、算法、容错、冗余、中断处理等方案设计测试用例。

f) 是否设计了运行条件在边界状态和异常状态下,或在人为设定的状态下,软件配置项功能和性能的测试用例。

g) 是否按照软件需求规格说明的要求,对软件配置项的全部存储量、输入/输出通道和处理时间的余量设计测试用例。

h) 对有恢复或重置功能需求的软件配置项,是否设计了其恢复或重置功能和平均恢复时间测试用例,并且对每一类导致恢复或重置的情况进行测试。

i) 对每一个测试用例是否都详细说明了执行测试用例前必须具备的先决条件,(若适用)应提供以下内容:

1) 软件配置和硬件配置;

2) 测试开始之前需设置或重置的标志、初始断点、指针、控制参数或初始数据;

3) 运行测试用例所需的预置硬件条件或电气状态;

4) 计时测量所用的初始条件;

5) 模拟环境的调整;

6) 测试用例特有的其他特殊条件。

j) 对每一个测试用例是否都详细说明了测试用例所需的测试输入,测试用例的输入是否包括有效等价类值、无效等价类值和边界数据值。(若适用)应提供以下内容:

1) 每一测试输入的名称、用途和说明(例如,取值范围、准确性);

2) 测试输入的来源与选择测试输入的方法;

3) 测试输入是真实的还是模拟的;

4) 测试输入的时间或事件序列;

5) 控制输入数据的方式,包括:最小/合理数量的数据类型和值测试各被测项;为了检验过载、饱和及其他"最坏情况"的影响,用各种有效数据类型和值测试被测各项;为了检验对非常规输入的适当处理,用无效数据类型和值试验被测各项;如需要,允许再测试。

k) 对每一个测试用例是否都详细说明了测试用例的所有预期测试结果,必要时应提供中间结果和最终结果。

l) 对每一个测试用例是否都详细说明了用于评价测试用例的中间和最终结果的准则。(若适用)应对每一测试结果提供以下信息:

　　1) 输出可能变化但仍能接受的范围或准确性;

　　2) 构成可接受的测试结果的输入和输出条件的最少组合或选择;

　　3) 用时间或事件数表示的允许的最大/最小测试持续时间;

　　4) 可以发生的中断、停机或其他系统突变的最大次数;

　　5) 允许的处理错误严重程度;

　　6) 当测试结果不确定时,进行再测试的条件;

　　7) 输出解释为"输入测试数据、测试数据库/数据文件或测试过程不规范"的条件;

　　8) 允许的表达测试的控制、状态和结果的指示方式,以及表明下一个测试用例(或许是辅助测试软件的输出)准备就绪的指示方式等。

m) 对每一个测试用例是否都详细定义了测试用例的测试规程,即以执行步骤顺序排列的、一系列独立编号的测试步骤。(若适用)每一测试规程应提供:

　　1) 每一步骤所需的测试操作员的动作和设备操作,包括以下方面的命令:初始化测试用例并运用测试输入;检查测试条件;进行测试结果的中期评价;记录数据;停机或中断测试用例;如果需要,要求数据转储或其他帮助;修改数据库/数据文件;如果不成功,重复测试用例;根据测试用例的要求,应用替代方式;终止测试用例;

　　2) 对每一步骤给出预期结果与评价准则;

　　3) 如果测试用例涉及多个需求,应标识测试规程步骤与需求之间对应关系;

　　4) 程序停止或指示了错误发生后要采取的动作,如:对指示器的关键数据进行记录,以便于引用;停止或暂停对时间敏感的测试支撑软件和测试仪器;对测试结果有关的系统和操作员的记录进行收集;

　　5) 归约和分析测试结果所采用的规程,如:检测是否已产生了输出;标识由测试用例所产生数据的介质和位置;对输出进行评价,并以此作为测试序列继续的基础;按照预期的输出,对测试输出进行评价。

n) 对每一个测试用例是否都详细说明了所做的任何假设,以及测试条件给测试用例带来的约束或限制,如时间、接口、设备、人员与数据库/数据文件的限制等。

o) 软件配置项测试说明中的测试项是否与软件需求规格说明(含接口需求规格说明)保持一致,并且覆盖软件需求规格说明(含接口需求规格说明)的全部内容。

p) 软件配置项测试说明中的测试用例是否覆盖软件研制任务书(或技术要求、技术规格说明、工作说明等其他等效文件)的设计约束和数据处理要求。

q) 软件配置项测试说明是否遵循了软件开发计划中配置项测试的有关要求。

3. 软件配置项测试报告

按照 GJB 2786A—2009《军用软件开发通用要求》附录 E"软件产品评价"的规定,软件配置项测试报告的评价准则如下:

软件产品	评价准则						
	准则4:包含如下文档中所有适用的信息	准则10:满足SOW或SDTD要求	准则9:满足合同资料要求清单要求	准则14:可理解	准则8:内部一致	准则7:遵循软件开发计划	附加准则
17. CSCI合格性测试结果	√ STR	√	√	√	√	√	准则5:覆盖所有计划的 CSCI 合格性测试用例;准则12:显示证据证明 CSCI 满足其需求。

对照上述评价准则,以及 GJB 438B—2009《军用软件开发文档通用要求》附录 Q 的有关规定,列举一个具体的审查内容和要求参考示例如下:

a) 是否清晰地描述了软件配置项测试所适用的软件的完整标识,包括其标识号、名称、缩略名、版本号和发布号。

b) 是否准确地描述了被测软件配置项所属系统和软件的用途和一般特性,概述了系统开发、运行和维护的历史,标识了当前和计划的运行现场等。

c) 是否详细列举了引用文档的编号、标题、编写单位、修订版及日期,是否标识了不能通过正常采购活动得到的文档的来源。

d) 是否根据软件配置项测试结果准确地说明了对被测软件的总体评估,对配置项测试中发现的所有遗留的缺陷、限制或约束都逐一进行了描述(可用问题/更改报告形式,给出缺陷信息);是否对软件配置项测试环境与操作环境的差异以及这种差异对配置项测试结果的影响进行了评估;是否对被测软件的设计、操作或测试提供改进建议,并描述了每个建议及其对软件的影响。

e) 是否对照软件配置项测试说明中的每一个测试项目逐一描述对测试结果进行的总结,并详细说明与该测试相关联的每个测试用例的完成状态(如:"所有结果都如预期的那样","遇到的问题","与要求有偏差"等)。

f) 当某个测试用例完成状态不是"所预期的"时,是否用项目唯一的标识符标识了遇到问题的测试用例,并提供以下内容:
1) 简述所遇到的问题;
2) 标识所遇到问题的测试规程步骤;
3) (若适用)对相关问题/更改报告和备份数据的引用;
4) 改正这些问题所重复的规程或步骤的次数及每次得到的结果;
5) 再测试时,是从哪些回退点或测试步骤恢复测试的。

g) 当某个测试用例完成状态"与要求有偏差"时,是否用项目唯一的标识符标识了出现一个或多个偏差的测试用例,并提供:
1) 偏差说明(例如,出现偏差的测试用例的运行情况和偏差性质,如替换了所要求的设备、未能遵循规定的步骤等);
2) 偏差理由;
3) 偏差对测试用例有效性影响的评估。

h) 软件配置项测试报告的内容是否内部一致,是否覆盖了软件配置项测试说明的所有测试用例,是否说明了被测软件对软件需求规格说明(含接口需求规格说明)的满足程度,以及对软件需求中全部内容的覆盖程度。

i) 软件配置项测试报告是否说明了被测软件对软件研制任务书(或技术要求、技术规格说明、工作说明等其他等效文件)的设计约束和数据处理要求的满足程度。

j) 软件配置项测试活动是否遵循了软件开发计划中关于软件配置项测试的有关要求。

14.9.6 评审结论

1. 软件配置项测试说明

完成计算机软件配置项合格性测试说明审查后,技术评审组应给出评审意见,并宣布评审结论:确认、有条件确认或不确认计算机软件配置项合格性测试说明编制工作,可否开展下一步 CSCI 合格性测试工作或是否需要再次进行评审。评审意见示例:

×××。会议成立了评审组(附件×),听取了×××(研制单位)作的《×××(产品名称)软件配置项合格性测试说明》报告,审查了相关文档,经讨论、质询,形成评审意见如下:

1. 软件配置项测试说明规定的测试准备要求明确,测试项目划分合理,测试内容完整,覆盖了软件需求规格说明规定的功能、性能、接口和数据等相关要求;

2. 测试用例和测试规程设计充分、合理,测试输入完整,测试方法正确,测试步骤清晰,评价准则明确;

3. 测试说明文档编制规范、层次清晰、描述准确,符合国家军用标准和评审依据性文件中规定的相关要求。

评审组同意《×××(产品名称)软件配置项合格性测试说明》通过评审。

建议按专家意见(附件×)进一步修改完善。

2. 软件配置项测试报告

完成计算机软件配置项合格性测试报告审查后,技术评审组应给出评审意见,并宣布评审结论:确认、有条件确认或不确认 CSCI 合格性测试工作,可否开展下一步 CSCI/HWCI 集成和测试工作或是否需要再次进行评审。评审意见示例:

×××。会议成立了评审组(附件×),听取了×××(研制单位)作的×××(产品名称)软件配置项合格性测试工作情况报告,审查了测试报告等相关文档,经讨论、质询,形成评审意见如下:

1. ×××(研制单位)完成了软件配置项合格性测试的全部测试工作,发现的问题均已归零,并经回归测试确认。测试结果表明,×××(产品名称)满足软件需求规格说明等相关文档规定的功能、性能、接口等相关要求;

2. 软件测试环境符合要求,测试方法正确,测试用例充分,测试记录完整,测试数据真实,测试结论可信;

3. 测试报告编制规范、描述准确,符合国家军用标准和评审依据性文件中规定的相关要求。

评审组同意《×××(产品名称)软件配置项合格性测试报告》通过评审。

建议按专家意见(附件×)进一步修改完善。

14.10 CSCI/HWCI 集成和测试评审

14.10.1 评审目的

CSCI/HWCI 集成和测试是指将 CSCI 与接口连接的 HWCI 集成起来,并测试其组合结果,以确定它们能否按设计要求工作。这个过程持续执行,直到系统中所有的 CSCI 和 HWCI 都被集成和测试完成。而 CSCI/HWCI 集成和测试的最后一个阶段就是开发方内部的系统测试。

CSCI/HWCI 集成和测试评审是审查软件开发方在开展软件/硬件集成测试过程中所产生的工作产品,以确定所开发的一组软件配置项或软件系统能否在真实系统工作环境下实现软件配置项与系统的正确连接,并满足系统/子系统设计文档和软件研制任务书规定的要求,目的是发现并识别所开发的一组软件配置项或软件系统中可能存在的各种错误、异常或缺陷,从而确定软件配置项或软件系统产品能否作为系统合格性测试的基础,是否可以建立软件技术状态项目的软件配置项集成测试基线。

14.10.2 评审时机

软件配置项/硬件配置项集成测试评审一般应在软件设计开发阶段后期,软件开发方完成软件配置项合格性测试,建立软件技术状态项目的软件配置项合格性测试基线之后进行。

14.10.3 评审文件

CSCI/HWCI 集成和测试评审包括(但不限于)以下技术文件:

a) 已实现的一组软件配置项或软件系统可执行程序;

b) 描述执行计算机软件/硬件集成测试所需的测试准备、测试用例及测试过程的《CSCI/HWCI 集成测试说明》(STD);

c) 对计算机软件配置项和硬件配置项进行集成测试记录和结果分析的《CSCI/HWCI 集成测试报告》(STR)。

按照 GJB 438B—2009《军用软件开发文档通用要求》,《CSCI/HWCI 集成测试说明》的目次格式如下:

1 范围
1.1 标识

```
1.2  系统概述
1.3  文档概述
2   引用文档
3   测试准备
3.X （测试的项目唯一的标识符）
3.X.1  硬件准备
3.X.2  软件准备
3.X.3  其他测试前准备
4   测试说明
4.X （测试的项目唯一的标识符）
4.X.Y （测试用例的项目唯一的标识符）
4.X.Y.1  涉及的需求
4.X.Y.2  先决条件
4.X.Y.3  测试输入
4.X.Y.4  预期的测试结果
4.X.Y.5  评价结果的准则
4.X.Y.6  测试过程
4.X.Y.7  假设和约束
5   需求的可追踪性
6   注释
```

与《软件配置项测试说明》内容不同，CSCI/HWCI 集成和测试侧重于软件配置项与真实工作环境之间的集成过程以及集成后对功能、性能、接口和其他设计约束的满足程度，《CSCI/HWCI 集成测试说明》应主要描述执行 CSCI/HWCI 集成测试过程的测试准备、测试用例、测试规程和测试数据。

按照 GJB 438B—2009《军用软件开发文档通用要求》，《CSCI/HWCI 集成测试报告》的目次格式如下：

```
1   范围
1.1  标识
1.2  系统概述
1.3  文档概述
2   引用文档
3   测试结果概述
3.1  对被测试软件的总体评估
```

3.2　测试环境的影响
3.3　改进建议
4　详细测试结果
4.X　（测试的项目唯一的标识符）
4.X.1　测试结果总结
4.X.2　遇到的问题
4.X.2.Y　（测试用例的项目唯一的标识符）
4.X.3　与测试用例/规程的不一致
4.X.3.Y　（测试用例的项目唯一的标识符）
5　注释

与《CSCI/HWCI集成测试说明》相对应，《CSCI/HWCI集成测试报告》应主要描述执行CSCI/HWCI集成测试过程的测试记录、分析及其结果。

14.10.4　评审依据

评审依据主要包括：《系统/子系统设计说明》以及相关联的《接口设计说明》、《数据库设计说明》等系统/子系统设计文档，所有相关联的《软件研制任务书》、《软件需求规格说明》、《接口需求规格说明》，以及相关联的《软件用户手册》等用户操作使用文件，GJB 438B—2009《军用软件开发文档通用要求》和GJB 2786A—2009《军用软件开发通用要求》等标准。

评审过程也可参考《软件配置项测试报告》的结论。

14.10.5　评审内容

1. 已实现的软件

按照GJB 2786A—2009《军用软件开发通用要求》附录E"软件产品评价"的规定，用于CSCI/HWCI集成和测试的已实现软件的评价准则如下：

软件产品	评价准则						
	准则4：包含如下文档中所有适用的信息	准则10：满足SOW或SDTD要求	准则9：满足合同资料要求清单要求	准则14：可理解	准则8：内部一致	准则7：遵循软件开发计划	附加准则
15. 已实现的软件	—	√	√	√	√	√	准则5：覆盖CSCI详细设计。

对用于 CSCI/HWCI 集成和测试的已实现软件的技术评审,一般可采用黑盒测试方法通过 CSCI/HWCI 集成和测试进行评价。对照上述评价准则以及 GJB/Z 141—2004《军用软件测试指南》的有关要求,列举一个具体的审查内容和测试要求参考示例如下:

a) 是否实现了系统/子系统设计说明及相关联的接口设计说明、数据库设计说明规定的每一项功能要求,并与其保持一致。

b) 是否达到了系统/子系统设计说明及相关联的接口设计说明、数据库设计说明规定的每一项准确性、精确性和时间特性等性能要求,如:数据处理和响应时间、时间控制精度、时间测量精度等。

c) CSCI/HWCI 集成测试的集成方法和集成过程是否符合系统/子系统设计说明及相关联的接口设计说明、数据库设计说明的设计要求。

d) 是否满足系统/子系统设计说明及相关联的接口设计说明规定的软件系统与外部设备、与其他系统的每一项接口要求,包括接口的遵循性、正确性、协调性和适应性,接口的格式、内容和交互能力等。

e) 是否满足系统/子系统设计说明及相关联的接口设计说明、数据库设计说明规定的每一项安全保密性要求,包括软件系统及其数据访问的可控制性,防止非法操作的模式,防止数据被讹误和被破坏的能力,以及加密和解密功能等。

f) 是否满足系统/子系统设计说明及相关联的接口设计说明、数据库设计说明规定的资源利用性要求,包括输入/输出设备、内存和传输资源等的利用情况。

g) 在不同使用环境、不同使用功能组合(包括对重要输入变量值的覆盖、对相关输入变量可能组合的覆盖、对设计输入空间与实际输入空间之间区域的覆盖、对各种使用功能的覆盖、对使用环境的覆盖)等条件下,软件系统是否满足可靠运行的需求。

h) 运行条件在非正常情况(如:中断发生、边界状态和异常状态、功能性能的降级使用、各种误操作模式、各种故障模式等)下,软件系统是否能正确地响应和处理。

i) 对有恢复或重置功能需求的软件系统,是否满足其恢复或重置功能和平均恢复时间、可重启动并继续提供服务的能力,以及还原功能的还原能力要求。

j) 从可操作性方面审查,软件系统是否对输入数据进行有效性检查,是否满足中断执行、还原能力、参数设置、定制能力、运行状态监控等功能要求,人机交互界面是否易于操作,显示界面是否清晰明了等。

k) 从可理解性方面审查,软件系统的各项功能是否容易被识别和被理解;要求具有演示能力的功能是否容易被访问、演示是否充分和有效;在线帮助是否与用户手册或操作手册一致、是否容易定位、是否有效。

l) 从适应性方面审查,软件系统是否满足对诸如数据文件、数据块或数据库等数据结构的适应能力要求,对硬件设备和网络设施等硬件环境的适应能力要求,对系统软件或并行的应用软件等软件环境的适应能力要求;是否易于移植,是否易于替换等。

m) 从安装性方面审查,软件系统是否满足安装的可定制性、简易性,是否容易重新安装等要求。

n) 软件系统实现的功能、性能是否与软件研制任务书(或技术要求、技术规格说明、工作说明等其他等效文件)的要求相一致,是否执行了软件开发计划中的有关标准规范。

2. CSCI/HWCI 集成测试说明

按照 GJB 2786A—2009《军用软件开发通用要求》附录 E"软件产品评价"的规定,CSCI/HWCI 集成测试说明的评价准则如下:

软件产品	评价准则						
	准则4:包含如下文档中所有适用的信息	准则10:满足 SOW 或 SDTD 要求	准则9:满足合同资料要求清单要求	准则14:可理解	准则8:内部一致	准则7:遵循软件开发计划	附加准则
18. 系统合格性测试说明	√ STD	√	√	√	√	√	准则5:覆盖所有系统需求。

对照上述评价准则,以及 GJB 438B—2009《军用软件开发文档通用要求》附录 P 的有关规定,列举一个具体的审查内容和要求参考示例如下:

a) 是否清晰地描述了 CSCI/HWCI 集成测试说明所适用的软件及系统的完整标识,包括其标识号、名称、缩略名、版本号和发布号。

b) 是否准确、无遗漏地说明了每项测试工作所需的硬件准备规程,以及准备被测项、配合测试相关软件和测试数据的必要规程;是否明确描述了在进行测试前所需的其他人员活动、准备工作或规程。

c) 是否对照系统/子系统设计说明及相关联的接口设计说明、数据库设计说明规定的功能、性能、接口等逐项进行测试和说明,并且每个测试项目和测试用例都定义了项目唯一的标识符。

d) CSCI/HWCI集成后系统的每个特性是否至少被一个正常测试用例和一个被认可的异常测试用例覆盖;是否对系统的所有外部输入、输出接口(包括和硬件之间的接口)进行测试和说明;是否对照系统/子系统设计说明及相关联的接口设计说明、数据库设计说明的要求对CSCI/HWCI集成后系统的功能、性能进行强度测试。

e) 是否按照系统/子系统设计说明及相关联的接口设计说明、数据库设计说明的要求,对CSCI/HWCI集成后系统的安全保密性(包括数据的安全保密性)设计测试用例;是否对安全性关键的软件系统进行安全性分析,明确每一个危险状态和导致危险的可能原因,并对此进行了针对性的测试;是否对用于提高软件系统安全性、可靠性的结构、算法、容错、冗余、中断处理等方案设计测试用例。

f) 是否设计了运行条件在边界状态和异常状态下,或在人为设定的状态下,软件系统功能和性能的测试用例。

g) 是否按照系统/子系统设计说明及相关联的接口设计说明、数据库设计说明的要求,对软件系统的全部存储量、输入/输出通道和处理时间的余量设计测试用例。

h) 对有恢复或重置功能需求的系统,是否设计了其恢复或重置功能和平均恢复时间测试用例,并且对每一类导致恢复或重置的情况进行测试。

i) 对每一个测试用例是否都详细说明了执行测试用例前必须具备的先决条件,(若适用)应提供以下内容:

1) 软件配置和硬件配置;

2) 测试开始之前需设置或重置的标志、初始断点、指针、控制参数或初始数据;

3) 运行测试用例所需的预置硬件条件或电气状态;

4) 计时测量所用的初始条件;

5) 模拟环境的调整;

6) 测试用例特有的其他特殊条件。

j) 对每一个测试用例是否都详细说明了测试用例所需的测试输入,测试用例的输入是否包括有效等价类值、无效等价类值和边界数据值。(若适用)应提供以下内容:

1) 每一测试输入的名称、用途和说明(例如,取值范围、准确性);
2) 测试输入的来源与选择测试输入的方法;
3) 测试输入是真实的还是模拟的;
4) 测试输入的时间或事件序列;
5) 控制输入数据的方式,包括:最小/合理数量的数据类型和值测试各被测项;为了检验过载、饱和及其他"最坏情况"的影响,用各种有效数据类型和值测试被测各项;为了检验对非常规输入的适当处理,用无效数据类型和值试验被测各项;如需要,允许再测试。

k) 对每一个测试用例是否都详细说明了测试用例的所有预期测试结果,必要时应提供中间结果和最终结果。

l) 对每一个测试用例是否都详细说明了用于评价测试用例的中间和最终结果的准则。(若适用)应对每一测试结果提供以下信息:
1) 输出可能变化但仍能接受的范围或准确性;
2) 构成可接受的测试结果的输入和输出条件的最少组合或选择;
3) 用时间或事件数表示的允许的最大/最小测试持续时间;
4) 可以发生的中断、停机或其他系统突变的最大次数;
5) 允许的处理错误严重程度;
6) 当测试结果不确定时,进行再测试的条件;
7) 输出解释为"输入测试数据、测试数据库/数据文件或测试过程不规范"的条件;
8) 允许的表达测试的控制、状态和结果的指示方式,以及表明下一个测试用例(或许是辅助测试软件的输出)准备就绪的指示方式等。

m) 对每一个测试用例是否都详细定义了测试用例的测试规程,即以执行步骤顺序排列的、一系列独立编号的测试步骤。(若适用)每一测试规程应提供:
1) 每一步骤所需的测试操作员的动作和设备操作,包括以下方面的命令:初始化测试用例并运用测试输入;检查测试条件;进行测试结果的中期评价;记录数据;停机或中断测试用例;如果需要,要求数据转储或其他帮助;修改数据库/数据文件;如果不成功,重复测试用例;根据测试用例的要求,应用替代方式;终止测试用例;
2) 对每一步骤给出预期结果与评价准则;
3) 如果测试用例涉及多个需求,应标识测试规程步骤与需求之间对应关系;

4) 程序停止或指示了错误发生后要采取的动作,如:对指示器的关键数据进行记录,以便于引用;停止或暂停对时间敏感的测试支撑软件和测试仪器;对测试结果有关的系统和操作员的记录进行收集;

5) 归约和分析测试结果所采用的规程,如:检测是否已产生了输出;标识由测试用例所产生数据的介质和位置;对输出进行评价,并以此作为测试序列继续的基础;按照预期的输出,对测试输出进行评价。

n) 对每一个测试用例是否都详细说明了所做的任何假设,以及测试条件给测试用例带来的约束或限制,如时间、接口、设备、人员与数据库/数据文件的限制等。

o) CSCI/HWCI 集成测试说明中的测试项是否与系统/子系统设计说明及相关联的接口设计说明、数据库设计说明保持一致,并且覆盖系统/子系统设计说明及相关联的接口设计说明、数据库设计说明的全部内容。

p) CSCI/HWCI 集成测试说明中的测试用例是否覆盖软件研制任务书(或技术要求、技术规格说明、工作说明等其他等效文件)的设计约束和数据处理要求。

q) CSCI/HWCI 集成测试说明是否遵循了软件开发计划中集成测试的有关要求。

3. CSCI/HWCI 集成测试报告

按照 GJB 2786A—2009《军用软件开发通用要求》附录 E"软件产品评价"的规定,CSCI/HWCI 集成测试报告的评价准则如下:

软件产品	评价准则						
	准则4:包含如下文档中所有适用的信息	准则10:满足SOW或SDTD要求	准则9:满足合同资料要求清单要求	准则14:可理解	准则8:内部一致	准则7:遵循软件开发计划	附加准则
19. 系统合格性测试结果	✓ STR	✓	✓	✓	✓	✓	准则5:覆盖所有计划的系统合格性测试用例;准则12:显示证据证明系统满足其需求。

对照上述评价准则,以及GJB 438B—2009《军用软件开发文档通用要求》附录Q的有关规定,列举一个具体的审查内容和要求参考示例如下:

a) 是否清晰地描述了CSCI/HWCI集成测试所适用的软件和系统的完整标识,包括其标识号、名称、缩略名、版本号和发布号。

b) 是否准确地描述了被测软件所属系统和软件的用途和一般特性,概述了系统开发、运行和维护的历史,标识了当前和计划的运行现场等。

c) 是否详细列举了引用文档的编号、标题、编写单位、修订版及日期,是否标识了不能通过正常采购活动得到的文档的来源。

d) 是否根据CSCI/HWCI集成测试结果准确地说明了对被测系统的总体评估,对集成测试中发现的所有遗留的缺陷、限制或约束都逐一进行了描述(可用问题/更改报告形式,给出缺陷信息);是否对CSCI/HWCI集成测试环境与操作环境的差异以及这种差异对集成测试结果的影响进行了评估;是否对被测系统的设计、操作或测试提供改进建议,并描述了每个建议及其对系统的影响。

e) 是否对照CSCI/HWCI集成测试说明中的每一个测试项目逐一描述对测试结果进行的总结,并详细说明与该测试相关联的每个测试用例的完成状态(如:"所有结果都如预期的那样","遇到的问题","与要求有偏差"等)。

f) 当某个测试用例完成状态不是"所预期的"时,是否用项目唯一的标识符标识了遇到问题的测试用例,并提供以下内容:

1) 简述所遇到的问题;

2) 标识所遇到问题的测试规程步骤;

3) (若适用)对相关问题/更改报告和备份数据的引用;

4) 改正这些问题所重复的规程或步骤的次数及每次得到的结果;

5) 再测试时,是从哪些回退点或测试步骤恢复测试的。

g) 当某个测试用例完成状态"与要求有偏差"时,是否用项目唯一的标识符标识了出现一个或多个偏差的测试用例,并提供:

1) 偏差说明(例如:出现偏差的测试用例的运行情况和偏差性质,如替换了所要求的设备、未能遵循规定的步骤等);

2) 偏差理由;

3) 偏差对测试用例有效性影响的评估。

h) CSCI/HWCI集成测试报告的内容是否内部一致,是否覆盖了CSCI/HWCI集成测试说明的所有测试用例,是否说明了被测系统对系统/子系统设计说明及相关联的接口设计说明、数据库设计说明的满足程度和覆盖程度。

i) CSCI/HWCI 集成测试报告是否说明了被测软件对软件研制任务书（或技术要求、技术规格说明、工作说明等其他等效文件）的设计约束和数据处理要求的满足程度。

j) CSCI/HWCI 集成测试活动是否遵循了软件开发计划中关于集成测试的有关要求。

14.10.6 评审结论

1. CSCI/HWCI 集成测试说明

完成系统集成测试说明审查后，技术评审组应给出评审意见，并宣布评审结论：确认、有条件确认或不确认 CSCI/HWCI 集成和测试说明编制工作，可否开展系统集成与测试工作或是否需要再次进行评审。评审意见示例：

×××。会议成立了评审组（附件×），听取了×××（研制单位）作的《×××（产品名称）系统集成测试说明》报告，审查了相关文档，经讨论、质询，形成评审意见如下：

1. 系统集成测试说明规定的测试策略明确，测试项目划分合理，测试内容完整，覆盖了系统设计文档的系统级设计决策和体系结构设计要求，以及软件研制任务书规定的功能、性能、接口和数据等相关要求；

2. 测试用例和测试规程设计充分、合理，测试输入完整，测试方法正确，测试步骤清晰，评价准则明确；

3. 系统集成测试说明文档编制规范、层次清晰、描述准确，符合国家军用标准和评审依据性文件中规定的相关要求。

评审组同意《×××（产品名称）系统集成测试说明》通过评审。

建议按专家意见（附件×）进一步修改完善。

2. CSCI/HWCI 集成测试报告

完成系统集成测试报告审查后，技术评审组应给出评审意见，并宣布评审结论：确认、有条件确认或不确认 CSCI/HWCI 集成和测试工作，可否开展下一步系统合格性测试工作或是否需要再次进行评审。评审意见示例：

×××。会议成立了评审组（附件×），听取了×××（研制单位）作的×××（产品名称）系统集成测试工作情况报告，审查了系统集成测试报告等相关文档，经讨论、质询，形成评审意见如下：

1. ×××（研制单位）完成了系统集成测试的全部测试工作，发现的问题均已归零，并经回归测试确认。测试结果表明，×××（产品名称）满足系统设计文档及软件研制任务书规定的全部要求；

2. 系统集成测试环境符合要求,测试方法正确,测试用例充分,测试记录完整,测试数据真实,测试结论可信;

3. 系统集成测试报告编制规范、描述准确,符合国家军用标准和相关法规要求。

评审组同意《×××(产品名称)系统集成测试报告》通过评审。

建议按专家意见(附件×)进一步修改完善。

14.11 系统合格性测试评审

14.11.1 评审目的

系统合格性测试评审是指在软件开发方完成了规定的全部软件开发和系统集成活动,并通过CSCI/HWCI集成测试之后,由软件的需方组织、独立于软件开发组织实施的技术评审,目的是确定所开发的软件系统能否在真实系统工作环境下实现软件与系统的正确连接,并满足系统/子系统规格说明和相关联的接口需求规格说明中规定的系统需求,是否可以建立软件技术状态项目的系统合格性测试基线。

14.11.2 评审时机

系统合格性测试评审一般应在软件设计开发阶段后期,软件开发方完成CSCI/HWCI集成和测试,建立软件技术状态项目的软件配置项集成测试基线之后进行。

14.11.3 评审文件

系统合格性测试评审包括(但不限于)以下技术文件:

a) 已实现的一组软件配置项或软件系统可执行程序;

b) 描述执行系统合格性测试所需的测试准备、测试用例及测试过程的《系统合格性测试说明》(STD);

c) 对系统进行合格性测试记录和结果分析的《系统合格性测试报告》(STR)。

按照 GJB 438B—2009《军用软件开发文档通用要求》,《系统合格性测试说明》的目次格式如下:

1 范围
1.1 标识
1.2 系统概述
1.3 文档概述

```
2  引用文档
3  测试准备
3.X  （测试的项目唯一的标识符）
3.X.1  硬件准备
3.X.2  软件准备
3.X.3  其他测试前准备
4  测试说明
4.X  （测试的项目唯一的标识符）
4.X.Y  （测试用例的项目唯一的标识符）
4.X.Y.1  涉及的需求
4.X.Y.2  先决条件
4.X.Y.3  测试输入
4.X.Y.4  预期的测试结果
4.X.Y.5  评价结果的准则
4.X.Y.6  测试过程
4.X.Y.7  假设和约束
5  需求的可追踪性
6  注释
```

与《CSCI/HWCI集成测试说明》内容不同,系统合格性测试侧重于集成后的软件系统在真实工作环境中的对系统需求(含接口需求)的满足程度,《系统合格性测试说明》应主要描述执行系统合格性测试过程的测试准备、测试用例、测试规程和测试数据。

按照GJB 438B—2009《军用软件开发文档通用要求》,《系统合格性测试报告》的目次格式如下:

```
1  范围
1.1  标识
1.2  系统概述
1.3  文档概述
2  引用文档
3  测试结果概述
3.1  对被测试软件的总体评估
3.2  测试环境的影响
```

```
3.3  改进建议
4    详细测试结果
4.X  （测试的项目唯一的标识符）
4.X.1    测试结果总结
4.X.2    遇到的问题
4.X.2.Y  （测试用例的项目唯一的标识符）
4.X.3    与测试用例/规程的不一致
4.X.3.Y  （测试用例的项目唯一的标识符）
5    注释
```

与《系统合格性测试说明》相对应,《系统合格性测试报告》应主要描述执行系统合格性测试过程的测试记录、分析及其结果。

14.11.4 评审依据

评审依据主要包括:《系统/子系统规格说明》及相关联的《接口需求规格说明》等系统需求文档;研制总要求,研制合同、技术要求或技术规格说明、工作说明等用户需求文件,以及《系统用户手册》或《系统操作手册》等用户操作使用文件,GJB 438B—2009《军用软件开发文档通用要求》和 GJB 2786A—2009《军用软件开发通用要求》等标准。

评审过程也可参考《CSCI/HWCI 集成测试报告》的结论。

14.11.5 评审内容

1. 已实现的软件

按照 GJB 2786A—2009《军用软件开发通用要求》附录 E"软件产品评价"的规定,用于系统合格性测试的已实现软件的评价准则如下:

软件产品	评价准则						
	准则4:包含如下文档中所有适用的信息	准则10:满足 SOW 或 SDTD 要求	准则9:满足合同资料要求清单要求	准则14:可理解	准则8:内部一致	准则7:遵循软件开发计划	附加准则
15. 已实现的软件	—	√	√	√	√	√	准则5:覆盖CSCI详细设计。

对用于系统合格性测试的已实现软件的技术评审,一般可采用黑盒测试方法通过系统合格性测试进行评价。对照上述评价准则以及 GJB/Z 141—2004《军用软件测试指南》的有关要求,列举一个具体的审查内容和测试要求参考示例如下:

a) 是否实现了系统/子系统规格说明及相关联的接口需求规格说明规定的每一项功能要求,并与其保持一致。

b) 是否达到了系统/子系统规格说明及相关联的接口需求规格说明规定的每一项准确性、精确性和时间特性等性能要求,如:数据处理和响应时间、时间控制精度、时间测量精度等。

c) 是否满足系统/子系统规格说明及相关联的接口需求规格说明规定的软件系统与外部设备、与其他系统的每一项接口要求,包括接口的遵循性、正确性、协调性和适应性,接口的格式、内容和交互能力等。

d) 是否满足系统/子系统规格说明及相关联的接口需求规格说明规定的每一项安全保密性要求,包括软件系统及其数据访问的可控制性,防止非法操作的模式,防止数据被讹误和被破坏的能力,以及加密和解密功能等。

e) 是否满足系统/子系统规格说明及相关联的接口需求规格说明规定的资源利用性要求,包括输入/输出设备、内存和传输资源等的利用情况。

f) 在不同使用环境、不同使用功能组合(包括对重要输入变量值的覆盖、对相关输入变量可能组合的覆盖、对设计输入空间与实际输入空间之间区域的覆盖、对各种使用功能的覆盖、对使用环境的覆盖)等条件下,系统是否满足可靠运行的需求。

g) 运行条件在非正常情况(如:中断发生、边界状态和异常状态、功能性能的降级使用、各种误操作模式、各种故障模式等)下,软件系统是否能正确地响应和处理。

h) 对有恢复或重置功能需求的软件系统,是否满足其恢复或重置功能和平均恢复时间、可重启动并继续提供服务的能力,以及还原功能的还原能力要求。

i) 从可操作性方面审查,软件系统是否对输入数据进行有效性检查,是否满足中断执行、还原能力、参数设置、定制能力、运行状态监控等功能要求,人机交互界面是否易于操作,显示界面是否清晰明了等。

j) 从可理解性方面审查,软件系统的各项功能是否容易被识别和被理解;要求具有演示能力的功能是否容易被访问、演示是否充分和有效;在线帮助是否与用户手册或操作手册一致、是否容易定位、是否有效。

k) 从适应性方面审查,软件系统是否满足对诸如数据文件、数据块或数据库等数据结构的适应能力要求,对硬件设备和网络设施等硬件环境的适应能力要求,对系统软件或并行的应用软件等软件环境的适应能力要求;是否易于移植,是否易于替换等。

l) 从安装性方面审查,软件系统是否满足安装的可定制性、简易性,是否容易重新安装等要求。

m) 软件系统实现的功能、性能是否与研制总要求(或研制合同、技术要求或技术规格说明、工作说明等用户需求文档)的要求相一致,是否执行了软件开发计划中的有关标准规范。

2. 系统合格性测试说明

按照 GJB 2786A—2009《军用软件开发通用要求》附录 E"软件产品评价"的规定,系统合格性测试说明的评价准则如下:

软件产品	评价准则						
	准则4:包含如下文档中所有适用的信息	准则10:满足SOW或SDTD要求	准则9:满足合同资料要求清单要求	准则14:可理解	准则8:内部一致	准则7:遵循软件开发计划	附加准则
18. 系统合格性测试说明	√ STD	√	√	√	√	√	准则5:覆盖所有系统需求。

对照上述评价准则,以及 GJB 438B—2009《军用软件开发文档通用要求》附录 P 的有关规定,列举一个具体的审查内容和要求参考示例如下:

a) 是否清晰地描述了系统合格性测试说明所适用的软件及系统的完整标识,包括其标识号、名称、缩略名、版本号和发布号。

b) 是否准确、无遗漏地说明了每项测试工作所需的硬件准备规程,以及准备被测项、配合测试相关软件和测试数据的必要规程;是否明确描述了在进行测试前所需的其他人员活动、准备工作或规程。

c) 是否对照系统/子系统规格说明及相关联的接口需求规格说明规定的功能、性能、接口等逐项进行测试和说明,并且每个测试项目和测试用例都定义了项目唯一的标识符。

d) 系统的每个特性是否至少被一个正常测试用例和一个被认可的异常测试用例覆盖;是否对系统的所有外部输入、输出接口(包括和硬件之间的接口)进行测试和说明;是否对照系统/子系统规格说明及相关联的接口需求规格说明的要求对系统的功能、性能进行强度测试。

e) 是否按照系统/子系统规格说明及相关联的接口需求规格说明的要求,对系统的安全保密性(包括数据的安全保密性)设计测试用例;是否对安全性关键的软件系统进行安全性分析,明确每一个危险状态和导致危险的可能原因,并对此进行了针对性的测试;是否对用于提高软件系统安全性、可靠性的结构、算法、容错、冗余、中断处理等方案设计测试用例。

f) 是否设计了运行条件在边界状态和异常状态下,或在人为设定的状态下,软件系统功能和性能的测试用例。

g) 是否按照系统/子系统规格说明及相关联的接口需求规格说明的要求,对软件系统的全部存储量、输入/输出通道和处理时间的余量设计测试用例。

h) 对有恢复或重置功能需求的系统,是否设计了其恢复或重置功能和平均恢复时间测试用例,并且对每一类导致恢复或重置的情况进行测试。

i) 对每一个测试用例是否都详细说明了执行测试用例前必须具备的先决条件,(若适用)应提供以下内容:
  1) 软件配置和硬件配置;
  2) 测试开始之前需设置或重置的标志、初始断点、指针、控制参数或初始数据;
  3) 运行测试用例所需的预置硬件条件或电气状态;
  4) 计时测量所用的初始条件;
  5) 模拟环境的调整;
  6) 测试用例特有的其他特殊条件。

j) 对每一个测试用例是否都详细说明了测试用例所需的测试输入,测试用例的输入是否包括有效等价类值、无效等价类值和边界数据值。(若适用)应提供以下内容:
  1) 每一测试输入的名称、用途和说明(如取值范围、准确性);
  2) 测试输入的来源与选择测试输入的方法;
  3) 测试输入是真实的还是模拟的;
  4) 测试输入的时间或事件序列;
  5) 控制输入数据的方式,包括:最小/合理数量的数据类型和值测试各被测项;为了检验过载、饱和及其他"最坏情况"的影响,用各种有效数据类型和值测试被测各项;为了检验对非常规输入的适当处理,用无效数据类型和值试验被测各项;如需要,允许再测试。

k) 对每一个测试用例是否都详细说明了测试用例的所有预期测试结果,必要时应提供中间结果和最终结果。

l) 对每一个测试用例是否都详细说明了用于评价测试用例的中间和最终结果的准则。(若适用)应对每一测试结果提供以下信息:

1) 输出可能变化但仍能接受的范围或准确性;
2) 构成可接受的测试结果的输入和输出条件的最少组合或选择;
3) 用时间或事件数表示的允许的最大/最小测试持续时间;
4) 可以发生的中断、停机或其他系统突变的最大次数;
5) 允许的处理错误严重程度;
6) 当测试结果不确定时,进行再测试的条件;
7) 输出解释为"输入测试数据、测试数据库/数据文件或测试过程不规范"的条件;
8) 允许的表达测试的控制、状态和结果的指示方式,以及表明下一个测试用例(或许是辅助测试软件的输出)准备就绪的指示方式等。

m) 对每一个测试用例是否都详细定义了测试用例的测试规程,即以执行步骤顺序排列的、一系列独立编号的测试步骤。(若适用)每一测试规程应提供:

1) 每一步骤所需的测试操作员的动作和设备操作,包括以下方面的命令:初始化测试用例并运用测试输入;检查测试条件;进行测试结果的中期评价;记录数据;停机或中断测试用例;如果需要,要求数据转储或其他帮助;修改数据库/数据文件;如果不成功,重复测试用例;根据测试用例的要求,应用替代方式;终止测试用例;
2) 对每一步骤给出预期结果与评价准则;
3) 如果测试用例涉及多个需求,应标识测试规程步骤与需求之间对应关系;
4) 程序停止或指示了错误发生后要采取的动作,如:对指示器的关键数据进行记录,以便于引用;停止或暂停对时间敏感的测试支撑软件和测试仪器;对测试结果有关的系统和操作员的记录进行收集;
5) 归约和分析测试结果所采用的规程,如:检测是否已产生了输出;标识由测试用例所产生数据的介质和位置;对输出进行评价,并以此作为测试序列继续的基础;按照预期的输出,对测试输出进行评价。

n) 对每一个测试用例是否都详细说明了所做的任何假设,以及测试条件给测试用例带来的约束或限制,如时间、接口、设备、人员与数据库/数据文件的限制等。

o) 系统测试说明中的测试项是否与系统/子系统规格说明及相关联的接口需求规格说明保持一致,并且覆盖系统/子系统规格说明及相关联的接口需求规格说明的全部内容。

p) 系统合格性测试说明中的测试用例是否覆盖研制总要求(或研制合同、技术要求或技术规格说明、工作说明等用户需求文档)的设计约束和数据处理要求。

q) 系统合格性测试说明是否遵循了软件开发计划中系统测试的有关要求。

3. 系统合格性测试报告

按照GJB 2786A—2009《军用软件开发通用要求》附录E"软件产品评价"的规定,系统合格性测试报告的评价准则如下:

软件产品	评价准则						
	准则4:包含如下文档中所有适用的信息	准则10:满足SOW或SDTD要求	准则9:满足合同资料要求清单要求	准则14:可理解	准则8:内部一致	准则7:遵循软件开发计划	附加准则
19. 系统合格性测试结果	√ STR	√	√	√	√	√	准则5:覆盖所有计划的系统合格性测试用例;准则12:显示证据证明系统满足其需求。

对照上述评价准则,以及GJB 438B—2009《军用软件开发文档通用要求》附录Q的有关规定,列举一个具体的审查内容和要求参考示例如下:

a) 是否清晰地描述了系统合格性测试所适用的软件和系统的完整标识,包括其标识号、名称、缩略名、版本号和发布号。

b) 是否准确地描述了被测软件系统的用途和一般特性,概述了系统开发、运行和维护的历史,标识了当前和计划的运行现场等。

c) 是否详细列举了引用文档的编号、标题、编写单位、修订版及日期,是否标识了不能通过正常采购活动得到的文档的来源。

d) 是否根据系统合格性测试结果准确地说明了对被测系统的总体评估,对系统测试中发现的所有遗留的缺陷、限制或约束都逐一进行了描述(可用问题/更改报告形式,给出缺陷信息);是否对系统合格性测试环境与真实环境的差异以及这种差异对系统测试结果的影响进行了评估;是否对被测系统的设计、操作或测试提供改进建议,并描述了每个建议及其对系统的影响。

e) 是否对照系统合格性测试说明中的每一个测试项目逐一描述对测试结果进行的总结,并详细说明与该测试相关联的每个测试用例的完成状态(如:"所有结果都如预期的那样","遇到的问题","与要求有偏差"等)。

f) 当某个测试用例完成状态不是"所预期的"时,是否用项目唯一的标识符标识了遇到问题的测试用例,并提供以下内容:

1) 简述所遇到的问题;

2) 标识所遇到问题的测试规程步骤;

3) (若适用)对相关问题/更改报告和备份数据的引用;

4) 改正这些问题所重复的规程或步骤的次数及每次得到的结果;

5) 再测试时,是从哪些回退点或测试步骤恢复测试的。

g) 当某个测试用例完成状态"与要求有偏差"时,是否用项目唯一的标识符标识了出现一个或多个偏差的测试用例,并提供:

1) 偏差说明(例如:出现偏差的测试用例的运行情况和偏差性质,如替换了所要求的设备、未能遵循规定的步骤等);

2) 偏差理由;

3) 偏差对测试用例有效性影响的评估。

h) 系统合格性测试报告的内容是否内部一致,是否覆盖了系统合格性测试说明的所有测试用例,是否说明了被测系统对系统/子系统规格说明及相关联的接口需求规格说明的满足程度和覆盖程度。

i) 系统合格性测试报告是否说明了被测系统对研制总要求(或研制合同、技术要求或技术规格说明、工作说明等用户需求文档)的设计约束和数据处理要求的满足程度。

j) 系统合格性测试活动是否遵循了软件开发计划中关于系统测试的有关要求。

14.11.6 评审结论

1. 系统合格性测试说明

完成系统合格性测试说明审查后,技术评审组应给出评审意见,并宣布评审结论:确认、有条件确认或不确认系统合格性测试说明编制工作,可否开展系统合格性测试准备工作或是否需要再次进行评审。评审意见示例:

×××。会议成立了评审组(附件×),听取了×××(研制单位)作的《×××(产品名称)系统合格性测试说明》报告,审查了相关文档,经讨论、质询,形成评审意见如下:

1. 系统合格性测试说明规定的测试准备要求明确,测试项目划分合理,测试内容完整,覆盖了研制总要求、研制合同或技术协议书以及系统规格说明规定的相关内容;

2. 软件测试用例和测试规程设计充分、合理,测试输入完整,测试方法正确,测试步骤清晰,评价准则明确;

3. 系统合格性测试说明文档编制规范、层次清晰、描述准确,符合国家军用标准和评审依据性文件中规定的相关要求。

评审组同意《×××(产品名称)系统合格性测试说明》通过评审。

建议按专家意见(附件×)进一步修改完善。

2. 系统合格性测试报告

完成系统合格性测试报告审查后,技术评审组应给出评审意见,并宣布评审结论:确认、有条件确认或不确认系统合格性测试工作,可否开展下一步软件使用准备工作或是否需要再次进行评审。评审意见示例:

×××。会议成立了评审组(附件×),听取了×××(研制单位)作的×××(产品名称)系统合格性测试工作情况报告,审查了系统合格性测试报告等相关文档,经讨论、质询,形成评审意见如下:

1. ×××(研制单位)完成了系统合格性测试的全部测试工作,发现的问题均已归零,并经回归测试确认。测试结果表明,×××(产品名称)满足系统规格说明等相关文档规定的系统需求;

2. 软件测试环境符合要求,测试方法正确,测试用例充分,测试记录完整,测试数据真实,测试结论可信;

3. 测试报告编制规范、描述准确,符合国家军用标准和评审依据性文件中规定的相关要求。

评审组同意《×××(产品名称)系统合格性测试报告》通过评审。

建议按专家意见(附件×)进一步修改完善。

14.12 软件使用准备评审

14.12.1 评审目的

按照软件开发策略,在软件通过系统合格性测试之后,开发方应为每个用户使用现场准备可执行的软件、准确的版本说明、必要的用户使用手册以及合同规定的其他使用准备工作。软件使用准备评审的目的是检查为用户现场使用准备的执行软件、版本说明、用户文档以及软件现场安装等工作是否充分、正确、完整、一致,并满足现场使用要求,是否可以建立软件技术状态项目的产品基线。

14.12.2 评审时机

软件使用准备评审一般应在软件设计开发完成并通过系统合格性测试,建立软件技术状态项目的系统合格性测试基线之后进行。

14.12.3 评审文件

软件使用准备评审包括(但不限于)以下技术文件:

a) 一套可执行的软件,包括安装和运行该软件所需的所有批处理文件、命令文件、数据文件或其他软件文件。

b) 标识并描述用于该软件发布、追踪以及版本控制的《软件版本说明》(SVD);

c) 描述操作该软件的用户文档,如《软件用户手册》(SUM)、《软件输入/输出手册》(SIOM)、《软件中心操作员手册》(SCOM)、《计算机操作手册》(COM)等。

按照 GJB 438B—2009《军用软件开发文档通用要求》,《软件版本说明》的目次格式如下:

```
1   范围
1.1   标识
1.2   系统概述
1.3   文档概述
2   引用文档
3   版本说明
3.1   发布的材料清单
3.2   软件内容清单
3.3   更改说明
```

```
3.4  适应性数据
3.5  有关的文档
3.6  安装说明
3.7  可能的问题和已知的错误
4   注释
```

软件使用准备阶段的软件版本说明侧重于描述用户现场使用的软件的准确版本,按照软件开发策略,该软件可能是开发过程中的某一个构建版软件。

按照GJB 438B—2009《军用软件开发文档通用要求》,《软件用户手册》的目次格式如下:

```
1   范围
1.1  标识
1.2  系统概述
1.3  文档概述
2   引用文档
3   软件综述
3.1  软件应用
3.2  软件清单
3.3  软件环境
3.4  软件组织和操作概述
3.5  意外事故及运行的备用状态和方式
3.6  保密性
3.7  帮助和问题报告
4   软件入门
4.1  软件的首次用户
4.1.1  熟悉设备
4.1.2  访问控制
4.1.3  安装和设置
4.2  启动
4.3  停止和挂起
5   使用指南
5.1  能力
5.2  约定
5.3  处理规程
```

```
5.3.X （软件使用方面）
5.4  有关的处理
5.5  数据备份
5.6  错误、故障和紧急情况下的恢复
5.7  消息
5.8  快速参考指南
6   注释
```

按照GJB 438B—2009《军用软件开发文档通用要求》，《软件输入/输出手册》的目次格式如下：

```
1   范围
1.1  标识
1.2  系统概述
1.3  文档概述
2   引用文档
3   软件综述
3.1  软件应用
3.2  软件清单
3.3  软件环境
3.4  软件组织和操作概述
3.5  意外事故及运行的备用状态和方式
3.6  保密性
3.7  帮助和问题报告
4   使用软件
4.1  启动规程
4.2  输入描述
4.2.1  输入条件
4.2.2  输入格式
4.2.3  组成规则
4.2.4  输入词汇
4.2.5  输入样例
4.3  输出描述
4.3.1  一般描述
4.3.2  输出格式
```

```
4.3.3  输出样例
4.3.4  输出词汇
4.4   输出的使用
4.5   恢复和错误纠正规程
4.6   通信诊断
5   查询规程
5.1   数据库/数据文件格式
5.2   查询能力
5.3   查询准备
5.4   控制指令
6   用户终端处理规程
6.1   可用的能力
6.2   访问规程
6.3   显示、更新和检索的规程
6.4   恢复和错误纠正规程
6.5   结束规程
7   注释
```

按照GJB 438B—2009《军用软件开发文档通用要求》,《软件中心操作员手册》的目次格式如下:

```
1   范围
1.1   标识
1.2   系统概述
1.3   文档概述
2   引用文档
3   软件综述
3.1   软件应用
3.2   软件清单
3.3   软件环境
3.4   软件组织和操作概述
3.5   意外事故及运行的备用状态和方式
3.6   保密性
3.7   帮助和问题报告
4   安装和设置
```

5 运行描述
5.1 运行清单
5.2 阶段划分
5.3 诊断规程
5.4 错误信息列表
5.5 每个运行的说明
5.5.X （运行名或标识）的运行描述
5.5.X.1 控制输入
5.5.X.2 运行管理信息
5.5.X.3 输入—输出文件
5.5.X.4 输出报告
5.5.X.5 再版输出报告
5.5.X.6 用于运行重启/恢复和连续性的规程
6 注释

按照GJB 438B—2009《军用软件开发文档通用要求》,《计算机操作手册》的目次格式如下：

1 范围
1.1 标识
1.2 计算机系统概述
1.3 文档概述
2 引用文档
3 计算机系统操作
3.1 计算机系统的准备和关机
3.1.1 加电和断电
3.1.2 启动
3.1.3 关机
3.2 操作规程
3.2.1 输入和输出规程
3.2.2 监视规程
3.2.3 恢复规程
3.2.4 脱机规程
3.2.5 其他规程
3.3 问题处理规程
4 诊断特征

```
4.1  诊断特征概述
4.2  诊断规程
4.2.X （诊断规程名）
4.3  诊断工具集
4.3.X （诊断工具名）
5    注释
```

14.12.4 评审依据

评审依据主要包括:《软件研制任务书》或研制总要求,研制合同、技术要求或技术规格说明、工作说明等用户需求,以及《软件设计说明》、《接口设计说明》、《数据库设计说明》、《软件开发计划》等文件的相关要求,GJB 438B—2009《军用软件开发文档通用要求》和 GJB 2786A—2009《军用软件开发通用要求》等标准。

评审过程也可参考各阶段的测试报告和测试结论。

14.12.5 评审内容

1. 可执行软件

按照 GJB 2786A—2009《军用软件开发通用要求》附录 E"软件产品评价"的规定,用于软件使用准备的可执行软件的评价准则如下:

软件产品	评价准则						
	准则 4:包含如下文档中所有适用的信息	准则 10:满足 SOW 或 SDTD 要求	准则 9:满足合同资料要求清单要求	准则 14:可理解	准则 8:内部一致	准则 7:遵循软件开发计划	附加准则
20. 可执行软件	—	√	√	√	√	√	准则 10:满足交付要求; 准则 15:执行所需的所有软件均已提供; 准则 3:版本与通过测试的版本完全一致; 准则 1:可交付的媒体已准确地作了标记。

对照上述评价准则,列举一个具体的审查内容和要求参考示例如下:

> a) 是否已准确地标记了可交付的媒体,包括在目标计算机上安装和运行该软件所需的所有批处理文件、命令文件、数据文件或其他软件文件。
> b) 是否提供了可执行软件出库记录,可执行软件的版本是否与通过测试的软件版本完全一致。
> c) 可执行软件的准备是否遵循了软件开发计划关于软件使用准备的有关要求。
> d) 可交付的媒体是否易于理解,且与为用户现场准备的版本说明、用户手册、安装说明等描述一致、无歧义。
> e) 可交付的媒体是否满足合同的交付要求,以及合同资料要求清单的要求。
> f) 可交付媒体的准备是否已按照软件研制任务书或工作说明的有关要求执行,并与其保持一致。
> g) 所有需要的执行软件是否均已完整、齐套地提供。

2. 软件版本说明

按照GJB 2786A—2009《军用软件开发通用要求》附录E"软件产品评价"的规定,软件版本说明的评价准则如下:

软件产品	评价准则						
	准则4:包含如下文档中所有适用的信息	准则10:满足SOW或SDTD要求	准则9:满足合同资料要求清单要求	准则14:可理解	准则8:内部一致	准则7:遵循软件开发计划	附加准则
21. 软件版本说明	√ SVD	√	√	√	√	√	准则1:准确地标识所交付的每一个软件成分(文件、单元、CSCI等)的版本; 准则1:准确地标识所纳入的修改。

对照上述评价准则,以及GJB 438B—2009《军用软件开发文档通用要求》附录S的有关规定,列举一个具体的审查内容和要求参考示例如下:

a) 是否清晰地描述了文档所适用的软件和系统的完整标识及用途,包括其标识号、名称、缩略名、版本号和发布号;是否标识了本文档预期的接受者(如,源代码可能不向所有的接受者发布)。

b) 是否准确地描述了系统和软件的用途及一般特性,概述了系统开发、运行和维护的历史,标识项目的需方、用户、开发方和保障机构等;标识当前和计划的运行现场;列出其他有关文档。

c) 是否详细列举了引用文档的编号、标题、编写单位、修订版及日期,是否标识了不能通过正常采购活动得到的文档的来源。

d) 是否按照标识号、标题、缩略名、日期、版本号和发布号,详细地列出了发布的材料清单,包括构成所发布软件的所有物理媒体(例如列表、磁带、磁盘)和有关的文档,以及适用的保密性考虑、安全处理措施(如对静电和磁场的关注)和关于复制与许可证条款的说明和约束。

e) 是否按照标识号、标题、缩略词语、日期、版本号和发布号,详细地列出了软件内容清单,包括构成所发布软件版本的所有计算机文件,以及适用的保密性考虑。

f) 是否详细说明了自上一个版本后纳入当前软件版本的所有更改,并标识了与每一更改相关的问题报告、更改建议和更改通告,以及对系统运行和其他软硬件接口产生的影响。本条不适用于初始软件版本。

g) 是否标识或引用了包含在软件版本中所有现场专用的数据,以及数据的适应性更改。

h) 是否按标识号、标题、缩略名、日期、版本号和发布号,列出了与所发布软件有关但未包含在其中的所有文档。

i) 是否详细地描述了安装信息,包括:

1) 安装软件版本的说明;

2) 为使该版本可用而应安装的其他更改的标识,包括未包含在软件版本中的场地唯一的适应性数据;

3) 与安装有关的保密性和安全性提示;

4) 判定版本是否正确安装的规程;

5) 安装中遇到问题后的求助联系地点。

j) 是否清晰地描述了软件版本在发布时,可能发生的问题和已知的错误、解决问题与错误要采取的步骤,以及用于识别、避免、纠正问题与错误的说明,或其他处理措施。

k) 给出的版本说明信息是否适合于文档的预期接受者(如,用户机构可能需要避免错误的建议,保障机构则需要改正错误的建议),且内部协调一致。

l) 是否遵循了软件开发计划中的软件使用准备要求。

m) 是否满足合同资料要求清单的要求,并与其保持协调一致。

n) 是否满足软件研制任务书或工作说明的有关要求,并与其保持协调一致。

3. 软件用户手册

按照GJB 2786A—2009《军用软件开发通用要求》附录E"软件产品评价"的规定,软件用户手册的评价准则如下:

软件产品	评价准则						
	准则4:包含如下文档中所有适用的信息	准则10:满足SOW或SDTD要求	准则9:满足合同资料要求清单要求	准则14:可理解	准则8:内部一致	准则7:遵循软件开发计划	附加准则
22. 软件用户手册	√ SUM	√	√	√	√	√	准则1:对本手册预期的读者准确地描述软件的安装和使用。

对照上述评价准则,以及GJB 438B—2009《军用软件开发文档通用要求》附录T的有关规定,列举一个具体的审查内容和要求参考示例如下:

a) 是否清晰地描述了文档所适用的软件和系统的完整标识及用途,包括其标识号、名称、缩略名、版本号和发布号。

b) 是否准确地描述了系统和软件的用途及一般特性,概述了系统开发、运行和维护的历史,标识项目的需方、用户、开发方和保障机构等;标识当前和计划的运行现场;列出其他有关文档。

c) 是否详细列举了引用文档的编号、标题、编写单位、修订版及日期,是否标识了不能通过正常采购活动得到的文档的来源。

d) 是否简要说明了软件预期的用途,以及对软件使用所期望的能力、运行改进和受益情况。

e) 是否明确标识了使软件运行而必须安装的所有软件文件,包括数据库和数据文件。标识中是否包含了每一文件的保密性考虑以及紧急时刻继续或恢复运行所需的软件的标识。

f) 是否详细描述了用户安装并运行该软件所需的硬件、软件、手工操作和其他资源。包括提供的计算机设备、通信设备、其他软件,以及提供的表格、规程或其他的手工操作,其他设施、设备或资源。

g) 是否从用户的角度出发,简要描述了软件的组织与操作。包括:从用户的角度,概述软件逻辑部件和每个部件的用途/操作;用户可能期望的性能特性;该软件执行的功能与接口系统、组织或位置之间的关系;为管理软件而能够采取的监控措施(例如口令)。

h) 是否说明了在紧急时刻以及在不同运行状态和方式下用户处理软件的差异。

i) 是否概述了与本软件相关的保密性考虑(含对软件或文档进行非授权复制的警告信息)。

j) 是否清晰地标识了联系方式、获得帮助和报告软件使用中遇到的问题所应遵循的规程。

k) 对软件的首次用户,是否从熟悉设备、访问控制、安装与设置方面准确描述了操作规程和操作限制,是否详细描述了在指定的设备上访问或安装软件、执行该安装、配置该软件、删除或覆盖以前的文件或数据,以及输入软件操作参数所必须执行的规程。

l) 是否按步骤提供了开始工作的操作规程,包括任何可用的选项,以及是否提供了遇到问题时用于诊断问题的检查单。

m) 是否描述了用户如何停止或中断软件的使用,以及如何判断是否为正常结束或停止。

n) 是否按照文档化的软件特性,逐条或分章节向用户详细描述了使用软件的规程,包括软件使用能力,使用约定,用户操作处理规程,非用户操作处理,数据备份,错误、故障和紧急情况下恢复的详细规程,所有消息(错误、诊断、提示消息)及其相应的处理规程,快速参考指南(如常用的功能键、控制序列、格式、命令或软件使用的其他方面)。

o) 给出的安装和使用说明是否适合于文档的预期接受者(如,用户机构可能需要避免错误的建议,保障机构则需要改正错误的建议),且内部协调一致。

p) 是否遵循了软件开发计划中的软件使用准备要求。

q) 是否满足合同资料要求清单的要求,并与其保持协调一致。

r) 是否满足软件研制任务书或工作说明的有关要求,并与其保持协调一致。

4. 软件输入/输出手册

按照 GJB 2786A—2009《军用软件开发通用要求》附录 E"软件产品评价"的规定,软件输入/输出手册的评价准则如下:

软件产品	评价准则						
	准则4:包含如下文档中所有适用的信息	准则10:满足SOW或SDTD要求	准则9:满足合同资料要求清单要求	准则14:可理解	准则8:内部一致	准则7:遵循软件开发计划	附加准则
23. 软件输入/输出手册	√ SIOM	√	√	√	√	√	准则1:对本手册预期的读者准确地描述软件的输入/输出。

对照上述评价准则,以及 GJB 438B—2009《军用软件开发文档通用要求》附录 U 的有关规定,列举一个具体的审查内容和要求参考示例如下:

> a) 是否清晰地描述了文档所适用的软件和系统的完整标识及用途,包括其标识号、名称、缩略名、版本号和发布号。
>
> b) 是否准确地描述了系统和软件的用途及一般特性,概述了系统开发、运行和维护的历史,标识项目的需方、用户、开发方和保障机构等;标识当前和计划的运行现场;列出其他有关文档。
>
> c) 是否详细列举了引用文档的编号、标题、编写单位、修订版及日期,是否标识了不能通过正常采购活动得到的文档的来源。
>
> d) 是否简要说明了软件预期的用途,以及对软件使用所期望的能力、运行改进和受益情况。
>
> e) 是否明确标识了为访问本手册所描述的软件,由用户负责申请的软件文件,包括数据库和数据文件,标识中是否包含了对每份文件的保密性考虑,以及在紧急时刻为继续或恢复运行所必需的软件的标识。
>
> f) 当该执行软件安装在计算机中心或其他集中式或网络环境中,用户必须访问和使用该环境中的软件时,是否详细描述了访问和使用该软件所需的硬件、软件、手工操作和其他的资源。如:必须提供的计算机设备、通信设备、其他软件,以及必须提供的格式、规程或其他的手工操作和其他设施、设备或资源。

g) 是否从用户的角度出发,简要描述了软件的组织与操作。包括:从用户的角度概述软件逻辑部件,如用户可访问的数据库和数据文件、数据库管理系统(DBMS)、通信路径和每个部件用途/操作;用户可能期望的性能特征,如可接受的输入的类型、数量、速率,软件能够产生的输出的类型、数量、准确性和速率,典型的响应时间和影响因素,典型的处理时间和影响因素,限制或约束,预期的错误率,预期的可靠性等;该软件执行的功能与接口系统的关系,以及与输入源或输出接受者的组织或站点的关系;为管理软件而采取的监控措施,如口令。

h) 是否说明了在紧急时刻以及在不同运行状态和方式下用户处理该软件时的差异。

i) 是否概述了与本软件相关的保密性考虑(含对软件或文档进行非授权复制的警告信息)。

j) 是否清晰地标识了联系方式、获得帮助和报告软件使用中遇到的问题所应遵循的规程。

k) 是否说明了启动该软件所必须遵循的规程,并包含有作业请求表和控制语句的样例。

l) 是否清晰、准确地描述了在准备软件的每种类型或类别的输入时需遵守的前提条件;是否说明了在准备软件的输入时使用的布局格式,并解释了在每种格式的不同位置输入的信息;是否描述了在准备软件的输入时应遵守的规则和约定,并说明了语法规则、标点符号的用法等;是否解释了在准备软件的输入时必须使用的合法字符组合或编码,并提供了含有这些编码的有序列表;是否提供实例说明和解释了软件可接受的每一输入类型或类别。

m) 是否为每一类型或类别输出提供了生成输出的原因、输出频率、可得到的基本输出的任何修改或变异、输出的媒体、输出出现的地点,以及其他补充输出信息;是否描述和解释了从该软件输出的每一类型或类别的布局;是否描述了软件每一类型或类别的输出样例;是否说明了出现在输出中所有编码或缩略语。

n) 是否按照运行范围或接收输出的活动描述了输出的使用。

o) 是否列出了软件产生的错误代码及其含义,并描述了用户应采取的纠正动作,包括用户应遵守的重启、恢复和紧急事件下连续性运行方面的规程。

p) 是否描述了针对通信确认和问题识别与分类方面的用户可用的诊断规程。

q) 是否提供了能被查询的数据库/数据文件的内容与格式的用户视图;是否标识和描述了软件提供的预排程序的查询能力和特别的查询能力,并提供对查询准备的说明;是否提供了抽取查询请求响应所需要的运行序列和其他动作的指令,包括计算机系统或软件所要求的控制语句。

r) 是否根据软件的特性和设计,按照逐个功能、逐个菜单、逐个事务或其他方式,详细地向用户提供使用终端完成处理的信息。包括:用一般术语描述通过终端操作进行数据检索、显示和更新能力;提供启动软件运行以及访问软件等步骤顺序和适用的规则;提供通过使用终端产生检索、显示和更新所需的逐步的规程,且每个规程都说明操作名、输入格式和响应样例;标识可显示的出错消息及其含义(含用"警告"或"注意"标记的安全提示),并描述用户应采取的纠正动作,以及用户应遵守的重启、恢复和紧急事件下连续性运行方面的规程;提供结束处理所需的步骤顺序。

s) 给出的输入/输出说明是否适合于文档的预期接受者,且内部协调一致。

t) 是否遵循了软件开发计划中的软件使用准备要求。

u) 是否满足合同资料要求清单的要求,并与其保持协调一致。

v) 是否满足软件研制任务书或工作说明的有关要求,并与其保持协调一致。

5. 软件中心操作员手册

按照 GJB 2786A—2009《军用软件开发通用要求》附录 E"软件产品评价"的规定,软件中心操作员手册的评价准则如下:

软件产品	评价准则						
	准则4:包含如下文档中所有适用的信息	准则10:满足SOW或SDTD要求	准则9:满足合同资料要求清单要求	准则14:可理解	准则8:内部一致	准则7:遵循软件开发计划	附加准则
24.软件中心操作员手册	✓ SCOM	✓	✓	✓	✓	✓	准则1:对本手册预期的读者准确地描述软件的安装与运作。

对照上述评价准则,以及 GJB 438B—2009《军用软件开发文档通用要求》附录 V 的有关规定,列举一个具体的审查内容和要求参考示例如下:

a) 是否清晰地描述了文档所适用的软件和系统的完整标识及用途,包括其标识号、名称、缩略名、版本号和发布号。

b) 是否准确地描述了系统和软件的用途及一般特性,概述了系统开发、运行和维护的历史,标识项目的需方、用户、开发方和保障机构等;标识当前和计划的运行现场;列出其他有关文档。

c) 是否详细列举了引用文档的编号、标题、编写单位、修订版及日期,是否标识了不能通过正常采购活动得到的文档的来源。

d) 是否简要说明了软件预期的用途,以及对软件使用所期望的能力、运行改进和受益情况。

e) 是否明确描述了为使本软件运行所必须安装的数据库和数据文件等,包括对每个文件的保密性考虑,并标明在紧急情况下继续操作或恢复操作所必需的软件。

f) 是否详细描述了安装和操作该软件所需的硬件、软件、手工操作和其他的资源。如:必须提供的计算机设备、通信设备、其他软件,以及必须提供的格式、规程或其他的手工操作和其他设施、设备或资源。

g) 是否从操作员的视角出发,概述了软件的组织与操作。包括:从操作员的角度简要描述每个软件逻辑部件的用途/操作;能够对软件进行输入/访问的类型,以及软件对每种输入/访问类型的响应;软件所产生的报告和其他输出(含对每个输出的保密性考虑);软件的典型运行时间和影响它的因素;当把软件操作组织成若干运行时,不同操作之间的关联性;各种系统的限制、操作标准的豁免、面向特定支持领域的信息(例如库、小型计算机和远程处理支持、与其他系统的接口),或者所处理的其他特殊方面;软件的通信功能和处理情况(含系统所使用的通信网络图)。

h) 是否说明了在紧急时刻以及在不同运行状态和方式下软件操作的差异。

i) 是否概述了与本软件相关的保密性考虑(含对软件或文档进行非授权复制的警告信息)。

j) 是否清晰地标识了联系方式、获得帮助和报告软件使用中遇到的问题所应遵循的规程。

k) 是否明确地描述了在设备上安装、配置本软件,删除或覆盖旧版本的文件或数据,输入软件运行所需的参数时必须执行的规程,是否在必要的位置,用"警告"或"注意"标记给出了安全提示。

l) 是否分条描述了要执行的运行,包括运行清单、阶段划分、诊断规程、错误信息列表以及每个运行的说明;是否在必要的位置用"警告"或"注意"标记给出了安全提示。

m) 是否列出了要执行的运行列表,标识了构成每个运行的软件和作业,描述了对每个运行的用途的概要说明,并与其他部分包含的运行描述相关联。

n) 是否描述了将软件分成逻辑运行系列的可接受的阶段划分,以便能手工或半自动地校验中间结果,向用户提供中间结果用于其他目的;或者当提交高优先级作业时,允许逻辑暂停。

o) 是否提供了软件诊断的设置和执行的规程,包括用于确认和问题定位的规程,以及诊断软件的所有参数(输入和输出)、代码和取值范围。

p) 是否列出了本软件所产生的错误信息输出,以及每个信息的含义和对应的纠正规程。

q) 对运行清单中所列每一个要执行的运行,是否逐一描述了下列信息:
1) 启动该运行所需的作业控制语句的运行流列表;
2) 管理该运行所需要的信息,包括外围设备和资源需求、保密性考虑、启动方法、估计的运行时间、所需的周转时间、消息和响应、采用检查点的规程、运行标准的放弃等;
3) 作为该运行输入的,或在运行中创建或更新的文件或数据库的信息,包括名称、保密性要求、记录媒体、保存时间和处置方法等信息;
4) 该运行中产生的报告的信息,如报告标识符、产品控制号、报告控制符、标题、保密性要求、媒体、报告的卷数、报告副本的数量以及副本的分发情况;
5) 计算机产生的报告此后以其他方法进行再版的信息,如报告标识、保密性要求、再版技术、纸张大小、装订方法、副本数量和副本的分发情况;
6) 操作人员在系统失效后进行系统重启/恢复,以及在紧急事件中保持运行连续性应遵循的操作规程。

r) 本手册描述的软件安装与运行是否适合于文档的预期接受者,且内部协调一致。

s) 是否遵循了软件开发计划中的软件使用准备要求。

t) 是否满足合同资料要求清单的要求,并与其保持协调一致。

u) 是否满足软件研制任务书或工作说明的有关要求,并与其保持协调一致。

6. 计算机操作手册

按照GJB 2786A—2009《军用软件开发通用要求》附录E"软件产品评价"的规定,计算机操作手册的评价准则如下:

软件产品	评价准则						
	准则4:包含如下文档中所有适用的信息	准则10:满足SOW或SDTD要求	准则9:满足合同资料要求清单要求	准则14:可理解	准则8:内部一致	准则7:遵循软件开发计划	附加准则
25. 计算机操作手册	✓ COM	✓	✓	✓	✓	✓	准则1:准确地描述计算机的运行特性。

对照上述评价准则,以及GJB 438B—2009《军用软件开发文档通用要求》附录X的有关规定,列举一个具体的审查内容和要求参考示例如下:

a)是否清晰地描述了文档所适用的计算机系统的制造商名、型号和其他标识信息及用途。

b)是否说明了本文档的用途和内容,并描述与它的使用有关的保密性方面的要求。

c)是否详细列举了引用文档的编号、标题、编写单位、修订版及日期,是否标识了不能通过正常采购活动得到的文档的来源。

d)是否详细描述了计算机系统的准备和关机,包括计算机系统加电和断电的操作规程,计算机系统的启动规程(含设备设置和操作前的准备规程,为引导计算机系统而装入软件和数据的规程,自检和启动计算机系统的典型命令,初始化文件、变量或其他参数的规程),保存数据文件、其他信息和终止计算机系统操作的关机规程。

e)是否描述了适用计算机系统的输入和输出媒体(如磁盘、磁带等),以及对这些媒体进行读和写的规程;是否概述了操作系统的控制语言,并列出了交互消息和响应规程(如使用的终端、口令、关键字)。

f)是否描述了监视运行中的计算机系统所遵循的规程,包括故障和失效指示;是否描述了可用的指示器及对其解释和遵循的例程、专用监视规程。

g)是否描述了每次发生故障时所采用自动和人工恢复的规程(如给出计算机系统转储的详细指令);是否叙述了在异常或操作中断之后,操作员为使计算机系统重新启动所采取的步骤,以及记录失效信息的规程。

h)是否描述了对计算机系统所有相关的脱机设备进行操作的规程。

  i) 是否描述了操作员要遵循的其他规程(如:计算机系统报警、计算机系统安全性考虑、切换到冗余的计算机系统,以及在紧急情况下保证操作连续性的其他措施等)。

  j) 在计算机的准备、关机和各操作规程所描述的操作步骤中,是否标识了可能发生的问题;是否描述了产生的错误信息或其他指示,以及每个信息所对应的自动或手动纠正规程,(如:故障隔离的评价技术的详细描述,关闭计算机的条件,联机干涉或异常结束的规程,操作中断或异常结束后采取的重新启动计算机系统的操作步骤,以及记录有关故障信息的规程等)。

  k) 是否概述了计算机系统的诊断特征,以及每个诊断特征的目的,包括错误信息语法和故障隔离的分级结构。

  l) 是否逐条标识了每个诊断规程,并叙述了它的用途,包括:执行每个规程所需的硬件、软件或固件;执行每个规程所需的每一步指令;诊断信息及采取的相应动作。

  m) 是否用名称和编号来逐条标识了每一个诊断工具,并描述了该工具和它的应用。

  n) 本手册描述的计算机运行特性是否准确且内部协调一致。

  o) 是否遵循了软件开发计划中的软件使用准备要求。

  p) 是否满足合同资料要求清单的要求,并与其保持协调一致。

  q) 是否满足软件研制任务书或工作说明的有关要求,并与其保持协调一致。

14.12.6 评审结论

  完成软件使用准备审查后,技术评审组应给出评审意见,并宣布评审结论:确认、有条件确认或不确认软件使用准备工作,可否开展下一步软件使用工作或是否需要再次进行评审。评审意见示例:

  ×××。会议成立了评审组(附件×),听取了×××(研制单位)作的×××(产品名称)软件使用准备工作情况报告,检查了可使用的软件状态,审查了软件版本说明、软件用户手册等文档,经讨论、质询,形成评审意见如下:

  1. 软件用户手册等文档描述的软件版本、用户操作使用维护信息等内容充分、正确、完整、一致,满足用户使用要求;

  2. 为用户使用准备的软件执行文件、源文件媒体,以及软件用户手册等文档完整齐套、编制规范、标识清晰、描述准确,符合国家军用标准和相关规定的要求。

  评审组同意×××(产品名称)软件使用准备工作通过评审。

  建议按专家意见(附件×)进一步修改完善。

14.13 软件移交准备评审

14.13.1 评审目的

按照软件开发策略,在完成全部软件使用准备工作之后,开发方应准备需要向保障机构现场移交的可执行软件、源文件,标识和记录软件的准确版本,标识和记录已建成的CSCI设计和有关信息,准备保障手册并完成合同规定的其他移交准备工作。软件移交准备评审的目的是检查为产品移交准备的执行软件、源文件、版本说明、保障手册等文档,以及在合同指定的保障环境中安装并检测可交付的软件、为保障机构提供的培训和其他帮助等工作是否充分、正确、完整、一致,并满足软件移交要求。

14.13.2 评审时机

软件移交准备评审一般应在建立软件技术状态项目的产品基线,并完成软件使用准备之后进行。

14.13.3 评审文件

软件移交准备评审包括(但不限于)以下技术文件:

a) 一套可执行的软件,包括在目标计算机上安装和运行该软件所必需的所有批处理文件、命令文件、数据文件或其他软件文件。

b) 一套软件源文件,包括重新生成该可执行软件所必需的所有批处理文件、命令文件、数据文件或其他文件。

c) 标识和记录准备交付软件的准确版本的《软件版本说明》(SVD);

d) 标识和记录准备交付软件的有关合格性、软件保障和可追踪性等方面的《软件产品规格说明》(SPS);

e) 描述准备交付软件的保障手册,如《计算机编程手册》(CPM)、《固件保障手册》(FSM)。

按照GJB 438B—2009《军用软件开发文档通用要求》,《软件版本说明》的目次格式如下:

```
1  范围
1.1  标识
1.2  系统概述
```

```
1.3  文档概述
2    引用文档
3    版本说明
3.1  发布的材料清单
3.2  软件内容清单
3.3  更改说明
3.4  适应性数据
3.5  有关的文档
3.6  安装说明
3.7  可能的问题和已知的错误
4    注释
```

与软件使用准备阶段的《软件版本说明》内容不同,软件移交准备阶段的版本说明侧重于描述为保障机构现场准备的软件的准确版本,该软件应是完整的软件产品。

按照GJB 438B—2009《军用软件开发文档通用要求》,《软件产品规格说明》的目次格式如下:

```
1    范围
1.1  标识
1.2  系统概述
1.3  文档概述
2    引用文档
3    需求
3.1  可执行软件
3.2  源文件
3.3  包装需求
4    合格性规定
5    软件支持信息
5.1  "已建成"软件设计
5.2  编译/建立规程
5.3  修改规程
5.4  计算机硬件资源使用
6    需求的可追踪性
7    注释
```

按照GJB 438B—2009《军用软件开发文档通用要求》,《计算机编程手册》的目次格式如下：

```
1  范围
1.1  标识
1.2  系统概述
1.3  文档概述
2  引用文档
3  软件编程环境
3.1  系统配置
3.2  操作信息
3.3  编译、汇编和连接
4  编程信息
4.1  编程特征
4.2  程序指令
4.3  输入和输出控制
4.4  其他编程技术
4.5  编程示例
4.6  错误检测和诊断特征
5  注释
```

按照GJB 438B—2009《军用软件开发文档通用要求》,《固件保障手册》的目次格式如下：

```
1  范围
1.1  标识
1.2  系统概述
1.3  文档概述
2  引用文档
3  固件编程指令
3.X  （被编程固件设备的标识符）
3.X.1  预编程设备的综述
3.X.2  写入设备的软件
3.X.3  编程设备
3.X.4  编程软件
```

```
3.X.5  编程规程
3.X.6  安装和修复规程
3.X.7  供应商信息
4  注释
```

14.13.4 评审依据

评审依据主要包括:《软件研制任务书》或研制总要求,研制合同、技术要求或技术规格说明、工作说明等用户需求,以及《系统/子系统设计说明》、《接口设计说明》、《数据库设计说明》、《软件开发计划》等文件的相关要求,GJB 438B—2009《军用软件开发文档通用要求》和 GJB 2786A—2009《军用软件开发通用要求》等标准。

评审过程也可参考软件使用准备的评审结论。

14.13.5 评审内容

1. 可执行软件

按照 GJB 2786A—2009《军用软件开发通用要求》附录 E"软件产品评价"的规定,用于软件移交准备的可执行软件的评价准则如下:

软件产品	评价准则						
	准则4:包含如下文档中所有适用的信息	准则10:满足 SOW 或 SDTD 要求	准则9:满足合同资料要求清单要求	准则14:可理解	准则8:内部一致	准则7:遵循软件开发计划	附加准则
20. 可执行软件	—	√	√	√	√	√	准则 10:满足交付要求; 准则 15:执行所需的所有软件均已提供; 准则 3:版本与通过测试的版本完全一致; 准则 1:可交付的媒体已准确地作了标记。

对照上述评价准则,列举一个具体的审查内容和要求参考示例如下:

> a) 是否已准确地标记了可交付的媒体,包括在目标计算机上安装和运行该软件所需的所有批处理文件、命令文件、数据文件或其他软件文件。
>
> b) 是否提供了可执行软件出库记录,可执行软件的版本是否与通过测试的软件版本完全一致。
>
> c) 可执行软件的准备是否遵循了软件开发计划关于软件移交准备的有关要求。
>
> d) 可交付的媒体是否易于理解,且与为保障机构现场准备的软件源文件、软件版本说明、软件产品规格说明、保障手册等描述一致、无歧义。
>
> e) 可交付的媒体是否满足合同的交付要求,以及合同资料要求清单的要求。
>
> f) 可交付媒体的准备是否已按照软件研制任务书或工作说明的有关要求执行,并与其保持一致。
>
> g) 所有需要的执行软件是否均已完整、齐套地提供。

2. 源文件

按照 GJB 2786A—2009《军用软件开发通用要求》附录 E"软件产品评价"的规定,用于软件移交准备的软件源文件的评价准则如下:

软件产品	评价准则						
	准则4:包含如下文档中所有适用的信息	准则10:满足SOW或SDTD要求	准则9:满足合同资料要求清单要求	准则14:可理解	准则8:内部一致	准则7:遵循软件开发计划	附加准则
26. 源文件	√ SPS	√	√	√	√	√	准则10:满足交付要求; 准则15:存在所有要求的软件; 准则3:版本与通过测试的版本完全一致; 准则1:可交付的媒体已准确地做了标记。

对照上述评价准则,列举一个具体的审查内容和要求参考示例如下:

> a) 是否已准确地标记了可交付的媒体,包括重新生成该可执行软件所必需的所有批处理文件、命令文件、数据文件或其他文件。
> b) 是否提供了软件源文件出库记录,源文件的版本是否与通过测试的软件版本完全一致。
> c) 软件源文件的准备是否遵循了软件开发计划关于软件移交准备的有关要求。
> d) 可交付的媒体是否易于理解,且与为保障机构准备的版本说明、软件产品规格说明、保障手册等描述一致、无歧义。
> e) 可交付的媒体是否满足合同的交付要求,以及合同资料要求清单的要求。
> f) 可交付媒体的准备是否已按照软件研制任务书或工作说明的有关要求执行,并与其保持一致。
> g) 所有要求的软件是否均已完整、齐套地提供。

3. 软件版本说明

按照 GJB 2786A—2009《军用软件开发通用要求》附录 E "软件产品评价"的规定,软件版本说明的评价准则如下:

软件产品	评价准则							
	准则4:包含如下文档中所有适用的信息	准则10:满足SOW或SDTD要求	准则9:满足合同资料要求清单要求	准则14:可理解	准则8:内部一致	准则7:遵循软件开发计划	附加准则
21. 软件版本说明	✓ SVD	✓	✓	✓	✓	✓	准则1:准确地标识所交付的每一个软件成分(文件、单元、CSCI等)的版本;准则1:准确地标识所纳入的修改。

对照上述评价准则,以及 GJB 438B—2009《军用软件开发文档通用要求》附录 S 的有关规定,列举一个具体的审查内容和要求参考示例如下:

a) 是否清晰地描述了文档所适用的软件和系统的完整标识及用途,包括其标识号、名称、缩略名、版本号和发布号;是否标识了本文档预期的接受者(如源代码可能不向所有的接受者发布)。

b) 是否准确地描述了系统和软件的用途及一般特性,概述了系统开发、运行和维护的历史,标识项目的需方、用户、开发方和保障机构等;标识当前和计划的运行现场;列出其他有关文档。

c) 是否详细列举了引用文档的编号、标题、编写单位、修订版及日期,是否标识了不能通过正常采购活动得到的文档的来源。

d) 是否按照标识号、标题、缩略名、日期、版本号和发布号,详细地列出了发布的材料清单,包括构成所发布软件的所有物理媒体(如列表、磁带、磁盘)和有关的文档,以及适用的保密性考虑、安全处理措施(如对静电和磁场的关注)和关于复制与许可证条款的说明和约束。

e) 是否按照标识号、标题、缩略词语、日期、版本号和发布号,详细地列出了软件内容清单,包括构成所发布软件版本的所有计算机文件,以及适用的保密性考虑。

f) 是否详细说明了软件版本的所有更改,并标识了与每一更改相关的问题报告、更改建议和更改通告,以及对系统运行和其他软硬件接口产生的影响。

g) 是否标识或引用了包含在软件版本中所有现场专用的数据,以及数据的适应性更改。

h) 是否按标识号、标题、缩略名、日期、版本号和发布号,列出了与所发布软件有关但未包含在其中的所有文档。

i) 是否详细地描述了安装信息,包括:

1) 安装软件版本的说明;

2) 为使该版本可用而应安装的其他更改的标识,包括未包含在软件版本中的场地唯一的适应性数据;

3) 与安装有关的保密性和安全性提示;

4) 判定版本是否正确安装的规程;

5) 安装中遇到问题后的求助联系地点。

j) 是否清晰地描述了软件版本在发布时,可能发生的问题和已知的错误、解决问题与错误要采取的步骤,以及用于识别、避免、纠正问题与错误的说明,或其他处理措施。

k) 给出的版本说明信息是否适合于文档的预期接受者(如,用户机构可能需要避免错误的建议,保障机构则需要改正错误的建议),且内部协调一致。

l) 是否遵循了软件开发计划中的软件移交准备要求。

m) 是否满足合同资料要求清单的要求,并与其保持协调一致。

n) 是否满足软件研制任务书或工作说明的有关要求,并与其保持协调一致。

4. 软件产品规格说明

按照 GJB 2786A—2009《军用软件开发通用要求》附录 E "软件产品评价"的规定,软件产品规格说明的评价准则如下:

软件产品	评价准则						
	准则4:包含如下文档中所有适用的信息	准则10:满足SOW或SDTD要求	准则9:满足合同资料要求清单要求	准则14:可理解	准则8:内部一致	准则7:遵循软件开发计划	附加准则
27. "已建成"的CSCI设计及有关信息	√ SPS	√	√	√	√	√	准则1:准确地描述 CSCI 的"已建成"设计; 准则1:准确地描述编制/构建规程; 准则1:准确地描述修改规程; 准则5:源文件覆盖 CSCI 设计中的所有单元; 准则10:测量到的资源利用满足 CSCI 需求。
28. "已建成"的系统设计	√ SSDD	√	√	√	√	√	准则1:准确地描述"已建成"的系统设计。

对照上述评价准则,以及 GJB 438B—2009《军用软件开发文档通用要求》附录 R 的有关规定,列举一个具体的审查内容和要求参考示例如下:

a) 是否说明了文档所适用的系统和软件的完整标识及用途,包括其标识号、名称、缩略名、版本号和发布号。

b) 是否说明了系统和软件的用途及一般特性,概述了系统开发、运行和维护的历史,标识项目的需方、用户、开发方和保障机构等;标识当前和计划的运行现场;列出其他有关文档。

c) 是否列举了引用文档的编号、标题、编写单位、修订版及日期,是否标识了不能通过正常采购活动得到的文档的来源。

d) 是否从可执行文件、源文件、包装需求三方面明确说明了为实现软件交付,及建立该 CSCI 有效拷贝的软件实体所应满足的需求。如:是否通过引用附带的或其他形式提供的电子媒体,给出 CSCI 的可执行软件,包括在目标计算机上安装和运行该软件所需的批处理文件、命令文件、数据文件或其他软件文件,并与这些文件精确匹配;是否通过引用附带的或其他形式提供的电子媒体,给出 CSCI 的源文件,包括重新生成 CSCI 可执行软件所需的批处理文件、命令文件、数据文件或其他文件,并与这些文件精确匹配;是否描述了 CSCI 拷贝的包装和标记方面的需求。

e) 是否明确说明了用于证明指定软件实体是 CSCI 有效拷贝所使用的方法。如:通过比较,证实引用到的每个可执行文件在当前所述软件中是否有相同命名的对等实体;通过按位比较、校验和或其他方法,证实每个对等实体和对应的可执行文件是否相同等。

f) 是否准确地描述了"已建成"CSCI 的设计信息,或引用包含此信息的一个附录或其他可交付的文档。如软件设计说明(SDD)、软件接口设计说明(IDD)和数据库设计说明(DBDD)中所要求的相同信息。

g) 是否准确地描述了"已建成"的系统/子系统设计信息,或引用包含此信息的一个附录或其他可交付的文档。如系统/子系统设计说明(SSDD)、系统接口设计说明(IDD)和数据库设计说明(DBDD)中所要求的相同信息。

h) 是否准确地描述了从源文件创建可执行文件和准备向固件或其他分布媒体中加载可执行文件所要使用的编译/建立规程,编译/汇编、连接和建立 CSCI 和包含 CSCI 的软件系统的规程,或引用描述此信息的附录,包括要使用的设置、选项或约定,对不同现场、配置、版本的变更等;是否具体指定了所用的编译程序/汇编程序,包括版本号;其他所需的软、硬件,包括软件版本号、硬件型号。

i) 是否准确地描述了修改 CSCI 应遵循的规程。包括或引用下述信息:
  1) 保障设施、设备和软件,以及它们的使用规程;
  2) CSCI 所使用的数据库/数据文件,以及使用与修改它们的规程;
  3) 要遵循的设计、编码及其他约定;
  4) (若有)与上述不同的编译/建立规程;

5) 要遵循的集成和测试规程。

j) 是否准确地描述了"已建成"CSCI 对计算机硬件资源(如处理器能力、内存容量、输入/输出设备能力、辅存容量和通信/网络设备能力)的实际使用情况,并覆盖包括在 CSCI 使用需求中的、影响 CSCI 的系统级资源分配中的或软件开发计划中的所有计算机硬件资源。针对每一计算机硬件资源,应包括:

1) 得到满足的 CSCI 需求或系统级资源分配;

2) 使用数据所基于的假设和条件(例如典型用法、最坏情况用法、特定事件的假设);

3) 影响使用的特殊考虑(例如虚存的使用、覆盖、多处理器或操作系统开销的影响、库软件或其他的实现开销等);

4) 所采用的测度单位(例如处理器能力百分比、每秒周期、存储器字节数、每秒千字节等);

5) 已进行的估计或测量的级别(例如软件单元、CSCI 或可执行程序)。

k) 是否准确记录了每一 CSCI 源文件到它所实现的软件单元的可追踪性,以及每一软件单元到实现它的源文件的可追踪性。

l) 描述的实现软件交付及建立有效拷贝的需求、合格性规定、软件支持信息等是否易于理解,且内部协调一致。

m) 是否遵循了软件开发计划中的软件移交准备要求。

n) 是否满足合同资料要求清单的要求,并与其保持协调一致。

o) 是否满足软件研制任务书或工作说明的有关要求,并与其保持协调一致。

5. 计算机编程手册

按照 GJB 2786A—2009《军用软件开发通用要求》附录 E"软件产品评价"的规定,计算机编程手册的评价准则如下:

软件产品	准则4:包含如下文档中所有适用的信息	准则10:满足 SOW 或 SDTD 要求	准则9:满足合同资料要求清单要求	准则14:可理解	准则8:内部一致	准则7:遵循软件开发计划	附加准则
评价准则							
29. 计算机编程手册	√ CPM	√	√	√	√	√	准则1:准确地描述计算机的编程特征。

对照上述评价准则,以及 GJB 438B—2009《军用软件开发文档通用要求》附录 W 的有关规定,列举一个具体的审查内容和要求参考示例如下:

a) 是否说明了文档所适用的计算机系统的制造商名、型号和其他标识信息及用途。

b) 是否概述了文档的用途和内容,并描述了与它的使用有关的保密性方面的要求。

c) 是否列出了引用文档的编号、标题、编写单位、修订版及日期,还应标识不能通过正常采购活动得到的文档的来源。

d) 是否说明了计算机系统的部件和配置情况。

e) 是否详细描述了计算机系统的操作特性、能力和限制,包括时钟周期、字长、内存容量和特性、指令集的特性、中断能力、操作方式(如批处理、交互、特权、非特权等)、操作寄存器、错误指示器、输入/输出特性、特殊特性等。

f) 是否详细描述了在计算机系统上执行编译与汇编所需要的设备(如磁带、磁盘、其他外围设备),是否按名称与版本号标识了编辑程序、连接程序、连接编辑程序、编译程序、汇编程序、交叉编译程序、交叉汇编程序和其他实用程序,并引用适当的文档来描述它们的用法;是否着重强调了所有加载、执行、记录结果所必需的特殊标志或指令。

g) 是否详细描述了计算机指令集体系结构的编程特征,包括:

1) 数据表示法(如字节、字、整型、浮点、双精度等);

2) 指令格式和寻址方式;

3) 专用寄存器和专用字(如堆栈指针、程序计数器等);

4) 控制指令(如分支、跳转、子程序和过程调用指令、特权指令以及其操作模式);

5) 子程序和过程(如不可重入、可重入、宏代码例程、变元表、参数传递约定);

6) 中断处理;

7) 定时器与时钟;

8) 内存保护特征(如只读内存);

9) 其他的特征(如指令或数据的高速缓存的体系结构)。

h) 是否详细描述了计算机系统的每条指令,包括使用方法、语法、条件码集合、执行时间、机器码格式、记忆码约定、其他特性等。

i) 是否详细描述了输入和输出控制信息,包括:描述输入和输出控制的编程,计算机内存的初始加载和校验,串行和并行数据通道,离散的输入和输出,接口部件,外围设备的设备号、操作码以及内存单元等。

j) 是否记录了与计算机系统有关的附加的、受限的或专用的编程技术（如微程序控制节的简述）。

k) 是否举例说明了编程特征、程序指令、输入输出控制及其他编程技术，包括正确使用计算机系统的各类指令的实例。

l) 是否描述了与计算机系统相关的错误检测和诊断特征，包括条件码、溢出和寻址异常中断、输入和输出错误状态指示器等。

m) 文档中描述的计算机编程特征是否准确，易于理解，且内部协调一致。

n) 是否遵循了软件开发计划中的软件移交准备要求。

o) 是否满足合同资料要求清单的要求，并与其保持协调一致。

p) 是否满足软件研制任务书或工作说明的有关要求，并与其保持协调一致。

6. 固件保障手册

按照 GJB 2786A—2009《军用软件开发通用要求》附录 E"软件产品评价"的规定，固件保障手册的评价准则如下：

软件产品	评价准则						
	准则4：包含如下文档中所有适用的信息	准则10：满足 SOW 或 SDTD 要求	准则9：满足合同资料要求清单要求	准则14：可理解	准则8：内部一致	准则7：遵循软件开发计划	附加准则
30. 固件保障手册	√ FSM	√	√	√	√	√	准则1：准确地描述固件的编程特征。

对照上述评价准则，以及 GJB 438B—2009《军用软件开发文档通用要求》附录 Y 的有关规定，列举一个具体的审查内容和要求参考示例如下：

a) 是否说明了文档所适用软件、系统和固件设备的完整标识，包括其标识号、名称、缩略名、版本号和发布号，以及每个固件设备的制造商名和型号。

b) 是否说明了文档所适用系统和软件的用途及一般特性；是否概述了系统开发、运行和维护的历史；是否标识了项目的需方、用户、开发方和保障机构等；是否标识了当前和计划的运行现场，列出其他有关文档。

c) 是否说明了文档的用途和内容，并描述与它的使用有关的保密性方面的要求。

d) 是否列出了引用文档的编号、标题、编写单位、修订版及日期,还应标识不能通过正常采购活动得到的文档的来源。

e) 是否分小节按项目唯一的标识符逐一标识了系统中所使用的被编程固件设备,并描述了其编程指令。

f) 对每一被编程固件设备,是否均描述了其预编程设备的综述,包括:
1) 按制造商名和型号标识被编程固件设备;
2) 提供固件设备的完整物理描述,如:内存大小、类型、速度和配置,操作特征(含访问时间、电源需求、逻辑层次),管脚功能描述,逻辑接口(含寻址方式、芯片选择),使用的内部和外部标识方式,时序图;
3) 描述运行限制和环境限制,固件设备可能受其影响且仍保持满意的运行。

g) 对每一被编程固件设备,是否按项目唯一的标识符标识了写入设备的软件。

h) 对每一被编程固件设备,是否描述了对固件设备进行编程和再编程要使用的设备,包含用于设备擦除、加载、验证、标记等的计算机设备、通用设备和专用设备;是否按制造商名、型号和能唯一标识设备的其他信息,标识了每台设备,并描述了设备的用法、用途和主要能力。

i) 对每一被编程固件设备,是否描述了对固件设备进行编程和再编程要使用的软件,包含用于设备擦除、加载、验证、标记等的软件;是否按供应商名、软件名、版本号/发布号和能唯一标识软件项的其他信息,标识了每个软件项,并描述了每个软件项的用法、用途和主要能力。

j) 对每一被编程固件设备,是否描述了对固件设备进行编程和再编程要使用的规程,包含设备擦除、加载、验证、加标记要使用的规程;是否标识了每个规程必需的所有设备、软件以及采用的保密性措施。

k) 对每一被编程固件设备,是否描述了固件设备的安装、替换和修复的规程,包括固件设备的撤除和替换规程、设备寻址方式与实现、主板布局的描述以及保证紧急时刻运行连续性的规程;是否在合适的地方用"警告"或"注意"标记给出了安全提示。

l) 对每一被编程固件设备,是否描述或引用了供应商提供的固件设备、编程设备和编程软件的有关信息。

m) 文档中描述的固件编程特征是否准确,易于理解,且内部协调一致。

n) 是否遵循了软件开发计划中的软件移交准备要求。

o) 是否满足合同资料要求清单的要求,并与其保持协调一致。

p) 是否满足软件研制任务书或工作说明的有关要求,并与其保持协调一致。

14.13.6 评审结论

完成软件移交准备审查后,技术评审组应给出评审意见,并宣布评审结论:确认、有条件确认或不确认软件移交准备工作,可否开展下一步软件验收支持工作或是否需要再次进行评审。评审意见示例:

×××。会议成立了评审组(附件×),听取了×××(研制单位)作的×××(产品名称)软件移交准备工作情况报告,检查了可交付的软件状态,审查了软件版本说明、软件产品规格说明等相关文档,经讨论、质询,形成评审意见如下:

1. 软件版本说明等文档描述的软件版本、编程信息等内容充分、正确、完整、一致,满足软件移交要求;
2. 为移交准备的软件执行文件、源文件媒体,以及软件版本说明等文档资料齐套、编制规范、标识清晰、描述准确,符合国家军用标准和相关规定的要求。

评审组同意×××(产品名称)软件移交工作通过评审。

建议按专家意见(附件×)进一步修改完善。

14.14 软件验收支持评审

14.14.1 评审目的

当被验收软件具备合同或双方约定的验收依据文档规定的验收条件后,软件开发方应按合同规定向需方提出软件验收申请,并为需方进行软件验收测试、评审和审核提供支持。软件验收支持评审是对软件开发方按合同规定为软件产品验收提供的有关文档进行技术评审,其目的是确定被验收软件是否符合合同或验收方和被验收方约定的验收依据文档要求,使验收方能够确定是否可以组织验收审查和评议,以便对被验收软件做出验收结论建议,并向验收方提交验收报告。

14.14.2 评审时机

软件验收支持评审一般应在软件开发方完成了全部规定的软件开发、测试以及需方要求的试验试用,被验收软件通过了需方组织的确认测试或软件产品定型测评,合同或双方约定的验收依据规定的各类文档齐全并通过了评审,被验收软件已置于配置管理之下并得到有效控制之后进行。

14.14.3 评审文件

软件验收支持评审包括(但不限于)以下技术文件:

a) 描述软件整个研制/开发情况的《软件研制总结报告》(SDSR)。

b) 描述软件整个研制/开发过程中软件配置管理情况的《软件配置管理报告》(SCMR)。

c) 描述软件整个研制/开发过程中软件质量保证情况的《软件质量保证报告》(SQAR)。

按照 GJB 438B—2009《军用软件开发文档通用要求》,《软件研制总结报告》的目次格式如下：

```
1   范围
1.1   标识
1.2   系统概述
1.3   文档概述
2   任务来源与研制依据
3   软件概述
4   软件研制过程
4.1   软件研制过程概述
4.2   系统要求分析和设计
4.3   软件需求分析
4.4   软件设计
……
5   软件满足任务指标情况
6   质量保证情况
6.1   质量保证措施实施情况
6.2   软件重大技术质量问题和解决情况
7   配置管理情况
7.1   软件配置管理要求
7.2   软件配置管理实施情况
7.3   软件配置状态变更情况
8   测量和分析
9   结论
10   注释
```

按照 GJB 438B—2009《军用软件开发文档通用要求》,《软件配置管理报告》的目次格式如下：

```
1  范围
1.1  标识
1.2  系统概述
1.3  文档概述
2  引用文档
3  软件配置管理情况综述
4  软件配置管理基本信息
5  专业组划分及权限分配
6  配置项记录
7  变更记录
8  基线记录
9  入库记录
10  出库记录
11  审核记录
12  备份记录
13  测量
14  注释
```

按照GJB 438B—2009《军用软件开发文档通用要求》,《软件质量保证报告》的目次格式如下:

```
1  范围
1.1  标识
1.2  系统概述
1.3  文档概述
2  引用文档
3  软件研制概述
4  软件质量保证情况
5  软件配置管理情况
6  第三方评测情况
7  注释
```

14.14.4 评审依据

评审依据主要包括:研制总要求,研制合同、技术要求或技术规格说明、工作说明等用户需求文件，GJB 438B—2009《军用软件开发文档通用要求》和 GJB 2786A—2009《军用软件开发通用要求》等标准。评审过程也可参考软件开发文件、软件定型测评文件、试验试用文件等内容。

14.14.5 评审内容

1. 软件研制总结报告

按照 GJB 2786A—2009《军用软件开发通用要求》附录 E"软件产品评价"的规定，软件研制总结报告的评价准则如下：

软件产品	评价准则						
	准则4：包含如下文档中所有适用的信息	准则10：满足SOW或SDTD要求	准则9：满足合同资料要求清单要求	准则14：可理解	准则8：内部一致	准则7：遵循软件开发计划	附加准则
31. 软件研制总结报告	√ SDSR	√	√	√	√	√	准则1：准确地反映了软件研制过程。

对照上述评价准则，以及 GJB 438B—2009《军用软件开发文档通用要求》附录 Z 的有关规定，列举一个具体的审查内容和要求参考示例如下：

> a) 是否描述了文档所适用系统和软件的完整标识，包括其标识号、名称、缩略名、版本号和发布号。
>
> b) 是否概述了文档所适用系统和软件的用途，描述了系统与软件的一般特性；是否概述了系统开发、运行和维护的历史；是否标识了项目的需方、用户、开发方和保障机构等；是否标识了当前和计划的运行现场，并列出其他有关文档。
>
> c) 是否概述了文档的用途和内容，并描述了与它的使用有关的保密性方面的要求。
>
> d) 是否描述了任务的来源和研制依据。
>
> e) 是否说明了软件用途，主要功能、性能要求，软件运行依附的设备的外部逻辑关系，软件系统内部多个计算机软件配置项之间的构成关系，及其开发语言、开发平台、运行平台、代码规模、软件版本、软件关键性等级等信息。

f) 是否概述了软件研制过程开展情况,描述软件参加系统联试、试验考核等情况,以及功能和性能指标、软件需求(含接口需求)、软件设计、软件代码等的重大变更情况。

g) 是否分若干小条描述了如下内容:
1) 系统要求分析和设计采用的设计、验证方法,工作产品的主要内容;
2) 软件需求分析采用的分析、验证方法,工作产品的主要内容;
3) 软件设计采用的设计、验证方法,工作产品的主要内容;
4) 软件实现和单元测试采用的方法、测试结论;
5) 软件集成与测试采用的方法、测试结论;
6) CSCI 合格性测试采用的方法、测试结论;
7) CSCI/HWCI 集成和测试采用的方法、测试结论;
8) 需方试验试用、随所属设备或系统参加考核试验等阶段工作过程的主要活动。

h) 是否说明了软件任务所要求的功能和性能指标,并根据软件测评和软件试验的结果,逐项说明指标的满足情况。

i) 是否描述了质量保证措施实施情况,包括质量保证组织的成立、质量保证制度的建立以及软件研制各个阶段中的各项质量保证活动等。

j) 是否描述了软件重大技术质量问题和解决情况,包括:联试、考核试验、需方试用、软件测评过程中暴露出的主要问题,说明故障现象、故障产生的机理、解决措施、验证情况等。

k) 是否说明了需方对软件配置管理的要求以及分承制对软件配置管理的要求。

l) 是否说明了需方、分承制方在研制过程中的软件配置管理制度和措施的落实情况,特别是系统集成和测试、需方试验试用、随所属设备或系统参加考核试验阶段的配置管理工作落实情况。

m) 是否说明了软件、文档、数据等配置项版本变更历程,说明了每条基线配置情况和适用条件,并标明了软件研制工作结束时,软件各配置项的状态或产品基线的状态。

n) 是否对开发期间产生的数据进行了汇总和分析描述,包括:
1) 进度执行情况的数据,如按时、提前或延迟,以及原因;
2) 费用使用情况,如计划费用与实际费用;
3) 工作量情况,如计划工作量和实际工作量(开发、配置管理、质量保证或按阶段统计);

4) 生产效率,如程序的平均生产率,文档的平均生产率;

5) 产品质量,如设计、编码、测试等阶段的错误率,或缺陷分布情况,原因分析。

o) 是否评述了软件工程化实施情况,说明了软件功能和性能指标是否满足软件任务的要求,给出了软件是否可以交付需方使用的结论。

p) 文档内容是否准确地反映了软件研制过程,软件验收测试(或软件定型测评)、评审和审核的结果与研制过程中各软件开发文件的记录内容是否协调一致。

q) 是否遵循了软件开发计划中关于支持需方进行软件验收测试和评审、交付软件产品、提供培训和技术支持的有关要求。

r) 是否满足合同资料要求清单的要求,并与其保持协调一致。

s) 是否满足软件研制任务书或工作说明的有关要求,并与其保持协调一致。

2. 软件配置管理报告

按照 GJB 2786A—2009《军用软件开发通用要求》附录 E"软件产品评价"的规定,软件配置管理报告的评价准则如下:

软件产品	评价准则						
	准则4:包含如下文档中所有适用的信息	准则10:满足 SOW 或 SDTD 要求	准则9:满足合同资料要求清单要求	准则14:可理解	准则8:内部一致	准则7:遵循软件开发计划	附加准则
32. 软件配置管理报告 SCMR	√	√	√	√	√	√	准则1:准确地反映了软件配置管理过程。

对照上述评价准则,以及 GJB 438B—2009《军用软件开发文档通用要求》附录 AA 的有关规定,列举一个具体的审查内容和要求参考示例如下:

a) 是否描述了文档所适用系统和软件的完整标识,包括其标识号、名称、缩略名、版本号和发布号。

b) 是否概述了文档所适用系统和软件的用途,描述了系统与软件的一般特性;是否概述了系统开发、运行和维护的历史;是否标识了项目的需方、用户、开发方和保障机构等;是否标识了当前和计划的运行现场,并列出其他有关文档。

c) 是否概述了文档的用途和内容,并描述了与它的使用有关的保密性方面的要求。

d) 是否列出了引用文档的编号、标题、编写单位、修订版及日期,并标识了不能通过正常采购活动得到的文档的来源。

e) 是否描述了软件配置管理情况综述,包括软件配置管理活动进展,与软件配置管理计划的偏差;软件配置管理活动与规程是否相符;对不符合项所采取的措施;完成软件配置管理工作的工作量等。

f) 是否概述了软件配置管理的基本信息,包括项目负责人、各级软件配置管理机构组成人员和负责人、软件配置管理所用的资源(如计算机、软件和工具)等。

g) 是否列出了项目专业组的划分、各专业组的成员以及各成员的权限分配,如专业组可分为项目负责人、开发组、测试组、质量保证组、配置管理组等,权限可分为读出、增加、替换、删除等。

h) 是否列出了项目的所有配置项,包括配置项名称、配置项最后发布日期、配置项控制力度(控制力度可分为基线管理、非基线管理(受到管理和控制))、配置项版本变更历史、配置项变更累计次数等内容。

i) 是否列出了软件研制过程中的所有变更,包括变更申请单号、变更时间、变更内容、变更申请人、批准人、变更实施人等内容。

j) 是否列出了项目的所有基线,包括基线名称、基线最后一版发布日期、基线版本变更历史、基线变更累计次数、最后一版基线的内容及版本号等内容。

k) 是否列出了配置项的入库记录,包括入库时间、入库单号、入库原因、入库申请人和批准人等。

l) 是否列出了配置项的出库记录,包括出库时间、出库单号、出库原因、批准人和接受人等。

m) 是否列出了软件研制过程中所进行的软件配置审核,包括配置审核记录单、审核时间、审核人、发现的不合格项数量、已关闭的不合格项数量、其他审核说明等。

n) 是否列出了软件研制过程中所做的配置库备份,包括备份时间、备份人、备份目的地、内容和方式等。

o) 是否列出了软件配置管理计划的版次数、配置状态记录份数、软件入库单份数、软件出库单份数、变更申请单份数、被批准的变更申请单份数、配置管理报告份数、配置审核记录份数、配置管理员工作量等。

p) 文档内容是否准确地反映了软件配置管理过程,是否与研制过程中各软件开发文件的记录内容协调一致。

q) 是否遵循了软件开发计划中关于配置管理过程的有关要求。

r) 是否满足合同资料要求清单的要求,并与其保持协调一致。

s) 是否满足软件研制任务书或工作说明的有关要求,并与其保持协调一致。

3. 软件质量保证报告

按照 GJB 2786A—2009《军用软件开发通用要求》附录 E"软件产品评价"的规定,软件质量保证报告的评价准则如下:

软件产品	评价准则						
	准则4:包含如下文档中所有适用的信息	准则10:满足SOW或SDTD要求	准则9:满足合同资料要求清单要求	准则14:可理解	准则8:内部一致	准则7:遵循软件开发计划	附加准则
33. 软件质量保证报告 SQAR	√	√	√	√	√	√	准则1:准确地反映了软件质量保证过程。

对照上述评价准则,以及 GJB 438B—2009《军用软件开发文档通用要求》附录 BB 的有关规定,列举一个具体的审查内容和要求参考示例如下:

a) 是否描述了文档所适用系统和软件的完整标识,包括其标识号、名称、缩略名、版本号和发布号。

b) 是否概述了文档所适用系统和软件的用途,描述了系统与软件的一般特性;是否概述了系统开发、运行和维护的历史;是否标识了项目的需方、用户、开发方和保障机构等;是否标识了当前和计划的运行现场,并列出其他有关文档。

c) 是否概述了文档的用途和内容,并描述了与它的使用有关的保密性方面的要求。

d) 是否列出了引用文档的编号、标题、编写单位、修订版及日期,并标识了不能通过正常采购活动得到的文档的来源。

e) 是否逐项说明了软件研制所经历的各项活动及其完成情况,包括软件需求分析、软件设计、软件实现和软件测试等。

f) 是否逐项说明了在保证软件质量方面所开展的各项工作及其完成情况,包括分析、评审、审查、测试、试验、软件质量保证、质量归零等。

g) 是否描述了软件配置管理活动的情况,包括与软件配置管理计划的偏差、配置管理活动与规程是否相符、对不符合项所采取的措施以及软件配置状态变化等。

h) 是否描述了第三方评测工作情况和质量评价结论(适用时)。

i) 文档内容是否准确地反映了软件质量保证过程,是否与研制过程中各软件开发文件的记录内容协调一致。

j) 是否遵循了软件开发计划中关于质量保证过程的有关要求。

k) 是否满足合同资料要求清单的要求,并与其保持协调一致。

l) 是否满足软件研制任务书或工作说明的有关要求,并与其保持协调一致。

14.14.6 评审结论

完成软件验收支持审查后,技术评审组应给出评审意见,并宣布评审结论:确认、有条件确认或不确认软件验收支持工作,可否决定开展软件验收或是否需要再次进行评审。评审意见示例:

×××。会议成立了评审组(附件×),听取了×××(研制单位)作的×××(产品名称)软件研制开发情况报告,审查了软件研制总结报告等相关文档,经讨论、质询,形成评审意见如下:

1. ×××(软件名称)软件研制工作已全部完成,研制过程中出现的问题均已得到解决,经测评和试验表明,软件功能性能满足研制总要求、软件研制任务书、软件需求规格说明的要求以及使用要求;

2. 软件技术状态确定并纳入配置管理,软件源代码、开发文件和数据完整、准确、协调、规范,文实相符,符合软件验收依据的文档要求;

3. 研制开发过程符合软件工程化要求,软件配置管理有效;独立考核的配套软件产品已完成逐级考核,具备组织验收审查和评议条件;

4. 软件验收支持文档齐套、编制规范、描述准确,符合国家军用标准和相关规定的要求。

评审组同意×××(产品名称)软件验收支持工作通过评审。

建议按专家意见(附件×)进一步修改完善。

14.15 软件定型测评审查

14.15.1 审查目的

软件定型测评是指由定型测评机构依据国家军用标准,考核软件是否符合系统研制总要求或软件研制任务书规定的战术技术指标的活动。软件定型测评审查是指由二级定委组织的,分别对软件定型测评机构编制的软件定型测评大纲、软件定型测评报告进行的技术审查,目的是确定所开展的软件定型测评活动和结果能够满足考核软件的要求。

14.15.2 审查时机

二级定委对软件定型测评申请进行审查,并从一级定委发布的定型测评机构名录中选取定型测评机构之后,定型测评机构根据软件研制总要求或系统研制总要求和国家军用标准,编制定型测评大纲,二级定委组织有关单位对定型测评大纲进行审查,通过审查的应当予以批准。

在按照定型测评大纲测试符合终止条件后,定型测评机构根据文档审查、软件及数据测试结果出具定型测评报告,上报二级定位,并抄送承研单位、军事代表机构和有关部门,二级定委组织有关单位对定型测评报告进行评审。

14.15.3 审查文件

软件定型测评审查包括(但不限于)以下技术文件:

a) 描述软件条件、测试内容、测试方法以及评价方法等内容的《软件定型测评大纲》;

b) 描述测评过程、测试结果和评价结论等内容的《软件定型测评报告》。

按照 GJB 6921—2009《军用软件定型测评大纲编制要求》,《军用软件定型测评大纲》的目次格式如下:

1 范围
1.1 标识
1.2 文档概述
1.3 委托方的名称与联系方式
1.4 承研单位的名称与联系方式
1.5 定型测评机构的名称与联系方式

1.6　被测软件概述
2　引用文档
3　测试内容与测试方法
3.1　测试总体要求
3.2　测试项及测试方法
3.3　测试内容充分性和测试方法有效性分析
3.4　软件问题类型及严重性等级
4　测评环境
4.1　软硬件环境
4.2　测评场所
4.3　测评数据
4.4　环境差异影响分析
5　测评进度
6　测评结束条件
7　软件质量评价内容与方法
8　定型测评通过准则
9　配置管理
10　质量保证
11　测评分包
12　测评项目组成员构成
13　安全保密与知识产权保护
14　测评风险分析
15　其他

按照GJB 6922—2009《军用软件定型测评报告编制要求》，《军用软件定型测评报告》的目次格式如下：

1　范围
1.1　标识
1.2　文档概述
1.3　委托方的名称与联系方式
1.4　承研单位的名称与联系方式
1.5　定型测评机构的名称与联系方式
1.6　被测软件概述

2 引用文档
3 测评概述
3.1 测评过程概述
3.2 测评环境说明
3.3 测评方法说明
4 测试结果
4.1 测试执行情况
4.2 软件问题
4.3 测试的有效性、充分性说明
5 评价结论与改进建议
5.1 评价结论
5.2 改进建议
6 其他

14.15.4 审查依据

审查依据主要包括:相关国家军用标准,软件研制总要求或系统研制总要求,研制合同、技术要求或技术规格说明、软件研制任务书、工作说明及其他等效文件,软件需求规格说明、接口需求规格说明,GJB 438B—2009《军用软件开发文档通用要求》、GJB 2786A—2009《军用软件开发通用要求》、GJB 6921—2009《军用软件定型测评大纲编制要求》和 GJB 6922—2009《军用软件定型测评报告编制要求》等标准。

14.14.5 审查内容

1. 软件定型测评大纲

按照《军用软件产品定型管理办法》以及 GJB 6921—2009《军用软件定型测评大纲编制要求》的规定,列举一个具体的审查内容和要求参考示例如下:

a) 是否列出了文档的标识、标题、所适用的被测软件的名称与版本,以及文档中采用的术语和缩略语。

b) 是否概述了文档的主要内容和用途。

c) 是否描述了此次定型测评任务委托方、被测软件承研单位及定型测评机构的名称、地址、联系人及联系电话。

d) 是否概述了被测软件的等级、使命任务、结构组成、信息流程、使用环境、安装部署、主要战技指标、软件规模与开发语言等。

e) 是否列出了编制文档所引用的相关法规、标准以及被测软件研制总要求或系统研制总要求、软件需求规格说明等技术文档,包括各引用文件的标识、标题、版本、日期、颁布/来源单位等信息。

f) 是否结合被测软件的级别及其质量要求,提出了此次定型测评的范围、测试级别、测试类型、测试策略等总体要求。

g) 测试级别是否包括了配置项测试和系统测试,必要时是否增加了单元测试、部件测试。

h) 测试类型是否包括文档审查、功能测试、性能测试、安装测试、接口测试、人机交互界面测试,必要时可增加代码审查、逻辑测试、可靠性测试、安全性测试、强度测试、恢复性测试等。如果此次定型测评不能进行个别要求的测试类型,是否对不能进行测试的原因给予了说明。

i) 是否根据测试总体要求设计了测试项,并按测试级别、测试对象、测试类型、测试项顺序分节进行了描述。

j) 是否列出了与测试级别对应的被测软件对象(如软件系统、软件配置项、软件部件或软件单元)名称。

k) 是否进一步分解了测试项,每个测试项或子测试项是否均进行了命名和标识。

l) 是否针对每个测试项或子测试项,描述了其测试内容、测试方法、测试充分性要求、测试约束条件、评判标准等。

m) 是否对每个测试项或子测试项,均建立了其与研制总要求、软件研制任务书、软件需求规格说明及其他等效文档之间的追踪关系。

n) 是否对设计的测试项进行了充分性分析,对采用的测试方法进行了有效性分析;并就测试内容是否满足《军用软件产品定型管理办法》及二级定委相关规定要求,是否覆盖被测软件研制总要求或系统研制总要求、软件需求规格说明及其他等效文档规定的书面和隐含要求作出说明。

o) 是否对此次定型测评采用的软件问题分类方法作了简要描述,是否按文档问题、程序问题、设计问题、其他问题等进行了分类,并加以说明。

p) 是否对此次定型测评采用的软件问题严重性等级划分方法作了简要描述,并对每一分类加以说明。

q) 是否对此次定型测评所需的软硬件环境整体结构、软硬件资源等进行了描述,包括测评工作所需的系统软件、支撑软件以及测评工具等的名称、版本、用途等信息,计算机硬件、接口设备和固件项等的名称、配置、用途等信息。如果测评工作需用非测评机构的软硬件资源,是否进行了说明。

r）是否描述了执行测评工作所需场所的地点、面积以及安全保密措施等。如果测评工作需在非测评机构进行,是否进行了说明。

s）是否描述了测评工作所需的真实或模拟数据,包括数据的规格、数量、密级等。

t）是否说明了软硬件环境及其结构、场所、数据与被测软件研制总要求或系统研制总要求、软件需求规格说明及其他等效文档要求的软硬件环境、使用场所、数据之间的差异,并分析了环境差异可能对测评结果产生的影响。

u）是否说明了主要测评活动的时间节点、提交的工作产品。

v）是否说明了此次定型测评进行的最多测试轮次和结束条件。

w）是否说明了此次定型测评的软件质量评价内容和评价方法。

x）是否说明了被测软件通过此次定型测评的准则。

y）是否描述了此次定型测评过程中的配置管理和质量保证范围、活动、措施和资源。

z）若此次定型测评有分包,是否描述了分包的测评内容、测评环境、质量与进度要求,分包单位承担军用软件定型测评的资质、相关人员的技术资历,测评总承包单位对分包单位测评过程的质量监督、指导措施等。

aa）是否描述了测评项目组的岗位构成,各岗位的职责,以及各岗位的人员与分工;是否描述了此次定型测评的安全保密和知识产权保护措施。

bb）是否从时间、技术、人员、环境、分包、项目管理等方面对完成此次定型测评任务的风险进行了分析,并提出了应对措施。

cc）是否描述了其他需要说明的内容。

dd）定型测评大纲的内容是否完整准确、协调一致;是否覆盖了软件研制总要求或系统研制总要求,研制合同、技术要求或技术规格说明、软件研制任务书、工作说明及其他等效文件,软件需求规格说明、接口需求规格说明等的要求。

2. 软件定型测评报告

按照《军用软件产品定型管理办法》以及 GJB 6922—2009《军用软件定型测评报告编制要求》的规定,列举一个具体的审查内容和要求参考示例如下:

a）是否列出了文档的标识、标题、所适用的被测软件的名称与版本,以及文档中采用的术语和缩略语。

b）是否概述了文档的主要内容和用途。

c）是否描述了此次定型测评任务委托方、被测软件承研单位及定型测评机构的名称、地址、联系人及联系电话。

d) 是否概述了被测软件的等级、使命任务、结构组成、信息流程、使用环境、安装部署、主要战技指标、软件规模与开发语言等。

e) 是否列出了编制此文档依据的相关法规,标准以及被测软件研制总要求或系统研制总要求,定型测评大纲等技术文档,包括各引用文件的标识、标题、版本、日期、颁布/来源单位等信息。

f) 是否按照时间顺序,从接受测评任务、测试需求分析、测试策划、编制测评大纲、测试设计与实现、测试执行、回归测试、质量评价、编写测评报告、测评总结以及各阶段评审等方面,对此次定型测评的实际过程作了简要说明。如果存在分包情况,是否简要说明了分包单位的资质及其承担的测评工作情况。

g) 是否对此次定型测评所需的软硬件环境整体结构、软硬件资源等进行了描述,包括测评工作所需的系统软件、支撑软件以及测评工具等的名称、版本、用途等信息,计算机硬件、接口设备和固件项等的名称、配置、用途等信息;如果测评工作用到非测评机构的软硬件资源,是否进行了说明;如果存在分包情况,是否说明了分包单位实际采用的软硬件环境。

h) 是否描述了测评工作实际采用场所的地点、面积以及安全保密情况等;如果测评工作在非测评机构进行,是否加以说明;如果存在分包情况,是否说明了分包单位实际采用的测评场所。

i) 是否描述了测评工作实际采用的真实或模拟数据,包括数据的规格、数量、密级、提供单位及提供时间等;如果存在分包情况,是否说明了分包单位实际采用的测评数据。

j) 是否说明了测评工作实际采用的软硬件环境及其结构、场所、数据与定型测评大纲、被测软件研制总要求或系统研制总要求,软件需求规格说明及其他等效文档要求的软硬件环境、使用场所、数据之间的差异,并分析了环境差异对测评结果的影响。

k) 是否对此次定型测评实际采用的测评方法、测评工具等作了简要描述;如果存在分包情况,是否简要说明了分包单位实际采用的测评方法、测评工具等。

l) 是否按测试轮次顺序,对每轮测试的被测对象、版本、测试级别、测试类型、测试项数量、设计的测试用例数量、实际执行的测试用例数量、通过的测试用例数量、未通过的测试用例数量、未执行的测试用例数量等信息作了详细统计。

m) 是否说明了未执行测试用例的原因、未执行的测试用例涉及的测试内容、在何处用何方法已验证或可验证这些测试用例;是否将实际执行的测试范围、测试级别、测试类型、测试项与定型测评大纲中规定的相应内容作了对比,并说明了差异的原因。

n) 是否对此次定型测评中实际发现软件问题的数量、类型、严重等级、纠正情况在各测试轮次、被测对象版本、测试级别、测试类型中的分布情况作了详细统计;如果测评工作正常结束后被测软件中仍有问题遗留,是否对遗留问题的数量、状况、严重程度、影响、风险、处理结果等作了具体说明。

o) 是否对照定型测评大纲,根据测试需求分析、测试策划、测试设计与实现、测试执行、测评总结等阶段的实施情况以及发现的软件问题,对测试的有效性、充分性进行了分析说明。

p) 是否根据定型测评大纲中的相关规定,对照被测软件研制总要求或系统研制总要求、软件需求规格说明及其他等效文档规定的书面要求和隐含要求,结合测试结果,对被测软件的质量作了全面评价。

q) 是否对被测软件满足研制总要求的情况,以及是否通过定型测评给出了明确的结论。

r) 是否结合测评的具体情况,提出了对被测软件质量的改进建议。

s) 是否描述了其他需要说明的内容。

t) 定型测评报告的内容是否完整准确、协调一致;是否覆盖了软件研制总要求或系统研制总要求,研制合同、技术要求或技术规格说明、软件研制任务书、工作说明及其他等效文件的要求。

14.14.6 审查结论

1. 软件定型测评大纲

完成软件定型测评大纲审查后,技术审查组应就测评大纲规定的测试范围、测试内容、测试类型是否覆盖了研制总要求以及软件需求规格说明相关内容,测评策略、测试方法及测试环境是否合理可行,是否可以作为软件定型测评依据等作出结论,并宣布:确认、有条件确认或不确认软件定型测评大纲编制工作,可否开展软件定型测评或是否需要再次进行审查。审查意见示例:

×××。会议成立了审查组(附件×),听取了×××(测评单位)作的《×××(产品名称)软件定型测评大纲》及其编制说明的报告,经讨论、质询,形成审查意见如下:

1. 软件定型测评大纲规定的测试范围、测试级别、测试类型要求明确,测试项划分合理,测试内容完整,覆盖了×××(产品名称)研制总要求、软件研制任务书以及软件需求规格说明相关内容；

2. 软件测试计划确定的测试策略合理，测试方法正确，测试环境明确，测试数据要求完整；

3. 软件测试用例设计充分、合理，测试方法正确，测试环境满足测试需要；

4. 测试需求规格说明、测试计划和测试说明文档齐套、编制规范、描述准确，符合国家军用标准和相关法规要求。

审查组同意《×××（产品名称）软件定型测评大纲》通过审查。

2. 软件定型测评报告

完成软件定型测评报告审查后，技术评审组应就测评报告描述的软件研制总要求或系统研制总要求的满足情况，测试内容、发现的缺陷、影响分析及回归测试结果，软件质量评价等作出结论，并宣布：确认、有条件确认或不确认软件定型测评工作，可否提交软件定型审查或是否需要再次进行审查。审查意见示例：

×××。会议成立了审查组（附件×），听取了×××（研制单位）作的软件研制工作情况报告、×××（测评单位）作的《×××（产品名称）软件定型测评报告》，经讨论、质询，形成审查意见如下：

1. ×××（测评单位）按照批复的《×××（产品名称）软件定型测评大纲》完成了全部测评工作；测评发现的问题均已归零，并经回归测试确认；

2. 软件测评过程受控，测试环境符合要求，测试方法正确，测试用例充分，测试记录完整，测试数据真实，测试结论可信；

3. 软件定型测评报告编制规范、描述准确，符合国家军用标准和相关法规要求，可以作为软件定型审查的依据。

审查组同意×××（产品名称）软件定型测评通过验收审查。

建议按专家意见（附件×）进一步修改完善。

14.16　软件定型审查

14.16.1　审查目的

审查软件产品是否符合《军工产品定型工作规定》、《军用软件产品定型管理办法》、GJB 1362A—2007《军工产品定型程序和要求》规定的标准和要求，给出软件定型审查意见，为软件定型提供决策依据。

14.16.2　审查时机

软件已完成研制、通过定型测评和部队试验试用且符合规定的标准和要求时,承研单位进行全面总结,形成《软件配置管理报告》、《软件质量保证报告》以及《软件研制总结》。在整个研制过程中,军事代表机构对软件研制过程进行质量监督,对软件能否定型提出《军事代表机构对软件定型的意见》。承研单位会同军事代表机构或军队其他有关单位向二级定委提出《软件定型申请报告》。

在收到《软件定型申请报告》之后,由二级定委组织软件定型审查。

14.16.3 审查文件

军定〔2005〕62号《军用软件产品定型管理办法》第四十条规定,承研单位会同军事代表机构或军队其他有关单位提出软件定型申请时,应当具备下列文件:

（一）软件研制总要求或系统研制总要求;

（二）软件研制总结报告;

（三）软件产品规范;

（四）测评(试验)报告,包括:厂(所)级鉴定报告、定型测评报告、部队试验试用报告;

（五）重要研制阶段的软件评审报告,包括:软件需求分析阶段评审报告、软件设计阶段评审报告、软件配套项测试和系统测试阶段评审报告;

（六）软件运行程序及源程序;

（七）软件开发文档,包括:软件需求规格说明(含接口需求规格说明)、软件设计文档(含接口设计文档)、其他要求的软件开发文档;

（八）软件配置状态报告;

（九）软件使用、维护文档;

（十）软件质量管理文档。

航空军工产品配套软件对航空装备安全、任务完成具有重大影响。为规范航空军工产品配套软件定型管理工作,航空军工产品定型委员会依据国务院、中央军委《军工产品定型工作规定》和一级定委《军用软件产品定型管理办法》,于2007年发布航定〔2007〕31号《航空军工产品配套软件定型管理工作细则》,第三十条规定,航空军工产品配套软件定型审查时,承研单位必须提供下列软件定型文件(含电子文档):

（一）定型申请;

（二）软件研制总要求或系统研制总要求;

（三）软件研制工作总结;

（四）软件开发相关技术专题报告;

（五）测评(试验)报告,包括:厂(所)级鉴定报告、测评报告、定型试验(试飞)报告、部队试验试用报告;

（六）重要研制阶段的软件评审报告，包括：软件需求分析阶段评审报告、软件设计阶段评审报告、软件配置项测试和系统测试阶段评审报告；

（七）软件运行程序及源代码；

（八）软件开发文档，包括：软件需求规格说明（含接口需求规格说明）、软件设计文档（含接口设计文档）及其他要求的软件开发文档；

（九）软件配置状态报告；

（十）软件使用维护文档；

（十一）软件质量管理文档；

（十二）软件产品规范（或系统验收技术条件）；

（十三）军事代表机构对软件定型的意见。

14.16.4 审查依据

审查依据主要包括：

a) 国发〔2005〕32号《军工产品定型工作规定》；

b) 军定〔2005〕62号《军用软件产品定型管理办法》；

c) ×××（二级定委颁发的软件定型管理文件，如航定〔2007〕31号《航空军工产品配套软件定型管理工作细则》）；

d) GJB 438B—2009《军用软件开发文档通用要求》；

e) GJB 1362A—2007《军工产品定型程序和要求》；

f) GJB 2786A—2009《军用软件开发通用要求》；

g) GJB/Z 170—2013《军工产品设计定型文件编制指南》；

h) ×××（产品名称）研制总要求（或技术协议书），研制合同；

i) ×××（软件产品名称）软件研制总要求；

j) ×××（软件产品名称）软件研制任务书；

k) ×××（软件产品名称）软件定型测评大纲；

l) ×××（软件产品名称）软件定型测评报告；

m) ×××（软件产品名称）部队试验试用报告。

14.16.5 审查内容

军定〔2005〕62号《军用软件产品定型管理办法》第四十二条规定，二级定委应当组织其成员单位和承研单位、试验单位、军事代表机构的有关人员和相关领域的专家，对申请定型的软件按照下列标准和要求进行审查：

（一）达到软件研制总要求或系统研制总要求规定的标准；

（二）符合第三十八条要求（软件已完成研制，源程序、相关文件资料齐套、

数据齐全;软件已通过定型测评;软件已通过部队试验试用),软件源程序和相关文件资料、数据完整、准确、一致;

(三)配套齐全,能独立考核的配套产品等已完成逐级考核。

航定〔2007〕31号《航空军工产品配套软件定型管理工作细则》第二十九条规定,航空军工产品配套软件定型必须达到下列标准和要求:

(一)随所属武器系统完成设计定型试验(试飞),证明软件达到了系统研制总要求的规定,满足使用要求;

(二)通过定型测评,表明软件满足研制总要求(含软件研制任务书或软件需求规格说明);

(三)软件源程序和相关文件资料、数据完整、准确、一致,满足有关国军标要求;

(四)研制工作符合软件工程化要求,软件配置管理有效。

在进行软件定型文件审查时,重点审查软件定型文件的完整性、准确性、协调性、规范性。在软件定型审查会上,重点审查产品研制过程和软件定型测评过程中与软件产品有关的技术质量问题的解决情况,软件研制总要求(和/或软件研制任务书、软件需求规格说明)规定的功能性能符合性情况,研制过程贯彻实施国家和军队法律法规标准情况等。具体审查要点如下:

a)审查软件定型版本状态:版本演变过程、版本受控状态、版本冻结状态、定型测评状态、试验终结状态、装机交付状态、定型版本状态;

b)审查是否满足研制总要求(含软件研制任务书、软件需求规格说明)规定的软件功能性能要求:软件功能实现的符合性,软件独立性能指标、与硬件关联性能指标的符合性,各软件文档中性能指标的一致性;

c)审查软件研制管理和技术体制:工程化管理过程,开发工具、运行平台、配置管理、数据标准、技术规范,信息系统互连互通互操作性;

d)审查软件定型测评、定型试验和管理:软件配置项是否全部通过测评,定型测评和试验试用是否完整充分,软件状态变化对试验结果有无影响;

e)审查软件质量控制和主要问题及解决情况:软件质量保证,问题追溯,问题归零,软件文档一致性;

f)审查软件文档情况:实物、文件、软件、源代码、数据的类别和数量,文件名称、代号、分类、装订、标识、版本、编号、密级、签署、日期、格式、图表、量纲、数字、文字等,是否达到完整、准确、协调、规范的要求;

g)审查软件使用维护情况:软件产品、技术资料(操作手册、安装手册、用户手册、维护手册、技术说明书等)、源代码、数据、软件交付要求、运行环境配置、技术支持要求、软件升级要求等。

14.16.6 审查结论

审查组通过讨论质询,确定是否同意通过软件定型审查,形成软件定型审查结论意见。以航空产品配套软件为例,示例如下:

×××(软件产品名称)软件定型审查意见书

航空军工产品定型委员会:

20××年××月××日至××日,航定办在×××(会议地点)组织召开了×××(产品名称)软件定型审查会。参加会议的有×××(相关机关)、×××(相关部队)、×××(研制总要求论证单位)、×××(军队其他有关单位)、×××(军事代表机构)、×××(软件定型测评单位)、×××(本行业和相关领域的单位)、×××(研制单位)等××个单位××名代表(附件1)。会议成立了软件定型审查组(附件2),听取了×××(研制单位)作的《×××(软件名称)软件研制总结》、《×××(软件名称)软件质量保证报告》,×××(软件定型测评单位)作的《×××(软件名称)软件定型测评报告》,×××(承试部队)作的《×××(软件名称)软件定型部队试验报告》,×××(驻研制单位军事代表室)作的《军事代表对×××(软件名称)软件定型的意见》,对软件定型文件进行了审查。审查组依据《军工产品定型工作规定》、《军用软件产品定型管理办法》、《航空军工产品配套软件定型管理工作细则》和相关国军标要求,对照《×××(软件名称)软件研制总要求》,经讨论质询,形成审查意见如下:

一、产品简介

×××(软件名称)软件是×××(所属产品名称)的组成部分,包括×××(配置项1名称)、……、×××(配置项×名称)等××个配置项。

×××(配置项×名称)软件为××("关键"或"重要")软件,由×××(研制单位)研制,主要完成×××、……、×××等功能。软件采用×××设计语言,×××开发工具,配置在×××模块,运行于×××环境。软件首次装机版本V×.××,定型测评进入版本V×.××,定型测评结束版本V×.××,机上软件升级×次,定型版本V×.××。

二、产品研制概况

×××(软件名称)软件研制自20××年××月开始,历时××年,依据GJB 2786A—2009《军用软件开发通用要求》,按照软件工程化要求开展了相关研制活动。主要研制历程如下:

20××年××月,签订×××技术协议书(或×××软件研制任务书),正式启动软件研制工作;

20××年××月,完成软件需求分析,软件需求规格说明通过×××组织的评审；

20××年××月，完成软件开发计划、软件配置管理计划、软件质量保证计划等文件编写；

20××年××月，完成软件系统分析和设计；

20××年××月，完成软件系统内部测试和 C 型样件功能性能调试；

20××年××月，完成 S 型样件交付和软件装机系统联试；

20××年××月，完成软件需求外部评审；

20××年××月，完成软件第三方测试；

20××年××月，完成软件定型测评；

20××年××月，随所属产品完成设计定型基地试验考核；

20××年××月，随所属产品完成设计定型部队试验考核；

20××年××月，通过软件定型测评验收审查。

三、软件定型测评及随产品试验情况

（一）软件定型测评情况

20××年××月××日，《×××（软件名称）软件定型测评大纲》通过由航定办组织的审查。

20××年××月××日至 20××年××月××日，依据航定委批复的《×××（软件名称）软件定型测评大纲》，由×××、……、×××等××家软件测评单位对××项关键软件和××项重要软件开展定型测评工作。

测试级别包括配置项级和系统级两个级别，配置项级测试类型包括文档审查、静态分析、代码审查、动态测试等×种，系统级测试类型包括功能测试、性能测试、接口测试、强度测试、余量测试、安全性测试、边界测试和安装性测试等×种。共设计并执行测试用例×××例（其中配置项测试×××例、系统测试×××例），发现软件问题×××个（其中，设计问题××个、程序问题×××个、文档问题×××个、其他问题××个）。针对测试中发现的所有问题，软件承研单位都完成了整改，定型测评机构也全部进行了回归测试，并随产品完成了设计定型试验验证。软件定型测评结果表明，软件满足产品研制总要求和软件研制任务书。

20××年××月××日，通过了由航定办组织的软件定型测评验收审查，软件质量综合评价为 A 级。

（二）随产品试验情况

1. 设计定型试飞

20××年××月××日至20××年××月××日，×××（软件名称）软件随产品完成了设计定型试飞，累计飞行×××架次×××h××min，试飞过程中出现的×××、……、×××等×个软件故障均已整改归零（或未出现因软件原因引

起的技术质量问题),试飞结果表明,产品功能性能满足研制总要求和使用要求。

2. 设计定型部队试验

20××年××月××日至20××年××月××日,×××(软件名称)软件随产品完成了设计定型部队试验,累计飞行×××架次×××h××min,试验过程中,未出现因软件原因引起的技术质量问题,部队试验结果表明,产品满足作战使用性能和部队适用性要求。

四、主要问题及解决情况

在定型测评过程中出现的××个问题,均为一般问题。在随产品设计定型试飞和部队试验过程中未出现因软件原因引起的技术质量问题。

(或:在软件定型测评过程中出现了×××、……、×××等×个主要技术质量问题。经原因分析和试验复现,查明问题原因是×××、……、×××;通过采取×××、……、×××等解决措施,经验证措施有效。20××年××月××日,通过了由×××组织的归零评审。)

五、软件主要功能性能指标达标情况

×××(软件名称)软件经第三方测试、定型测评和设计定型试验考核,结果表明满足研制总要求、技术协议书、软件研制任务书、软件需求规格说明中规定的各项功能性能要求。软件主要功能性能指标达标情况见表1。

表1 软件主要功能性能指标符合性对照表

序号	指标章条号	要求	实测值	数据来源	考核方式	符合情况

六、软件定型文件审查情况

软件定型文件共13类××份合×××标准页。经审查认为,×××(软件名称)软件按型号软件工程要求编制了相关文档,文件齐套,内容完整、准确、协调、规范,满足软件需求、设计、测试、配置管理、质量保证等要求,符合《军用软件产品定型管理办法》《航空军工产品配套软件定型管理工作细则》、GJB 1362A—2007《军工产品定型程序和要求》和GJB 438B—2009《军用软件开发文档通用要求》等相关法规和标准。

七、软件工程化实施情况

×××(软件名称)软件研制实施了软件工程化管理,制定了《×××(所属产品名称)软件工程管理规定》和《×××(所属产品名称)软件配置管理规定》等文件,依据GJB/Z 102A—2012《军用软件安全性设计指南》对软件进行了特性分析,确定了关键软件××项、重要软件××项、一般软件××项。

按软件工程化要求,开展了系统分析与设计、软件需求分析、软件设计、软件编码、软件测试等活动,并实施了软件配置管理和软件质量保证。建立了软件开发、管理、监督等组织机构,明确了各组织机构职责,实施了软件开发人员与软件测试人员分离。建立了软件开发库、受控库和产品库,软件更改出入库手续符合配置管理要求,配置管理有效,软件状态受控。全程开展了软件质量保证活动,实时跟踪及时监督开发人员、测试人员解决研制过程中出现的技术质量问题及隐患,按要求开展了单元级、配置项级、系统级三个级别的内部测试,测试充分,保证了软件质量。

八、存在问题的处理意见

研制过程中出现的问题均已归零,无遗留问题。

九、审查结论意见

×××(软件名称)软件已完成全部研制工作,经定型测评和设计定型试验表明,软件功能性能满足研制总要求、软件研制任务书、软件需求规格说明的要求以及使用要求,无遗留问题;软件源程序、相关文件资料和数据完整、准确、协调、规范,文实相符,满足 GJB 438B—2009《军用软件开发文档通用要求》;软件研制工作符合软件工程化要求,软件配置管理有效,能独立考核的配套软件产品已完成逐级考核。软件符合军用软件产品定型标准和要求,具备定型条件。

审查组同意×××(软件名称)软件(版本 V×.××)通过定型审查,建议批准软件定型。

附件1　×××(软件名称)软件定型审查会代表名单
附件2　×××(软件名称)软件定型审查组专家签字名单
附件3　×××(软件名称)软件定型审查专家意见汇总表

审查组组长：
副组长：
二○××年××月××日

附件1

×××(软件名称)软件定型审查会代表名单

序号	姓　名	工作单位	职务/职称	签　字

附件 2

×××(软件名称)软件定型审查组专家签字名单

序号	组内职务	姓 名	工作单位	职 称	签 字
1	组 长				
2	副组长				
…	组 员				

附件 3

×××(软件名称)软件定型审查专家意见汇总表

序号	修改意见	提出单位或个人	处理意见

注1:附件3仅供二级定委核查修改意见落实情况用,不在审查意见书中出现。

第 15 章 设计定型审查

15.1 概　述

在设计定型阶段,需要依据国发〔2005〕32 号《军工产品定型工作规定》、军定〔2005〕62 号《军用软件产品定型管理办法》、GJB 1362A—2007《军工产品定型程序和要求》、GJB/Z 170—2013《军工产品设计定型文件编制指南》等法规和标准的相关规定,完成设计定型审查工作。在第 1 章已经阐述了设计定型阶段主要任务和设计定型阶段评审活动,这里不再赘述。

设计定型试验包括设计定型基地试验(含功能性能试验、电磁兼容性试验、环境鉴定试验、可靠性鉴定试验、试飞(试车、试航)、软件定型测评等)和设计定型部队试验。

对应每个设计定型试验,均应编制《设计定型×××试验大纲》和《设计定型×××试验大纲编制说明》,由二级定委组织大纲审查;完成试验后,均应编制《设计定型×××试验报告》,由二级定委组织验收审查。

根据总参谋部、总装备部装法〔2014〕1 号《中国人民解放军新型装备部队试验试用管理规定》,新型装备设计定型应当组织部队试验。部队试验主要考核新型装备作战使用性能和部队适用性(含编配方案、训练要求等),检验新型装备完成作战使命任务的能力和部队满意程度,新型装备与其他配套使用装备(含指挥信息系统)的协调性,以及装备系统组成、人员编配的合理性。

软件定型测评大纲审查、软件定型测评报告审查、软件定型审查在第 14 章已经阐述,设计定型阶段各专业评审工作在相关章节也有阐述,本章不再赘述。

15.2　设计定型基地试验大纲审查

15.2.1　审查目的

审查《×××(产品名称)设计定型基地试验(试飞、试车、试航等)大纲》是否能够实现对×××(产品名称)的主要战术技术指标进行考核,为产品设计定型提供依据。

15.2.2 审查时机

《×××(产品名称)研制总要求》已得到批准;产品已完成工程研制,转入设计定型阶段;拟开展×××(产品名称)设计定型基地试验之前。在承试单位完成《×××(产品名称)设计定型基地试验大纲》拟制后,二级定委组织审查。

在工作实践中,为确保研制进度,通常需要在研制总要求批准之前,启动设计定型试验工作。因此,需要提前编制设计定型基地试验大纲并进行预审查。在研制总要求批准之后,还需要依据批复的研制总要求对设计定型基地试验大纲进行修改完善,并组织正式审查。

15.2.3 审查文件

审查文件包括：
a) 设计定型基地试验大纲;
b) 设计定型基地试验大纲编制说明。

15.2.4 审查依据

审查依据包括：
a)《军工产品定型工作规定》;
b) GJB 1362A—2007《军工产品定型程序和要求》;
c) GJB/Z 170.1—2013《军工产品设计定型文件编制指南 第1部分 总则》;
d) GJB/Z 170.5—2013《军工产品设计定型文件编制指南 第5部分 设计定型基地试验大纲》;
e) ×××(产品名称)研制总要求(和/或技术协议书);
f) ×××(产品名称)产品规范。

15.2.5 审查内容

审查内容主要包括：
a) 试验大纲格式是否符合 GJB/Z 170.5—2013 的规定;
b) 试验项目是否齐全,内容是否覆盖研制总要求(和/或技术协议书);
c) 试验环境与条件要求是否明确;
d) 试验方法是否合理,具有可操作性,能够实现对研制总要求战术技术指标的考核;
e) 试验数据采集、处理的原则和方法是否明确;

f) 试验结果评定准则是否正确,是否能够给出明确的结论;

g) 测试测量要求特别是精度要求是否明确;

h) 试验组织与任务分工是否明确、具体、合理;

i) 试验保障要求及保障单位是否明确、具体、全面;

j) 是否提出了必要的安全措施和保密要求,特别是应急处置方案。

GJB/Z 170.5—2013 规定的设计定型基地试验大纲编制要求如下:

1 任务依据

定型试验年度计划或上级下达的试验任务等有关文件。通常应列出相关文件下达的机关、文号、文件名称等。

2 试验性质

设计定型试验。

3 试验目的

考核军工产品的主要战术技术指标是否满足研制总要求的相关规定,为军工产品能否设计定型提供依据。

4 试验时间和地点

明确试验的时间和地点(地域、空域、海域)。

5 被试品、陪试品数量及技术状态

5.1 被试品

主要包括:

a) 被试品的名称、种类、数量、提供单位;

b) 被试品的技术状态。

5.2 陪试品

主要包括:

a) 陪试品的名称、种类、数量、提供单位;

b) 陪试品的技术状态。

6 试验项目、方法及要求

设计定型基地试验大纲应按照试验项目逐项描述,每项试验一般包括:试验名称、试验目的、试验条件、试验方法、数据处理方法、试验结果评定准则等。当某项试验方案所占篇幅较长时,可增加附录进行补充和说明。

6.1 试验名称

试验项目的名称。

6.2 试验目的

综合性试验项目一般应描述试验目的。

6.3 试验环境与条件要求

主要包括：

a) 试验环境要求（如：地理、气象、水文、电磁环境等）；

b) 试验条件要求（如：战术应用条件、试验保障条件等）；

c) 被试品和陪试品技术要求和数量要求；

d) 其他试验条件要求。

6.4 试验方法

设计定型基地试验大纲对试验方法要求如下：

a) 明确获取军工产品性能（或效能）的定量或定性数据采用的技术途径，对实现过程提出技术要求。

b) 规定抽样方法（样本量）、信息获取方法和信息处理方法，对影响试验结果的因素给出明确要求；

c) 对于相关定型试验标准中已有试验方法的，按标准中方法执行；

d) 对于相关定型试验标准中无试验方法的，需制定新的试验方法，或虽有试验方法但根据实际情况需要调整的，应在"有关问题说明"一节中对新的试验方法或调整的内容作出简要技术说明；

e) 对于不具备试验条件或无法开展实装试验的项目，可通过建立试验覆盖性模型或采用其他方法进行验证，并说明采用的方法和依据。

f) 试验方法表述应清晰明确，文字准确精练，内容简明扼要。能用文字表述清楚的，尽量使用文字表述，必要时也可使用简略图表。

6.5 数据处理方法

给出数据处理所采用的主要数学模型和统计评估方法。当数学模型和处理过程比较复杂时，可增加附录进行补充说明，也可根据需要对数据处理方法汇总描述。

6.6 试验结果评定准则

给出试验结果评定的准则，要求如下：

a) 对于定量考核的试验项目，依据研制总要求制定合格判据；

b) 对于定性考核的试验项目，依据研制总要求或产品使用要求制定合格判据，判据应具有可操作性；

c) 对于可靠性维修性测试性保障性安全性试验项目，应依据有关标准和要求制定故障判据。

7 测试测量要求

明确试验测试参数的类型和精度要求。根据需要可汇总描述。

8 试验的中断处理与恢复
8.1 试验中断处理
试验过程中出现下列情形之一时,承试单位应中断试验并及时报告二级定委,同时通知有关单位:
a) 出现安全、保密事故征兆;
b) 试验结果已判定关键战术技术指标达不到要求;
c) 出现影响性能和使用的重大技术问题;
d) 出现短期内难以排除的故障。

8.2 试验恢复处理
承研承制单位对试验中暴露的问题采取改进措施,经试验验证和军事代表机构或军队其他有关单位确认问题已解决,承试单位应向二级定委提出恢复或重新试验的申请,经批准后,由原承试单位实施试验。

9 试验组织及任务分工
列出试验组织单位和参试单位,明确试验组织形式、任务分工。参试单位一般包括试验保障单位、被试品和陪试品研制生产单位、其他参试装备的研制生产单位以及军内相关单位等。

10 试验保障
主要包括试验保障单位、试验保障内容和要求等。通常,试验相关的软件、技术文件、资料等应配套齐全。应规定试验场地及主要设施、仪器设备的保障;规定相关技术保障和人员培训等。

11 试验安全
一般包括对人员、装备、设施、信息及周边环境等的安全要求。

12 有关问题说明
对试验大纲中需要得到确认的技术问题,试验实施中需要有关机关协调解决或研制单位配合解决的问题,以及其他需要说明的问题进行说明。一般包括:
a) 试验方法与定型试验标准差异的说明;
b) 采信其他试验项目数据的说明;
c) 其他需要说明的问题。

13 试验实施网络图
以网络图形式表现相关试验项目的实施和完成周期。试验实施网络图一般在附录中给出。

14 附录
附录主要是对试验大纲正文内容的补充和说明,可根据试验要求的不同进行增减。

15.2.6 审查结论

审查组通过讨论质询,确定是否同意通过审查,形成审查结论意见。示例:

20××年××月××日,×××(二级定委办公室)在×××(会议地点)组织召开了×××(产品名称)设计定型基地试验大纲审查会。参加会议的有×××(相关机关)、×××(相关部队)、×××(研制总要求论证单位)、×××(军队其他有关单位)、×××(军事代表机构)、×××(本行业和相关领域的单位)、×××(研制单位)、×××(承试单位)等××个单位××名代表(附件1)。会议成立了审查组(附件2),听取了×××(承试单位)作的《×××(产品名称)设计定型基地试验大纲编制说明》报告,对试验大纲进行了审查,经讨论质询,形成审查意见如下:

×××(产品名称)设计定型基地试验大纲内容完整、编制规范,规定的试验目的明确、试验项目齐全、试验方法合理、评定准则正确,满足×××(产品名称)研制总要求(技术协议书)的要求,符合军工产品定型工作规定和国家军用标准的相关规定,可以作为开展设计定型基地试验的依据。

审查组同意《×××(产品名称)设计定型基地试验大纲》通过审查。

15.3 设计定型功能性能试验大纲审查

15.3.1 审查目的

审查《×××(产品名称)设计定型功能性能试验大纲》是否能够实现对×××(产品名称)的功能性能(含测试性、供电特性等)进行考核,为产品设计定型提供依据。

15.3.2 审查时机

在承试单位完成《×××(产品名称)设计定型功能性能试验大纲》拟制后,二级定委组织审查。

15.3.3 审查文件

审查文件包括:
a) 设计定型功能性能试验大纲;
b) 设计定型功能性能试验大纲编制说明。

15.3.4 审查依据

审查依据主要包括:

a)《军工产品定型工作规定》；

b) GJB 841—1990《故障报告、分析和纠正措施系统》；

c) GJB 1362A—2007《军工产品定型程序和要求》；

d) GJB/Z 170.1—2013《军工产品设计定型文件编制指南 第1部分 总则》；

e) GJB/Z 170.5—2013《军工产品设计定型文件编制指南 第5部分 设计定型基地试验大纲》；

f) ×××（产品名称）研制总要求（和/或技术协议书）；

g) ×××（产品名称）产品规范。

15.3.5 审查内容

审查内容主要包括：

a) 试验大纲格式是否符合 GJB/Z 170.5—2013 的规定；

b) 试验项目是否齐全,内容是否覆盖研制总要求（和/或技术协议书）规定的功能性能要求；

c) 试验环境与条件要求是否明确；

d) 试验方法是否合理,具有可操作性,能够实现对产品功能性能的考核；

e) 试验数据采集、处理的原则和方法是否明确；

f) 试验结果评定准则是否正确,是否能够给出明确的结论；

g) 测试测量要求特别是精度要求是否明确；

h) 试验组织与任务分工是否明确、具体、合理；

i) 试验保障要求及保障单位是否明确、具体、全面；

j) 是否提出了必要的安全措施和保密要求,特别是应急处置方案。

设计定型功能性能试验大纲应按照 GJB/Z 170.5—2013 的规定要求编制（参见本书 15.2.5 节的内容）。考虑到功能性能试验的具体情况,建议细化章节安排如下：

```
1   任务依据
1.1  任务来源
1.2  依据文件
2   试验性质
3   试验目的
4   试验时间和地点
5   被试品、陪试品数量及技术状态
5.1  被试品
```

5.1.1 被试品组成及安装位置
5.1.2 被试品主要功能性能
5.1.3 被试品接口关系
5.1.4 被试品数量
5.1.5 被试品技术状态
5.2 陪试品
5.2.1 陪试品组成
5.2.2 陪试品技术状态
6 试验项目、方法及要求
6.1 试验项目及顺序安排
6.2 试验条件、方法及试验结果评定准则
6.2.X ×××（试验项目名称）
6.2.X.1 试验目的
6.2.X.2 试验条件
6.2.X.3 试验方法
6.2.X.4 试验结果评定准则
6.3 试验要求
7 测试测量要求
7.1 精度要求
7.2 试验设备
7.3 检测仪器仪表
8 试验的中断处理与恢复
8.1 试验中断处理
8.2 试验恢复处理
9 试验组织及任务分工
10 试验保障
11 试验安全
12 有关问题说明
13 试验实施网络图
14 附录

15.3.6 审查结论

审查组通过讨论质询，确定是否同意通过审查，形成审查结论意见。示例：

×××。会议成立了审查组(附件×),听取了×××(承试单位)作的《×××(产品名称)设计定型功能性能试验大纲编制说明》报告,对试验大纲进行了审查,经讨论质询,形成审查意见如下:

×××(产品名称)设计定型功能性能试验大纲内容完整、编制规范,规定的试验目的明确、试验项目齐全、试验方法合理、评定准则正确,满足研制总要求(和/或技术协议书)的要求,符合军工产品定型工作规定和国家军用标准的相关规定,可以作为开展设计定型功能性能试验的依据。

审查组同意《×××(产品名称)设计定型功能性能试验大纲》通过审查。

15.4 设计定型电磁兼容性试验大纲审查

15.4.1 审查目的

审查《×××(产品名称)设计定型电磁兼容性试验大纲》是否能够实现对×××(产品名称)的电磁兼容性进行考核,为产品设计定型提供依据。

15.4.2 审查时机

在承试单位完成《×××(产品名称)设计定型电磁兼容性试验大纲》拟制后,二级定委组织审查。

15.4.3 审查文件

审查文件包括:
a) 设计定型电磁兼容性试验大纲;
b) 设计定型电磁兼容性试验大纲编制说明。

15.4.4 审查依据

审查依据主要包括:
a)《军工产品定型工作规定》;
b) GJB 151B—2013《军用设备和分系统电磁发射和敏感度要求与测量》(对于分系统和设备)或 GJB 1389A—2005《系统电磁兼容性要求》(对于系统级产品);
c) GJB 1362A—2007《军工产品定型程序和要求》
d) GJB/Z 170.1—2013《军工产品设计定型文件编制指南 第1部分 总则》;

e) GJB/Z 170.5—2013《军工产品设计定型文件编制指南 第 5 部分 设计定型基地试验大纲》；

f) ×××（产品名称）研制总要求（和/或技术协议书）；

g) ×××（产品名称）产品规范。

15.4.5 审查内容

审查内容主要包括：

a) 试验大纲格式是否符合 GJB/Z 170.5—2013 的规定；

b) 试验项目是否齐全,内容是否覆盖研制总要求（和/或技术协议书）规定的电磁兼容性要求；

c) 试验环境与条件要求是否明确；

d) 试验方法是否合理,具有可操作性,能够实现对产品电磁兼容性的考核；

e) 试验数据采集、处理的原则和方法是否明确；

f) 试验结果评定准则是否正确,是否能够给出明确的结论；

g) 测试测量要求特别是精度要求是否明确；

h) 试验组织与任务分工是否明确、具体、合理；

i) 试验保障要求及保障单位是否明确、具体、全面；

j) 是否提出了必要的安全措施和保密要求,特别是应急处置方案。

设计定型电磁兼容性试验大纲应按照 GJB/Z 170.5—2013 的规定要求编制（参见本书 15.2.5 节的内容）。考虑到电磁兼容性试验的具体要求,建议细化章节安排如下：

```
1   任务依据
1.1   任务来源
1.2   依据文件
2   试验性质
3   试验目的
4   试验时间和地点
5   被试品、陪试品数量及技术状态
5.1   被试品
5.1.1   被试品组成及安装位置
5.1.2   被试品主要功能性能
5.1.3   被试品接口关系
5.1.4   被试品数量
```

5.1.5　被试品技术状态
5.2　陪试品
5.2.1　陪试品组成
5.2.2　陪试品技术状态
6　试验项目、方法及要求
6.1　试验项目及顺序安排
6.2　试验环境与条件要求
6.3　试验方法及试验结果评定准则
6.3.X　×××(试验项目名称)
6.3.X.1　试验目的
6.3.X.2　试验要求
6.3.X.3　试验方法
6.3.X.4　试验结果评定准则
7　测试测量要求
7.1　试验检测要求
7.1.1　检测项目和要求
7.1.2　检测方法和步骤
7.1.3　检测时机和记录
7.1.3.1　试验前检测
7.1.3.2　中间检测
7.1.3.3　试验后检测
7.2　试验设备及检测仪器仪表要求
7.2.1　精度要求
7.2.2　试验设备
7.2.3　检测仪器仪表
8　试验的中断处理与恢复
8.1　试验中断处理
8.1.1　一般问题中断处理
8.1.1.1　试验设备异常引起的中断
8.1.1.2　被试品故障引起的中断
8.1.2　重大问题中断处理
8.2　试验恢复处理
8.2.1　一般问题中断试验的恢复

8.2.2 重大问题中断试验的恢复
9 试验组织及任务分工
10 试验保障
11 试验安全
12 有关问题说明
13 试验实施网络图
14 附录

15.4.6 审查结论

审查组通过讨论质询,确定是否同意通过审查,形成审查结论意见。示例:

×××。会议成立了审查组(附件×),听取了×××(承试单位)作的《×××(产品名称)设计定型电磁兼容性试验大纲编制说明》报告,对试验大纲进行了审查,经讨论质询,形成审查意见如下:

×××(产品名称)设计定型电磁兼容性试验大纲内容完整、编制规范,规定的试验目的明确、项目齐全、方法合理、判据正确,符合军工产品定型工作规定和国家军用标准的相关规定,可以作为开展设计定型电磁兼容性试验的依据。

审查组同意《×××(产品名称)设计定型电磁兼容性试验大纲》通过审查。

15.5 设计定型环境鉴定试验大纲审查

15.5.1 审查目的

审查《×××(产品名称)设计定型环境鉴定试验大纲》是否能够实现对×××(产品名称)的环境适应性进行考核,为产品设计定型提供依据。

15.5.2 审查时机

在承试单位完成《×××(产品名称)设计定型环境鉴定试验大纲》拟制后,二级定委组织审查。

15.5.3 审查文件

审查文件包括:

a) 设计定型环境鉴定试验大纲;
b) 设计定型环境鉴定试验大纲编制说明。

15.5.4 审查依据

审查依据主要包括：

a)《军工产品定型工作规定》；
b) GJB 150—1986《军用设备环境试验方法》或 GJB 150A—2009《军用装备实验室环境试验方法》；
c) GJB 1362A—2007《军工产品定型程序和要求》；
d) GJB/Z 170.1—2013《军工产品设计定型文件编制指南 第1部分 总则》；
e) GJB/Z 170.5—2013《军工产品设计定型文件编制指南 第5部分 设计定型基地试验大纲》；
f) ×××（产品名称）研制总要求（和/或技术协议书）；
g) ×××（产品名称）产品规范。

15.5.5 审查内容

审查内容主要包括：

a) 试验大纲格式是否符合 GJB/Z 170.5—2013 的规定；
b) 试验项目是否齐全，内容是否覆盖研制总要求（和/或技术协议书）规定的环境适应性要求；
c) 试验环境与条件要求是否明确；
d) 试验方法是否合理，具有可操作性，能够实现对产品环境适应性的考核；
e) 试验数据采集、处理的原则和方法是否明确；
f) 试验结果评定准则是否正确，是否能够给出明确的结论；
g) 测试测量要求特别是精度要求是否明确；
h) 试验组织与任务分工是否明确、具体、合理；
i) 试验保障要求及保障单位是否明确、具体、全面；
j) 是否提出了必要的安全措施和保密要求，特别是应急处置方案。

设计定型环境鉴定试验大纲应按照 GJB/Z 170.5—2013 的规定要求编制（参见本书15.2.5节的内容）。考虑到环境鉴定试验的具体要求，建议细化章节安排如下：

```
1   任务依据
1.1  任务来源
1.2  依据文件
2   试验性质
```

3 试验目的
4 试验时间和地点
5 被试品、陪试品数量及技术状态
5.1 被试品
5.1.1 被试品组成及安装位置
5.1.2 被试品主要功能性能
5.1.3 被试品接口关系
5.1.4 被试品数量
5.1.5 被试品技术状态
5.2 陪试品
5.2.1 陪试品组成
5.2.2 陪试品技术状态
6 试验项目、方法及要求
6.1 试验项目及顺序安排
6.2 试验条件、方法及试验结果评定准则
6.2.X ×××(试验项目名称)
6.2.X.1 试验目的
6.2.X.2 试验条件
6.2.X.3 试验方法
6.2.X.4 试验结果评定准则
6.3 试验要求
7 测试测量要求
7.1 试验检测要求
7.1.1 检测项目和要求
7.1.2 检测方法和步骤
7.1.3 检测时机和记录
7.1.3.1 试验前检测
7.1.3.2 中间检测
7.1.3.3 试验后检测
7.2 试验设备及检测仪器仪表要求
7.2.1 精度要求
7.2.2 试验设备
7.2.3 检测仪器仪表

```
8   试验的中断处理与恢复
8.1   试验中断处理
8.1.1   一般问题中断处理
8.1.1.1   试验设备异常引起的中断
8.1.1.2   被试品故障引起的中断
8.1.2   重大问题中断处理
8.2   试验恢复处理
8.2.1   一般问题中断试验的恢复
8.2.2   重大问题中断试验的恢复
9   试验组织及任务分工
10   试验保障
11   试验安全
12   有关问题说明
13   试验实施网络图
14   附录
```

15.5.6　审查结论

审查组通过讨论质询,确定是否同意通过审查,形成审查结论意见。示例:

×××。会议成立了审查组(附件×),听取了×××(承试单位)作的《×××(产品名称)设计定型环境鉴定试验大纲编制说明》报告,对试验大纲进行了审查,经讨论质询,形成审查意见如下:

×××(产品名称)设计定型环境鉴定试验大纲内容完整、编制规范,规定的试验目的明确、试验项目齐全、性能监测合理、故障判据准确,符合军工产品定型工作规定和国家军用标准的相关规定,可以作为开展设计定型环境鉴定试验的依据。

审查组同意《×××(产品名称)设计定型环境鉴定试验大纲》通过审查。

15.6　设计定型可靠性鉴定试验大纲审查

15.6.1　审查目的

审查《×××(产品名称)设计定型可靠性鉴定试验大纲》是否能够实现对×××(产品名称)的可靠性进行考核,为产品设计定型提供依据。

15.6.2 审查时机

在承试单位完成《×××(产品名称)设计定型可靠性鉴定试验大纲》拟制后,二级定委组织审查。

15.6.3 审查文件

审查文件包括:
a) 设计定型可靠性鉴定试验大纲;
b) 设计定型可靠性鉴定试验大纲编制说明。

15.6.4 审查依据

审查依据主要包括:
a)《军工产品定型工作规定》;
b) GJB 899A—2009《可靠性鉴定和验收试验》;
c) GJB 1362A—2007《军工产品定型程序和要求》;
d) GJB/Z 170.1—2013《军工产品设计定型文件编制指南 第1部分 总则》;
e) GJB/Z 170.5—2013《军工产品设计定型文件编制指南 第5部分 设计定型基地试验大纲》;
f) ×××(产品名称)研制总要求(和/或技术协议书);
g) ×××(产品名称)产品规范。

15.6.5 审查内容

审查内容主要包括:
a) 试验大纲格式是否符合 GJB/Z 170.5—2013 的规定;
b) 试验项目是否齐全,内容是否覆盖研制总要求;
c) 试验环境与条件要求是否明确;
d) 试验方法是否合理,具有可操作性,能够实现对产品可靠性的考核;
e) 试验数据采集、处理的原则和方法是否明确;
f) 试验结果评定准则是否正确,是否能够给出明确的结论;
g) 测试测量要求特别是精度要求是否明确;
h) 试验组织与任务分工是否明确、具体、合理;
i) 试验保障要求及保障单位是否明确、具体、全面;
j) 是否提出了必要的安全措施和保密要求,特别是应急处置方案。

设计定型可靠性鉴定试验大纲应按照GJB/Z 170.5—2013的规定要求编制(参见本书15.2.5节的内容)。考虑到可靠性鉴定试验的具体要求,建议细化章节安排如下:

```
1  任务依据
1.1  任务来源
1.2  依据文件
2  试验性质
3  试验目的
4  试验时间和地点
5  被试品、陪试品数量及技术状态
5.1  被试品
5.1.1  被试品组成及安装位置
5.1.2  被试品主要功能性能
5.1.3  被试品接口关系
5.1.4  被试品数量
5.1.5  被试品技术状态
5.2  陪试品
5.2.1  陪试品组成
5.2.2  陪试品技术状态
6  试验项目、方法及要求
6.1  试验项目
6.2  试验环境与条件要求
6.2.1  标准大气条件
6.2.2  综合环境条件
6.2.2.1  电应力
6.2.2.2  温度应力
6.2.2.3  湿度应力
6.2.2.4  振动应力
6.2.2.5  试验条件允许误差
6.2.3  试验前有关工作要求
6.2.3.1  可靠性预计
6.2.3.2  故障模式影响及危害度分析(FMECA)
6.2.3.3  环境试验
```

6.2.3.4 环境应力筛选

6.2.3.5 军检

6.2.3.6 建立故障报告、分析和纠正措施系统(FRACAS)

6.2.3.7 试验装置能力调查

6.2.3.8 被试品的安装和测试

6.2.3.8.1 安装前被试品的测试

6.2.3.8.2 夹具的测试

6.2.3.8.3 被试品的安装

6.2.3.8.4 安装后被试品的测试

6.2.3.9 编制试验程序

6.2.4 试验报告要求

6.3 试验方法

6.4 试验方案

6.5 数据处理方法

6.6 试验结果评定准则

6.6.1 故障判据

6.6.2 故障分类

6.6.2.1 非责任故障

6.6.2.2 责任故障

6.6.3 故障统计原则

6.6.4 试验合格判据

7 测试测量要求

7.1 试验检测要求

7.1.1 检测项目和要求

7.1.2 检测方法和步骤

7.1.3 检测时机和记录

7.1.3.1 试验前检测

7.1.3.2 中间检测

7.1.3.3 试验后检测

7.2 试验设备及检测仪器仪表要求

7.2.1 精度要求

7.2.2 试验设备

7.2.3 检测仪器仪表

```
8　试验的中断处理与恢复
8.1　试验中断处理
8.1.1　一般问题中断处理
8.1.1.1　试验设备异常引起的中断
8.1.1.2　被试品故障引起的中断
8.1.2　重大问题中断处理
8.2　试验恢复处理
8.2.1　一般问题中断试验的恢复
8.2.2　重大问题中断试验的恢复
9　试验组织及任务分工
10　试验保障
11　试验安全
12　有关问题说明
13　试验实施网络图
14　附录
```

15.6.6　审查结论

审查组通过讨论质询,确定是否同意通过审查,形成审查结论意见。示例:

×××。会议成立了审查组(附件×),听取了×××(承试单位)作的《××× (产品名称)设计定型可靠性鉴定试验大纲编制说明》报告,对试验大纲进行了审查,经讨论质询,形成审查意见如下:

×××(产品名称)设计定型可靠性鉴定试验大纲内容完整、编制规范,规定的试验目的明确,试验剖面、试验方案合理,检测项目齐全,检测方法正确,检测时机恰当,故障判据准确,符合军工产品定型工作规定和国家军用标准的相关规定,可以作为开展设计定型可靠性鉴定试验的依据。

审查组同意《×××(产品名称)设计定型可靠性鉴定试验大纲》通过审查。

15.7　设计定型部队试验大纲审查

15.7.1　审查目的

审查《×××(产品名称)设计定型部队试验大纲》是否能够实现对××× (产品名称)在接近实战或实际使用条件下的作战使用性能和部队适用性进行考

核,为产品设计定型提供依据。

部队试验主要考核新型装备作战使用性能和部队适用性(含编配方案、训练要求等),检验新型装备完成作战使命任务的能力和部队满意程度,新型装备与其他配套使用装备(含指挥信息系统)的协调性,以及装备系统组成、人员编配的合理性。

15.7.2 审查时机

已基本完成设计定型基地试验,试验结果满足研制总要求,拟开始转入设计定型部队试验。承试部队完成《×××(产品名称)设计定型部队试验大纲》拟制后,由二级定委组织审查。

15.7.3 审查文件

审查文件包括:
a) 设计定型部队试验大纲;
b) 设计定型部队试验大纲编制说明。

15.7.4 审查依据

审查依据包括:
a)《军工产品定型工作规定》;
b)《中国人民解放军新型装备部队试验试用管理规定》;
c)《关于下达20××年装备部队试验试用计划》;
d) GJB 1362A—2007《军工产品定型程序和要求》;
e) GJB/Z 170.1—2013《军工产品设计定型文件编制指南 第1部分 总则》;
f) GJB/Z 170.7—2013《军工产品设计定型文件编制指南 第7部分 设计定型部队试验大纲》;
g) ×××(产品名称)研制总要求(和/或技术协议书);
h) ×××(产品名称)产品规范。

15.7.5 审查内容

审查内容主要包括:
a) 部队试验大纲格式是否符合GJB/Z 170.7—2013的规定;
b) 试验项目是否齐全,内容是否覆盖作战使用性能和部队适用性;
c) 试验条件与要求是否明确;

  d) 试验方法是否合理,具有可操作性,能够实现对作战使用性能和部队适用性的考核;
  e) 试验数据采集、处理的原则和方法是否明确;
  f) 试验判据是否正确,是否能够给出明确的结论;
  g) 测试测量要求特别是精度要求是否明确;
  h) 试验组织与分工是否明确、具体、合理;
  i) 试验保障要求及保障单位是否明确、具体、全面;
  j) 是否提出了必要的安全措施和保密要求,特别是应急处置方案。

GJB/Z 170.7—2013 规定的设计定型部队试验大纲编制要求如下:

1 任务依据

  一般包括:部队试验年度计划或下达部队试验任务的有关文件,以及被试品研制总要求。通常应列出相关文件的下达单位、文号和文件名称等。

  示例:

  ××式坦克部队试验任务依据

  a) 总参谋部、总装备部装计〔20××〕×××号《关于下达二○××年科研产品新装备部队试验试用计划事》的通知;

  b) 装陆〔20××〕×××号《××式坦克研制总要求》。

2 试验性质

  设计定型试验。

3 试验目的

  一般包括:

  a) 接近实战或实际使用条件下,考核被试品作战使用性能和部队适用性(含编配方案、训练要求等),为其能否设计定型提供依据;

  b) 为研究装备作战使用、编制、人员要求、后勤保障以及科研、生产等提供技术支撑。

  示例:

  ×××地空导弹武器系统部队试验目的:

  在接近实战或实际使用的条件下,考核×××地空导弹武器系统的作战使用性能和部队适用性(含编配方案、训练要求等),为其能否设计定型提供依据。同时为研究装备的作战使用、编制、人员要求、后勤保障以及为科研和生产等积累资料。在作战使用性能方面,重点考核×××地空导弹武器系统的工作性能及协调性,导弹的弹道特性、控制性能和武器系统的制导精度,武器系统的单发杀伤概率,武器系统的战术使用性能,武器系统的抗干扰性能;

在部队适用性方面,重点考核×××地空导弹的可用性、可靠性、维修性、保障性、兼容性、机动性、安全性、人机适应性和生存性等。

4 被试品、陪试品及主要测试仪器设备

4.1 被试品

明确被试品及主要配套产品的全称、数量和技术状态要求,以及提供渠道、交接条件和交接方式等。

示例:

被试品:××式主战坦克××台、××式坦克抢救车××台,随车工具、备品、附件和随车技术文件齐全,配置到规定的技术状态。在部队试验开始前一周由承研单位与承试部队进行车辆交接。交接时由承试部队进行技术状况检查,清点随车技术文件、工具、备品、附件等,符合有关规定后办理交接手续。

4.2 陪试品

明确陪试品的全称、数量和质量要求,以及提供渠道、交接条件和交接方式等。

示例1:

陪试品:炮兵测地车××台、履带式炮兵侦察车××台、火炮声探测系统和气象雷达探测系统各××套,技术状况完好,由承试部队按计划保障。

示例2:

陪试品:×××侦查设备××套、×××制导设备××套、×××应答机××套,技术状况完好,由承研承制单位提供。

4.3 主要测试仪器设备

明确主要测试仪器设备的名称(代号)、数量、精度和计量检定要求,以及提供渠道、交接条件和交接方式等。当主要测试仪器设备种类较多时,可用表格列出。

示例:

参试的主要测试仪器和试验设备见表×.×,由承研单位提供。参加试验的测试仪器和试验设备均应校验合格,并在有效期内,符合试验测试要求和试验环境要求,精度应能保证被测参数精度要求。

表×.× 主要测试仪器和试验设备

序号	名称	型号/规格	精度	单位	数量
1	水银温度计	0℃～100℃	±0.5℃	支	5
2	气压计	500Pa～1200Pa	±1.0hPa	支	10
3	计时器(秒表)	100μs～1s	±1μs	块	20
...	......	......	......	......	......

5 试验条件与要求

一般包括：

a) 部队试验的起止时间以及试验地区（地域、海域、空域）。如试验分多个阶段或在多个地区进行，应分别列出。

b) 战术条件和要求。可参考同类装备军事训练大纲中关于战术技术训练的相关规定设置试验的战术条件。对战术条件有特殊要求时，应具体说明。

c) 环境条件和要求。一般为试验地区在试验期间的地理、气象、水文、电磁等条件。对环境条件有特殊要求时，应具体说明。

d) 人员条件和要求。一般为承试单位具有代表性的人员。对人员有特殊要求时，应具体说明。

e) 试验强度和弹药消耗。一般应规定试验期间被试品的工作时间及强度、弹药消耗等方面的要求。

示例：

×××两栖装甲突击车部队试验条件与要求：

a) 试验时间和地区：20××年××月至20××年××月，在陆军××集团军机械化步兵第××师战术训练场（××地区）和××海训场进行。

b) 战术条件和要求：符合军事训练大纲中规定的战术技术训练条件，此外还应模拟×××野战条件下的×××进攻和防御，蓝方电磁环境为×××，电子干扰强度×××；红方电磁环境为×××，电子干扰强度×××等。

c) 环境条件和要求：试验地区的自然地理条件及其在试验期间的气象条件。在开展陆上机动性能试验时，应包括××个上坡和××个下坡、弯道数不少于××个；气温应在38℃上下，相对湿度在75%左右，气压应保持在×××Pa～×××Pa范围，能见度在××m以上，风速在××m/s以下。海上试验时海况条件应达到××级风××级浪。

d) 试验人员条件和要求：试验任务应当由具有代表性的人员承担，驾驶员应具备××级（含）以上驾驶员等级，车长应具备××级（含）以上无线电手等级，炮手应具备××级（含）以上射手等级，参与维修保障试验的修理工应具备××级（含）以上专业技术等级。

e) 试验消耗：单车试验不少于××摩托小时（海训时间不少于××摩托小时），消耗××mm穿甲弹××发、××mm机枪弹××发。

6 试验模式和试验项目

6.1 试验模式

部队试验通常采用先分系统、后全系统开展试验的模式进行。应明确被试品的作战、训练任务剖面及应力条件等。

示例1：

某型轮式步兵战车部队试验按照先单车试验、后组成基本作战单元试验的模式进行。单车先进行机动性能、指挥通信性能、火力性能试验，而后与×××抢救车和×××抢修车组成装备系统开展试验，最后与×××主战坦克、×××装甲输送车、装甲步兵等一起构成作战单元开展协同试验。

示例2：

某型发烟车部队试验按照先进行单车试验、后编队发烟试验的模式进行。单车先进行发烟车展开时间试验、撤收时间试验、起动时间试验、环境适应性试验、人机工程试验、烟幕尺寸测试试验、低温下雾油/红外干扰发烟量试验等。而后编队开展静止发烟和行进发烟试验。

6.2 试验项目

6.2.1 试验项目设置

试验项目设置一般应考虑研制总要求明确的作战使用性能、典型作战任务剖面、同类装备训练大纲、部队适用性以及承试部队可能达到的试验条件等因素。

6.2.2 试验项目规定的内容

当试验项目数量较多时，可分为若干试验项目大类，在各试验项目大类下分别列出具体的部队试验项目。当试验项目数量较少时，可对各项目逐一进行描述。对于各试验项目，一般应规定以下内容：

a) 试验目的；

b) 试验条件和要求；

c) 试验内容；

d) 试验记录；

e) 评判准则；

f) 其他。

示例1：

×××发烟车部队试验共进行展开撤收试验、人机工程试验、环境适应性试验、×××试验等××大类××个试验项目。其中展开撤收试验主要包括发烟车展开时间试验和发烟车撤收时间试验两个试验项目，人机工程试验主要包括×××试验、×××试验、×××试验等试验项目。

1. 发烟车展开撤收试验

   a) 发烟车展开时间试验

1) 试验目的:检验被试发烟车展开的方便性、快捷性;
2) 试验条件和要求:试验人员提前就位,至少重复 3 次试验,计时器应提前进行校准;
3) 试验内容:将发烟车行驶至发烟地点,指挥员下达展开装备口令,计时员开始计时,操作人员对装备进行必要的检查和准备,使发烟车处于待机状态。试验人员按规定完成操作,向指挥员报告展开完毕,计时员停止计时,测得展开时间;
4) 试验记录:由资料收集人员记录展开时间情况,并按规定填写附表;
5) 评判准则:平均展开时间在××min 内合格。

b) 发烟车撤收时间试验

……

示例 2:

(××飞机)发现与跟踪目标试验

a) 试验目的:检验武器装备对典型目标的搜索发现、稳定跟踪、敌我识别能力及操作过程的方便性、适应性;

b) 试验条件和要求:按试验大纲要求,确定校飞飞行诸元、校飞架次、目标进入次数、应答机工作频率、制导设备工作状态及记录处理要求;按使用维护要求对被试装备进行维护调整,排除故障及隐患,使校飞前处于良好状态;录取设备与制导设备对接良好;按实际校飞状态组织进行校飞操作控制程序合练,确保试验操作准确无误;

c) 试验内容:校飞时地面导航点应与制导设备和校飞飞机保持联络;过程中录取设备提前和退后考核处理段××km~××km 对校飞数据进行记录;每架次校飞过程中不得调整被试武器装备参数,如果不能满足飞行条件时,应中止试验;校飞结果按该型号校飞大纲固定的统计处理方法进行处理;

d) 试验记录:由资料收集人员按要求记录并填写表格,内容包括:搜捕跟踪目标方式;目标(高度、速度、航向、机型);开始搜捕目标距离;发现目标距离;自动跟踪距离;丢失目标距离;气象资料(包括天气、能见度、气温、湿度、气压、风速、风向等)等;

e) 评判准则:搜索发现、稳定跟踪、敌我识别能力应达到规定的要求;操作应方便、适应性强。

7 试验流程

基本流程一般包括:

a) 场库保管及其相关勤务；
b) 技术检查与准备；
c) 机动(行军、运输、航行、行驶等及相关技术保障)；
d) 展开与完成相关准备；
e) 基本指挥与操作,执行战斗、训练任务及相关技术保障；
f) 撤收。

针对被试品的特点和部队试验的具体目的,部队试验的总体流程可依具体试验项目有所不同。通常按先单机(单装或分系统),后全系统(或多件装备),再组成战斗结构(或作战单元)开展试验的流程进行。

对于比较复杂的试验项目,可进一步给出具体流程。

示例：
×××步兵战车部队试验采用先单车试验、后组成基本作战单元试验、穿插进行装备保障试验的程序实施。试验总体流程见图×.×。

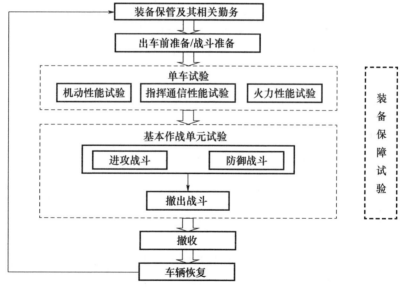

图×.× ××步兵战车部队试验总体流程

其中,机动性能试验流程见图×.×。

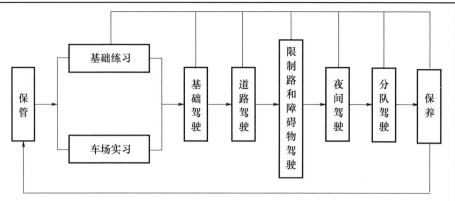

图X.X ××步兵战车机动性能试验流程

8 考核内容
8.1 作战使用性能

重点考核被试品在接近实战或实际使用条件下,能否完成规定任务及完成规定任务的程度。根据具体装备特点和试验目的,规定相应的定量考核指标(如试验项目完成率和完成试验项目的满意度等)和定性考核要点(包括使用方便性、功能完备性和设计合理性等)。

示例:

对×××地空导弹作战使用性能的考核内容主要包括:武器装备各系统件的工作协调性及配套性;对典型目标的搜索发现、稳定跟踪、敌我识别能力;反应时间是否满足要求;射击指挥系统的显示功能及规程的合理性;各种抗干扰、电子对抗措施的有效性;对付多目标能力;行军与越野能力;夜战性能等。

8.2 部队适用性
8.2.1 可用性

重点考核被试品在受领任务的任意时间点上,处于能够使用并执行任务状态的程度,要求如下:

a) 通常可从被试品在需要时能否正常工作和使用,在预定环境下能否按照预定作战强度执行作战任务等方面进行考核;

b) 应根据被试品特点和具体试验目的,规定相应的定量考核指标(如使用可用度、可达可用度、完好率等)和定性考核要点,对于定量考核指标应给出相应的计算模型。

8.2.2 可靠性

重点考核被试品在规定条件下和规定时间内完成预定功能的概率,即被试品无故障工作的能力,要求如下:

a) 通常可从被试品在试验期间发生故障的频繁程度、经常发生故障的部位,对执行任务的影响程度等方面进行考核;

b) 应根据被试品特点和具体试验目的,规定相应的定量考核指标(如平均故障间隔时间、平均故障间隔里程、平均致命性故障间隔时间、平均致命性故障间隔里程等)和定性考核要点(如故障对关重件或分系统的影响程度、关重件故障对被试品完成任务的影响程度等),对于定量考核指标应给出相应的计算模型。

8.2.3 维修性

重点考核被试品在基层级维修时,由规定技能等级的人员,按照规定的程序和方法,使用规定的资源进行维修时,恢复其规定状态的能力,要求如下:

a) 通常可从被试品故障修复时间,对修理人员数量和技能要求,维修的可达性、互换性,检测诊断的方便性、快速性,防差错措施与识别标记,维修安全性等方面进行考核;

b) 应根据被试品特点和具体试验目的,规定相应的定量考核指标(如平均修复时间、维修率、主要部件拆卸更换时间等)和定性考核要点(如维修可达性、维修人员要求、检测诊断方便性、安全性等),对于定量考核指标应给出相应的计算模型。

8.2.4 保障性

重点考核被试品设计特性和计划保障资源能够满足平时战备完好性和战时使用要求的能力,要求如下:

a) 通常可从被试品是否便于保障,保障时间、保障资源的适用性等方面进行考核;

b) 应根据被试品特点和具体试验目的,规定相应的定量考核指标(如战斗准备时间、再次出动准备时间、平均维护保养工时等)和定性考核要点(如保障设备的适用性、使用维护说明书等相关技术资料的适用性等),对于定量考核指标应给出相应的计算模型。

8.2.5 兼容性

重点考核被试品和相关装备(设备)同时使用或相互服务而互不干扰的能力,要求如下:

a) 通常可从被试品同平台多机协调工作、子系统之间协调工作时互不干扰的能力等方面进行考核；

b) 应根据被试品特点和具体试验目的，规定相应的定性考核要点（如电磁兼容性、计算机兼容性、物理兼容性和环境适应性等）。

8.2.6 机动性

重点考核被试品自行或借助牵引、运载工具，利用铁路、公路、水路、海上和空中等方式或途径，有效转移的能力，要求以下：

a) 通常可从被试品通过各种载体的运输能力、行军和战斗状态相互转换的速度和便捷性等方面进行考核；

b) 应根据被试品特点和具体试验目的，规定相应的定性考核要点（如陆路输送能力等）。

8.2.7 安全性

重点考核被试品不出现可能造成人员伤亡、职业病或引起设备损坏和财产损失，以及环境破坏等情况的能力，要求如下：

a) 通常可从被试品安全报警装置设置的合理性、使用和维修过程中造成装备或设备损坏、对人员造成伤害的可能性与危害程度等方面进行考核；

b) 应根据被试品特点和具体试验目的，规定相应的定性考核要点（如报警装置设置合理性、逃生装置设置合理性等）。

8.2.8 人机工程

重点考核被试品影响使用人员操作武器装备有效完成作战任务的程度，要求如下：

a) 通常可从被试品使用人员使用操作的方便性、工作的可靠性、工作环境的舒适性等方面，是否满足作战使用和勤务要求等方面进行考核；

b) 应根据被试品特点和具体试验目的，规定相应的定性考核要点（如装置设置合理性、布局合理性、工作舒适性等）。

8.2.9 生存性

重点考核被试品及其乘员回避或承受人为敌对环境，完成规定任务而不遭受破坏性损伤或人员伤亡的能力，要求如下：

a) 通常可从被试品主(被)动防御、规避、修复、自救、互救以及人员逃逸等方面进行考核；

b) 应根据被试品特点和具体试验目的，规定相应的定性考核要点（如主动防御装置设置合理性、自救装置设置合理性等）。

示例1：

应从如下方面对×××自行火炮部队适用性进行考核（节选）：

维修性：根据试验日志和故障与维修记录表中的信息，统计计算主要部件（包括动力舱、炮塔、火炮身管、单块履带板与整条履带、负重轮等）的更换时间（精确到 min），并定性评价维修的方便性，以及检测诊断的方便性等。

保障性：根据试验日志和保障活动记录表中的信息，统计单车战斗准备时间，并定性评价保障工作量大小和难易程度，以及所提供保障资源（随车工具、备品、附件及使用维护说明书等）的适用程度。单车战斗准备时间取单车从战备储存状态转为战斗状态过程中，完成规定使用保障活动所用时间的平均值。

示例2：

对×××地空导弹部队适用性的考核内容主要包括：对典型目标的搜索发现、稳定跟踪、敌我识别操作过程的方便性、适应性；火力转移操作的方便性、快捷性；展开与撤收时间；被试品工作运行、操作、维修、保障、控制和运输期间人员作业达到的安全、可靠、高效的程度；对人员的数量、技能、训练和保障要求；可靠性；维修性；保障性；环境适应性；生存性；安全性等。

9 试验数据采集、处理的原则和方法

9.1 试验数据采集

应针对具体试验目的和项目，规定试验过程中必须采集的数据、处理的原则和方法。

试验过程中，一般应采集试验基本信息（包括试验项目及内容、试验时间和地点、试验条件、参试人员情况、被试品状态、陪试品状态、试验过程及结果等）、被试品故障与维修信息、被试品保障信息、被试品缺陷信息等。

数据的采集与记录，通常采用使用仪器（设备）采集信息、填写数据表格、文字记录试验情况等方式进行。

应及时记录、填写各种数据、拍摄影像资料，确保数据记录真实可靠、内容全面、格式规范，符合存档要求。

各种数据应注明所属试验项目名称、条件、日期，由试验负责人和记录人员共同签署。

示例1：

×××雷达部队试验过程中，必须及时、准确、完整地采集、记录如下信息（必要时应采集视频和图像信息）：

a) 装备试验过程基本信息。装备试验过程中，填写试验日志，记录试验过程的基本信息，作为考核被试品作战使用性能和部队适用性、计算各评价

指标、撰写部队试验报告等的基本依据。

b) 装备故障与维修信息。装备发生故障时,及时、准确地记录故障与维修信息,填写故障与维修信息记录表。故障与维修信息可为考核评价被试品的维修性等提供基础数据。

c) 装备保障信息。装备试验过程中,在对被试品进行使用保障与维修保障活动时,及时、准确地记录保障活动有关信息,填写保障活动记录表。保障信息是考核评价被试品保障性和维修性等的基本依据。

d) 缺陷信息。装备试验过程中,发现装备在作战使用性能和部队适用性方面存在的缺陷时,填写缺陷报告表。缺陷信息是定性评价被试品作战使用性能和部队适用性的基本依据。

示例2:

×××军用小型无人机系统部队试验记录的内容主要包括:

a) 试验项目名称;
b) 试验时间、地点;
c) 试验地区的海拔高度;
d) 气象条件(包括天气、温度、相对湿度、气压、风向、风速等);
e) 被试品的型号和技术状态,以及试验过程中发现的主要问题及处理方法;
f) 测量仪器名称、型号、检定日期和精度;
g) 主要参试人员姓名、职务(职称);
h) 规定的试验数据。

示例3:

×××火箭炮部队试验在实施各项试验时应记录以下数据:

a) 各项试验参试人员的组成与分工;
b) 各项试验起止时间、持续时间、间隔时间等;
c) 各项试验的地点;
d) 各项试验时间的天气实况;
e) 各项试验的具体情况;
f) 各项试验中参试人员的体会、感受。

9.2 试验数据处理的原则和方法

应指定专人定期对所采集的数据进行分类、整理和存档,不得随意取舍。由承试部队组织有关人员对试验数据进行分析、计算,以便做出科学、公正、客观的评价。

10 试验评定标准

10.1 作战使用性能评定

一般包括：

a) 达到规定的定量指标要求；

b) 使用方便；

c) 功能完备；

d) 设计合理。

10.2 部队适用性评定

一般包括：

a) 可用性方面,被试品在试验期间经常处于完好状态；

b) 可靠性方面,被试品在试验期间发生的故障不影响试验任务的完成,可靠性达到规定的指标；

c) 维修性方面,被试品在试验期间发生的故障,能够由相应级别的维修机构在规定时间内修复；

d) 保障性方面,被试品随装设备、工具、备附件齐全、适用；随装技术资料内容完整、准确,能有效指导被试品使用与维护；作战准备、技术检查和维护保养方便、快捷；

e) 兼容性方面,被试品自扰、互扰程度符合规定要求,被试品之间及其与规定的作战体系内其他装备之间能够协调工作；

f) 机动性方面,被试品能通过规定的运输方式实施快速机动；装、卸载及固定方便、安全、可靠；对各种地形的适行能力强；行军和战斗状态相互转换速度快、方便便捷；

g) 安全性方面,被试品安全标识醒目,可有效避免使用与维修过程中的人员伤亡或设备损坏；对环境危害程度低；

h) 人机工程方面,被试品操作使用方便、空间布局合理、人机界面友好,工作环境满足作战使用要求；

i) 生存性方面,被试品主(被)动防御、规避、诱骗装置设置合理；自救、互救、修复能力强；人员逃逸装置设置合理；

j) 其他相关评定标准。

11 试验中断、中止与恢复

11.1 中断

规定试验中断的条件。通常,在试验中由于条件发生变化不能满足试验要求时,应中断试验。待条件满足时再继续试验。当某项试验中断前的试验条件没有超出规定的条件范围时,中断前的试验有效,否则应重新进行该项试验。

11.2 中止

规定试验中止的条件。通常,当出现下列情况之一时,按规定报批后,可中止试验:

a) 试验中被试品因技术状况或质量问题危及安全,或不能保证试验的安全进行;

b) 根据部分试验结果判定,被试品主要作战使用性能已达不到研制总要求规定的标准;

c) 被试品可靠性差,维修工作量大,使试验无法正常进行;

d) 因不可抗拒因素而丧失继续试验的条件。

11.3 恢复

规定试验恢复的条件。通常,承研单位对试验中暴露的问题采取改进措施,经试验验证和相关单位确认问题已解决,或不可抗拒因素已消失,按规定报批后可恢复试验。

12 试验组织与分工

规定试验组织与分工要求。部队试验由承试部队组织实施,承研承制单位配合。通常,承试部队应根据试验规模组成试验领导组和必要的职能小组(如计划协调组、装备保障组和后勤保障组等),具体负责试验的组织实施、政治思想、安全保密、技术和后勤保障等。承研承制单位负责提供试验所需技术资料、备件以及专用工具、仪器和设备等,并协助承试部队开展人员培训和提供技术保障。

示例:

×××指控系统部队试验由机械化步兵第××师组织实施,×××厂、×××研究所等相关单位配合。机械化步兵第××师成立专门的试验机构和试验分队,建立健全试验领导组、计划协调组、装备保障组和后勤保障组等,负责试验的组织实施、政治思想、安全保密、装备和后勤保障。由总师单位×××研究所负责协调××厂、×××研究所等承研承制单位提供试验所需技术资料、备件以及专用工具、仪器和设备等,并协助承试部队开展人员培训和提供技术保障。

13 试验报告要求

试验报告的编制内容和要求,参照GJB/Z 170.8—2013。

14 试验保障

应提出部队试验所需的软件、技术文件等保障要求,并明确提供单位。

应提出相关陆地或海上试验场地、空域、航区及主要设施、仪器设备的保障要求,并明确责任单位。

应提出相关兵力、弹药、通信、气象、航空、航海、运输、机要及后勤等保障要求,并明确责任单位。

应提出相关装备保障要求及提供保障的单位。

应规定试验人员培训要求,包括培训的时机、内容、培训单位等。

示例:

a) 技术文件及资料保障。《××式坦克使用维护说明书》、《××式坦克保障方案》等技术文件和资料应配套齐全,由承研承制单位提供。

b) 技术保障。部队试验中,承研单位应提供试验用维修专用工具、备件、备品、野战维修保障设备,并提供必要的技术指导。

c) 人员培训。部队试验前,承研单位应根据部队试验实施计划,协助承试部队对参试人员进行培训。培训内容主要包括被试品的构造与原理、使用操作、维护修理等。

15 安全要求

应根据被试品的特点和使用要求,结合试验条件,规定必要的安全措施和保密要求等。

示例:

a) 应在现场设置安全设施。观察(指挥)应在安全区或设置掩体。在炮位位置的掩体应能保障试验中出现最恶劣事故时人员安全。被试品、参试弹药、人员的掩体宜相互隔离。试验时,应根据具体情况在场区周围设置警戒,防止无关人员进入场区。

b) 执行射击指挥和阵地操作的规定和被试品说明书、维护保养说明书的规定。被试品附近宜少放弹药,分组射击时摆放数量不超过一组。

c) 应严格落实保密条例的有关规定,严防失、泄密事件的发生。

15.7.6 审查结论

审查组通过讨论质询,确定是否同意通过审查,形成审查结论意见。示例:

×××。会议成立了审查组(附件×),听取了×××(承试部队)作的《×××(产品名称)设计定型部队试验大纲编制说明》报告,对试验大纲进行了审查,经讨论质询,形成审查意见如下:

×××(产品名称)设计定型部队试验大纲突出了×××(产品名称)的战术使用特点,内容完整、编制规范,规定的试验目的明确、试验项目齐全、试验方法合理、评定标准正确、保障条件明确,能够实现对产品在接近实战或实际使用条件下的作战使用性能和部队适用性的考核,符合军工产品定型工作规定和国家军用标准的相关规定,可以作为开展设计定型部队试验的依据。

审查组同意《×××(产品名称)设计定型部队试验大纲》通过审查。

15.8　设计定型试验验收审查

15.8.1　审查目的

审查《×××(产品名称)设计定型×××试验报告》是否能够全面准确反映设计定型×××试验大纲规定项目的完成情况、客观公正评价被试品试验结果,对设计定型×××试验工作进行验收,为产品设计定型提供依据。

15.8.2　审查时机

依据设计定型×××试验大纲完成了设计定型×××试验,试验过程中暴露的所有问题已经归零,形成了《×××(产品名称)设计定型×××试验报告》,报二级定委办公室组织验收审查。

15.8.3　审查文件

审查文件包括:
a) 设计定型×××试验报告;
b) 设计定型×××试验记录。

15.8.4　审查依据

审查依据主要包括:
a)《军工产品定型工作规定》;
b) GJB 1362A—2007《军工产品定型程序和要求》;
c) GJB/Z 170—2013《军工产品设计定型文件编制指南》;
d) ×××(产品名称)研制总要求(和/或技术协议书);
e) ×××(产品名称)产品规范;
f) 设计定型×××试验大纲。

15.8.5　审查内容

审查内容主要包括:

a）试验报告格式是否符合 GJB/Z 170.6—2013《军工产品设计定型文件编制指南 第 6 部分 设计定型基地试验报告》或 GJB/Z 170.8—2013《军工产品设计定型文件编制指南 第 8 部分 设计定型部队试验报告》；

b）是否已经按照《设计定型×××试验大纲》完成了规定的全部试验项目；

c）试验记录是否完整准确；

d）试验结果是否符合研制总要求（或技术协议书）、产品规范的要求；

e）试验过程中出现的技术质量问题是否已经采取了有效的解决措施并进行了试验验证，是否已经按照"技术归零"和"管理归零"要求完成了归零评审。

GJB/Z 170.6—2013 规定的设计定型基地试验报告编制要求如下：

---

1 被试品全貌照片

照片应能够反映出被试品的全貌、外形特点,背景应简洁。

2 试验概况

主要包括：

a）编制依据（任务下达的机关和任务编号,批复的试验大纲,相关国家标准、国家军用标准、试验数据等）；

b）试验起止时间和地点（整个试验或某个试验段的起止时间和地点）；

c）被试品名称、代号、数量、批号（编号）及承研承制单位；

d）陪试品名称、数量；

e）试验目的和性质；

f）试验环境与条件；

g）试验大纲规定项目的完成情况；

h）试验中动用和消耗的装备情况；

i）参试单位和人员情况；

j）其他需要说明的事项。

3 试验内容和结果

应包含试验大纲规定的全部试验项目,并给出试验结果。要求如下：

a）对每个试验项目都应简述其试验的目的、试验条件、试验方法和试验结果。必要时,可给出数据处理过程。

b）对试验项目中被试品出现的问题进行统计。

c）对可靠性、维修性、测试性、保障性、安全性试验项目,依据有关故障判据进行故障统计。

4 试验中出现的主要问题及处理情况

主要包括：

a) 问题现象;

b) 问题处理情况;

c) 试验验证情况。

5 结论

主要包括:

a) 指标综合分析。依据研制总要求对被试品的试验结果进行综合对比评定,并附战术技术指标符合性对照表,示例见表×。

表× 产品主要战术技术指标符合性对照表

序号	指标章节号	要求	实测值	数据来源	考核方式	符合情况

注1:指标章节号沿用研制总要求(或研制任务书、研制合同)原章节号。
注2:要求是指战术技术指标及使用性能要求。
注3:数据来源栏填写实测值引自的相关报告、文件,如基地试验报告、仿真试验报告等。
注4:考核方式栏可填试验验证、理论分析、数学仿真/半实物仿真、综合评估等。

b) 总体评价。对被试品是否可以通过设计定型基地试验给出结论性意见。

6 存在问题与建议

根据试验中发现的问题,进行综合分析与评价,并给出产品存在的主要问题及改进建议。

7 附件

一般包括:

a) 战术技术指标符合性对照表;

b) 试验中出现的问题汇总表;

c) 必要的试验数据图表;

d) 典型试验场景(如主要毁伤效果、主要故障特写等)照片等。

GJB/Z 170.8—2013规定的设计定型部队试验报告编制要求如下:

1 试验概况

简述部队试验的总体情况,一般包括:

a) 任务来源、依据及代号;

b) 被试品名称(代号);

c) 承试单位和参试单位;

d) 试验性质、目的和任务;

e) 试验地点(地区)、起止时间;

f) 试验组织机构及其职责;

g) 试验实施计划的制定和落实情况;

h) 试验阶段划分;

i) 试验大纲规定任务的完成情况等。

示例:

根据总参谋部、总装备部装计〔20××〕×××号《关于下达〈二○××年新型装备部队试验试用计划〉通知》,以及军区装计〔20××〕×××号文件、集团军装甲〔20××〕×××号文件、《×××轮式步兵战车部队试验大纲》,对×××轮式步兵战车开展部队试验。

本次部队试验任务由××军区第××军××师承担,目的是在接近实战或实际使用的条件下,考核×××轮式步兵战车的作战使用性能和部队适用性,为其设计定型提供依据。试验时间从20××年××月××日至20××年××月××日,在××地区开展。

××师成立试验领导小组,由师长任组长,参谋长和装备部部长任副组长,作训科长、装甲科长、军械科长、宣传科长、油料科长为组员。下设计划协调组、数据管理组、试验分队、装备及后勤保障组等职能小组。分别负责试验计划的拟制、组织实施、厂家协调、技术保障,数据的收集、分析、整理、存档等工作。

本次部队试验按照试验大纲要求和试验计划安排,于20××年××月××日至20××年××月××日在××水域进行了水上试验,共完成了××个试验项目;20××年××月××日至20××年××月××日在××地区海域进行了海上试验,共完成了××个试验项目;20××年××月××日在××地区进行了陆上试验,共完成了××个试验项目。

本次部队试验完成了试验大纲规定的全部任务。

2 试验条件说明

2.1 环境条件

a) 对试验期间经历的环境条件(主要包括地理、气象、水文、电磁条件等)进行客观描述;

b) 对不符合试验大纲要求的试验环境条件进行重点说明,并给出原因。

示例:

(×××步兵战车部队试验)环境条件:试验期间均在白天进行,天气主要为晴,道路多为碎石路和土路;在×××水域进行的×××试验项目,水深1.2m,为硬质地河床;试验地区海拔高度为3500m,气温低于−20℃,该条件比试验大纲所规定的"海拔不低于3000m以及气温不低于-10℃"要求更为苛刻;未模拟野战条件下的进攻和防御战术,其原因是×××等。

2.2 被试品、陪试品、测试仪器和设备

a) 对试验期间被试品、陪试品、测试仪器和设备的基本情况(主要包括名称、数量、技术状态、工作时间或消耗情况等)进行客观描述;

b) 对不符合试验大纲要求的被试品、陪试品、测试仪器和设备的情况进行重点说明,并给出原因。

示例:

(×××无人机部队试验)被试品、陪试品、测量仪器和设备:被试品××架,全为正样机;实际试验时间××飞行小时,维护保养时间××h;陪试品符合大纲要求;测试仪器和设备基本符合试验大纲的要求,但××气压计的精度略低。

2.3 承试部队

对承试部队的基本情况(主要包括部队番号,使用兵力和装备,参试人员数量、技术水平、培训及考核情况等)进行客观描述。内容较多时,可采用表格形式描述。

示例:

(×××雷达部队试验)承试部队:承试部队×××,使用兵力×××,装备×××;参试人员的类别×××,数量×××,专业×××,分工×××,编组×××;承试人员的技术水平×××,培训与考核情况×××。

2.4 其他条件

对其他需要说明的条件(如试验大纲规定的技术文件、部队试验保障等)进行客观描述。对不符合试验大纲要求的其他条件进行重点说明,并给出原因。

示例:

(×××水面舰艇部队试验)其他条件:技术文件有×××,基本齐全配套,但所提供的保障方案中关于××部分有个别内容与被试品技术状态不完全一致;由×××承制单位提供的技术保障有×××,保障设备有×××,保障措施有×××,保障人员有×××,备品备件有×××。

3 试验项目、结果和必要的说明

3.1 试验项目概况

a) 从总体上归纳部队试验项目概况(包括试验项目大类、试验项目数量等),与"试验概况"部分内容应协调一致,避免重复描述。

b）试验项目应当与试验大纲保持一致。当试验项目较多时,应采用表格形式描述。

示例:

(××式坦克部队试验)共开展驾驶、通信、射击、战术运用以及装备保障5大类××个试验项目。具体试验项目见表×.×。

表×.× 部队试验项目表

项目大类	试验项目	项目大类	试验项目
驾驶试验	基础驾驶	通信试验	电台使用
	障碍物和限制路驾驶		网路通信对抗
	……		……

3.2 各项试验的过程简述、必要的说明及结果

试验过程简述一般包括:试验步骤、试验条件、试验的主要内容、试验方法等。对于各项试验项目的实施过程及结果通常应逐一描述。

示例:

(×××自行高炮部队试验)系统反应时间试验

试验用×××炮。自行高炮处于停止状态,搜索雷达发射机置于寂静状态。目标机按高度××m、速度××m/s、捷径××m的航路单向进入,临近飞行。当目标飞行到航前约××km时,搜索雷达转入非寂静状态,进行自动截获和跟踪。记录从车长制订目标至可以射击的时间。系统反应时间平均值:雷达工作方式为××s,红外工作方式××s。

各项试验项目的结果,应按照试验大纲规定的顺序编写,必要时采用图表形式表示。对试验结果描述应遵循以下要求:

a）试验结果重点包括:使用效果,能够实现的功能或能够完成的任务及完成程度,未能实现的功能或未能完成的任务,出现的故障和存在的问题;

b）当某项试验数据较多,不易采用文字形式表述时,可采用图表形式给出;

c）试验中出现的故障与问题应在对应的试验项目中简要阐述,一般包括对故障和问题的描述及原因分析、采取的措施和建议等。

示例:

(×××步兵战车部队试验)基础驾驶试验

出现的故障及处理情况有:车辆易发生脱轨现象。当车辆履带一侧倾斜角达到××时,地面附着力较小时,车辆容易发生脱轨现象,平均修复时间平均需要××h～××h,同时当车辆发生脱轨现象时,诱导轮容易断裂。建议更改设计。

3.3 未完成试验项目的原因及处理情况

对于未按部队试验大纲完成的试验项目,应给出具体原因及处理情况。

示例:

(×××装甲指挥车部队试验)通信综合练习

由于被试品与其他装备的软件系统不兼容,除语音通信以外的指控系统试验项目未能进行实际试验,大纲中规定的通信综合练习试验项目(全功能信道综合练习、专项通信对抗、战斗指挥车指挥信息系统综合联系等)均没有进行。由于没有合适的电子地图,现有电子地图比例尺太小,定位、导航试验项目没有进行。

4 对被试品的评价

4.1 作战使用性能评价

根据部队试验大纲给出的定量考核指标和评定标准,以试验数据为依据,评价被试品作战使用性能是否达到规定要求。

定性评价被试品(含分系统、配套产品等)的使用方便性、功能完备性和设计合理性。

4.2 部队适用性评价

针对部队试验大纲规定的考核内容、定量考核指标和定性评价要点,分别从可用性、可靠性、维修性、保障性、兼容性、机动性、安全性、人机工程和生存性等方面给出相应的评价结论。具体方面可根据被试品特点进行增减。

各项评价结论应以试验数据为基础,按照部队试验大纲提供的评定标准(或参考现役同类装备信息)进行评价。

各项评价内容应重点分析对被试品作战使用的影响程度。

4.2.1 可用性

重点评价被试品在试验期间处于能够执行任务状态的程度。可通过对使用可用度的计算,定量评价被试品可用性是否达到规定要求,无法定量评价时可进行定性评价。

示例:

(×××坦克部队试验)可用性评价:

此次部队试验的总天数为101d,试验期间总时间为 $77 \times 24h \times 5 + 24 \times 24h \times 3 = 10968h$。发生脱轨时,需花费 2h~4h 进行修复;蓄压器损坏在有配件情况下,需花费 1h~3h 进行更换。根据试验日志和故障报告表中采集的数据,计算出试验期间不能工作时间总和为2428h,依据试验大纲,有

使用可用度=1—(试验期间不能工作时间总和/试验期间总时间)×100%=1—(2428/10968)×100%=77.86%

4.2.2 可靠性

通过统计被试品在试验期间的故障时间和数量等信息,重点评价各分系统、重要部件等发生故障后对被试品完成任务的影响程度。

示例:

(×××坦克部队试验)可靠性评价:

采集故障报告表中记录的信息,剔除由于使用原因造成的故障,得出如下数据信息:

水上消耗摩托小时各单车总和为209.1h,水上故障总数为45个,根据计算公式:

平均故障间隔时间(水上)＝装备试验期内水上工作摩托小时总数/水上故障总数＝209.1h/45＝4.646h;

陆上消耗摩托小时各单车总和为596.9h,陆上故障总数为68个,根据计算公式:

平均故障间隔时间(陆上)＝装备试验期内陆上工作摩托小时总数/陆上故障总数＝596.9h/68＝8.777h;

水上致命性故障总数为16个,根据计算公式:

平均致命性故障间隔时间(水上)＝装备试验期内水上工作摩托小时总数/水上致命性故障总数＝209.1h/16＝13.07h;

陆上致命性故障总数为24个,根据计算公式:

平均致命性故障间隔时间(陆上)＝装备试验期内陆上工作摩托小时总数/陆上致命性故障总数＝596.9h/24＝24.87h。

平均故障间隔时间(综合传动装置)＝装备试验期内摩托小时总数/综合传动装置故障总数＝806h/40＝20.15h。

总的来说,该型装备总体故障率较高,尤其是综合传动装置所发生的故障约占到了总故障数的35.4%,严重影响了装备正常使用。

4.2.3 维修性

通过统计被试品在试验期间的维修时间、维修次数、维修人员数量和技术等级以及维修难易程度等信息,重点评价维修可达性、检测诊断的方便性和快速性、零部件的标准化和互换性、防差错措施与识别标记、维修安全性、维修难易程度、维修人员要求等是否达到规定的要求。

示例:

(×××坦克部队试验)维修性评价

试验期间修复性维修总时间为156h,试验期间故障总数为113个,根据

计算公式:

试验中拆装动力舱、炮塔、轮胎、减震器和夜视仪各1次,所用时间分别为××min、××min、××min、××min和××min;拆装球笼2次,平均时间××min;拆装收发信机,平均时间××min。维修或排除各类故障11次,平均排除时间××min。

总的来说,该型装备及配套保障装备检测诊断的方便性有明显提高,除个别部位外,装备维修的方便性好。

维修性方面出现的重要问题:综合传动装置拆卸时间过长,为××h。

4.2.4 保障性

通过统计被试品在试验期间的维护保养、使用保障和维修保障等信息,重点评价保障资源的适用性(主要包括保障设备、技术资料、保障设施等)、保障人员要求、保障工作量大小及难易程度等方面是否达到规定的要求。

示例:

(×××坦克部队试验)保障性评价:

该型装备出车前准备平均时间××min,回场后保养平均时间××min,战斗准备平均时间××min。

由于采用了具有自动检测功能的电气系统,工作量较××轮式装甲装备稍小,难易程度相当,工厂及随车装备提供的保障资源基本能满足训练要求,适用度较好。

保障性方面出现的重要问题:配备的吊具不匹配,无法承受起该型装备综合传动装置的重量。

4.2.5 兼容性

重点评价被试品和其相关装备(设备)同时使用或相互服务而互不干扰的能力,主要包括成系统试验时全系统的匹配性和协调性,在实际自然环境和电磁环境下正常使用的程度、与现役装备间的互连、互通和互操作程度等方面。

示例:

(×××坦克部队试验)兼容性评价:

该型装备话音功能部分能够满足与自身及其他作战体系的互通要求,但由于指挥车与其他3台装备的指挥软件不兼容,不能实现话音通信以外的其他通信功能,要满足设计要求还需要进一步改进指挥软件系统。

4.2.6 机动性

重点评价被试品进行兵力机动的能力,主要包括通过各种载体的运输能力、对各种地形的适行能力、行军和战斗状态间相互转换的速度和便捷性等方面。

示例：

(×××坦克部队试验)机动性评价：

从试验情况来看,该型装备及配套保障装备整体机动能力较强,底盘部分的越野性和适应能力较强。车体宽度与铁路平车宽度相当,适用于铁路机动输送。能满足实施陆路快速机动和运输要求的能力。

4.2.7 安全性

重点评价被试品实际使用的安全程度,主要包括有关注意事项和警示标志的设置情况、可能造成人员伤亡、设备损坏或财产损失的程度,以及危害环境程度等方面。

示例：

(×××坦克部队试验)安全性评价：

该型装备自身安全性能较好,根据试验日志和缺陷报告表中记录的信息,结合部队训练的实际情况,车辆发生故障,多数情况能自动报警,因此认为安全报警装置较为合理,在使用和维修过程中造成装备或设备损坏、对人员造成伤害的可能性较小、危害性程度较小。但是某些部位设计不合理,存在安全隐患。如蓄压器盖焊接不牢,在试验过程中,发生一起蓄压器盖冲开故障,存在安全隐患；滑板收放速度很慢,特别是在登陆过程中,容易影响驾驶员的观察和火力打击,不利于登陆作战。

4.2.8 人机工程

重点评价被试品在人机环境方面是否达到规定的要求,主要包括使用操作方便性、人机界面友好性、人机环境适应性和舒适性、工作可靠性、对操作使用人员工作能力要求等方面。

示例：

(×××坦克部队试验)人机工程评价：

通过试验发现,该型装备人机工程良好。较以往的同类装备,有了较大的改进和提高。主要表现在(节选)：

a) 信息终端

被试品信息终端显示面板设计简单明了,便于操作,显示内容丰富,便于观察和及时了解全车基本信息,准确性和快捷性都有可很大的提高。

b) 驾驶员舱

驾驶员舱空间较大,乘员舒适性提高。各控制面板设计布局较好,操作方便快捷。各操纵装置位置设计合理,人机适应性好,加油踏板与制动踏板操纵轻便灵活,舒适度较好。

4.2.9 生存性

重点评价被试品在不损失任务能力的前提下,避免或承受敌方打击或各种环境干扰的能力,主要包括主动防御、规避、诱骗、修复等的能力以及自救、互救及人员逃逸能力等方面。

示例:

(×××坦克部队试验)生存性评价:

该型装备的生存性能较好,而陆上较弱。根据装备缺陷报告中记录的信息,通过试验,有1辆车在濒海训练时在海上失去了动力,尔后由牵引车牵回;试验期间共发生6起履带脱轨故障;教练射击时出现3次并列机枪卡弹;履带脱轨后需要2h~4h进行修复,其余海上故障需要上陆时才能视情修理。

5 问题分析和改进建议

概括说明部队试验整个过程中暴露的问题。

示例:

×××飞机在整个部队试验过程中,发现较为突出的问题共××个,这些问题严重影响了××飞机作战性能的发挥。其中×××方面的问题××个,×××方面的问题××个,等等。

对出现的问题逐一进行分析,并提出改进建议,主要包括:

a) 问题描述。描述问题的基本情况,包括处于被试品的部位、主要现象、后果、发生时机、次数、有无规律等。可使用图表、照片等形式在报告中予以反映。

b) 产生原因。通常从使用(维修)操作、设计、产品质量等角度加以分析描述。

c) 问题处理。描述对问题采取的措施和效果。

d) 改进建议。对未解决的问题应阐明其对作战使用的影响,并提出改进建议。

示例:

问题:起落架及轮舱液压系统漏油

主要表现:经过一段时间的使用(50次起降)之后,起落架及轮舱可见多处漏油点,漏油痕迹明显。

主要原因:原因之一是管路与管路之间留有空隙过小,飞行过程中的振动会导致管路间相互刮磨,长时间的刮擦就会导致管路破损;原因之二是部件上的密封圈的老化、失效导致泄漏。这主要与密封圈所处的恶劣环境有关。液压油本身就具有强腐蚀性,系统长期工作后油温会很高,这加速了油液的氧化变酸,同时液压系统高达×××的压力,这些不利因素都会缩短密封圈的寿命,使其老化、失效。

对部队使用造成的影响:由于漏油增加了起落架和轮舱维护保养的难度和频率,液压油的消耗需要及时的补充;另外,漏油可能增加起落架的故障概率,造成隐患。

问题处理情况和结果:重新规范管路的走向和布局,减少因为震动和摩擦造成的相互刮磨;改用质量更高、寿命更长的密封圈,延缓其老化的速度。

提出改进或补充试验的建议:建议在管路布局更改和更换密封圈后,进行相应试验,观察改进效果。

6 试验结论

根据试验结果给出是否通过设计定型部队试验的结论性意见。

示例:

本次试验过程完全符合《×××设计定型部队试验大纲》的要求,试验条件适当,试验过程规范,试验项目完整、有效;被试品的作战使用性能和部队适用性均基本达到相关指标的要求;在本次试验过程中没有发现被试品存在严重的设计缺陷,被试品存在的一些一般性问题,在承制方的配合下进行了改进,效果较好,遗留问题也已拟定了有效、可行的解决方案。通过试验过程、结果和存在问题的综合分析,认为:产品满足作战使用性能和部队适用性要求,通过部队试验。

7 关于部队编制、训练、作战使用和技术保障等方面的意见和建议

7.1 对列装部队的类型及编配的意见和建议

结合承试部队基本情况(如承担过的任务、具备的经验等)以及完成预定目标的情况,对被试品列装部队的类型、配发标准和编配方案等提出意见和建议。

示例:

一是建议改变目前的编制模式,由每个建制火箭炮营编制×个火箭炮连和×个指挥连调整为编制×个火箭炮连和×个指挥连,将每个火箭炮连由×门制改为×门制,保持火箭炮总数不变。这样,既减少了军官编制岗位,又便于部队平时组织训练和战时火力运用。二是建议将大纲提出的每门新型火箭炮武器系统编制×人,调整为编制×人。主要是出于减员操作的考虑,防止战场意外情况导致无法完成战斗任务。

7.2 对部队训练的意见和建议

针对被试品特点,从训练内容、方法、周期、考核、保障等方面对部队训练提出意见和建议。

示例1：

针对本次试验中出现的×××问题,建议承接部队应在装备列装前充分运用技术骨干的优势,根据技术资料中×××、×××、×××等内容,加强对新装备的×××训练,采用×××方法,充分发挥装备战术技术性能。

示例2：

针对本次试验中出现的×××问题,建议承接部队应在训练中以先单车后连排,先×××后×××等的顺序进行,在×××过程中加强人员的调控,必须严格管理,在防止人为因素造成装备的损坏和故障的发生。

7.3 对作战使用的意见和建议

根据被试品作战使用性能和试验情况,从使用条件和适用范围等方面对被试品作战使用提出意见和建议。

示例：

在本次试验过程中,我们发现,该型装备在×××条件下(范围内)×××能力(性能)相对较差(表现得不够稳定),经分析是×××因素所致,建议加强×××部分配置(建议应该在×××条件下(范围内)使用,而不适宜在×××条件下(范围内)使用)。

7.4 对维修和保障人员编配的意见和建议

针对被试品特点,对被试品维修和保障人员的编配方案提出意见和建议。

示例：

建议改变目前的编制模式,由每个建制营编制××名××等级××专业的人员调整为编制××名××等级××专业的人员,既便于提高人员利用率,又提升了工作质量。

7.5 对训练装备、后勤和技术保障的意见和建议

针对技术文件资料、维修和保障设备的编配要求和数量,对训练装备、后勤和技术保障等方面提出意见和建议。

示例1：

在本次试验过程中,只具备×××,没有×××,导致训练难度比较大,严重影响了训练的进程。建议加强配备×××条件(设施,设备,装备),增加(减少)×××对×××的要求。

示例2：

在本次试验过程中,×××与部队实配的×××不相匹配,主要是×××。建议加强装备部件的匹配性、×××等,切实提高保障能力。

> 7.6 对装备使用管理的意见和建议
>
> 针对装备的启封、封存、保养、使用等管理方法和要求,提出意见和建议。
>
> 示例1:
>
> 在本次试验过程中,需要每××进行一次保养,与技术资料要求不一致。建议将保养间隔期由×××调整为×××,以确保与技术资料要求相吻合。
>
> 示例2:
>
> 在本次试验过程中,×××方法(要求)起到了重要的作用,避免了×××问题的发生。建议应该在完善×××方法(要求)的基础上,加强对×××的管理。

15.8.6 审查结论

审查组通过讨论质询,确定是否同意通过验收审查,形成验收审查结论意见。

示例1(设计定型基地试验验收审查意见):

×××。会议成立了验收审查组(附件×),听取了×××(承试单位)作的×××(产品名称)设计定型基地试验(试飞、试车、试航)工作报告,经讨论质询,形成验收审查意见如下:

×××(产品名称)按照设计定型基地试验(试飞、试车、试航)大纲完成了全部试验项目,试验过程中出现的×××、×××、×××等××个技术质量问题均已归零,试验数据真实准确,试验结论完整正确,试验报告编制规范,符合军工产品定型工作规定和国家军用标准的相关规定,可以作为设计定型的依据。

审查组同意×××(产品名称)设计定型基地试验(试飞、试车、试航)通过验收审查。

示例2(设计定型功能性能试验验收审查意见):

×××。会议成立了验收审查组(附件×),听取了×××(承试单位)作的×××(产品名称)设计定型功能性能试验工作报告,审查了相关试验记录,经讨论质询,形成验收审查意见如下:

×××(产品名称)按照设计定型功能性能试验大纲完成了全部试验项目,试验过程中未出现技术质量问题,试验数据真实准确,试验结论完整正确,试验报告编制规范,符合军工产品定型工作规定和国家军用标准的相关规定,可以作为设计定型的依据。

审查组同意×××(产品名称)设计定型功能性能试验通过验收审查。

示例3(设计定型电磁兼容性试验验收审查意见):

×××。会议成立了验收审查组(附件×),听取了×××(承试单位)作的×××(产品名称)设计定型电磁兼容性试验工作报告,审查了相关试验记录,经

讨论质询,形成验收审查意见如下:

×××(产品名称)按照设计定型电磁兼容性试验大纲完成了CE×××、……、CE×××、RE×××、……、RE×××、CS×××、……、CS×××、RS×××、……、RS×××等××项试验,试验条件、试验方法、试验组织符合规定要求,试验记录完整,试验过程质量受控,未发生故障(故障判定合理,试验过程中出现的×××故障已归零),试验数据真实准确,试验结论完整正确,试验报告编制规范,符合军工产品定型工作规定和国家军用标准的相关规定,可以作为设计定型的依据。

审查组同意×××(产品名称)设计定型电磁兼容性试验通过验收审查。

示例4(设计定型环境鉴定试验验收审查意见):

×××。会议成立了验收审查组(附件×),听取了×××(承试单位)作的×××(产品名称)设计定型环境鉴定试验工作报告,审查了相关试验记录,经讨论质询,形成验收审查意见如下:

×××(产品名称)按照设计定型环境鉴定试验大纲完成了全部试验项目,试验条件、试验方法、试验组织符合规定要求,试验过程质量受控,未发生故障(故障判定合理,试验过程中出现的×××故障已归零),试验数据真实准确,试验结论完整正确,试验报告编制规范,符合军工产品定型工作规定和国家军用标准的相关规定,可以作为设计定型的依据。

审查组同意×××(产品名称)设计定型环境鉴定试验通过验收审查。

示例5(设计定型可靠性鉴定试验验收审查意见):

×××。会议成立了验收审查组(附件×),听取了×××(承试单位)作的×××(产品名称)设计定型可靠性鉴定试验工作报告,审查了相关试验记录,经讨论质询,形成验收审查意见如下:

×××(产品名称)按照设计定型可靠性鉴定试验大纲完成了××个循环共计××××h试验,试验条件、试验方法、试验组织符合规定要求,测试时机合理,测试数据完整,试验过程质量受控,未发生故障(故障判定合理,试验过程中出现的×××故障已归零),试验数据真实准确,试验结论完整正确,试验报告编制规范,符合军工产品定型工作规定和国家军用标准的相关规定,可以作为设计定型的依据。

审查组同意×××(产品名称)设计定型可靠性鉴定试验通过验收审查。

示例6(设计定型部队试验验收审查意见):

×××。会议成立了验收审查组(附件×),听取了×××(承试部队)作的《×××(产品名称)设计定型部队试验报告》,经讨论质询,形成验收审查意见如下:

×××(产品名称)按照设计定型部队试验大纲完成了全部试验项目,试验过程中出现的×××、×××、×××等××个技术质量问题均已归零,试验数据真实准确,试验结论完整正确,试验报告编制规范,符合军工产品定型工作规定和国家军用标准的相关规定,可以作为设计定型的依据。

审查组同意×××(产品名称)设计定型部队试验通过验收审查。

15.9 设计定型审查

15.9.1 审查目的

审查产品是否符合《军工产品定型工作规定》、《军用软件产品定型管理办法》、GJB 1362A—2007《军工产品定型程序和要求》规定的标准和要求,给出设计定型审查意见,为产品设计定型提供决策依据。

15.9.2 审查时机

产品通过设计定型试验且符合规定的标准和要求时,承研承制单位进行全面总结,形成《质量分析报告》、《可靠性维修性测试性保障性安全性评估报告》、《标准化工作报告》、《价值工程和成本分析报告》以及《研制总结》。在整个研制过程中,军事代表机构对产品研制过程进行质量监督,对产品能否设计定型提出《军事代表机构对设计定型的意见》。承研承制单位会同军事代表机构或军队其他有关单位向二级定委提出《设计定型申请报告》。

在收到《设计定型申请报告》之后,由二级定委组织设计定型审查。

15.9.3 审查文件

设计定型审查时,一般设立设计定型文件审查组,对设计定型文件进行审查。依据 GJB 1362A—2007,设计定型文件通常包括:

a) 设计定型审查意见书;
b) 设计定型申请报告;
c) 军事代表机构或者军队其他有关单位对设计定型的意见;
d) 设计定型试验大纲和试验报告;
e) 产品研制总结;
f) 研制总要求(或研制任务书);
g) 研制合同;
h) 重大技术问题的技术攻关报告;
i) 研制试验大纲和试验报告;
j) 产品标准化大纲、标准化工作报告和标准化审查报告;

k) 质量分析报告；
l) 可靠性、维修性、测试性、保障性、安全性评估报告；
m) 主要的设计和计算报告(含数学模型)；
n) 软件(含源程序、框图及说明等)；
o) 软件需求分析文件；
p) 软件设计、测试、使用、管理文档；
q) 产品全套设计图样；
r) 价值工程和成本分析报告；
s) 产品规范；
t) 技术说明书、使用维护说明书、产品履历书；
u) 各种配套表、明细表、汇总表和目录；
v) 产品像册(片)和录像片；
w) 二级定委要求的其他文件。

在设计定型审查会议上，通常要作下述 9 个报告，其中前 7 个报告一般应装订成册(另附提交审查的设计定型文件清单)，向设计定型审查组成员提供：

a) 产品研制总结；
b) 质量分析报告；
c) 标准化工作报告；
d) 设计定型基地试验报告；
e) 设计定型部队试验报告；
f) 总体单位对设计定型的意见(适用时)；
g) 军事代表机构或者军队其他有关单位对设计定型的意见；
h) 性能测试报告(适用时)；
i) 设计定型文件审查意见。

15.9.4 审查依据

审查依据主要包括：
a)《军工产品定型工作规定》；
b)《军用软件产品定型管理办法》；
c) GJB 438B—2009《军用软件开发文档通用要求》；
d) GJB 1362A—2007《军工产品定型程序和要求》；
e) GJB 2786A—2009《军用软件开发通用要求》；
f) GJB/Z 170—2013《军工产品设计定型文件编制指南》；
g) ×××(产品名称)研制总要求(或技术协议书)，研制合同；

h）设计定型基地试验（功能性能试验、环境鉴定试验、可靠性鉴定试验、电磁兼容性试验等）大纲；

i）设计定型基地试验（功能性能试验、环境鉴定试验、可靠性鉴定试验、电磁兼容性试验等）报告；

j）设计定型部队试验大纲；

k）设计定型部队试验报告。

15.9.5 审查内容

GJB 1362A—2007《军工产品定型程序和要求》第5.7.2条规定，产品设计定型应符合下列标准和要求：

a）达到批准的研制总要求和规定的标准；

b）符合全军装备体制、装备技术体制和通用化、系列化、组合化的要求；

c）设计图样（含软件源程序）和相关的文件资料完整、准确，软件文档符合GJB 438A—1997《武器系统软件开发文档》（GJB 438B—2009《军用软件开发文档通用要求》）的规定；

d）产品配套齐全，能独立考核的配套设备、部件、器件、原材料、软件已完成逐级考核，关键工艺已通过考核；

e）配套产品质量可靠，并有稳定的供货来源；

f）承研承制单位具备国家认可的装备科研、生产资格。

在设计定型审查会前期，通常成立设计定型文件审查组，对所有设计定型文件进行审查，形成设计定型文件审查意见，并由文件审查组组长在设计定型审查大会上宣读。在进行设计定型文件审查时，重点审查设计定型文件的完整性、准确性、协调性、规范性。

在设计定型审查会上，重点审查设计定型试验过程中技术质量问题的解决情况，研制总要求（和/或技术协议书）规定的主要战术技术指标符合性情况，研制过程贯彻实施国家和军队法律法规标准情况等。

15.9.6 审查结论

审查组通过讨论质询，确定是否同意通过设计定型审查，形成设计定型审查结论意见。《×××（产品名称）设计定型文件审查意见》和《×××（产品名称）设计定型审查意见书》示例如下：

×××（产品名称）设计定型文件审查意见

20××年××月××日，受×××（产品名称）设计定型审查组委托，×××（产品名称）设计定型文件审查组（附件1）对×××（研制单位）提交的设计定型文件23类××册×××件(其中技术文件×××份合×××标准页、图样×××张合×××标准页、相册1册××张、录像片光盘1张)进行了审查。经讨论质询,形成审查意见如下:

1. 研制单位在研制过程中注重文件资料的拟制、收集、整理和归档工作,提供的设计定型文件完整、准确、协调、规范,文实相符,符合《军工产品定型工作规定》、GJB 1362A—2007和GJB/Z 170—2013对设计定型文件的相关规定;

2. 软件文档编制规范,签署齐全,符合GJB 438B—2009《军用软件开发文档通用要求》的规定;

3. 产品规范和图样内容合理,操作性强,可用于指导产品小批量生产和验收;

4. 技术说明书和使用维护说明书等用户资料基本满足部队使用维护要求。

审查组同意×××(产品名称)设计定型文件通过审查。

建议按照审查组专家提出的修改意见(附件2)进一步修改完善。

×××(产品名称)设计定型审查意见书

××军工产品定型委员会(二级定委名称):

20××年××月××日至××日,×××(二级定委办公室)在×××(会议地点)组织召开了×××(产品名称)设计定型审查会议。参加会议的有一级定委专家委、×××(相关机关)、×××(相关部队)、×××(研制总要求论证单位)、×××(军队其他有关单位)、×××(军事代表机构)、×××(承试单位)、×××(本行业和相关领域的单位)、×××(承研单位)、×××(承制单位)等××个单位××名代表(附件2)。会议成立了以×××(军队主管机关)为组长单位、×××(工业部门主管机关)为副组长单位的设计定型审查组(附件3),观看了×××(产品名称)设计定型录像片,听取了×××(承研单位)作的《×××(产品名称)研制总结》、《×××(产品名称)质量分析报告》、《×××(产品名称)标准化工作报告》,×××(承制单位)作的《×××(产品名称)试制总结》,×××(承试单位)作的《×××(产品名称)设计定型基地试验报告》,×××(承试部队)作的《×××(产品名称)设计定型部队试验报告》,×××(总体单位)作的《×××(产品名称)装机成品使用评议书》,×××(驻承制单位军事代表室)作的《军事代表对×××(产品名称)设计定型的意见》,文件审查组作的《×××(产品名称)设计定型文件审查意见》。审查组依据《军工产品定型工作规定》和GJB 1362A—2007《军工产品定型程序和要求》,对照总装备部装军〔×××〕×××号文批复的《×××(产品名称)研制总要求》,审查了设计定型文件,对×××(产品名称)的研制、试验和小批量生产准备情况进行了全面审查,并重点围绕战术技术指标和使用要求符合性、研制过程中暴露的技术质量问题解决情况以及涉及部队使用、维护保障等方面的问题进行了质询和讨论,现将有关情况报告如下。

一、产品简介

×××(产品名称)是"×××工程"重要装备,是我国自主研制的×××。20××年××月,总装备部装计〔×××〕×××号《关于×××(产品名称)研制立项事》批准研制立项。×××(承研单位)为承研单位,×××(承制单位)为试制单位,×××(承试单位)为设计定型基地试验责任单位,×××(承试部队)为设计定型部队试验责任单位。20××年××月,总装备部装军〔×××〕×××号《关于×××研制总要求事》批复×××(产品名称)研制总要求,并按照装备命名规定,命名为×××,型号代号×××,简称×××,为×级军工产品。首装×××平台,适用于×××、……、×××等平台。

×××(产品名称)主要使命任务是×××,具有×种典型作战使用模式:

a) ×××使用模式,用于×××;
b) ×××使用模式,用于×××;
……

×××(产品名称)具有下列主要功能:

a) ×××;
b) ×××;
……

×××(产品名称)由×××、……、×××和×××组成,产品分级及研制分工见表1。

表1 ×××(产品名称)及配套产品研制任务分工

序号	产品名称	产品型号	级别	新研/改型/选型	研制单位	生产单位	备注
1	×××	×××	二级	新研	×××	×××	
2	×××	×××	二级	新研	×××	×××	
3	×××	×××	二级	新研	×××	×××	
…	……	……	……	……	……	……	

×××(产品名称)采用×××、……、×××和×××等关键技术,具有×××、……、×××和×××等技术特点。

×××(产品名称)主要战术技术指标:

a) ×××(参数名称1):×××(指标要求);
b) ×××(参数名称2):×××(指标要求);
……

二、产品研制概况

（一）产品研制历程

×××（产品名称）研制自20××年××月开始，历时××年，完成了《常规武器装备研制程序》规定的论证、方案、工程研制和设计定型四个阶段的全部研制工作，主要历程如下：

20××年××月，通过立项综合论证审查；

20××年××月，签订研制合同和/或技术协议书；

20××年××月，通过×××组织的研制方案评审；

20××年××月，通过×××组织的初样机设计评审；

20××年××月，完成初样机研制；

20××年××月，通过×××组织的C转S评审；

20××年××月，通过×××组织的正样机设计评审；

20××年××月，完成正样机研制；

20××年××月，通过工艺评审及首件鉴定；

20××年××月，通过产品质量评审；

20××年××月，通过×××组织的S转D评审；

20××年××月，通过×××组织的装机方案评审；

20××年××月，完成装机(改装)工作；

20××年××月，完成机上地面联试；

20××年××月，通过×××（二级定委办公室）组织的设计定型功能性能试验大纲审查；

20××年××月，通过×××（二级定委办公室）组织的设计定型电磁兼容性试验大纲审查；

20××年××月，通过×××（二级定委办公室）组织的设计定型环境鉴定试验大纲审查；

20××年××月，通过×××（二级定委办公室）组织的设计定型可靠性鉴定试验大纲审查；

20××年××月，通过×××（二级定委办公室）组织的设计定型试飞（试车、试航）大纲审查；

20××年××月，通过×××（二级定委办公室）组织的设计定型部队试验大纲审查；

20××年××月，在×××完成设计定型功能性能试验；

20××年××月，在×××完成设计定型电磁兼容性试验；

20××年××月，在×××完成设计定型环境鉴定试验；

20××年××月,在×××完成设计定型可靠性鉴定试验;

20××年××月,在×××完成设计定型试飞(试车、试航);

20××年××月,在×××完成设计定型部队试验;

20××年××月,通过×××(二级定委办公室)组织的全部设计定型试验验收审查;

20××年××月,完成全部配套产品设计定型/鉴定审查。

(二)软件研制情况

×××(产品名称)软件由××个计算机软件配置项组成,源代码×××万行,软件定型状态见表2。

表2 ×××(产品名称)软件配置项一览表

序号	软件配置项名称	标识	等级	产品版本	分机版本	研制单位
1	×××	×××	关键	3.00	2.0.6	×××
2	×××	×××	重要	3.00	2.0.6	×××
3	×××	×××	一般	3.00	2.0.6	×××
×	×××	×××	××	3.00	2.0.6	×××

×××(软件名称)软件研制自20××年××月开始,历时××年,依据GJB 2786A—2009《军用软件开发通用要求》,按照软件工程化要求开展了相关研制活动。主要研制历程如下:

20××年××月,签订×××技术协议书(或×××软件研制任务书),正式启动软件研制工作;

20××年××月,完成软件需求分析,软件需求规格说明通过×××组织的评审;

20××年××月,完成软件开发计划、软件配置管理计划、软件质量保证计划等文件编写;

20××年××月,完成软件系统分析和设计;

20××年××月,完成软件系统内部测试和C型样件功能性能调试;

20××年××月,完成S型样件交付和软件装机系统联试;

20××年××月,完成软件需求外部评审;

20××年××月,完成软件第三方测试;

20××年××月,通过×××(二级定委办公室)组织的软件定型测评大纲审查;

20××年××月,完成软件定型测评;

20××年××月，随所属产品完成设计定型基地试验考核；

20××年××月，随所属产品完成设计定型部队试验考核；

20××年××月，通过×××（二级定委办公室）组织的软件定型测评验收审查。

20××年××月，通过×××（二级定委办公室）组织的软件定型审查。

三、设计定型试验概况

（一）设计定型基地试验

×××（产品名称）已完成了设计定型功能性能试验、设计定型电磁兼容性试验、设计定型环境鉴定试验、设计定型可靠性鉴定试验、设计定型试飞（试车、试航）等基地试验。

1. 设计定型功能性能试验

20××年××月××日至20××年××月××日，×××（承试单位）依据×××（二级定委）批复的《×××（产品名称）设计定型功能性能试验大纲》，在×××（试验地点）完成了设计定型功能性能试验，主要试验内容包括×××、……、×××等××项，试验过程中未发生故障。试验结果表明，产品功能性能满足研制总要求。

20××年××月××日，通过了由×××（二级定委办公室）组织的验收审查。

2. 设计定型电磁兼容性试验

20××年××月××日至20××年××月××日，×××（承试单位）依据×××（二级定委）批复的《×××（产品名称）设计定型电磁兼容性试验大纲》，在×××（试验地点）完成了CE×××、……、CE×××、RE×××、……、RE×××、CS×××、……、CS×××、RS×××、……、RS×××等××项电磁兼容性试验，且产品在×××（试验地点）参加了全机电磁兼容性试验，试验过程中未发生故障。试验结果表明，产品电磁兼容性满足研制总要求。

20××年××月××日，通过了由×××（二级定委办公室）组织的验收审查。

3. 设计定型环境鉴定试验

20××年××月××日至20××年××月××日，×××（承试单位）依据×××（二级定委）批复的《×××（产品名称）设计定型环境鉴定试验大纲》，在×××（试验地点）完成了设计定型环境鉴定试验，主要试验内容包括低温贮存、低温工作、高温贮存、高温工作、温度冲击、温度—高度、功能振动、耐久振动、加速度、冲击、运输振动、湿热、霉菌、盐雾等××项，试验过程中，出现了×××、……、×××等×个故障，均已整改归零。试验结果表明，产品环境适应性满足研制总要求。

20××年××月××日，通过了由×××（二级定委办公室）组织的验收审查。

4. 设计定型可靠性鉴定试验

20××年××月××日至20××年××月××日，×××（承试单位）依据×××（二级定委）批复的《×××（产品名称）设计定型可靠性鉴定试验大纲》，在×××（试验地点）完成了设计定型可靠性鉴定试验，采用统计试验方案××，总试验时间×××h，出现×××、……、×××等×个故障，均已整改归零。试验结果表明，产品可靠性满足研制总要求。

20××年××月××日，通过了由×××（二级定委办公室）组织的验收审查。

5. 设计定型试飞（试车、试航）

20××年××月××日至20××年××月××日，×××（承试单位）依据×××（二级定委）批复的《×××（产品名称）设计定型试飞（试车、试航）大纲》，在×××（试验地点）完成了设计定型试飞（试车、试航），主要试验内容包括×××、……、×××等××项，累计试飞（试车、试航）×××架次（车次、航次）×××h××min，试验过程中，出现了×××、……、×××等×个故障，均已整改归零。试飞（试车、试航）结果表明，产品功能性能满足研制总要求和使用要求。

20××年××月××日，通过了由×××（二级定委办公室）组织的验收审查。

（二）设计定型部队试验

20××年××月××日至20××年××月××日，×××（承试部队）依据×××（二级定委）批复的《×××（产品名称）设计定型部队试验大纲》，在×××（试验地点）完成了设计定型部队试验，主要试验内容包括×××、……、×××等××项，累计飞行（行驶、航行）×××架次（车次、航次）×××h××min，重点考核×××（产品名称）的作战使用性能和部队适用性。部队试验结果表明，产品作战使用性能和部队适用性均达到相关指标的要求，试验过程中没有发现产品存在严重的设计缺陷，存在的一些一般性问题，在承制单位的配合下进行了改进，效果较好。通过试验过程、结果和存在问题的综合分析，产品满足作战使用性能和部队适用性要求，通过部队试验。

20××年××月××日，通过了由×××（二级定委办公室）组织的验收审查。

（三）软件定型测评

20××年××月××日至20××年××月××日，依据×××（二级定委）

批复的《×××（产品名称）软件定型测评大纲》，由×××、……、×××等××家软件测评单位对××项关键软件，××项重要软件，××项一般软件开展定型测评工作。

测试级别包括配置项级和系统级两个级别，配置项级测试类型包括文档审查、静态分析、代码审查、动态测试等×种，系统级测试类型包括功能测试、性能测试、接口测试、强度测试、余量测试、安全性测试、边界测试和安装性测试等×种。共设计并执行测试用例×××例（其中，配置项测试×××例、系统测试×××例），发现软件问题×××个（其中，设计问题××个、程序问题×××个、文档问题×××个、其他问题××个）。针对测试中发现的所有问题，软件承研单位都完成了整改，定型测评机构也全部进行了回归测试，并随产品完成了设计定型试验验证。测评过程中发现的问题及最终确定的软件定型版本见表3。软件定型测评结果表明，软件满足产品研制总要求和软件研制任务书。

20××年××月××日，通过了由×××（二级定委办公室）组织的软件定型测评验收审查，软件质量综合评价为A级。

表3　×××（产品名称）软件定型测评

软件项目名称	定型测评机构	文档审查及代码审查问题	系统测试问题	最终版本号
×××软件	×××软件测评中心	一般缺陷××个 建议改进××个	无	V×.××
×××软件	×××软件测评中心	建议改进××个	严重缺陷××个：…… 一般缺陷××个：…… 建议改进××个：……	V×.××
……	……	……	……	……

（四）复杂电磁环境适应性评估

20××年××月××日，《×××（产品名称）复杂电磁环境适应性摸底试验评估大纲》通过由×××（二级定委办公室）组织的审查。

20××年××月××日至20××年××月××日，×××（评估单位）按照《×××（产品名称）复杂电磁环境适应性摸底试验评估大纲》要求完成了摸底试验评估并向×××（二级定委办公室）提交评估报告。

×××（产品名称）在研制过程中开展了复杂电磁环境适应性设计，完成了全机电磁兼容性试验验证，以及×××、×××、×××在干扰环境条件下的抗干扰试验，基本摸清了×××（产品名称）在复杂电磁环境下的适应能力。评估结果表明：×××（产品名称）电磁兼容性良好；具备在×××平台电磁环境中完成规定作战使命任务的能力;在敌方干扰条件下,具备一定的抗干扰能力,可适应一定强度的战场复杂电磁环境。

20××年××月××日,通过了由×××(二级定委办公室)组织的评审。

四、主要问题及解决情况

(一)工程研制阶段

×××(产品名称)在工程研制阶段出现了×××、……、×××等×个主要技术质量问题。经机理分析和试验复现,查明问题原因是×××、……、×××;通过采取×××、……、×××等解决措施,经验证措施有效。20××年××月××日,通过了由×××组织的归零评审。

(二)设计定型阶段

×××(产品名称)在设计定型阶段出现了×××、……、×××等×个主要技术质量问题。经机理分析和试验复现,查明问题原因是×××、……、×××;通过采取×××、……、×××等解决措施,经验证措施有效。20××年××月××日,通过了由×××组织的归零评审。

五、产品战术技术指标达到情况

设计定型功能性能试验、电磁兼容性试验、环境鉴定试验、可靠性鉴定试验、试飞(试车、试航)、部队试验表明,×××(产品名称)功能和性能达到了《×××(产品名称)研制总要求》和使用要求。战术技术指标达标情况见附件1。

六、设计定型文件审查情况

20××年××月××日,×××组织召开了×××(产品名称)设计定型文件资料预审查会,提出了×××条修改意见和建议。会后,承研承制单位进行了修改完善,正式提交设计定型审查文件共23类××册×××项(其中,技术文件×××份合×××标准页、图样×××张合×××标准页、相册1册××张、录像片光盘1张)。

经审查,设计定型文件完整、准确、协调、规范,文实相符,符合《军工产品定型工作规定》、GJB 1362A—2007《军工产品定型程序和要求》和 GJB/Z 170—2013《军工产品设计定型文件编制指南》对设计定型文件的相关规定;软件文档编制规范,签署齐全,符合 GJB 438B—2009《军用软件开发文档通用要求》的规定;产品规范和图样内容合理,操作性强,可用于指导产品小批量生产和验收;技术说明书和使用维护说明书等用户技术资料基本满足部队使用维护要求。

七、配套设备、原材料、元器件保障情况

×××(产品名称)配套齐全,配套的二级设计定型产品×项,三级或三级以下设计鉴定产品××项,均已完成逐级考核,通过设计定型/鉴定审查,具备批量供货能力;产品配套软件已通过定型审查,版本固定,符合《军用软件产品定型管理办法》要求。

主要配套产品、设备、零部件、元器件、原材料质量可靠,有稳定的供货来源,供货单位已列入合格供方和合格外包方目录。国产电子元器件规格比××%,数量比××%,费用比××%,没有使用红色等级进口电子元器件,使用紫色、橙色、黄色等级进口电子元器件比例××%,满足研制总要求,符合军定〔2011〕70号等文件中对全军装备研制五年计划确定的主要(或一般)装备的要求。

八、标准化审查情况

(说明:此处增加一章内容,回答设计定型标准和要求中的标准化要求)

研制过程中成立了标准化工作系统,编制了标准化大纲,建立了标准体系,编制了标准选用目录和软件贯标要求,标准应用合理,实施正确;有效开展并实现了"三化"设计目标,标准化件数系数达到××%,标准化品种系数达到××%,满足标准化大纲要求,符合《装备全寿命标准化工作规定》、《武器装备研制生产标准化工作规定》和 GJB 1362A—2007 的规定。

九、小批量生产条件准备情况

对研制过程中暴露技术质量问题的解决措施已全部在产品图样中落实,产品规范、图样以及工艺工装文件完整、准确、协调、规范,通过了工艺评审,能正确指导小批量生产和验收;工艺装备、检验、测量和试验设备配备齐全;关键工艺和关键技术已通过考核;对供方进行了质量保证能力和产品质量的评价,编制了合格供方名录和采购产品优选目录,有稳定的供货来源;各类操作和检验人员配置合理,均已经过培训,考核合格;研制单位质量管理体系健全,编制了《×××(产品名称)质量保证大纲》,对所有正式生产工装、过程、装置、环境、设施进行了检查,具备小批量生产的条件。

十、存在问题的处理意见

研制过程中出现的问题均已归零,无遗留问题。

十一、对生产定型条件和时间的建议

不进行生产定型(或:×××(产品名称)小批量生产×××台套后,组织进行生产定型)。

十二、产品达到设计定型标准和要求的程度及审查结论意见

审查组依据《军工产品定型工作规定》、《军用软件产品定型管理办法》和 GJB 1362A—2007 的相关要求,形成审查结论意见如下:

1. 承研承制单位已按照《常规武器装备研制程序》完成了×××(产品名称)全部研制工作,产品技术状态已冻结,经设计定型试验表明,产品功能性能满足研制总要求和规定的标准。

2. 研制过程中贯彻了《装备全寿命标准化工作规定》和《武器装备研制生产标准化工作规定》,产品符合全军装备体制、装备技术体制和通用化、系列化、组合化要求。

3. 设计定型文件完整、准确、协调、规范,符合 GJB 1362A—2007 和 GJB/Z 170—2013 的规定;软件文档符合 GJB 438B—2009 的规定;产品规范、图样以及在试制过程中形成的工艺文件可以指导产品小批量生产和验收,技术说明书和使用维护说明书等用户技术资料基本满足部队使用维护需求。

4. 产品配套齐全,配套的×项二级产品,××项三级或三级以下产品,均已完成逐级考核,通过了设计定型/鉴定审查;产品配套的××项关键、重要软件已通过定型审查,版本固定,符合《军用软件产品定型管理办法》要求;关键工艺已通过考核,工艺文件、工装设备等均满足小批量生产的需要。

5. 主要配套产品、设备、零部件、元器件、原材料质量可靠,有稳定的供货来源,国产电子元器件规格比××%,数量比××%,费用比××%,没有使用红色等级进口电子元器件,使用紫色、橙色、黄色等级进口电子元器件比例×%,满足研制总要求,符合军定〔2011〕70 号等文件中对全军装备研制五年计划确定的主要(或一般)装备的要求。

6. 承研承制单位具备国家认可的武器装备研制、生产资格,质量管理体系运行有效,在研制过程中贯彻了《武器装备质量管理条例》,产品质量受控,出现的技术质量问题均已归零,无遗留问题。

审查组认为,×××(产品名称)符合军工产品设计定型标准和要求,同意通过设计定型审查,建议批准设计定型(对一级定型产品:建议提交一级定委审查)。

附件1:×××(产品名称)主要战术技术指标符合性对照表
附件2:×××(产品名称)设计定型审查会代表名单
附件3:×××(产品名称)设计定型审查组专家签字名单

审查组组长:
副组长:
二○××年××月××日

附件 1

×××(产品名称)主要战术技术指标符合性对照表

序号	指标章条号	要求	实测值	数据来源	考核方式	符合情况

注1:指标章条号沿用研制总要求(或研制任务书、研制合同)原章条号。
注2:要求是指战术技术指标及使用性能要求。
注3:数据来源栏填写实测值引自的相关报告、文件,如基地试验报告、仿真试验报告等。
注4:考核方式栏可填试验验证、理论分析、数学仿真/半实物仿真、综合评估等。

附件 2

×××(产品名称)设计定型审查会代表名单

序号	姓名	工作单位	职务/职称	签字

附件 3

×××(产品名称)设计定型审查组专家签字名单

序号	组内职务	姓 名	工作单位	职务/职称	签 字
1	组 长				
2	副组长				
…	组 员				

附件 4

×××(产品名称)设计定型审查意见汇总表

序号	修改意见	提出单位或个人	处理意见

注:本附件仅供二级定委核查修改意见落实情况用,不在审查意见书中出现。

对于三级或三级以下军工产品,由装备研制管理部门组织进行设计鉴定审查,形成《×××(产品名称)设计鉴定审查意见(书)》。

对于相对重要的产品,形成完整的《×××(产品名称)设计鉴定审查意见书》,编写示例可参照《×××(产品名称)设计定型审查意见书》,不再赘述。对于一般产品,可仅对产品达到设计鉴定标准和要求的程度给出审查结论意见,形成《×××(产品名称)设计鉴定审查意见》,编写示例如下。

×××(产品名称)设计鉴定审查意见

20××年××月××日,×××(上级装备研制管理部门)在×××(会议地点)组织召开了×××(产品名称)设计鉴定审查会。参加会议的有×××(相关机关)、×××(相关部队)、×××(研制总要求论证单位)、×××(军队其他有关单位)、×××(军事代表机构)、×××(承试单位)、×××(本行业和相关领域的单位)、×××(研制单位)等××个单位××名代表(附件1)。会议成立了审查组(附件2),观看了×××(产品名称)设计鉴定录像片,听取了×××(研制单位)作的《×××(产品名称)研制总结》、《×××(产品名称)质量分析报告》、《×××(产品名称)标准化工作报告》,×××(承试单位)作的《×××(产品名称)设计鉴定基地试验报告》,×××(承试部队)作的《×××(产品名称)设计鉴定部队试验报告》,×××(技术总体单位)作的《技术总体单位对×××(产品名称)设计鉴定的意见》,×××(驻承制单位军事代表室)作的《军事代表对×××(产品名称)设计鉴定的意见》,文件审查组作的《×××(产品名称)设计鉴定文件审查意见》,性能测试组作的《×××(产品名称)功能性能测试报告》。审查组依据《军工产品定型工作规定》和GJB 1362A—2007《军工产品定型程序和要求》,对×××(产品名称)研制工作进行了全面审查,经讨论质询,形成审查意见如下:

1. 承研承制单位已按照《常规武器装备研制程序》完成了×××(产品名称)全部研制工作,产品技术状态已冻结,经设计鉴定试验表明,产品功能性能达到了《×××(产品名称)研制总要求》(或技术协议书规定的战术技术指标要求)和使用要求。

2. 研制过程中贯彻了《装备全寿命标准化工作规定》和《武器装备研制生产标准化工作规定》,产品符合全军装备体制、装备技术体制和通用化、系列化、组合化要求。

3. 设计鉴定文件完整、准确、协调、规范,符合GJB 1362A—2007《军工产品定型程序和要求》和GJB/Z 170—2013《军工产品设计定型文件编制指南》的规定;软件文档符合GJB 438B—2009《军用软件开发文档通用要求》的规定;产品规范和图样可以指导产品小批量生产和验收,技术说明书和使用维护说明书等用户技术资料基本满足部队使用维护需求。

4. 产品配套齐全,配套的设备已进行了独立考核并通过了设计鉴定;产品配套软件已通过鉴定测评,版本固定,符合《军用软件产品定型管理办法》要求;关键工艺已通过考核,工艺文件、工装设备等均满足小批量生产的需要。

5. 主要配套产品、设备、零部件、元器件、原材料质量可靠,有稳定的供货来源,国产电子元器件规格比××%,数量比××%,费用比××%,没有使用红色等级进口电子元器件,使用紫色、橙色、黄色等级进口电子元器件比例×%,满足研制总要求,符合军定〔2011〕70号等文件中对全军装备研制五年计划确定的一般装备的要求。

6. 承制单位具备国家认可的武器装备研制、生产资格,质量管理体系健全,运行有效,产品研制过程中贯彻了《武器装备质量管理条例》,研制过程质量受控,出现的技术质量问题均已归零,无遗留问题。

审查组认为,×××(产品名称)符合军工产品设计鉴定标准和要求,同意通过设计鉴定审查,建议批准设计鉴定。

审查组组长:
副组长:
二○××年××月××日

附件1

×××(产品名称)设计鉴定审查会代表名单

序号	姓名	工作单位	职务/职称	签字

附件2

×××(产品名称)设计鉴定审查组专家签字名单

序号	组内职务	姓 名	工作单位	职务/职称	签 字
1	组 长				
2	副组长				
…	组 员				

附件3

×××(产品名称)设计鉴定审查意见汇总表

序号	修改意见	提出单位或个人	处理意见

注:本附件仅供装备主管机关核查修改意见落实情况用,不在审查意见书中出现

参 考 文 献

[1] GB/T 131—2006. 产品几何技术规范(GPS)技术产品文件中表面结构的表示法.
[2] GB/T 191—2008. 包装储运图示标志.
[3] GB/T 192—2003. 普通螺纹　基本牙型.
[4] GB/T 193—2003. 普通螺纹　直径与螺距系列.
[5] GB/T 196—2003. 普通螺纹　基本尺寸.
[6] GB/T 197—2003. 普通螺纹　公差.
[7] GB/T 1031—2009. 产品几何技术规范(GPS)表面结构　轮廓法　表面粗糙度参数及其数值.
[8] GB/T 1182—2008. 产品几何技术规范(GPS)几何公差　形状方向位置和跳动公差标注.
[9] GB/T 1184—1996. 形状和位置公差　未注公差值
[10] GB/T 1800—1997. 极限与配合.
[11] GB/T 2516—2003. 普通螺纹　极限偏差.
[12] GB 3100—1993. 量和单位　国际单位制及其应用.
[13] GB 3101—1993. 量和单位　有关量、单位和符号的一般原则.
[14] GB 3102—1993. 量和单位系列标准.
[15] GB/T 3505—2009. 产品几何技术规范(GPS)表面结构轮廓法术语、定义及表面结构参数.
[16] GB/T 4457～4459—1984. 机械制图.
[17] GB/T 4728—1985. 电气简图用图形符号.
[18] GB/T 4863—2008. 机械制造工艺基本术语.
[19] GB/T 5489—1985. 印制板制图.
[20] GB/T 5465.1—2008. 电气设备用图形符号　第1部分:概述与分类.
[21] GB/T 5465.2—2008. 电气设备用图形符号　第2部分:图形符号.
[22] GB/T 6988—2008. 电气技术用文件的编制.
[23] GB/T 7027—2002. 信息分类和编码的基本原则与方法.
[24] GB/T 7714—2005. 文后参考文献著录规则.
[25] GB/T 14689—2008. 技术制图　图纸幅面和规格.
[26] GB/T 14690—1993. 技术制图　比例.
[27] GB/T 14691—1993. 技术制图　字体.
[28] GB/T 14692—1993. 技术制图　投影法.
[29] GB/T 15834—1995. 标点符号用法.
[30] GB/T 15835—1995. 出版物上数字用法的规定.
[31] GB/T 20000.1—2002. 标准化工作指南　第1部分:标准化和相关活动的通用词汇.
[32] GB/T 24736—2009. 工艺装备设计管理导则.
[33] GB/T 24737.1—2012 工艺管理导则　第1部分:总则.

[34] GB/T 24737.2—2012 工艺管理导则 第2部分:产品工艺工作程序.

[35] GB/T 24737.3—2009 工艺管理导则 第3部分:产品结构工艺性审查.

[36] GB/T 24737.4—2012 工艺管理导则 第4部分:工艺方案设计.

[37] GB/T 24737.5—2009 工艺管理导则 第5部分:工艺规程设计.

[38] GB/T 24737.6—2012 工艺管理导则 第6部分:工艺优化与工艺评审.

[39] GB/T 24737.7—2009 工艺管理导则 第7部分:工艺定额编制.

[40] GB/T 24737.8—2009 工艺管理导则 第8部分:工艺验证.

[41] GB/T 24737.9—2012 工艺管理导则 第9部分:生产现场工艺管理.

[42] GJB 0.1—2001. 军用标准文件编制工作导则 第1部分:军用标准和指导性技术文件编写规定.

[43] GJB 0.2—2001. 军用标准文件编制工作导则 第2部分:军用规范编写规定.

[44] GJB 0.3—2001. 军用标准文件编制工作导则 第3部分:出版印刷规定.

[45] GJB 145A—1993. 防护包装规范.

[46] GJB 150—1986. 军用设备环境试验方法.

[47] GJB 150A—2009. 军用装备实验室环境试验方法.

[48] GJB 151A—1997. 军用设备和分系统电磁发射和敏感度要求.

[49] GJB 152A—1997. 军用设备和分系统电磁发射和敏感度测量.

[50] GJB 151B—2013. 军用设备和分系统电磁发射和敏感度要求与测量.

[51] GJB 179A—1996. 计数抽样检查程序及表.

[52] GJB 181—1986. 飞机供电特性及对用电设备的要求.

[53] GJB 181A—2003. 飞机供电特性.

[54] GJB 181B—2012. 飞机供电特性.

[55] GJB 190—1986. 特性分类.

[56] GJB 289A—1997. 数字式时分制指令/响应型多路传输数据总线.

[57] GJB 358—1987. 军用飞机电搭接技术要求.

[58] GJB 368A—1994. 装备维修性通用大纲.

[59] GJB 368B—2009. 装备维修性工作通用要求.

[60] GJB 438A—1997. 武器系统软件开发文档.

[61] GJB 438B—2009. 军用软件开发文档通用要求.

[62] GJB 439—2013. 军用软件质量保证通用要求.

[63] GJB 450A—2004. 装备可靠性工作通用要求.

[64] GJB 451A—2005. 可靠性维修性保障性术语.

[65] GJB 466—1988. 理化试验质量控制规范.

[66] GJB 467—1988. 工序质量控制要求.

[67] GJB 467A—2008. 生产提供过程质量控制.

[68] GJB 480A—1995. 金属镀覆和化学覆盖工艺.

[69] GJB 481—1988. 焊接质量控制要求.

[70] GJB 509B—2008. 热处理工艺质量控制.

[71] GJB 546A—1996. 电子元器件质量保证大纲.

[72] GJB 546B—2011. 电子元器件质量保证大纲.

[73] GJB 571A—2005. 不合格品管理.

[74] GJB 593—1988. 无损检测质量控制规范.

[75] GJB 630A—1998. 飞机质量与可靠性信息分类和编码要求.

[76] GJB 726A—2004. 产品标识和可追溯性要求.

[77] GJB 786—1989. 预防电磁场对军械危害的一般要求.

[78] GJB 813—1990. 可靠性模型的建立和可靠性预计.

[79] GJB 832A—2005. 军用标准文件分类.

[80] GJB 841—1990. 故障报告、分析和纠正措施系统.

[81] GJB 897A—2004. 人一机一环境系统工程术语.

[82] GJB 899—1990. 可靠性鉴定和验收试验.

[83] GJB 899A—2009. 可靠性鉴定和验收试验.

[84] GJB 900—1990. 系统安全性通用大纲.

[85] GJB 900A—2012. 装备安全性工作通用要求.

[86] GJB 904A—1999. 锻造工艺质量控制要求.

[87] GJB 905—1990. 熔模铸造工艺质量控制.

[88] GJB 906—1990. 成套技术资料质量管理要求.

[89] GJB 907A—2006. 产品质量评审.

[90] GJB 908A—2008. 首件鉴定.

[91] GJB 909A—2005. 关键件和重要件的质量控制.

[92] GJB 939—1990. 外购器材的质量管理.

[93] GJB 1032—1990. 电子产品环境应力筛选方法.

[94] GJB 1091—1991. 军用软件需求分析.

[95] GJB 1181—1991. 军用装备包装、装卸、贮存和运输通用大纲.

[96] GJB 1182—1991. 防护包装和装箱等级.

[97] GJB 1267—1991. 军用软件维护.

[98] GJB 1268A—2004. 军用软件验收要求.

[99] GJB 1269A—2000. 工艺评审.

[100] GJB 1309—1991. 军工产品大型试验计量保证与监督要求.

[101] GJB 1310A—2004. 设计评审.

[102] GJB 1317A—2006. 军用检定规程和校准规程编写通用要求.

[103] GJB 1330—1991. 军工产品批次管理的质量控制要求.

[104] GJB 1362A—2007. 军工产品定型程序和要求.

[105] GJB 1364—1992. 装备费用—效能分析.

[106] GJB 1371—1992. 装备保障性分析.

[107] GJB 1378—1992. 装备预防性维修大纲的制订要求与方法.

[108] GJB 1378A—2007. 装备以可靠性为中心的维修分析.

[109] GJB 1389—2005. 系统电磁兼容性要求.

[110] GJB 1404—1992. 器材供应单位质量保证能力评定.

[111] GJB 1405A—2006. 装备质量管理术语.

[112] GJB 1406A—2005. 产品质量保证大纲要求.

[113] GJB 1407—1992. 可靠性增长试验.

[114] GJB 1442A—2006. 检验工作要求.

[115] GJB 1443—1992. 产品包装、装卸、运输、贮存的质量管理要求.

[116] GJB 1452A—2004. 大型试验质量管理要求.

[117] GJB 1686—1993. 装备质量与可靠性信息管理要求.

[118] GJB 1686A—2005. 装备质量信息管理通用要求.

[119] GJB 1710A—2004. 试制和生产准备状态检查.

[120] GJB 1775—1993. 装备质量与可靠性信息分类和编码通用要求.

[121] GJB 1909—1994. 装备可靠性维修性参数选择和指标确定要求.

[122] GJB 1909A—2009. 装备可靠性维修性保障性要求论证.

[123] GJB 2041—1994. 军用软件接口设计要求.

[124] GJB 2072—1994. 维修性试验与评定.

[125] GJB 2102—1994. 合同中质量保证要求.

[126] GJB 2115—1994. 军用软件项目管理规程.

[127] GJB 2116—1994. 武器装备研制项目工作分解结构.

[128] GJB 2240—1994. 常规兵器定型试验术语.

[129] GJB 2255—1994. 军用软件产品.

[130] GJB 2353—1995. 设备和零件的包装程序.

[131] GJB 2366A—2007. 试制过程的质量控制.

[132] GJB 2434A—2004. 军用软件产品评价.

[134] GJB 2547—1995. 装备测试性大纲.

[135] GJB 2547A—2012. 装备测试性工作通用要求.

[136] GJB 2691—1996. 军用飞机设计定型飞行试验大纲和报告要求.

[137] GJB 2712A—2009. 装备计量保障中心测量设备和测量过程的质量控制.

[138] GJB 2715A—2009. 军事计量通用术语.

[139] GJB 2725A—2001. 测试实验室和校准实验室通用要求.

[140] GJB 2737—1996. 武器装备系统接口控制要求.

[141] GJB 2742—1996. 工作说明编写要求.

[142] GJB 2786—1996. 武器系统软件开发.

[143] GJB 2786A—2009. 军用软件开发通用要求.

[144] GJB 2867—1997. 5.8mm 枪族通用规范.

[145] GJB 2873—1997. 军事装备和设施的人机工程设计准则.

[146] GJB 2961—1997. 修理级别分析.

[147] GJB 2993—1997. 武器装备研制项目管理.

[148] GJB 3206A—2010. 技术状态管理.

[149] GJB 3207—1998. 军事装备和设施的人机工程要求.

[150] GJB 3273—1998. 研制阶段技术审查.

[151] GJB 3363—1998. 生产性分析.

[152] GJB 3385—1998. 测试与诊断术语.

[153] GJB 3404—1998. 电子元器件选用管理要求.

[154] GJB 3660—1999. 武器装备论证评审要求.

[155] GJB 3677A—2006.装备检验验收程序.

[156] GJB 3837—1999.装备保障性分析记录.

[157] GJB 3870—1999.武器装备使用过程质量信息反馈管理.

[158] GJB 3871—1999.军品价格测算程序.

[159] GJB 3872—1999.装备综合保障通用要求.

[160] GJB 3885A—2006.装备研制过程质量监督要求.

[161] GJB 3886A—2006.军事代表对承制单位型号研制费使用监督要求.

[162] GJB 3887A—2006.军事代表参加装备定型工作程序.

[163] GJB 3888—1999.军事代表参与武器装备研制合同管理要求.

[164] GJB 3898A—2006.军事代表参与装备采购招标工作要求.

[165] GJB 3899A—2006.大型复杂装备军事代表质量监督体系工作要求.

[166] GJB 3900A—2006.装备采购合同中质量保证要求的提出.

[167] GJB 3916A—2006.装备出厂检查、交接与发运质量工作要求.

[168] GJB 3919A—2006.封存生产线质量监督要求.

[169] GJB 3920A—2006.装备转厂、复产鉴定质量监督要求.

[170] GJB 3966—2000.被测单元与自动测试设备兼容性通用要求.

[171] GJB 4050—2000.武器装备维修器材保障通用要求.

[172] GJB 4054—2000.武器装备论证手册编写规则.

[173] GJB 4072A—2006.军用软件质量监督要求.

[174] GJB 4239—2001.装备环境工程通用要求.

[175] GJB 4355—2002.备件供应规划要求.

[176] GJB 4599—1992.军工定型产品文件、资料报送要求.

[177] GJB 4757—1997(GJB z20376—1997).武器装备技术通报编制规范.

[178] GJB 4771—1997.航空军工产品技术说明书编写基本要求.

[179] GJB 4827—1998(GJB z 20484—1998).装甲车辆经济性评定.

[180] GJB 5000—2003.军用软件能力成熟度模型.

[181] GJB 5000A—2008.军用软件研制能力成熟度模型.

[182] GJB 5109—2004.装备计量保障通用要求　检测和校准.

[183] GJB 5159—2004.军工产品定型电子文件要求.

[184] GJB 5234—2004.军用软件验证和确认.

[185] GJB 5235—2004.军用软件配置管理.

[186] GJB 5236—2004.军用软件质量度量.

[187] GJB 5238—2004.装备初始训练与训练保障要求.

[188] GJB 5283—2004.武器装备发展战略论证通用要求.

[189] GJB 5432—2005.装备用户技术资料规划与编制要求.

[190] GJB 5439—2005.航空电子接口控制文件编制要求.

[191] GJB 5570—2006.机载设备故障分析手册编制要求.

[192] GJB 5572—2006.机载设备维修手册编制要求.

[193] GJB 5707—2006.装备售后技术服务质量监督要求.

[194] GJB 5708—2006.装备质量监督通用要求.

[195] GJB 5709—2006. 装备技术状态管理监督要求.

[196] GJB 5710—2006. 装备生产过程质量监督要求.

[197] GJB 5711—2006. 装备质量问题处理通用要求.

[198] GJB 5712—2006. 装备试验质量监督要求.

[199] GJB 5713—2006. 装备承制单位资格审查要求.

[200] GJB 5714—2006. 外购器材质量监督要求.

[201] GJB 5715—2006. 引进装备检验验收程序.

[202] GJB 5852—2006. 装备研制风险分析要求.

[203] GJB 5880—2006. 软件配置管理.

[204] GJB 5881—2006. 技术文件版本标识及管理要求.

[205] GJB 5882—2006. 产品技术文件分类与代码.

[206] GJB 5922—2007. 飞机技术通报编制要求.

[207] GJB 5967—2007. 保障设备规划与研制要求.

[208] GJB 6177—2007. 军工产品定型部队试验试用大纲通用要求.

[209] GJB 6178—2007. 军工产品定型部队试验试用报告通用要求.

[210] GJB 6387—2008. 武器装备研制项目专用规范编写规定.

[211] GJB 6388—2008. 装备综合保障计划编制要求.

[212] GJB 6389—2008. 军用软件评审.

[213] GJB 6878—2009. 武器装备作战需求论证通用要求.

[214] GJB 6921—2009. 军用软件定型测评大纲编制要求.

[215] GJB 6922—2009. 军用软件定型测评报告编制要求.

[216] GJB 7686—2012. 装备保障性试验与评价要求.

[217] GJB 9001A—2001. 质量管理体系要求.

[218] GJB 9001B—2009. 质量管理体系要求.

[219] GJB/Z 3—1988. 军工产品售后技术服务.

[220] GJB/Z 4—1988. 质量成本管理指南.

[221] GJB/Z 16—1991. 军工产品质量管理要求与评定导则.

[222] GJB/Z 17—1991. 军用装备电磁兼容性管理指南.

[223] GJB/Z 23—1991. 可靠性和维修性工程报告编写一般要求.

[224] GJB/Z 27—1992. 电子设备可靠性热设计手册.

[225] GJB/Z 34—1993. 电子产品定量环境应力筛选指南.

[226] GJB/Z 35—1993. 元器件降额准则.

[227] GJB/Z 57—1994. 维修性分配与预计手册.

[228] GJB/Z 69—1994. 军用标准的选用和剪裁导则.

[229] GJB/Z 72—1995. 可靠性维修性评审指南.

[230] GJB/Z 77—1995. 可靠性增长管理手册.

[231] GJB/Z 89—1997. 电路容差分析指南.

[232] GJB/Z 91—1997. 维修性设计技术手册.

[233] GJB/Z 94—1997. 军用电气系统安全设计手册.

[234] GJB/Z 99—1997. 系统安全工程手册.

[235] GJB/Z 102—1997. 软件可靠性和安全性设计准则.

[236] GJB/Z 102A—2012. 军用软件安全性设计指南.

[237] GJB/Z 105—1998. 电子产品防静电放电控制手册.

[238] GJB/Z 106A—2005. 工艺标准化大纲编制指南.

[239] GJB/Z 108A—2006. 电子设备非工作状态可靠性预计手册.

[240] GJB/Z 113—1998. 标准化评审.

[241] GJB/Z 114—1998. 新产品标准化大纲编制指南.

[242] GJB/Z 114A—2005. 产品标准化大纲编制指南.

[243] GJB/Z 127A—2006. 装备质量管理统计方法应用指南.

[244] GJB/Z 131—2002. 军事装备和设施的人机工程设计手册.

[255] GJB/Z 134—2002. 人机工程实施程序指南.

[256] GJB/Z 141—2004. 军用软件测试指南.

[257] GJB/Z 142—2004. 军用软件安全性分析指南.

[258] GJB/Z 145—2006. 维修性建模指南.

[259] GJB/Z 147—2006. 装备综合保障评审指南.

[260] GJB/Z 151—2007. 装备保障方案和保障计划编制指南.

[261] GJB/Z 170—2013. 军工产品设计定型文件编制指南.

[262] GJB/Z 171—2013. 武器装备研制项目风险管理指南.

[263] GJB/Z 215.1—2004. 军工材料管理要求　第1部分:研制.

[264] GJB/Z 215.2—2004. 军工材料管理要求　第2部分:选用.

[265] GJB/Z 215.3—2004. 军工材料管理要求　第3部分:采购.

[266] GJB/Z 220—2005. 军工企业标准化工作导则.

[267] GJB/Z 299C—2006. 电子设备可靠性预计手册.

[268] GJB/Z 379A—1992. 质量管理手册编制指南.

[269] GJB/Z 457—2006. 机载电子设备通用指南.

[270] GJB/Z 594A—2000. 金属镀覆层和化学覆盖层选择原则与厚度系列.

[271] GJB/Z 768A—1998. 故障树分析指南.

[272] GJB/Z 1391—2006. 故障模式、影响及危害性分析指南.

[273] GJB/Z 1687A—2006. 军工产品承制单位内部质量审核指南.

[274] GJBz 20221—1994. 武器装备论证通用规范.

[275] GJBz 20517—1998. 武器装备寿命周期费用估算.

[276] HB/Z 227—1992. 机载设备制造工艺工作导则.

[277] HB 7815—2006. 航空产品工艺文件分类与代码.

[278] QJ 903B—2011. 航天产品工艺文件管理制度.

[279]《常规武器装备研制程序》,总参谋部、国防科工委、国家计委、财政部,〔1995〕技综字第2709号.

[280]《战略武器装备研制程序》,总参谋部、国防科工委、国家计委、财政部,〔1995〕技综字第2709号.

[281]《人造卫星研制程序》,总参谋部、国防科工委、国家计委、财政部,〔1995〕技综字第2709号.

[282]《中国人民解放军装备条例》,中央军委,〔2000〕军字第96号.

[283]《中国人民解放军装备采购条例》,中央军委,〔2002〕军字第5号.

[284]《中国人民解放军装备科研条例》,中央军委,〔2004〕军字第4号.

[285]《武器装备研制项目招标管理办法》,国防科工委,〔1995〕技综字第 2033 号.
[286]《中华人民共和国招标投标法》,九届全国人大 11 次会议,1999 年 8 月 30 日通过.
[287]《武器装备研制合同暂行办法》,国务院、中央军委,〔1987〕7 号.
[288]《武器装备研制合同暂行办法实施细则》,总参谋部、国防科工委、国家计委,〔1995〕技综字第 2439 号.
[289]《国防科研试制费管理规定》,财政部、总装备部,〔2006〕132 号.
[290]《国防科研项目计价管理办法》,财政部、国防科工委,〔1995〕计计字第 1765 号.
[291]《军工科研事业单位财务制度》,财政部,1996.
[292]《军品价格管理办法》,总参谋部、国防科工委、国家计委、财政部,1996.
[293]《武器装备研制设计师系统和行政指挥系统工作条例》,国务院、中央军委,1984 年 4 月 3 日.
[294]《中国人民解放军驻厂军事代表工作条例》,国务院、中央军委,1989 年 9 月 26 日.
[295]《武器装备质量管理条例》,国务院、中央军委,〔2010〕第 582 号.
[296]《军用软件质量管理规定》,〔2005〕装字第 4 号.
[297]《中国人民解放军计量条例》,中华人民共和国中央军事委员会,2003 年 7 月 29 日.
[298]《武器装备研制的标准化工作规定》,国防科工委,1990.
[299]《武器装备研制生产标准化工作规定》,国防科工委,2004.
[300]《装备全寿命标准化工作规定》,总装备部,装法〔2006〕4 号,2006 年 5 月 22 日.
[301]《全军武器装备命名规定》,中国人民解放军总参谋部,〔1987〕参装字第 379 号文,1987.
[302]《军工产品定型工作规定》,国务院、中央军委,〔2005〕32 号文.
[303]《军用软件产品定型管理办法》,国务院、中央军委军工产品定型委员会,〔2005〕军定字第 62 号.
[304]《关于加强复杂电磁环境下武器装备定型试验考核工作的意见》,军定〔2012〕17 号文.
[305]《中国人民解放军新型装备部队试验试用管理规定》,总参谋部、总装备部,装法〔2014〕1 号文,2014.
[306]《武器装备使用进口电子元器件管理办法》,装法〔2006〕3 号文,2006.
[307]《武器装备使用进口电子元器件管理办法实施细则》,装电〔2011〕263 号文,2011.
[308]《武器装备研制生产使用国产军用电子元器件暂行管理办法》,装法〔2011〕2 号文,2011.
[309]《关于在装备定型工作中加强电子元器件使用情况审查事》,军定〔2011〕70 号文,2011.
[310] 赵卫民,吴勋,孟宪君,等. 武器装备论证学. 北京:兵器工业出版社,2008.
[311] 龚庆祥,赵宇,顾长鸿. 型号可靠性工程手册. 北京:国防工业出版社,2007.
[312] 康锐,石荣德,肖波平,等. 型号可靠性维修性保障性技术规范. 第 1 册. 北京:国防工业出版社,2010.
[313] 康锐,石荣德,肖波平,等. 型号可靠性维修性保障性技术规范. 第 2 册. 北京:国防工业出版社,2010.
[314] 康锐,石荣德,肖波平,等. 型号可靠性维修性保障性技术规范. 第 3 册. 北京:国防工业出版社,2010.
[315] 阮镰,陆民燕,韩峰岩. 装备软件质量和可靠性管理. 北京:国防工业出版社,2006.
[316] 祝耀昌. 产品环境工程概论. 北京:航空工业出版社,2003.
[317] 秦英孝,关祥武,严勇,等. 军事代表科技写作概论. 北京:国防工业出版社,2004.
[318] 赵生禄,张林,张五一,等. 军事代表业务技术工作概论. 北京:国防工业出版社,2008.
[319] 〔美〕国防系统管理学院. 系统工程管理指南. 周宏佐,曹纯,陆镛,等译. 北京:国防工业出版

社,1991.
[320]〔美〕防务系统管理学院. 系统工程管理指南. 国防科工委军用标准化中心,译. 北京:宇航出版社,1992.
[321]〔美〕国防系统管理学院. 系统工程概论. 军用标准化中心,译. 军用标准化中心,2000.
[322]张健壮,承文,史克禄. 武器装备研制项目风险管理. 北京:中国宇航出版社,2010.
[323]刘孝峰. 价值工程在军工产品目标成本管理中的应用. 航天财会,2010(3):30−33.
[324]梅文华,罗乖林,黄宏诚,等. 军工产品研制技术文件编写指南. 北京:国防工业出版社,2010.
[325]梅文华,罗乖林,黄宏诚,等. 军工产品研制技术文件编写说明. 北京:国防工业出版社,2011.
[326]梅文华,王勇,王淑波,孙林,等. 军工产品研制技术文件编写范例. 北京:国防工业出版社,2016.